长春统计年鉴

2005

长 春 市 统 计 局　　编

中国统计出版社

（京）新登字 041 号

图书在版编目（CIP）数据
长春统计年鉴 .2005/ 长春市统计局编 .
—北京：中国统计出版社，2005. 7
ISBN 7-5037-4707-2

Ⅰ. 长…
Ⅱ. 长…
Ⅲ. 统计资料—长春市—2005—年鉴
Ⅳ. C832. 341-54
中国版本图书馆 CIP 数据核字（2005）第 069937 号

长春统计年鉴——2005

作者/ 长春市统计局
责任编辑/ 蔡启新
E-mail/ yearbook@stats. gov. cn
责任校对/ 高岩
封面设计/ 鄢萍
出版发行/ 中国统计出版社
通信地址/ 北京市西城区三里河月坛南街 75 号 中国统计出版社
邮编/ 100826
电话/（010）63262295
印刷/ 吉林华源国际实业有限公司印业商社
经销/ 新华书店
开本/ 890×1240 毫米 1/16
字数/ 45 万字
印张/ 22
印数/ 1-1500
版别/ 2005 年 10 月第 1 版
版次/ 2005 年 10 月第 1 次印刷
书号/ ISBN 7-5037-4707-2/F·2121
定价/ 200. 00 元

《长春统计年鉴——2005》编委会

《长春统计年鉴——2005》编辑人员

总　编　辑：鄢　萍

责任编辑：蔡启新　高　岩

英文翻译：杨会晏　孙　峰　戴　序

校　　对：鄢　萍　高　岩

承　　印：吉林华源国际实业有限公司印业商社

编者说明

一、《长春统计年鉴——2005》是一部全面反映长春市2004年经济和社会发展情况的资料性刊物。本书收录了2004年长春市经济和社会各方面大量的统计数据，以及重要年份的主要统计数据，是认识和研究长春市经济社会发展，指导经济工作和进行决策的经济类工具书。

二、全书共包括四部分。（一）特载，（二）专论，（三）县（市）区经济，（四）统计资料。统计资料按其内容分为17个篇目，即（1）综合；（2）人口；（3）单位从业人员及劳动报酬；（4）固定资产投资；（5）财政；（6）物价；（7）人民生活；（8）城市建设；（9）农业；（10）工业；（11）交通运输邮电通信业；（12）建筑业；（13）批发零售贸易和餐饮业；（14）对外经济贸易和旅游业；（15）金融保险业；（16）教育、科技及文化事业；（17）体育、卫生及其他事业。

三、本书资料大部分来自于各专业年报资料，部分资料取自抽样调查。

四、本书中文字资料主要是统计部门人员撰写。

五、本书中所使用的价值量指标及构成，除已注明外，均按当年价计算，发展速度按可比价格计算。

六、本书采用国际统一标准计量单位。

七、书中符号使用说明："#"表示其中的主要项，"空格"表示该项指标数据不详或无该数据。

八、书中固定资产投资、工业、建筑业部分的数据为快报数，正式数据以经济普查资料为准。

九、由于能源消费与库存部分无快报数，本书中无此数据。

PREFACE

Ⅰ. *Changchun statistical yearbook*—2005 *is an annual statistics publication, which covers very comprehensive data in* 2004, *reflects various aspects of changchun's social and economic development.*

Ⅱ. *The book contains the following four parts* , 1. *Special reports* ; 2. *Special topic* ; 3. *Economy of counties (cities) and districts* ; 4. *Statisticals data* : (1) *General survey*, (2) *Population*, (3) *Employment and wages*, (4) *Investment in fixed assets*, (5) *Government finance*, (6) *Price*, (7) *People's livelihood*, (8) *General survey of city*, (9) *Agriculture*, (10) *Industry*, (11) *Transportation* , *post and telecommunications services*, (12) *Construction*, (13) *Wholesale* , *retail trade and food services*, (14) *Foreign trade and tourism*, (15) *Banking and insurance*, (16) *Education*, *science and social welfare*, (17) *Sports* , *public health and Others.*

Ⅲ. *The major data sources of this publication are obtained from annual statistical reports* , *and some from sample surveys.*

Ⅳ. *Special reports and special topic are obtained from statistical departments and relionship departments.*

Ⅴ. *The value indicators and composition used in this book are at current price except notes have made* , *growth rate is calclaled by constant price.*

Ⅵ. *The units of measurement used in this book are internationally standard measurement units.*

Ⅶ. *Explantory notes for notations used in this book*: "#" *indicates the major items of the total* , " (*blank space*)" *indicates that the data not available.*

Ⅷ. *The industry*, *investment in fixed assets*, *construction data in this book come from quickly report*, *please reader should utilize the data adjusted.*

Ⅹ. *Energy consumption and inventory has not got a quickly report*, *the data in this yearbook is not the infromation.*

目　　录

特　　载

SPECIAL REPORT

专　　论

SPECIAL TOPIC

县（市）区经济

ECONOMY OF COUNTY（CITY）AND DISTRICT

统 计 资 料

STATISTICS

第一篇 综合

1. GENERAL SURVEY

第二篇 人口

2. POPULATION

第三篇　单位从业人员与劳动报酬

3. EMPLOYMENT AND WAGE

第四篇　固定资产投资

4. INVESTMENT IN FIXED ASSETS

第五篇　财政

5. GOVERNMENT FINANCE

第六篇　物价

6. PRICE

第七篇　人民生活

7. PEOPLES LIVELIHOOD

第八篇 城市建设
8.GENERAL SURVEY OF CITY

第九篇 农业
9. AGRICULTURE

第十篇　工业
10. INDUSTRY

第十一篇　交通运输、邮电通信业
11. TRANSPORTATION，POST AND TELECOMMUNICATION

第十二篇 建筑业

12. CONSTUCTION

第十三篇 批发零售贸易和餐饮业

13. WHOLESALE RETAIL TRADES AND CATERING

第十四篇 对外经济贸易和旅游业

14. FOREIGN TRADE AND TOURISM

第十五篇 金融保险业

15. BANKING AND INSURANCE

第十六篇　教育、科技及文化事业

16. EDUCATION, SCIENCE AND CULTURE

第十七篇　体育、卫生及其他事业

17. SPORTS, PUBLIC HEALTH AND OTHERS

特载 专论

SPECIAL REPORT SPECIAL TOPIC

长春统计年鉴

CHANGCHUN STATISTICAL YEARBOOK

2 0 0 5

政府工作报告

——2005年1月12日在长春市第十二届人民代表大会第三次会议上

市长　祝业精

各位代表：

我代表市人民政府向大会作工作报告，请予审议。并请列席会议的同志提出意见。

一、2004年工作简要回顾

过去的一年，我们在省委、省政府和市委的领导下，在市人大、政协的监督和支持下，认真贯彻党的十六大和十六届三中、四中全会精神，树立和落实科学发展观，紧紧依靠全市人民，积极推进改革开放和现代化建设，较好地完成了全年各项工作任务和目标，实现了长春老工业基地振兴的良好开局。

(一)国民经济持续快速增长，发展后劲进一步增强。

预计实现全市生产总值1535亿元，比上年增长13.5%。实现全口径财政收入154.2亿元，增长14.3%。农业生产喜获丰收。粮食产量达到160亿斤，增产26亿斤。一产实现增加值168亿元，增长8%。克服禽流感影响，畜牧业实现增加值91亿元，增长12%。农民外出务工经商85万人次，增加10万人次。工业持续平稳增长，实现增加值635亿元，增长14.7%。规模以上工业实现产值1712亿元，增长13.4%。汽车工业在竞争中稳步发展，实现产值1336.4亿元，增长15.8%。食品、光电子信息、生物与医药产业增势良好，产值分别增长30.4%、36.7%和33.4%。建筑业实现增加值107亿元，增长20%。会展旅游业发展迅速，举办各类展会100余项，带动相关行业收入56亿元。商贸物流、信息中介发展势头良好，实现全社会消费品零售总额495亿元，增长13%。房地产市场日趋活跃，实现房屋交易470万平方米、交易额100亿元，分别增长22.7%和33.8%。防范和化解地方金融风险取得显著成效，市商业银行首次实现年度盈利，农村信用社净增股本金6.6亿元，累计发行的11.6亿元地方企业债券全部兑付。

固定资产投资在土地和信贷政策收紧情况下，实现稳步增长。完成全社会固定资产投资460亿元，增长18%。投资结构不断优化，非国有投资增长37%，占全部投资的55%，提高4个百分点。新建续建3000万元以上投资项目308个，其中超10亿元的21个。一汽“三大基地”、皓月肉牛综合开发、大成姚家玉米、德莱鹅肥肝、九台金锣肉制品等一批骨干项目部分或全部建成投产，汽车、农产品等重点产品生产和加工能力大幅度提高。争取国债项目取得明显成效，21个工业项目和18个高技术项目列入国家计划，总投资128.7亿元。积极打造新的项目建设载体，长春光电子国家产业基地正式得到批准，长春生物医药国家高技术产业基地、国家汽车零部件出口基地申报工作进展顺利。

(二)各项改革扎实推进，对外开放取得新成效。

91户国有企业基本完成改制，1.9万名国企职工理顺了劳动关系。私营企业和个体工商户分别新增2563户和29594户，民营经济实现增加值535亿元，实缴税金28.8亿元，均增长20%。农村税费改革顺利实施，“一免三补”政策全面落实，农民人均政策性增收230元。粮食流通体制改革全面展开。完成了新一轮政府机构改革，国有资产监管、安全生产监管、维护城市安全和为中小企业发展服务的职能进一步增强。精心开展招商引资工作。先后9次组织赴日、韩、德、新加坡、香港、“长三角”、“珠三角”等国家和地区开展大型招商活动，开展了韩国周、香港周等经贸交流活动，接待国内外经贸考察团组231个，对外签约项目684个，新批外商投资项目127个，世界500强企业又有李尔等9家落户长春，总数达到38家。合同利用外资12.8亿美元，增长2.3倍。实际利用外资9亿美元，增长20%。引进内资项目454个，实际利用内资166亿元，增长14.5%。开发区经济稳步增长，实现生产总值712亿元，占全市比重达到46%。外贸出口商品结构不断优化，高新技术和机电产品出口分别增长40%和66%。长春空港落地签证获得国家批准，建立了对外交流与合作的便捷通道。倡议并成功举办东北四城市市长峰会，促进了区域经济合作，扩大了对外影响。

(三)人民生活水平进一步提高，就业和社会保障体系不断完善。

城市居民人均可支配收入达到8900元，增长12.6%。农民人均纯收入达到3906元，增幅达14.5%。居民消费结构不断升级。每万户城市居民新增私人小汽车113辆、电脑1000台，城镇人均住房建筑面积增加到23.1平方米。农村居民恩格尔系数下降0.4个百分点，程控电话、彩电、洗衣机普及率分别达到48%、79%和70%。

全面落实税费优惠、小额贷款等再就业扶持政策，为下岗失业人员减免税费和提供补贴4794万元，2300名残疾人、1.3万名“4050”人员、6.5万名下岗失业人员实现就业和再就业，1100人实现成功创业，城镇登记失业率为3.96%，被评为全国再就业工作先进城市。社会保障能力进一步增强。养老、失业、医疗保险参保人数分别新增8万人、4万人和12.8万人。征缴养老、失业保险基金22.7亿元，27.5万名离退休人员养老金和3.3万名失业人员失业金得到按时、足额发放。完善社会保障体系试点工作顺利启动，做实职工养老保险个人账户准备工作基本完成。进一步加强企业退休人员动态管理，社会化管理率达到97.2%。落实廉租房、粮油补贴、采暖费减免等配套政策，为低保家庭补贴2200余万元，1017户低保家庭住房问题得到解决。社会救助工作深入开展，各级财政投入4927万元，救助农村受灾群众8.4万人次、其他困难群众20余万人次。

切实解决群众关心的热点、难点问题。改造城区供水管线101公里、燃气管线103公里、二次供水设施400处，新增集中供热面积250万平方米。千方百计组织煤炭供应，居民供暖及时开栓率达到95%。1452户超期回迁居民得到安置，6000户煤气遗留问题和8200户临时用电问题得到解决。改造城区巷道146条，亮化背街小巷221条。新建和改造城区公厕207座。新建乡村水泥(油)路2841公里，通油路行政村比例达到73%。改造洼中高引水工程主管线17.5公里，农安氟病区新打防氟改水井100眼。认真处理群众来信来访，落实信访责任制和责任追究制，249件信访难点问题得到解决。加强社会治安综合治理，严厉打击各类刑事犯罪，刑事案件发案率得到有效控制。强化安全生产责任制，杜绝了特大安全事故发生，安全生产事故下降19%。

(四)城市建设步伐加快，管理水平进一步提高。

开展了城市空间发展战略规划、新一轮城市总体规划和土地利用总体规划修编,“长春国际汽车城”等13个专项和分区规划编制工作顺利启动。新建道路16条,大中修和维护道路369条,长吉南线等6条公路竣工通车。科铁线等3条公路完成年度施工计划。积极开展轻铁二期工程立项申报工作,通过了国家发改委和建设部审批,并上报国务院待批。石头口门水库兴利增容全面完成,热电二厂二期改造等工程进展顺利。波罗湖湿地生态恢复、“三北”四期防护林工程步伐加快,南湖公园、胜利公园改造顺利推进。完成人工造林7100公顷,城区新增绿地303公顷。治理不合格锅炉335台(套),整治违法排污企业401家,环境质量进一步改善。取缔马路市场和占道经营76处,依法对街路牌匾、非法广告、违章占道、非法挖掘道路和城市出入口进行了集中整治,城市管理进一步加强。清理整顿土地市场,经营性用地全面实行招标、拍卖和挂牌出让,出让土地344公顷,土地资源利用效率进一步提高。

(五)精神文明建设不断深入,各项社会事业全面发展。

全国文明城市等创建活动深入开展,市民的文明素质进一步提高。广泛开展“全民创业、振兴长春”实践活动,大力培育创业文化,全民创业氛围更加浓厚。文化事业发展较快,成功举办了第六届亚洲艺术节、第七届国际萨满文化学术研讨会和第九届长春书市,开展优秀剧目公益性巡回演出80余场,组织各类文艺活动1000余场(次),丰富、活跃了群众的文化生活。文化基础设施建设得到加强,伪满皇宫三年复原等工程顺利完成,市图书馆被评为国家一级公共图书馆。科技创新体系不断完善,企业技术中心发展到100户,制造业信息化示范企业发展到120户。自主创新能力进一步提升,申请发明专利815件,增长18.7%。高新技术产业化进程加快,实现产值650亿元,增长25%,被评为全国科技进步先进城市。“人才强市”战略扎实推进,引进高层次急需和紧缺人才1万多人,培训农村实用人才4万多人次。认真办理人大关于发展农村教育的议案,对农村教育的扶持力度进一步加大。3.8万名农村贫困学生得到救助,2万名乡村教师得到免费培训,276所农村薄弱校得到社会的对口帮扶,9.3万平方米农村中小学危倒校舍得到改造。“教育质量年”活动成效明显,城区优质高中招生比例达到86.9%,高考本科进线率提高10%。职业教育招生与就业两旺,招生增长25%,毕业生一次性就业率保持在96%以上。民族教育得到加强,少数民族学校办学条件、教学质量进一步改善。制定了《重大急性传染病疫情应急处理预案》,重新整合了“120”急救医疗网络,新建的市、县两级疾控中心相继交付使用,应对公共卫生突发事件能力明显提高。九台新型农村合作医疗制度试点初见成效,医药“三网”建设进展顺利,农村医疗卫生条件得到初步改善。亚冬会筹备工作稳步推进,确定了会徽、吉祥物,争得了市场开发权和电视转播权,五环体育馆、市滑冰馆配套设施部分完工,莲花山滑雪场建成并投入使用。人口与计划生育工作取得新进展,被国家评为人口与计划生育综合改革一流城市。全市351个社区服务用房建设全面完成,平均建筑面积达到550平方米,位居全国大中城市前列。60个“阳光超市”建成并投入使用,社区民主自治与服务功能不断加强。以科技拥军为重点的拥军优属、拥政爱民工作成效显著,援藏工作取得新进展。妇女儿童、广播电视、人防、预备役、民兵、民族宗教、侨务、老龄、残联、地震、档案和修志等工作也都取得了新成绩。

(六)民主法制建设稳步推进,政府自身建设进一步加强。

自觉接受人大及其常委会的法律监督、工作监督和政协的民主监督,接受各级人大代表和政协委员视察、检查52次。直接面复成为办理人大议案、建议的主要形式,除极特殊原因均做到面复。办理人大议案、建议201件,办理政协建议案、提案323件,办结率均达到100%。提请市人大常委会审议通过地方性法规8件,制定政府规章及规范性文件23件。依法治市工作得到加强,政府依法行政意识明显提高。认真贯彻《行政许可法》,清理行政许可519项,其中我市自行设定的80项按规定保留7项。政务中心功能进一步完善,行政许可办理基本做到“一个窗口进出”。政务公开进一步深化,50个部门实行网上公开,155处公共场所设立了政务信息公开查询点。组建了决策咨询委员会,政府决策的科学化、民主化水平进一步提高。建立新闻发言人制度,在市直57个部门设立了新闻发言人,组织各类新闻发布会41次。电子政务建设得到加强,构建了全市统一的电子政务网络平台,部门间实现互联互通。成立了软环境投诉举报中心,受理涉软案件1313件,办结1272件,给予党政纪处分67人。清费减负工作深入开展,先后清理132个收费项目,为企业和消费者减负1.3亿元。组织政府采购公开招投标412次,节约财政资金6123万元。认真倾听群众呼声,市长公开电话业务拓展到媒体和社区,共办理群众来电15.2万件,办结率达到95.8%。开展群众建议征集活动,共征集建议2613条,采纳468条。

上述成绩的取得,是市委正确领导的结果,是人大、政协监督和支持的结果,是全市人民不懈努力的结果,是社会各界通力合作、广泛参与的结果。在此,我代表市人民政府,向为长春发展做出无私奉献、付出辛勤劳动的全市人民,表示崇高敬意!向给予政府工作大力支持的人大代表和政协委员,向各民主党派、工商联、无党派人士和社会团体,向人民解放军驻长部队和武警官兵,向中央和省驻长单位,向所有关心、支持长春发展的海内外朋友们,表示诚挚的感谢!

在充分肯定成绩的同时,我们也清醒地看到,我市经济社会和政府工作还存在许多亟待解决的矛盾和问题。主要表现在:经济的结构性矛盾突出,整体抗风险、抗波动能力较弱;固定资产投资增速不高;民营经济规模小,发展活力不足;地方可用财力偏低,支撑改革、发展和稳定的能力不强;县域经济发展不快;城市基础设施欠账较多,社会公共安全体系建设任务繁重;城市安全隐患、社会不安定因素仍然较多,就业和社会保障、维护社会稳定压力增大;政府运行机制和自身建设有待进一步加强,部分工作人员素质不高、服务意识不强,个别人行政不公、为政不廉,甚至以权谋私、贪污腐败。对于这些问题,我们一定高度重视,并切实加以解决。

二、2005年主要任务

2005年是“十五”计划的最后一年,也是继续实施老工业基地振兴战略、推动各项工作再上新台阶的关键一年。长春既拥有巨大的发展潜力和难得机遇,又面临各种困难和严峻挑战。能否抓住新机遇、开拓新思路、采取新举措、解决新问题、实现新发展,是对我们的重大考验。我们一定坚持加快发展不动摇,以创新的精神、扎实的作风、百倍的努力,全力推动我市经济和各项社会事业快速发展。

今年政府工作的总体思路是:以邓小平理论和“三个代表”重要思想为指导,深入贯彻党的十六大、十六届三中、四中全会、中央经济工作会议和省委八届六次全会、全省经济工作会议、市委十届六次全会精神,全面落实科学发展观,进一步提高行政能力,围绕振兴长春老工业基地,加快推进改革开放，加快转变经济增长方式，加快调整经济结构，大力推进工业化、城镇化和农业产业化，确保人民生活水平不断提高、社会和谐稳定、国民经济和社会事业更快更好地发展，全面完成2005年及“十五”计划目标。

今年全市经济和社会发展的主要预期目标是：全市生产总值增长13%左右，全口径财政收入按可比口径增长12%左右，城市居民人均可支配收入增长10%左右，农民人均纯收入增长7%左右。

（一）统筹城乡发展，努力增加县域财力和农民收入。

更加注重解决“三农”问题。坚持工业反哺农业、城市支持农村，进一步加大政策扶持、资金投入、科技支持力度，实施工业拉动、项目带动、城乡互动，加快推进农业和农村经济结构战略性调整，努力实现粮食稳定增产、农业持续增效、财力不断增强、农民继续增收。在稳定粮食综合生产能力基础上，坚定不移地调整种植业结构，大力发展园艺特产业和饲料种植业，新建蔬菜生产基地3万亩、绿色食品基地30万亩、无公害农产品生产基地200万亩。继续实施“粮转牧”工程，建设10大优良畜禽基地，新建标准化牧业小区100个，畜牧业增加值增长8%以上。推进东北农业科技创新中心项目建设。加强农村科技推广体系建设，推广测土施肥等30项先进适用技术。创新农业产业化经营模式，全力培育规模大、带动力强的龙头企业。鼓励发展各种形式的新型合作组织，办好产地型批发市场，发展“订单农业”，提高农民进入市场的组织化程度和农业综合效益。紧紧抓住国内部分地区劳务紧缺机遇，搞好组织发动、技能培训、信息服务，不断优化农民进城就业环境，加速推进农村劳动力转移。农民外出务工经商达到90万人次以上。

统筹城乡生产力布局，大力发展县域经济。充分发挥资源优势，加快发展县域工业，增强县域经济发展活力。按照集约化发展方向，推进小城镇建设，努力形成比较优势和产业特色。进一步发挥城市辐射带动作用，鼓励城区工业向农村梯度转移，把农产品加工项目尽量摆放在县城、省级开发区和重点镇。加强农业和农村基础设施建设。新建乡村公路2000公里，全市通油（水泥）路行政村比例达到88%左右。加快实现农村客运站点网络化，新建三级以下乡镇客运站20个。积极推进县城和省级开发区水源工程和污水处理工程。发展旱作经济作物区节水灌溉，新增全程节水灌溉面积10万亩。继续推进农安防病改水，新打深水井114眼，从根本上解决氟病区14万人饮用水源问题。改进农村金融服务，支持农村信用社增加农户小额信用贷款和联保贷款。

（二）坚持走新型工业化道路，努力提升工业经济持续增长能力。

坚持总量扩张和结构调整并重，加快产业集群和制造业基地建设，努力形成一业突出、多业并举的产业格局。工业增加值增长14%以上。

举全市之力支持一汽，加快发展汽车产业。规划建设100平方公里长春国际汽车城，为汽车工业发展提供足够空间。依托一汽，整合汽车产业资源，大力引进、发展整车及零部件企业，向城区西南方向集聚。实施丰田发动机、大众汽车线束、旭阳轿车内饰、富奥转向器等45个投资超亿元的重点项目，努力提高整车市场竞争力和零部件配套能力。大众开迪、丰田混合动力车等6种新车投放市场。全力支持一汽主辅分离。积极申报国家汽车零部件出口基地。

大力发展农产品加工业。发挥农业资源优势，积极推进隆迪60万吨玉米乳饮品、皓月肉牛开发等21个投资超亿元的重点项目建设，做大做强玉米产业，加快形成以大成为龙头的农产品加工产业群。加快发展肉鸡、生猪、肉鹅等农产品加工体系，建设绿色食品加工基地。农产品加工业产值增长25%以上。积极申报国家农产品加工基地。

加快发展光电子信息产业。围绕液晶显示、汽车光电子等五大领域，加快推进北彩4.5代生产线、华信光收发模块、一光编码器等13个投资超亿元的重点项目，以上游关键器件带动下游整机产业，建设长春光电子国家产业基地。光电子信息产业产值增长20%以上。

全力发展生物与医药产业。充分发挥生物与医药领域的技术优势，加快实施长生流感疫苗、吉大通源干细胞等16个投资超亿元的重点项目，发展生物疫苗、基因工程药物、生物中药、玉米生化生物中间体等重点产品，建设长春生物医药国家高技术产业基地。生物与医药产业产值增长20%以上。积极申报国家医药产品出口基地。

（三）全力抓好项目建设，增强经济社会发展后劲。

把项目建设作为振兴老工业基地的突出任务，切实摆上重要位置。从长春产业发展的客观需要出发，集中全社会力量，齐心协力抓投入、上项目、增后劲，做到大中小项目并举，政府投资、引进外资、民间投资齐上，努力实现固定资产投资增长、新上项目规模和质量的新突破，为经济快速发展提供强有力支撑。全社会固定资产投资增长30%以上。

围绕四大支柱产业链的延伸和配套，规划建设一批具有骨干支撑作用的工业项目，加快实现支柱产业集群化和主导产品配套化。围绕城市空间结构调整，超前规划建设一批交通、能源、供水等基础设施项目，进一步提高城市的承载能力。围绕经济与社会协调发展，规划建设一批文化、教育、卫生、体育等社会事业的重点项目，努力提高经济社会协调发展水平。切实加大农业基础设施、科技创新、生态建设以及其它薄弱环节的投资力度，多渠道挖掘、引进、培育重点项目。充分利用国家倾斜政策，积极规划争取一批国债项目。

进一步降低投资门槛，简化审批程序，提高办事效率，建立项目建设“绿色通道”。盘活土地存量资源，积极争取新增建设用地，保障项目用地需求。加大投融资体制改革力度，充分利用资本市场融资，积极争取金融机构支持。进一步激活民间投资，加快形成投资自主增长机制。实行市级领导干部重点项目包保责任制，形成强有力的项目推进机制。健全和规范项目法定代表人责任制，确立企业投资主体地位，努力提高项目建设速度和质量。设立投资项目库，策划和推出一批新项目，形成“储备一批、开工一批、投产一批”的良性机制。

（四）着力实施“开放带动”战略，努力提高市场化水平和开放度。

充分利用振兴老工业基地带来的政策效应，紧紧抓住国内外要素重组、产业转移、跨国直接投资和沿海发达地区资本扩张有利契机，采取有效措施，促进招商引资取得新突破。立足我市产业资源优势和外商投资需求，有针对性地包装重点招商项目，灵活开展叩门招商、委托招商、中介招商。发挥企业招商引资主力军作用，加大国有和国有控股企业招商力度，鼓励民营企业对外合资合作。充分利用优强企业、优质资产、优势资源、优良环境，加大对重要客商、重大项目、重点地区的招商力度，突出抓好日本、韩国、德国等国家和台湾、香港等地区的招商。实际利用外资增长30%以上。以“长三角”、“珠三角”地区为重点，大力开展对内招商。着力吸引国内知名企业在长投资、设立窗口。实际利用内资增长20%以上。坚持以提升自主创新能力为出发点，不断优化利用外资结构，引导外资投向四大主导产业、重大基础设施和现代服务业。

调整对外贸易结构，推动外贸出口稳步增长。实施“科技兴贸”和“以质取胜”战略，提高机电产品、高新技术和轻纺产品出口比重，努力改变偏重依赖玉米的出口结构。培育建设鹿产品、酱菜等5个重点农产品出口基地，扩大农产品出口。推进企业管理体系和产品质量体系认证及采标工作，使更多的出口企业和出口产品获得“国际通行证”。外贸出口增长10%以上。实施“走出去”战略，加强与东盟、俄罗斯等国家的经贸往来，鼓励有条件企业开展对外投资和跨国经营，带动商品、技术和劳务出口。对外承包工程额和外派劳务均增长10%以上。加强与东北老工业基地重点城市的联合协作，努力拓展国内市场。

充分发挥开发区对外开放的辐射带动作用。加快构筑开发区新型行政管理体制，剥离富余人员，推进内部机构和人事、分配制度创新，形成人员能进能出、干部能上能下、工资能高能低的竞争机制，提高运转效率，再造加快发展的生机与活力。动员全市上下为开发区加快发展创造良好的外部环境。建立科学的经济指标评价体系和社会保障、财政支撑体系，合理调整各开发区功能定位和产业分工，提高引进项目质量，推动产业结构升级，促进开发区二次创业。开发区引进超5000万元大项目100个以上，其中超亿元的50个以上。生产总值增长22%以上，占全市比重达到50%，实现2000年提出的经济上“再造一个长春”目标。

(五)全力推进改革不断深入，在创新中增强经济自主增长能力。

本着“突出重点、积极推进、稳步实施”的原则，积极深化各项改革，切实解决影响全局的深层次矛盾和问题。按照整体改制、债权债务处理、职工身份理顺和国有资本退出到位的要求，坚定不移地推进国企改革攻坚战，基本完成国企改革任务。围绕有利于促进企业发展、维护职工利益、充分调动参与改革者积极性，用好用足国家政策，多渠道筹措资金，解决改革成本缺口问题，在国有职工身份理顺和债务化解等难点上实现新突破。积极支持和推进中、省直国有企业改革。进一步加强国有资产监管，建立并实行年度经营责任制和任期经营业绩考核责任制，防止国有资产流失。加快建立现代企业制度，完善法人治理结构。继续推进事业单位改革。深化财政管理体制改革，构建公共财政框架。加快国有粮食购销企业富余人员分流，推进以企业经营机制转换和产权制度改革为核心的粮食流通体制改革。巩固农村税费制度改革成果，进一步健全减轻农民负担的长效机制。按照“依法、自愿、有偿”原则，稳步推进农村土地使用权流转。推进征地制度改革，确保失地农民不低于原来生活水平。积极推进乡镇机构改革，合理调整乡镇规模，建立服务型乡镇管理体制。

大力发展民营经济。树立亲商、富商、安商、扶商观念，营造尊重财富、崇尚创业的致富氛围。引导城乡群众转变创业观念，多渠道增加收入、积累财富。积极打造促进民营经济发展的信息服务、科技创新、项目推进、职工培训等社会化服务平台，为民营经济发展营造良好环境。多渠道筹集担保资金，多形式建立担保机构，努力解决民营企业融资难问题。认真落实各项扶持政策，加快发展中小企业，形成一批强、精、专的中小企业群。支持优势非公有制企业以控股、收购、租赁、联合等方式，参与国有和集体企业的改制改组。鼓励民营企业制度创新、管理创新和技术创新，向外向型、科技型和产业集群方向发展，推动民营经济上规模、上水平。民营经济增加值和实缴税金均增长25%以上。

(六)坚持“以人为本”，进一步完善就业和社会保障体系。

始终把解决人民群众困难作为各级政府的重大职责和任务，努力为群众办实事、办好事，解决关乎民生的大事、难事。把扩大就业放在经济社会发展更加突出的位置，坚持在发展中解决就业问题，逐步形成有利于扩大就业的经济结构和增长模式。注重发展劳动密集型产业、中小企业和服务业，形成更多的就业增长点，新增就业岗位9万个。认真落实各项再就业政策，鼓励下岗失业人员通过各种方式实现就业。安置下岗失业人员5.8万人，其中“4050”人员9000人。加强就业指导和服务，大力开展职业技能培训，免费培训下岗失业人员2.2万人。城镇登记失业率控制在5%以内。高度重视高校毕业生就业和复员转业军人安置。完善社会保障体系，扩大社会保险覆盖面。抓好非公经济组织和事业单位参保工作，逐步将符合条件的城镇从业人员和失地农民纳入社会保险范围。注重解决国企改制职工社会保险关系接续问题，基本完成国企下岗职工基本生活保障向失业保险并轨。强化养老、失业保险基金征缴，征缴率达到92%以上，确保按时、足额发放。基本医疗保险、工伤保险分别新增5万人和10万人。

加强社会救助体系建设。实施敬老院三年改造工程，改善孤寡老人生活条件。落实帮困助学制度，不使一个学生因贫失学。落实大病救助制度，努力解决特困群众看病难问题。认真做好城市低保工作，做到应保必保。落实廉租房救助制度，人均住房建筑面积不足8平方米的补贴到14平方米。力争全部解决城区历史遗留的超期回迁问题。继续实施扶残助业工程，安置残疾人就业2200名。深入实施妇女儿童发展规划，办好妇女儿童和残疾人法律援助中心，扩大法律援助覆盖面。动员和依靠社会力量开展帮扶救助活动。

健全正确处理人民内部矛盾工作机制。完善信访工作责任制，综合运用政策、法律、经济、行政等手段和教育、协商、调解等方式，及时处理信访问题，妥善处置群体性事件。落实安全生产措施和责任追究制，坚决杜绝恶性事故发生。坚持打防结合、预防为主，加强社会治安综合治理，依法打击各种犯罪活动，营造安全社会环境。发挥城乡基层自治组织和各类民间组织、社会中介组织作用，形成社会管理和服务合力。注重城市安全，健全和完善城市安全总体预案，形成各种突发事件应急机制，提高保障公共安全和处置突发事件能力，做好防灾减灾工作。

(七)大力发展服务业，努力扩大消费需求。

发展各类金融机构，鼓励金融服务和金融产品创新，加强金融风险防范，促进金融业在规范中快速发展。市商业银行完成增资扩股。大力发展信息服务和中介组织。积极发展房地产业，合理调整结构，规范开发建设秩序，引进知名房地产开发企业，加快城中村和棚户区改造。房地产开发450万平方米，竣工230万平方米，改造棚户区15万平方米。深化住房制度改革，降低二手房交易成本，培育发展住房二级市场。继续加大住房公积金归集与运用力度，扩大覆盖面。启动建设空港物流园区、香江远达和长粮农产品物流中心、东湖物流配送中心，提升汽贸、铁北、东站三大物流园区发展水平，积极发展第三方物流企业，壮大物流产业。

下力气培育发展会展旅游业。培育办展主体，优化办展环境，精心办好第4届汽博会、第20届国际光学大会、光电博览会、教育展、冰雪节、电影节等重点展会,举办会展活动120次以上。筹备好世界冬季城市市长会议。整合旅游资源,完善旅游设施,丰富旅游产品。长影世纪城一期、净月潭高尔夫球场投入使用,启动汽车文化园、伪满皇宫三年恢复配套工程。加大旅游促销力度,积极开拓国内外市场,争创"中国最佳旅游城市"。

积极鼓励扩大消费。完善《城市商业网点规划》,调整商业网点布局,注重新建区网点建设,方便群众购物。集中培育重庆路、大马路、红旗街、桂林路等商业中心区,发展长江路、建设街、岳阳街路等17条特色商业街,新建续建盛世中华、兽药饲料批发等6个万米以上购物广场和大型专业市场,发展电子商务、连锁经营等新型业态和服务方式,增强现代商业集聚、辐射能力。完善消费政策,积极培育信息、汽车、文化、健康等新的消费热点。大力开拓农村市场,挖掘农村消费潜力。继续整顿和规范市场秩序,深入实施食品、药品放心工程,坚决打击假冒伪劣、欺诈经营等行为,保护消费者利益,改善消费环境。全社会消费品零售总额增长12%左右。

(八)坚持规划引导与建设管理并重,不断提升城市的综合竞争力。

按照"积极而为,适度超前,量力而行,可持续发展"要求,坚持新区建设与老区改造相结合,规划、建设、管理好城市,努力创造优良人居环境,不断推动人与自然相和谐。高起点编制城市发展规划。认真做好"十一五"规划编制工作,深入研究事关长春发展的全局性、战略性问题,努力提高规划的预见性、科学性和指导性。继续抓好新一轮城市总体规划、土地利用总体规划报批和执行工作。编制城市分区规划、控制性详细规划、城市设计和县级市总体规划,形成完善的规划体系。积极启动南部新城建设。

高标准建设城市基础设施。新建北人民大街等6条街路和长新桥等2座桥梁,续建景阳大路等11条街路,大中修45条主次干道,综合改造150条巷道和2个城市出入口,整修道路50万平方米。建设凯旋路客运站,抓好长双烟铁路建设,改建长平一级、科铁线等5条公路。抓紧轻铁二期的申报及建设。龙家堡机场建成并正式通航。实施热电一、二厂二期改造,抓紧热电三厂建设前期工作,推进华能九台坑口电厂项目进程。改造燃气管网60公里、供水管线50公里,综合整治二次供水设施400处。解决市区105条背街暗巷照明问题。新建、改建公厕180座。

高效能开展环境综合整治,加强城市管理。深入开展创建国家卫生城活动。扩建三道垃圾场,启动韩家瓦房垃圾处理场建设。实施溪园清淤还湖和长春公园污水处理工程,争取启动北郊污水处理厂二期和南部污水处理厂建设,建设粪便无害化处理厂。深入开展爱国卫生运动,对铁路沿线、城乡结合部等重点部位进行综合整治,1/3以上社区达到"卫生先进社区"标准。加强乡镇市容环境整治,加快农村改水改厕步伐。加大城市管理行政执法力度,切实提高火车站前广场等重点部位的管理水平。巩固畅通工程成果,强化交通秩序管理。

大力发展循环经济,加快建设节约型社会。积极引导全社会树立节约能源、节约资源、保护环境意识,按照减量化、再利用、资源化原则,推进资源节约和综合利用,推行清洁生产和节能技术。支持采用新技术处置可燃废弃物及工业废渣,扩大水泥生产。支持利用煤矸石扩大空心砖生产,促进墙体材料革新与建筑节能。加强洗车、洗浴业和其它行业用水管理,建设节水型城市。强化生态环境监管,严格控制主要污染物排放,抓紧解决威胁人民群众健康安全的环境污染问题。

高度重视生态环境建设。加强净月潭国家森林公园保护,加快波罗湖湿地恢复,启动石头口门水库上游湿地保护工程,推进"三北"防护林四期工程建设、城郊生态林和农田防护林更新改造,完成植树造林7000公顷。精心建设60块1000平方米以上的城区绿地和人民大街北段等8条绿化精品街路,续建伊通河城区中段风光带,完善雕塑公园二期,启动裕华园建设,改造南湖公园、儿童公园、胜利公园和西安广场、卫星广场,抓好庭院绿化和小区绿化。城区新增绿地300公顷。

(九)落实"科教兴国"战略,大力开发人才资源。

充分发挥科教人才优势,推动教育、科技、人才与经济紧密结合。坚持科技先导,推进科技创新。充分利用国内外先进技术资源和政策支持,依托重大工程项目,培育自主创新能力,开发具有自主知识产权的核心技术。继续加大政府科技投入,引导更多社会资金参与重大科技项目建设。加快科技资源共享、科技企业孵化、技术交易等科技中介服务体系建设,推进产学研紧密结合,加快高技术重大项目和科技成果的开发、转化和产业化。继续办好科技商业计划书大赛、科技项目融资推介活动。高新技术产业产值增长25%以上。加强科技对外交流与合作,推进中俄、中德科技合作基地建设,精心组织"中德光学技术论坛"、"白俄罗斯科技周"活动。加强知识产权保护和科普工作。

坚持教育优先,努力办人民满意教育。加强素质教育,推进初中毕业和高中招生制度改革,完善新课程教学,建立科学的学生、教师、学校评价体系。切实加强以未成年人为重点的思想道德教育。深化学校内部改革,改善师资结构,提高教师整体素质。优化教育结构布局,改善城乡结合部学校办学条件,新建、改造5所城乡结合部中小学。提高普通高中招生计划内统招生比例。规范教育收费,减轻学生和家长负担。更加重视农村义务教育。继续采取加大政府投入、组织社会对口帮扶等措施,改造中小学危倒校舍6万平方米。完善农村现代远程教育达标工程,提高农村中小学信息技术教育水平。做大做强职业教育,加强技能型人才培养培训,搞好农村职业教育中心和实践实训基地建设。

深入开展高校与地方政府共建活动,支持在长高校加快发展,促进高校为地方经济发展服务。积极支持吉林大学南迁发展。努力发展学前、社区和成人教育,构建终身教育体系,建设学习型城市。

营造良好的人才成长环境。全面推进党政、专业技术、企业经营管理和高技能、农村实用人才5支队伍建设,努力做到人才结构调整与产业结构调整相同步、人才资源开发与经济社会发展相协调。加强企业博士后工作站建设,办好海外学人创业园,不断创新引智载体,积极引进急需和紧缺人才、海外留学人员。引进国外专家1500人次、各类人才10000人以上。研究制定留住人才的政策措施,发挥现有人才的作用。加强农村实用人才的培养和选拔,实施"一村一名大学生计划"。实行收入与绩效挂钩,完善技术、知识、管理等要素参与分配制度,激发人才创造活力。构建统一、开放的人才市场体系,鼓励和引导社会力量发展人才中介。开辟国际人才交流渠道,办好中国国际人才市场长春分市场。

(十)大力加强文化建设,加快发展各项社会事业。

按照"提供精神动力、激发创业热情、提高人的素质、营造和谐家园、塑造长春形象"要求,全面实施"道德弘扬、诚信警示、社会公益、环境营造、创业致富、创建实践”文明长春系列行动，努力提高市民的文明素质和城市的文明程度，力争用2—3年时间，进入全国文明城市行列。巩固“双拥模范城”成果，继续推进以部队信息化建设为重点的科技拥军工作。

加快发展文化事业和产业。加大对公益性文化事业的扶持力度。制定改革政策，加快推进经营性文化产业体制和机制创新。积极组织艺术精品演出，举办广场文化活动200场以上，丰富群众文化生活。进一步发展新闻出版和广播影视业，提供健康向上、群众喜闻乐见的精神文化产品。继续加强文化市场和互联网的建设与管理，坚持不懈地开展“扫黄”、“打非”。办好首届长春文化艺术节、第三届长春民间艺术博览会、第五届长春图书交流会和第十届长春书市。

大力发展卫生事业。加强公共卫生体系建设，逐步健全覆盖城乡、功能完善的疾病预防控制和医疗救治体系，加强非典、人间禽流感、鼠疫、霍乱、艾滋病、结核病及流行性出血热的防治工作，提高应对重大传染病等突发性公共卫生事件的能力。改扩建长春急救中心。进一步加强农村医疗卫生工作，推进卫生监督体制改革，完善农村三级医疗卫生保健网络，恢复乡镇中心卫生院功能，加强村卫生所建设与管理。完善九台新型农村合作医疗制度试点，逐步建立农民医疗互助共济制度。推进城镇医疗卫生体制改革，完善医疗机构分类管理，增强社区卫生综合服务功能。整合医疗卫生资源，吸收社会资金发展医疗卫生事业。稳定低生育水平，人口自然增长率控制在2.2‰以内。加强人口战略研究，实施出生缺陷干预工程，优化人口结构。加强流动人口与计划生育管理和服务。

做好亚冬会各项筹备工作。落实《长春2007年亚冬会行动计划》，全面启动市场开发，完成亚冬会比赛场馆建设与改造，开始转入赛前试运行。加强群众体育设施建设，建成2个体育健身园、40条健身路径，创建10个体育特色乡镇。积极承办国际、国内大型体育比赛，承办好吉林省第六届少数民族运动会。开展亚冬会系列宣传活动，提高全体市民参与意识，营造良好氛围。

(十一)切实加强民主法制建设，全面提高政府行政能力。

按照科学执政、民主执政、依法执政要求，进一步转变政府职能，推进行政体制改革，把主要精力逐步转向经济调节、市场监管、社会管理和公共服务，在实践中努力提高行政能力。

积极推进民主政治建设。始终自觉地接受人大法律监督和工作监督，支持政协履行政治协商、民主监督、参政议政职能，认真听取各民主党派、工商联、无党派人士意见，加强与工会、共青团、妇联等社会团体和组织的联系，接受群众监督和舆论监督，不断改进政府工作。加强基层民主政治建设。推进社区建设，完善村民自治，落实村务公开、厂务公开，依法保障人民群众的知情权、参与权、选择权和监督权。

深入贯彻《全面推进依法行政实施纲要》，建设法治政府。牢固树立依法治市、依法行政观念，带头维护宪法和法律的权威，严格按照法定权限和程序行使权力、履行职责。切实加强行政立法工作。严格落实执法责任制和执法过错追究制，扩大城市管理相对集中行政处罚权范围，认真解决有法不依、执法不公和多头执法、执法扰民等群众反映强烈的问题，努力做到严格执法、公正执法和文明执法。加强行政执法监督，切实做到有权必有责、用权受监督、违法要追究。

加快行政管理方式创新。深入推进政务公开，凡不涉及党和国家机密的政务信息均向社会公开，政府所有部门均实现网上信息公开，社区普遍设立政府信息查询点。深化行政审批制度改革，完善政务中心功能，改进基本建设审批程序和办法，努力做到“一口受理、一次收费、并联审批、限时办结”。推进电子政务建设，逐步建立全市统一的电子政务工作体系，完成政府专网升级改造和政务中心联网审批系统，推动政府工作提速提效。

加强政风建设。坚持以人为本、执政为民，把维护好、发展好、实现好广大人民群众的根本利益作为政府一切工作的出发点和落脚点。坚持一切从实际出发，按客观规律办事，量力而行，不盲目攀比。坚持办实事，求实效，珍惜民力，不搞劳民伤财的“形象工程”。坚持察实情，讲真话，不虚报浮夸。倡导扎实作风，精简会议，减少文件，把更多时间和精力用于深入基层，解决实际问题。

深入治理软环境。针对软环境建设中存在的突出问题，强化治本措施，建立长效机制。继续清理行政事业性收费，降低企业和群众负担。拓展软环境建设范围，开展检验、检疫、鉴定、签证等领域的专项治理。发挥软环境投诉举报中心作用，做到有诉必查、有错必纠、查实必处。健全公务员激励机制和监督约束机制，继续开展民主评议政行风和“百名处长”活动、评选人民满意公务员和集体活动，并将结果作为奖惩、任用和淘汰的重要依据。对权力集中的行政岗位负责人进行定期交流。重视和加强公务员培训和考核，切实提高公务员素质，努力建设政治坚定、业务精通、清正廉洁、作风优良的公务员队伍。加强对权力运行的监督和管理，严格执行经济责任审计制度，支持监察、审计部门依法独立履行监督职责。坚决纠正各种损害群众利益行为，重点解决土地征用、房屋拆迁、企业重组改制和破产等工作中存在的问题。坚持不懈地开展廉政建设和反腐败斗争，建立健全“三位一体”的反腐倡廉整体工作格局，提高行政监察、效能监察能力，坚决查处违纪违法案件，惩处腐败分子。

各位代表，长春面临的机遇与挑战并存，振兴老工业基地的历史使命光荣而艰巨。让我们更加紧密地团结在以胡锦涛同志为总书记的党中央周围，在市委的正确领导下，在人大、政协的有效监督和支持下，调动一切积极因素，凝聚加快发展的强大动力，以只争朝夕的精神，努力开创各项工作新局面，为早日实现全面小康社会目标，早日让全市人民过上幸福安康生活而努力奋斗！

2004年长春市国民经济和社会发展统计公报

长春市统计局

2004年，是长春贯彻党的十六大和十六届三中、四中全会精神，全面树立和落实科学发展观，国民经济持续快速增长的一年。全市人民在市委、市政府领导下，紧紧抓住国家振兴东北老工业基地的有利时机，积极推进改革开放和现代化建设，较好地完成了全年各项工作任务和目标，实现了长春老工业基地振兴的良好开局。

一、综合

初步核算，全年实现地区生产总值1535亿元，按不变价格计算，比上年增长13.5%。其中，第一产业增加值168亿元，比上年增长8.0%；第二产业增加值742.9亿元，增长15.5%；第三产业增加值625亿元，增长13.0%。三次产业比重分别为1%:48.3%:40.7%。人均生产总值达到21285元（按户籍年平均人口数计算），比上年增长12.6%。

全年居民消费价格总指数为104.1%，比上年上升4.1%，其中，除家庭设备用品及维修服务、医疗保健和个人用品、交通和通讯、娱乐教育文化用品及服务类消费品价格有所下降外，其他消费品价格均有不同程度上涨。

2004年，继续以国有资本退出和破产重组为主要方式推进改革进程，全市共有93户企业完成批复进入改革办理程序（其中90户改制，3户破产），共理顺职工劳动关系18850人，安置离退休人员8544人，盘活国有资本40.9亿元。

全市开发各类用工岗位9.9万个，安置下岗失业人员实现再就业6.5万人，再就业政策扶持到位率达100%。全年共有12735名“4050”人员实现再就业，完成年度目标的106%。城镇登记失业率为3.96%。

二、农业

全年完成农林牧渔业总产值281.5亿元，比上年增长8.4%。其中农业产值126.6亿元，增长15.1 %；林业产值8439万元，增长10.4 %；牧业产值152.2亿元，增长4.3%；渔业产值6892万元，增长6.3 %；农林牧渔服务业产值1.1亿元，增长7.9%。

种植业结构进一步调整。全年粮食作物播种面积101.2万公顷，比上年增加10.1%。

经济作物播种面积减少28.2%，优质专用玉米、大豆、水稻播种面积达95.1万公顷，占粮食作物播种面积的94.0%。全年粮食总产量达到801.1万吨，比上年增加130.9万吨。

全年畜牧业产值达152.2亿元，占农业总产值的比重达54.1%。畜禽产品产量全面增长，2004年，全市肉类总产量达到157.8万吨，比上年增长6.4%。禽蛋产量36.7万吨，比上年增长4.4%。猪、牛、鸡良种覆盖率分别达到75%、62%和98%。

全市完成造林面积5254公顷。当年完成新育苗面积951公顷。

农业产业化龙头项目建设进展顺利。全市新建续建投资规模亿元以上农产品加工业重点项目10个，计划总投资70.6亿元。

三、工业和建筑业

2004年，工业经济紧紧抓住国家实施振兴东北老工业基地政策的有利时机，以壮大汽车及零部件、食品、光电子信息、生物与医药四个主导行业为发展重点，不断推进工业化进程，工业经济整体素质和市场竞争能力进一步增强。

工业生产运行继续保持良好的增长态势。全年完成全口径工业增加值635亿元，比上年增长14.7%。其中，国有及年产品销售收入500万元以上的非国有工业企业（以下简称规模以上工业企业）完成增加值508.1亿元，增长15.5%。工业经济效益综合指数176.8%。规模以上工业企业盈亏相抵后实现利润72.2亿元。

工业经济结构进一步优化，重点行业和重点企业的支撑作用不断增强。汽车及零部件、食品、光电子信息、生物与医药四个主导行业完成工业总产值1526.5亿元，比上年增长11.2%；占规模以上工业总产值的比重为89.1%。40户重点工业企业完成工业总产值1446.1亿元，比上年增长11.2%，占工业总产值的比重达到84.4%。新产品开发能力不断增强。全年完成新产品产值913.6亿元，比上年增长13.1%，新产品产值率达到53.4%。

重点工业产品产量大幅度增长。在全市30种重点工业产品中有17种上升，增幅较大的有：淀粉98.1万吨，增长3.1倍；摩托车12.7万辆，增长2.6倍；农用塑料薄膜124吨，增长1.0倍；食用植物油7.6万吨，增长44.3%；水泥444.2万吨，增长39.8%；子午线轮胎125.8万条，增长39.7%；成品钢材12.3万吨，增长39.7%；无酒精饮料24.9万吨，增长34.6%；混配合饲料108.3万吨，增长28.8%；内燃机3728万千瓦，增长25.3%。汽车64.6万辆，增长0.8%，其中：载货汽车23.0万辆，增长25.8%。

全年建筑业完成增加值107亿元，比上年增长20.0%。建安企业完成建筑业总产值224.8亿元，比上年增长18.1%，实现利税6.3亿元，上升37.9%。全市施工单位施工面积1293.4万平方米，比上年下降5.0%；竣工面积604.2万平方米，比上年下降9.6%。

四、固定资产投资

全年完成固定资产投资总额460.0亿元，比上年增长18.0%。其中，基本建设投资186.0亿元，比上年增长25.7%；更新改造投资131.8亿元，比上年增长41.5%；房地产开发投资90.4亿元，比上年增长16.3%。从各产业完成投资情况看，第一产业投资增长最快，比上年增长15.8倍，第二产业投资增长54.2%，第三产业投资增长9.5%；从投资主体看，国有经济投资176.9亿元，比上年增长16.8%；非国有经济投资240.6亿元，比上年增长38.3%，占全社会固定资产投资的比重由上年的53.5%上升到57.6%。

全年完成商品房竣工面积279.4万平方米。商品房销售面积193.8万平方米，商品房销售额43.8亿元。居民个人购房活跃，在商品房销售中，售给私人用房192.2万平方米，销售额43.4亿元，分别占销售总量的99.2%和99.1%。商品房空置面积279万平方米。

全年建成投产基本建设、更新改造投资项目232个，项目建成投产率为42.7%，新增固定资产270.5亿元，固定资产交付使用率为64.7%，比上年上升11.5个百分点。房屋建筑面积竣工率为44.7%。

五、国内贸易

全年实现社会消费品零售总额495.3亿元，比上年增长13%。其中：吃的零售额150.1亿元，比上年增长13.6%；穿的零售额74.3亿元，比上年增长11.3%；用的零售额270.9亿元，比上年增长13.1%。分行业看，批发零售贸易业零售额427.3亿元，比上年增长11.8%，餐饮业零售额67.6亿元，比上年增长21.6%。

市场建设步伐加快。全年城区新建各类市场19个，各类商品交易市场已发展到163个。其中：消费品市场143个，生产资料市场20个。大型市场的主导地位越来越明显，40个亿元市场全年实现交易额245.4亿元，占批零贸易业商品销售总额的34.0%。

全市菜田面积发展到10.3万公顷，保护地面积1.2万公顷。无公害蔬菜工程建设快速推进。全市种植无公害蔬菜和绿色食品蔬菜2.9万公顷，比上年增加1.5万公顷，提供无公害蔬菜和绿色食品蔬菜10.1亿公斤，进一步提高了市民的生活质量。

会展经济成为我市新的经济增长点。全年共举办会展活动101项，实现会展业直接收入6亿元，带动相关产业收入约56亿元。特别是汽博会、农博会、雕塑展等重点会展活动档次进一步提升，对促进我市经济发展，加快改革开放，扩大对外开放，产生了良好的经济效益和社会效益。

六、对外经济

全年实现进出口总额53.2亿美元，比上年增长2.4%。其中，进口44.9亿美元，比上年增长24%；出口8.3亿美元，比上年下降47.5%。在出口中，国有企业出口5.3亿美元，比上年下降61.6%；外商投资企业出口2.3亿美元，比上年增长32.5%；一般贸易出口7亿美元，比上年下降52%。外贸依存度为28.8%，比上年下降3.6个百分点。

招商引资成效显著。全年新批三资项目132个，其中投资总额超千万美元项目46个。全年实际利用外资9亿美元，比上年增长20.1%。其中，直接利用外资3亿美元，比上年增长74.4%。

对外承包工程与劳务合作继续展开。全年新签对外承包和劳务合作合同金额2.5亿美元，完成营业额1.5亿美元，外派劳务人员1.4万人。

七、交通、邮电业和旅游业

全年铁路及公路完成货物周转量432.8亿吨公里，比上年上升18.7%。其中：铁路398.0亿吨公里，比上年增长20.3%；公路34.8亿吨公里，比上年增长4.9%；全年铁路及公路完成旅客周转量为132亿人公里，比上年增长24.5%。其中：铁路106.8亿人公里，比上年增长30.5%；公路25.2亿人公里，比上年增长4.2%。民航完成货邮吞吐量3.2万吨，比上年增长6.2%；完成旅客吞吐量210.3万人，比上年增长18.8%。

邮电通信事业持续快速发展，现代化通信能力迅速提高。全年完成邮电业务收入36.6亿元，比上年增长8.5%。全年特快专递118.5万件，比上年下降6.7%；函件3542万件，比上年下降55.3%；包件73万件，比上年下降14.1%。全市电话交换机容量达224万门，比上年增长15.8%；市话年末到达户数145.9万户，比上年增长24.8%；农话年末到达户数33.1万户，比上年增长24.0%。个人住宅电话已发展到133.6万户，比上年增长9.2%，占全市电话总数的91.6%。移动电话持续高速发展，年内新增移动电话用户69.3万户，到年末已达349.1万户，比上年增长24.8%。全市电话普及率由上年的55.8部/百人提高到部68.36/百人(含移动电话)。到2004年末，互联网用户达到16.1万户，比上年增长52.1%。

全年来长旅游人数达到1108万人次，其中，接待入境游客8.3万人次，比上年增长26%；接待国内旅游者1100万人次，增长6.6%。旅游总收入96.7亿元，增长16.5%。全年旅游外汇收入4295万美元，增长17.0%。

八、财政金融和保险业

全市一般预算全口径财政收入完成149.8亿元，比上年增长11.1%。其中，上划中央收入75.3亿元，比上年增长19.5%；上划省级收入14.7亿元，比上年下降11.0%；上划所得税9.1亿元，比上年下降2.8%；留用收入50.7亿元，比上年增长10.3%。市本级全口径财政收入75.8亿元，比上年增长20.5%。

地方财政支出100.8亿元，比上年增长17.4%。其中，基本建设支出增长58.0%，科技三项费支出增长8.7%，抚恤和社会福利救济支出增长2.8%，社会保障补助支出增长36.1%。市本级财政支出47.0亿元，比上年增长13.2%。

年末全市金融机构本外币各项存款余额1834.6亿元，比年初增长8.4%。其中，企事业单位存款余额529.3亿元，比年初增长2.2%；储蓄存款余额965.2亿元，比年初增长7.8%。全市金融机构本外币各项贷款余额1889.8亿元，比年初增长15.3%。其中，短期贷款余额872.3亿元，比年初下降0.5%；中长期贷款余额859.5亿元，比年初增长28.0%。金融机构现金累计收入4774.4亿元，比上年增长13.1%；现金累计支出4701.7亿元，比上年增长13.0%；现金净回笼72.7亿元。

到2004年末，股票交易机构2个，股票交易网点33个。上市企业17个。开设股民帐户74.8万户。全市有价证券成交总额725.6亿元，比上年增长0.8%。其中，股票交易成交额702.2亿元，比上年增长26.2%；国债成交额19.0亿元，比上年下降87.9%；基金成交额4.4亿元，比上年下降27.9%。

全年承保总额2679.4亿元，比上年增长8.6%。其中，财产险保额2527.5亿元，比上年增长12.5%；寿险保额151.9亿元，比上年下降31.5%。保费收入32.1亿元，比上年增长11.9%，其中，财产险保费收入5.8亿元，比上年增长17.5%；人身险保费收入26.3亿元，比上年增长10.7%。全年赔付总金额5.8亿元，比上年增长3.1%，其中，财产险赔付金额3.1亿元，比上年下降17.1%；人身险赔付金额2.7亿元，比上年增长41.5%。

九、城建、公用事业

城市基础建设和改造步伐加快，承载能力进一步增强。2004年，我市继续加大对基础设施的建设投入，建设了鑫祥垃圾焚烧发电、轻轨二期净月线、煤气输配分流改造、供水管网改造工程等工程，极大提高了城市基础设施水平。全年完成道路新建和扩建长度17公里。到2004年末，全市道路总面积达2230.5万平方米，道路长度达1156.3公里。

2004年，全市水厂日综合生产能力达115.6万立方米，规划区使用自来水人数达242.7万人。全市人工煤气和天然气供气总量分别达到10427和15548万立方米；液化石油气供气总量达60370吨。市区使用煤气、天然气、石油液化气户数达86.6万户。城区集中供热面积达到6811.7万平方米。全市拥有营运公共电、汽车3648辆，运营线路网长度1164公里。

城市绿化水平不断提高。到2004年末，全市园林绿地面积达6455.8公顷，公共绿地面积达1873.8公顷，建成区绿化覆盖面积达7516公顷，绿化覆盖率达到39%。

十、科技、教育

2004年，全市列入市级以上各类科技发展计划637项。其中：国家级计划项目120项，省级计划项目227项，市级计划项目290项。专利授权量大幅增长，全年专利授权量由上年的779件增加到1277件，增长63.9%。全年通过鉴定、验收和认定的科技成果234项，获得市以上科技进步奖励成果102项。其中：获国家级奖励1项，省级奖励101项。

2004年末，在全市各级各类科技人员中，"两院"院士25人，享受国务院及长春市人民政府特贴人员累计达到486人。全市独立科学研究与技术开发机构97个。其中，自然科学和技术领域研究与开发机构61个，社会科学与人文领域研究与开发机构17个，科技信息与文献领域机构5个，其他科学研究与技术开发机构14个。

全市技术开发、咨询、转让等服务机构发展到2555户，技术成果交易额达7.1亿元。市科技管理部门共投入科技经费3600万元。

2004年,全市新认定高新技术企业53户,高新技术产业实现产值650亿元,比上年增长25%。产值超亿元的高新技术企业已发展到67家。

质量技术监督工作再上新台阶。全市有产品质量检验机构6个,法定计量技术机构8个。全年共对561户企业的产品进行了定期监督检验,检验样品1301批次,抽样合格率为85.9%。其中,国家和省的监督抽查产品质量平均合格率分别达到63.2%和83.3%。全年各级质量技术监督部门查处违法案件1688件,查获假冒伪劣和不合格产(商)品标值700余万元。

教育整体水平得到进一步提升。年末全市普通全日制高等院校27所,共招收本、专科学生7.8万人,年底在校生26.1万人。各类成人高等学校10所,共招收本、专科学生5万人,年底在校生8.1万人。年末中等职业技术学校53所。其中:普通中专15所,成人中专14所,职业高中24所。年底在校生5.3万人。其中普通中专在校生2.7万人,成人中专在校生0.8万人,职业高中在校生1.8万人。普通中学377所,在校生46.6万人,其中初中300所,在校生32.97万人。小学1772所,年底在校生50.5万人,小学适龄儿童入学率达99.9%。

十一、文化、卫生和体育

2004年,全市有电影事业机构374个,其中电影放映点367个。文化事业机构194个,其中艺术表演团体9个,剧场、影剧院9个。公共图书馆11个,总藏量248万册,其中少儿图书馆1个,藏量22万册。群众文化事业机构140个,其中乡镇文化站128个,文化馆10个,艺术馆2个。文化市场管理机构11个,其它文化事业机构14个。文物事业机构7个,其中博物馆2个。国家档案馆12个,馆藏档案99.3万卷,开放档案12.3万卷。长春电影制片厂全年共生产故事片14部,译制片8部,科教片7部。

2004年,全市有广播电台5座,节目8套,中波发射台和转播台2座,广播人口覆盖率为100%;电视台6座,节目10套,电视人口覆盖率为100%。

卫生事业快速发展。2004年末,全市卫生医疗机构发展到1642个,其中医院、卫生院294所,拥有医疗、疗养床位2.3万张,比上年增长2.9%。卫生技术人员为3.4万人,比上年增长7.1%。农村设村卫生室1926个,比上年下降2.8%。乡村医生和卫生员3992人,私营诊所发展到1045个。每千人拥有执业医师和执业助理医师2.1人。

大力推进社区卫生服务,已建立社区卫生服务站166个,社区卫生服务覆盖人口达到90%以上,建立家庭病床1383张。

体育事业蓬勃发展,群众体育取得新进展。2004年成功举办中小学中日韩体育交流大会,在交流大会上,我市代表队取得了优异成绩。全市行政区域内共有体育设施1772个。竞技体育成绩优异。在全国年度比赛中,获得金牌54枚、银牌60枚、铜牌56枚。在全省比赛中,共获金牌341枚。

一年来,共承办国家、国际大型赛事18项次,省、市级赛事250余项次。成功地举办了全国男篮甲A联赛,获得良好的社会效益和经济效益。

十二、环境保护

树立科学发展观,坚持可持续发展战略,环境保护事业发展较快。工业污染防治能力不断增强。全市工业废水排放达标率和工业固体废物综合治理率分别达到90.3%和97.0%。环境综合整治成效显著。到2004年末,全市烟尘控制区面积208.3平方公里,环境噪声达标区面积112.2平方公里。

城市环境质量持续改善。空气首要污染物总悬浮颗粒物(PM10)年日均值每立方米97微克,比上年降低1微克;二氧化硫均值每立方米19微克,比上年上升1微克;二氧化氮年均值每立方米38微克,比上年上升9微克;饮用水源水质达标率100%;城市地表水质达标率100%。

十三、人口与人民生活

2004年末,全市户籍总人口为724万人。其中,市区人口315万人,四县(市)人口409万人。全市人口出生率为8.94‰,死亡率为4.76‰,自然增长率为4.17‰。

全市从业人员总数已达376.1万人。其中,第一产业从业人员134.3万人,占全市的35.7%,第二产业从业人员90.7万人,占全市的24.1%,第三产业从业人员151.1万人,占全市的40.2%。其中,年末城镇单位从业人员89.9万人,从事个体劳动的有30.1万人。在岗职工平均货币工资15722元,比上年增长13.4%。

人民生活继续改善。城市居民人均可支配收入达8900元,比上年增长12.6%,人均消费性支出7539元,比上年增长12.1%。农村居民人均纯收入3906元,比上年增长14.5%。城乡居民消费结构发生较大变化,生活质量不断提高。城市恩格尔系数为37.3%,农村恩格尔系数为46.1%。城市居民每百户拥有彩电124.7台,电冰箱及冰柜105台,洗衣机100台,拥有家用电脑和移动电话32.7台和129.3台,拥有家用轿车1.3辆。农村居民每百户拥有彩电84台,电冰箱14台,移动电话52部,摩托车35辆。城市人均住房建筑面积由上年的22.3平方米增加到23.9平方米,农村人均住房面积达到21.4平方米。

2004年,全市参加基本养老保险102.5万人,其中在职职工75万名,共为27.5万名离退休人员,发放养老金21.8亿元,养老金发放率达100%。26万名企业退休人员实行社会化管理,社会化管理率达97%。年末参加失业保险职工76.6万人,共为3万名失业人员发放失业保险金7949万元。有87万名职工和退休人员参加了基本医疗保险。2004年,城市共有6.7万户、17.3万人得到最低生活保障,共发放保障金1.2亿元。

社会福利事业继续发展。全市共有社会福利机构122家,总床位数5597张。其中国有福利机构7家,集体和民办福利机构115家。农村敬老院129所。全年销售社会福利彩票2.3亿元,筹集社会福利资金2082万元。全年募集善款1605.8万元。

注:1.本公报各项统计数据为年度快报数或初步统计数。

2.本公报行业数据系有关部门(行业)提供。

3.本公报长春市生产总值、各产业增加值绝对数按现价计算,增长速度按可比价格计算。

走农村新型工业化道路 推进农村经济发展

——对长春市农村新型工业化的几点思考

一、导言

从去年中央经济工作会议、中央农村工作会议，到今年的中央1号文件，党中央、国务院把“三农”问题摆到了非常重要的位置，提出“把解决好‘三农’问题作为全党工作的重中之重”的要求；今年3月份，国家在吉林、黑龙江等粮食主产区实施了“一免三补”的政策试点。这些政策措施的出台，足以反映出国家对“三农”问题的重视程度。那么，怎样从根本上解决“三农”问题？我们认为，走农村新型工业化道路，是发展农村经济，从根本上解决“三农”问题的必然选择。

十六大提出：“坚持以信息化带动工业化，以工业化促进信息化，走出一条科技含量高、经济效益好、资源消耗低、环境污染少、人力资源优势得到充分发挥的新型工业化路子”。我们理解农村的新型工业化，应该是以农村劳动力为主要劳动力资源、以高新技术为载体、以农副产品为主要原材料、以经济效益为前提、以可持续发展为准则、工业经济总体规模在农村经济总量中占有相当比重的工业化。

走农村新型工业化道路，一是可以转移农村剩余劳动力，实现农民就地就业，自我增收。同时，通过生产要素的重新组合，推动农村二、三产业发展，使第一产业以减员增效的方式增加农民收入。二是通过农副产品加工增值，搞农工商、产加销一体化经营，提高产品的附加值，将部分利润与农民分成，增加农民收入。三是通过工业积累和农民收入的增加，实现农业增效、农民增收、农村经济和各项事业的全面发展。就长春市而言，我市农业人口占全市总人口的一半以上，城乡居民收入水平差距较大，农村经济和各项事业还比较落后。因此，走农村新型工业化道路，是解决“三农”问题，缩小城乡差距，实现我市经济社会全面、协调、可持续发展，建设全面小康社会的有效途径。

考虑到统计口径和统计资料以及县域经济发展等因素，本文探讨农村及农村工业，暂且以县及县以下为讨论范围。

二、我市农村经济及农村工业现状

走农村新型工业化道路，首先要对我市农村工业的基础和现状有一个全面的、客观的了解，才能因地制宜，制定相应的政策措施。

1.农村社会经济相对落后，城乡差距问题突出。2003年末，我市农村（按四县市加双阳区合计计算，下同）人口445.4万人，占全市总人口的56.4%；地区生产总值405.6亿元，占全市的30.3%；财政收入21.5亿元，占全市的9.3%；农民人均纯收入3411元，仅为城镇人均可支配收入的43.1%。农村的基础设施，农民的教育、文化、卫生、社会保障等方面都相对落后，城乡之间存在着较大差距。

2.农村工业化总体水平处于初级产品生产阶段。从发展经济学的角度考察一个国家或地区所处的工业化阶段，主要通过人均GDP或GNP、产业结构、就业结构和城镇化水平等四项指标衡量。本文研究的对象是农村，城镇化水平肯定偏低，所以暂且忽略。按照钱纳里对经济发展进程划分，将工业化进程分为三个阶段。

H·钱纳里人均经济总量与经济发展阶段关系

时 期	人均GDP（1982年美元）	经济发展阶段	
1	364—728	初级产品生产阶段	
2	728—1456	初级阶段	工业化阶段
3	1456—2912	中级阶段	
4	2912—5460	高级阶段	
5	5460—8736	初级阶段	发达经济阶段
6	8736—13104	高级阶段	

从我国学者根据世界100多个国家资料统计结果看，人均GDP600美元时，各国的国内生产总值中三次产业的比重大致为21.8%:29%:49.2%，从业人员比重大致为34.8%:27.6%:37.6%；人均GDP1000美元时，各国的国内生产总值中三次产业的比重大致为18.6%:31.4%:50%，从业人员比重为28.6%:30.7%:40.7%。

从我市的情况看，2003年，农村人均GDP约为1095美元；三次产业的比重为35.3%:28.9%:35.8%；三次产业从业人员的就业结构为72%:11%:17%。按照产业结构、从业人员结构和钱纳里对经济发展进程划分，我市农村人均GDP已经进入工业化初级阶段水平，但第一产业比重和第一产业从业人员比重还明显偏大，没有达到人均GDP600美元时的水平。结合其他因素，综合分析上述三项指标，我市农村现阶段还不具备工业化初级阶段的特征，应该处于初级产品生产阶段。

3.农村工业总量小，主要集中在县城所在地。2003年，农村工业企业近2.3万户，实现工业总产值232.6亿元，占全市工业总产值的12.3%，平均每户企业实现工业产值仅为101万元。其中，规模以上工业企业139户，实现工业总产值38.9亿元，占全市规模以上工业总产值的2.6%。从上述数据我们可以看出，我市农村工业经济总量较小；规模以上工业企业更少，仅占全部农村工业的0.6%。

从地域分布情况看，多数企业分布在县城所在地，乡村以粮油加工厂、铁匠炉、小酒厂等家庭作坊式的小工业为主，对地方经济发展作用很小，对转移农村剩余劳动力的作用也不明显。

4.农业产业化龙头企业初具规模，但带动和辐射作用不强。近年来，我市把粮食转化和农副产品深加工为主的农业产业化作为支柱产业加以发展，形成了以玉米深加工为主的大成集团、以肉牛加工为主的长春皓月、以肉鸡加工为主的吉林德大等一批规模较大的龙头企业群体。2003年，全市规模以上农副产品深加工企业16户，产值88.3亿元，利润5.4亿元，就业人员达1.7万人。龙头企业对推进农业产业化进程、消化农副产品、吸收农村剩余劳动力，拉动全市社会经济发展，确实起到了非常积极的作用。但还缺乏像汽车工业那样的对上游行业和下游产业具有带动和辐射作用的企业。

三、制约农村工业化的问题

1.基础设施落后，投资环境较差。发展农村新型工业化，基础设施建设必须先行。从我市的现实基础看，一是交通状况差。虽然早在1996年实现了乡乡通油路，但乡村之间多数是沙土路，一到雨季，就是农民的畜力车都很难通行。村与村及村屯之间的道路状况则更差。二是电信水平低。到2003年末，我市仍有5%的行政村没有通电话，农村电话普及率仅为6部/百人（城市是43部/百人），互联网用户更是凤毛麟角。三是水资源不足。近年来,由于环境的人为破坏和农业用水量的增加,河流污染严重,地下水位下降。每逢旱季,部分地区农民家小井断水,只有靠深井抽水,解决人、畜用水问题。要想富,先修路。如果说发展工业的基础是公路,那么电信就是发展新型工业化的"公路",水资源则是必不可少的自然资源。因此,以上三点都是发展农村新型工业化必须首先解决的问题。

2. 中梗阻和乱收费问题突出,法制意识不强。多年来,我市以经济建设为中心,相继制定和发布了多个促进地方经济发展的政策措施。去年,我市为了大力发展民营经济,专门召开了动员大会,并出台了发展民营经济的58条政策。应该讲,"杀鸡取卵与养鸡下蛋"的区别人人皆知,在原始积累阶段,政府加大扶持力度、采取"休养生息"政策,甚至全部减免税费都不为过,这也是发展经济的需要。但是,在政策执行过程中,"中梗阻"和下面乱收费的问题,并没有得到很好解决。有些行政执法人员法制观念淡薄,有的甚至于违法行政,为了部门利益、为了个人私利,不愿放权、乱用职权的现象时有发生。试想一个刚刚开张的小企业,怎能经得住各个权力部门的"轮番轰炸"。更为重要的是,个别案例能在社会上造成广泛的影响,挫伤投资者的积极性。近些年来,一些地方政府把招商引资作为发展经济的重要手段。这一措施是对的,但不是唯一的、也不是最重要的,我们更应该注重经济发展的环境,这是保证地方经济发展的根本。只要你这里的环境好,有"梧桐树"就不怕引不来"凤凰",如果环境不好,招来的"凤凰"也会飞走。

3. 市场观念淡薄,认识上还有偏差。从1978年改革开放开始,我国进入了经济转型时期。市场经济体制取代计划经济体制并日趋完善,人们的思想观念也开始转变。但由于多年来计划经济影响,理论上的转变与思想观念的根本转变还没有同步,人们多年形成的计划经济思维并没有消除。从我们长春市情况看,家庭联产承包责任制的实行,使农民的温饱问题基本得到解决,人们安于现状、不思进取的思想还不同程度存在,黑土地养育了一批惰性群体。因此,更新观念、开拓进取,是发展经济的关键,也是走农村新型工业化道路必须解决的一个问题。

另外,一些领导在发展经济方面手段单一,认识上还存在偏差,重视外资、轻视内资,重视大项目、忽视小投资,喜欢轰轰烈烈、不愿意脚踏实地的现象较为普遍。发展经济应该内外结合、大小并重、扎实工作,农村新型工业化建设也应如此。

四、发展农村新型工业化的几点思考

前面我们对农村工业现状和制约农村工业发展的因素进行了分析。总的情况看,农村基础设施落后,工业基础还比较薄弱。但我们有比较丰富的劳动力资源和农副产品资源,这也是因地制宜,走农村新型工业化道路的潜在优势。我们应紧紧抓住国家振兴东北老工业基地和对农业、对粮食主产区政策扶持的有利时机,形成以高新技术产业为先导、基础产业和制造业为支撑、服务业全面发展的农村新型工业化格局。本文力争按科学发展观和市场经济的要求,对推进农村新型工业化问题进行思考,希望能为我市农村经济发展和新型工业化建设,"出一计、献一策"。

1. 农村新型工业化应该以农村劳动力为主要劳动力资源。农村剩余劳动力数量大,外出打工只是解决农民增收、缓解就业压力的一种"短平快"方式,不能从根本上解决问题。农村劳动力的就地安置、内部消化,不仅可以缓解城市就业压力,也是解决农村剩余劳动力的根本途径。同时,农民更愿意就近择业,经过技能培训,他们完全可以胜任工作。发展农村工业的主要目的之一,就是解决农村劳动力过剩、隐性失业的问题,这是一个一举多得的选择。

2. 农村新型工业化应该以农业产业化为基础,以农副产品为主要原料。农业产业化是农村新型工业化的基础,在计划经济向市场经济转型过程中,对于引导农民走向市场、提高农业比较效益、合理组织农业生产、吸收农村劳动力就业、加快传统农业向现代农业过渡、促进生产要素在城乡之间的双向流动,都发挥了积极作用。走农村新型工业化道路,就是要在农业产业化的基础上,寻求更高的标准、求得更快的发展。同时,走农村新型工业化道路,应该因地制宜、以农副产品为主要原料。这样既可以使农副产品就地消化;又可以使农村工业获得价格优势、减少运输环节,提高经济效益。实现工农互补、良性互动,取得双赢的效果。

3. 农村新型工业化应该与农业规模化、农业机械化相结合,相互促进。2003年,我市耕地面积106.6万公顷,农业户的户均耕地为1.05公顷左右。以户为单位的小规模经营,不利于农业技术推广应用和机械化生产,进而影响农业劳动生产率提高。十六届三中全会提出,"农户在承包期内可依法、自愿、有偿流转土地承包经营权,完善流转办法,逐步发展适度规模经营"。这是在新的历史条件下,党中央对农村政策的补充和完善,在政策上为农业规模化经营、机械化生产提供了法律依据,可以大大地提高农业的劳动生产率,为工业化提供劳动力资源。同时,工业的部分利润反哺农业,相互促进,形成良性循环。

4. 农村新型工业化应该强化龙头企业的带动作用,优化产业布局。农业产业化龙头企业是沟通农产品和消费品、农业和工业、农村和城市、国内市场和国际市场的桥梁,也是推进农村新型工业化的中心环节。调整优化农村经济结构,把龙头企业建在乡镇,把基地建在农村,形成与市场需求接轨的农业产业化结构、与加工需求相配套的农村生产力布局,是加快农业产业化龙头企业发展,积极推进农村新型工业化的基础和前提。在加大龙头企业培育、扶持力度的同时,拉长产业链,提高龙头企业的带动和辐射作用,形成龙头企业带动下的工业企业群。

5. 农村新型工业化应该以市场为导向,以民营经济为主体。2003年,我市农村财政收入之和为21.5亿元,平均每个县区仅为4.3亿元,地方可以支配的财力则更少。靠仅有的财力,不可能对农村新型工业化投入大量资金。在市场经济条件下,投融资等经济活动,都应该靠市场的手段来解决。在投资主体上,应该在吸引域外资金的同时,积极鼓励和引导本地的民间投资,使民间资本充分发挥作用。在投资方式上,采取合资、合作、股份制等多种形式,形成合力,使民营企业逐步做大做强。在生产经营方面,应该坚持以市场为导向,建立和发挥行业组织的作用,强化信息引导和市场开发。

6. 农村新型工业化应该以科学技术为载体。走新型工业化道路,人才和技术是关键。随着知识化、信息化时代的到来,我们应该引入新观念、新技术,以高新技术为先导,高标准、高起点地对农村工业进行布局,实现农村工业由传统工业向现代化工业转变。一是积极争取国家科技部的"星火计划"项目,加速科技成果转化和推广应用。二是要鼓励引导科研单位、大专院校和科技人才到农村创业,以技术入股、联合经营等方式参与农村新型工业化建设。三是以我市的劳动力资源优势和农业资源优势，吸引域外的涉农企业到长春落户，充分发挥他们的资金、技术和经营管理方面的优势，带动农村工业发展。四是大力发展生态农业，为工业提供优质的农副产品资源。五是加快农村信息化建设，提高农村电话普及率，为农村新型工业化提供基础保证。

7. 农村新型工业化应该以科学发展观为准则。十六届三中全会明确提出："坚持以人为本，树立全面、协调、可持续的发展观，促进经济社会和人的全面发展"，这是我国社会经济发展总的原则，也是新型工业化的核心内容。我们在发展农村新型工业化过程中，也必须遵循这一原则。过去，我们在发展经济过程中，忽视了一些社会问题，如社会事业发展没有与经济发展同步、经济增长代价过高、资源环境压力加大等。走农村新型工业化道路，一是要充分发挥人力资源优势，促进人的全面发展，并使大多数人享受到工业发展的成果。二是合理进行产业布局、区域布局，解决产业结构不合理、区域发展不平衡的问题。三是转变经济增长方式，降低经济发展成本和代价，由粗放型向集约型转变；改变过去高投入、高消耗、高污染、低效益的旧模式，实现速度、结构、质量、效益的统一。四是推广清洁生产技术，发展循环经济，实现资源的综合利用和重复利用。五是严格控制污染企业落户，综合治理环境污染，走可持续发展的道路。

8. 农村新型工业化应该加强政策引导和依法行政。推进农村新型工业化的主体是投资者，关键的问题是把投资者的积极性发挥好、引导好、保护好。在前面的制约因素里，我们谈到了市场观念淡薄和"中梗阻"及乱收费的问题，这是解决我市农村工业发展滞后的关键所在。所以必须加大政策引导的力度，解决好乱用职权的问题。一是制定更为具体、更为宽松的发展农村工业的政策措施，加强政策引导。二是放宽市场准入制度，按照十六届三中全会要求，"法律未禁入行业民资皆可进入。要大力发展和积极引导非公有制经济，允许非公有资本进入法律法规未禁入的基础设施、公用事业及其他行业和领域"，并在政策上创造平等公平的市场环境。三是依法行政，为投资者营造一个宽松的市场环境。要严肃法纪，彻底解决"中梗阻"和乱收费问题，对违法乱纪人员要坚决打击，决不能姑息养奸。

9. 农村新型工业化应该因地制宜、循序渐进，不能求大求全，急功近利。我们看到，我市农村基础设施薄弱，工业比较落后，工业化程度总体上还不具备工业化初级阶段的特征。农村新型工业化是一项长期的、艰巨的、复杂的任务。走农村新型工业化道路，应该切合实际、循序渐进，不能求大求全、急功近利。应该实事求是、因地制宜地制定一个长期的、科学的规划，以立法的形式确定下来，逐步加以实施。这样既可以避免个别领导的短期行为，也可以遏制形式主义、政绩工程、形象工程等现象发生。

10. 农村新型工业化过程中的政府定位。由于多年形成的行政理念和行政管理体制，政府在行使职能上一直存在越位、错位和缺位的问题，政府该管的一些事情没有管，不该管的事情却管了许多。在市场经济条件下，市场机制起主要的和基础性的调节作用，政府职能要切实转变到"经济调节、市场监管、社会管理、公共服务"上来。具体地说，政府应该抓好基础设施建设；提高公共服务水平，真正变为服务型政府，真心实意为投资者服务、为企业服务、为公众服务，而不是只停留在口头上；维护市场秩序，为投资者和经营者创造公平、适宜的外部环境。（郑永生　李振声）

发展壮大长春光电子信息行业的再思考

20世纪90年代以来，以光电子、通信、计算机及软件产业为主体的光电子信息行业在激烈竞争和产业结构升级中高速发展，以其技术含量高、附加值高、污染少、潜力大及对国民经济其他各部门带动作用强等特点，成为当今世界最重要的战略性产业。十六大提出："优先发展信息产业，在经济和社会领域广泛应用信息技术"。利用这个机遇，长春充分抓住有利时机，大力发展光电子信息行业。作为我国光电子信息技术科研、人才集中的地区，拥有较好的技术优势和产业基础。如果能科学规划，高点起步，跨越发展，完全有希望把长春建设成具有国际先进水平的光电子信息产业基地。目前我市已将光电子信息行业确定为四大重点行业之一，国家也将长春作为国家级光电子产业基地。但由于光电子信息行业在全市工业中所占比重较小，还没能发挥主导行业应有的带动作用，发展状况不容乐观。2003年我市规模以上光电子工业完成产值19.6亿元，占全市工业总产值的比重仅为1.3%。因此，采取有利措施加快我市光电子信息行业的发展已成为当务之急。

本文所述光电子信息行业，包括新的《国民经济行业分类和代码》中的电气机械及器材制造业、通信设备、计算机及其他电子设备制造业和仪器仪表制造业。由于软件等信息业暂时没有列入统计范围，故本文中的光电子信息行业没有包括这部分内容。

一、我市光电子信息产业发展现状

长春是中国光学科技的发源地，从第一个五年计划开始，国家就把长春作为光电子研发和生产基地。50年来，国家计委、科技部、中国科学院、以及后来的信息产业部、总装备部等国家主管部门，在项目建设、产品开发等方面都给予了我市大力支持。50多年来，长春在光电子技术领域先后取得研究成果3000多项，获专利200多项，科研成果获奖920项，多项成果达到国内外领先水平。研制出了我国第一炉光学玻璃、第一台红宝石激光器、第一台大型经纬仪、第一块彩色液晶片等数十个中国第一个产品。

经过多年的发展，我市光电子工业已经形成了比较完善的产业基础，但经济总量偏小，没有在全市工业经济中发挥出应有的主导作用。2003年，全市规模以上光电子工业企业发展到40户，完成工业总产值19.6亿元（年报数），占全市工业总产值的1.3%；拥有资产68.6亿元，占全市的4.3%；实现产品销售收入18亿元，占全市的1.2%；拥有从业人员1.8万人，占全市的5.8%。产值超亿元的企业有4户，销售收入超亿元的企业有3户，作为全市最大的光电子工业企业吉林长虹电子有限公司完成产值也只有4.8亿元，实现销售收入2.9亿元。

1999年－2003年，在全市工业高速发展，经济效益大幅度提高的同时，光电子行业的发展却较慢，甚至出现了负增长。1999－2003年我市规模以上工业企业完成工业产值分别比上年同期（按现价计算）增长22.8%、23.7%、24.3%、30.6%和22.9%；而光电子信息行业同期完成工业产值增长速度分别为－28.3%、10.6%、－17.8%、－5.2%和－27.1%。

这几年全市工业产值均保持在20%以上的速度增长，五年平均增长26.1%。而光电子信息行业这几年增幅较低，五年平均增幅为-11%，低于全市工业增幅37.1个百分点，甚至连续三年出现负增长。从四大重点行业来看，1999-2003年，四大重点行业完成产值占全市工业总产值的比重分别为82.3%、81.9%、85.3%、89.2%和90.9%，所占比重呈总体上升趋势，而这五年我市光电子工业完成产值占全市产值的比重分别为5.2%、4.6%、2.9%、2.2%和1.3%，呈逐年下降趋势。

进入2004年，我市光电子信息行业呈现出快速发展态势，一季度完成工业总产值7.4亿元，同比增长55.1%；二季度完成工业总产值13.3亿元，同比增长40.1%；三季度完成工业总产值19.6亿元，同比增长34.7%。呈现高速增长态势。光电子信息行业快速发展主要得益于新产品迅速上市并形成生产规模，新产品开始热销，并有大量产品出口，仅指纹识别产品就与20个国家签订3100万美元的销售合同。全自动生化分析仪、车载通讯系统、液晶网络计算机等20多种新产品陆续投放市场。主要光电子工业企业产销形势较好。今年前三个季度，长虹电子生产彩电81.5万部，增长32.1%，完成产值5.7亿元，增长39.8%；长春联信光电子有限责任公司完成产值4.3亿元，增长29.4倍；吉林东光集团有限公司完成产值2.6亿元，增长1.3%。经过几年的调整，我市光电子信息行业产品结构得到了优化，一大批世界领先的高科技产品相继在长春投产，增加了长春光电子信息行业发展的潜力，拓宽了发展的空间。

二、长春光电子信息行业与东北其他城市同行业对比分析

从东北四市来看，我市光电子信息行业总体经济规模处于劣势。2003年，沈阳光电子信息行业共有企业204户，完成产值187.7亿元，占全市工业总产值的比重为17.6 %；大连光电子信息行业共有企业134户，完成产值298.1亿元，占全市工业总产值的比重为19.3 %；哈尔滨光电子信息行业共有企业82户，完成产值50.2亿元，占全市工业总产值的比重为6.9%；长春光电子信息行业共有企业40户，企业户数仅为沈阳的19.6%；大连的29.9%；哈尔滨的48.8%。完成工业总产值19.6亿元，仅占全市工业总产值的1.3%。这个比例分别比沈阳、大连、哈尔滨低16.3个、18个和5.6个百分点。

从上述分析中可以看出：我市发展光电子工业拥有研发、人才、科技成果和现有产业等得天独厚的综合优势，汽车工业的快速发展为汽车电子产品的发展创造了巨大的市场空间，但从目前看这些优势没能得到合理组合和充分发挥，企业规模普遍较小，最大的光电子工业企业全年完成产值还不到10亿元，缺少带动作用较强的大企业和大企业集团。我市光电子信息行业的发展在东北四市中处于劣势，发展速度较慢，甚至连续出现负增长，经济总量最小，在全市工业四大主导行业中所占比重也最小，所占比重最大的资产也只有4.3%，并且还不断下降，作为主导行业没有拉动全市工业的增长，很难发挥主导行业的带动作用，这与我市具有的发展光电子业的优势不相适应。因此，采取有利措施加快我市光电子信息行业的发展已成为当务之急。

三、长春光电子信息行业发展中存在的主要问题

从以上发展现状及对比分析中得出的一个重要结论，就是光电子工业发展速度慢，经济总量小。造成这种局面的原因是多方面的，在发展光电子信息行业过程中还存在许多困难和问题，主要表现在以下几个方面：

1. 投入不足，创新能力不强。光电子信息行业是一个高投入、高收益、技术更新速度快的产业。按国际惯例，光电子信息行业企业的研发经费占销售收入的比例，在3%以下的难以生存，3%-5%可以维持，5%以上方能发展。2003年我市规模以上光电子信息行业研究开发费用投入仅占产品销售收入的1.5%，离国际标准相差甚远，与国内同行业发展较好的地区相比也存在距离。由于投入不足，研发经费得不到保障，关键技术长期受制于人，产品开发滞后，严重制约我市光电子信息行业的创新能力。2002年我市规模以上光电子信息行业新产品产值为5.2亿元，2003年下降到5.1亿元；2002年我市规模以上光电子信息行业占全市规模以上工业企业新产品产值的比重为1.7%，2003年下降到0.9%；2002年我市规模以上光电子信息行业新产品产值占工业总产值比重为0.4%，2003年已下降为0.3%。

2. 成果转化速度慢，产学研脱节。长春在光电子技术领域先后取得了上千种研究成果、上百项专利技术，多项成果达到世界领先水平。但科研机构、科研人员市场意识不强，重学术地位，轻生产应用，企业和科研部门缺乏有效沟通，各自为战，缺乏紧密的经济技术联系，科研成果转化太慢、太少，使我市光电子工业后续项目跟不上，阻碍了光电子工业的快速发展。

3. 企业规模小，力量分散。到2003年，全市已有光电子信息企业40户，产品涉及光电子信息行业的各个方面，但由于缺乏对光电子信息行业的合理组合，主导产业不清晰，使光电子企业达到一定规模、具有自主知识产权的企业较少，企业群体之间相互带动效应差。

4. 高层光电人才严重外流。我市拥有一大批光电子信息行业的高层人才，但由于近几年光电子工业结构调整时间过长，发展缓慢，许多高层人才感到无用武之地，再加上国内外实力雄厚的公司和研究机构与我市激烈竞争高素质的人才，导致了部分专业人才外流，严重地削弱了我市光电子工业的生产和研发力量。

5. 光电子信息行业对外开放程度不高。对于开放度很高的光电子信息行业而言，行业的效益及竞争力同行业的对外开放程度紧密相关。2003年长春市规模以上光电子信息行业中仅有三资企业8家，占全行业企业数的20%，实现工业总产值2.4亿元，占全行业总产值的12.3%（广东省上述比重分别为62.1%和76.4%）。长春市三资企业比重偏低反映我市光电子信息行业对外开放程度亟待提高。

四、发展壮大长春市电子信息行业的思考

当今世界，突飞猛进的科学技术给生产力和经济社会的发展带来了深刻的影响。光电子信息行业是影响未来社会发展的战略性产业，21世纪初叶是光电子信息产业发展的关键时期，光电子信息行业作为长春市的四大支柱行业之一，不仅拥有产业优势、研发优势、环境优势和人才优势，还拥有以下有利条件：

1. 良好政策和经济环境。党的十六大报告明确提出要"坚持以信息化带动工业化，以工业化促进信息化，走出一条科技含量高、经济效益好、资源消耗低、环境污染少、人力资源优势得到充分发挥的新型工业化路子。"。《长春市国民经济和社会发展第十个五年计划》中也明确提出："突出壮大汽车及零部件、食品、光电子信息、生物与医药四个主导行业"，把光电子信息行业作为支撑长春工业体系的四大主导行业之

一,国家也批准我市为全国唯一两个国家级光电子产业基地之一。国家和地方政府的高度重视为长春市光电子信息行业的发展创造了的良好政策环境。从经济环境看,2003年全国经济增长速度达到9.1%,全省达到10.2%,长春市达14.2%。这为长春市光电子信息行业的发展提供非常有利的宏观经济环境,而经济的高速增长、市场的日益开放、体制的不断完善、机制的日趋灵活,又为提升长春市光电子信息业竞争力提供了有力的支撑。随着城乡居民收入持续增长、消费政策和消费环境不断改善,消费结构的持续升级,将创造出对光电子信息产品的巨大需求。我国是有12亿人口的大国,具有大国市场的优势。随着经济的发展和人民生活水平的提高,对光电子产品的各种需求量将不断上升。同时,我国正处于加速工业化的发展阶段,信息化程度还不高,传统产业的改造和升级换代的任务艰巨,这就为光电子信息技术和产业的发展,创造了广阔的国内市场。

2. 全球性产业结构调整带来的发展机遇。在全球化日盛的今天,光电子信息行业做大做强与外部环境密切相关,全球化成为推动我国光电子信息行业实现由弱到强跨越的重要外部力量。经济全球化推动了国际经济重组的进程,全球化的加剧使世界光电子信息行业加快向我国转移。低廉的生产成本、良好的劳动力素质吸引着众多著名的跨国公司纷纷在中国投资设厂,出现了资本、技术向发展中国家转移的趋势,日本、韩国、我国台湾的显示器开始减少本土的生产,向中国大陆转移;摩托罗拉、爱立信、诺基亚等大企业集团也纷纷在中国寻找投资合作机会。我国正在成为世界发达国家布局产业、拓展市场、配置资源的首选地,加入WTO后,中国正在成为亚洲和世界的制造业中心。全球性产业结构调整为长春市光电子信息行业的发展带来了难得的发展机遇。

3. 发展光电子信息行业的区位优势。我市地处东北亚经济圈的中心,同俄罗斯、日本、韩国等国家有极其有利的经济、技术合作的地缘优势,长春是这些国家向我国转移和扩散技术项目的前沿。我市又处于我国东北老工业基地的中心位置,"十五"期间东北地区老工业基地的改造,要通过高新技术实现结构调整和产业升级换代,这就为我市光电子信息行业的发展带来了广阔的市场空间。长春是我国主要的汽车生产基地,随着汽车工业的快速发展,对车用光电子产品、光电子加工成套设备的需求都将大幅度增长,为我市光电子信息行业的发展提供了良好的区域配套条件。

4. 我市发展光电子信息行业有新产品支持。目前我市一批技术上领先、高端的光电子产品正在快速发展起来,如笔记本电脑、彩屏手机、高清晰度的液晶电视,这些世界领先的高科技产品都将在长春华禹光谷投入批量生产。华禹光谷目前拥有三条产品主线,即手机、移动计算机(笔记本电脑、网盘)和液晶电视(显示屏)系列产品。

综上所述所述我们认为:发展我市光电子信息行业应该:依托现有的研发、产业、人才和技术优势,以发展为主题,以市场为导向,迅速壮大经济总量。将长春建设成国家光电子信息技术研发和生产制造基地,通过基地的集聚效应和扩散效应,使光电子信息行业成为带动长春经济快速发展的新的增长点。以光显示器件为主导产品,带动其上下游产品的发展,形成全国规模最大的光显示产业群,以此构筑长春光电子信息行业的核心和特色。拓展五个领域,积极拓展消费类光电子、光电仪器仪表、光电子器件及材料、激光技术及成套设备、软件技术及产品等五大领域,形成长春光电子信息产业合理的结构。

五、发展壮大光电子信息行业的建议

1. 加大技术研发力度,提高企业核心竞争力。在市场竞争日趋剧烈的今天,光电子信息行业的利润主要来源于对核心技术的拥有和应用,核心技术的掌握,是光电子信息行业企业核心竞争力的基础。长春市光电子信息行业的主要利润主要来源于产品生产阶段,注重生产规模的扩大和产品质量的提升,利用价格、服务等手段赢得市场竞争的当前优势,而不是来源于对核心技术的拥有和应用。长春市光电子信息行业要实现跨越式发展,提升行业竞争力,就必须集中力量、有效整合资源,努力突破制约产业发展的关键技术,建立产业技术创新体系。政府应进一步落实各项产业政策,认真抓好技术标准、知识产权等工作,支持企业在有比较优势的领域不断开发出具有自主知识产权的产品,不断增强创新和发展的实力。重点扶持一批有研究开发能力的企业,加大科研投入,促进企业与科研院校合作,研发核心技术,开发具有自主知识产权的产品。同时对引进的先进技术要充分吸收消化,突破光电子信息行业发展中的瓶颈,调整产品结构,增加产品的附加值和科技含量,减少附加值低且市场趋于饱和的低端产品生产,从整体上提高光电子信息产品的档次,推动产品结构升级。

2. 调整产业结构,培育新的利润增长点。长春市应迅速调整产业结构,加快光电子信息行业的发展,寻求新的利润增长点。应根据市场需求变化,将重点放在成长潜力大的子行业。加快产品升级和技术创新速度,提高光电子信息行业产品的技术含量,降低产品生产成本,迅速改变长春市光电子信息行业生产规模小、技术设备落后等制约行业发展的主要因素,加快长春市光电子信息行业发展步伐。

3. 加快对外开放步伐,提升产业竞争力。我市应抓住世界光电子信息行业结构调整的机遇,充分利用国际资本流动的大好时机,努力创造条件,大力引进外资,采取与国外大公司合资、合作等方式,引进先进技术和设备,发展一批技术含量高,在市场上有竞争力的高科技产品;鼓励外资企业通过兼并、风险投资、投资基金等多种方式,参与长春市光电子信息行业的结构调整,改善长春市光电子信息行业所有制结构,提升长春市光电子信息行业产业竞争力。

4. 完善吸引人才的政策措施,提供人才支持。营造尊重人才、促进人才成长环境,对于在长春创业的人才,打破各种限制,帮助解决生活安置问题,为其创业提供有利资助,并在税收等方面给予优惠的政策。鼓励各类人才以技术、管理、市场资源等要素参与收益分配,充分发挥现有人才的优势。同时,敞开大门,以多种形式吸引国内外光电子人才来长春创业发展或短期工作。创造条件引进光电子信息行业发展所需的技术和管理人才。 (综合处 杨侃)

全市经济发展进入新的快速增长周期

2004年以来,全市人民在市委、市政府的正确领导下,加快经济结构调整、巩固工业主导产业地位,大力招商引资、开拓国内外市场,供给增加,需求扩大,经济发展焕发了新的活力。2004年1-9月份全市生产总值(GDP)比上年同期增长13.5%,高于全国4.0个百分点,高于全省0.9个百分点,是

1996年以来全市GDP增长较快的时期。

一、当前我市经济运行的总体特征

1. 经济发展进入了一个新的快速增长周期。

随着当前我国经济进入了新一轮增长周期的上升阶段，我市经济发展也已进入一个新的快速增长周期。1998年—2003年，全市GDP增长率分别为12.5%、13.0%、13.1%、13.4%、13.1%和14.2%，年均增长13.4%。2003年我市GDP增长增长速度为近年来增幅最高年份且突破14%，高于当年全国5.1个百分点，高于全省4.0个百分点。

进入2004年以来，全市GDP增长速度一季度达到19.5%，上半年累计达到16.3%，三季度累计达到13.5%。1-9月份，五个开发区GDP完成445.1亿元，增长20.0%(未剔除价格因素影响)；各县(市)、区的经济增长速度也在加快，尤其四个县(市)GDP超过了城区的增长速度。1-9月份，四个县(市)GDP完成245.5亿元，比去年同期增长16.1%，高于去年同期1.9个百分点；六城区GDP完成161.6亿元，比去年同期增长15.3%，高于去年同期3.2个百分点。

2. 经济增长质量和效益显著提高。

在全市经济保持较快增长的同时，财政收入也在快速同步增长。1-9月份，全市一般预算全口径财政收入累计完成123.4亿元，比去年同期增长22.4%，高于全市GDP增长速度8.7个百分点。全口径财政收入占GDP比重达到11.5%。地方财政留用收入完成34.1亿元，增长15.2%。

3. 第二产业中的工业已成为推动全市经济增长的主要动力，第一、第三产业保持持续稳步上升的增长态势。

2004年1-9月份，全市GDP完成1075.0亿元，增长13.5%。其中：第一产业完成增加值66.7亿元，增长7.7%；第二产业完成增加值545.5亿元，增长14.6%，全口径工业完成增加值476.1亿元，增长15.1%，高于GDP增速1.6个百分点；第三产业完成增加值462.8亿元，增长13.0%。三次产业对经济增长的贡献率分别为3.8%、52.8%、43.4%，其中工业对全市经济增长的贡献率达46.9%，工业已成为支撑全市经济增长的主要动力。

二、经济运行中存在的问题及建议

(一)经济运行中存在的问题

从2004年1—9月份我市运行状况来看，仍然面临着一些问题：

1. 产销衔接不畅，产成品库存上升。

2004年以来，企业产成品库存一直在快速上升。1—9月份，产成品库存比上年同期上升35.4%，给企业生产经营带来种种困难。产成品库存上升主要集中在农副食品加工(增长70.0%)、纺织(增长387.9%)、交通运输设备制造(增长44.4%)等行业。

2. 汽车销售市场变化对工业生产稳定增长带来影响。

汽车市场是一个受政策影响较大的市场，2004年出台的很多政策都与汽车消费有关，但真正能鼓励汽车消费的政策不多。按照承诺，加入WTO后我国要逐渐减少对汽车产业的保护，其中包括增加汽车进口配额，在2000年60亿美元的基础上，每年递增15%，直到2005年1月1日全部取消对汽车进口的配额许可证管理；同时还将逐年降低进口汽车的关税，直至2006年7月1日汽车关税最终降至25%，零部件降到10%。这对于我市汽车工业无疑是一个大的冲击。

3. 投资总量不高，投资需求对全市经济增长的贡献率在下降。

当前全国固定资产投资过热势头已有缓和。但与全国及各副省级城市相比，我市固定资产投资非但不是过热，却始终处于总量偏小、投资率低于全国也低于全省平均水平的状态。1-9月份，我市固定资产投资完成额在15个副省级城市中仅处于第13位，增长速度处于第15位。我市固定资产投资不但总量小，增长速度也明显偏低，特别是近几年投资需求对全市经济增长的贡献率在呈逐年下降趋势。2001年—2003年，我市投资需求对全市经济增长的贡献率分别为46.7%、43.3%、43.0%，两年间下降了3.7个百分点。

4. 我市经济增长率虽高于全国、全省，但低于绝大多数副省级城市。

1-9月份，15个副省级城市GDP增长速度均高于13.0%，低于14.0%以下的只有长春、成都及西安3个城市，增长速度在14.1—15.0%之间的有3个城市，在15.1-16.0%之间的有5个城市，在16.1%及以上的有4个城市，各城市GDP增长速度在明显加快。由此看来，我市在城市间的新一轮经济发展竞争中面临较大压力，如何进一步加快我市经济发展步伐，是摆在我们面前的一个紧迫问题。

(二)对我市经济发展的几点建议

坚持科学发展观，努力实现全市经济的快速、协调和稳定发展，是今后一个时期全市经济发展进程中必须坚持的主题。

1. 走农业工业化道路，大力发展高效农业，从而加快县域经济发展。

应加快农业和产业结构调整步伐，提高农业抵御自然灾害和防范市场风险的能力。通过政策引导，科技示范，提高农民投入的积极性，积极扩大农业生产的规模，改变传统的小农生产方式，推进农业向工厂化、设施化和高科技农业方向发展，提高农业产业化水平。要选准和开发有地方特色、市场前景好的主导产业和产品，发展、建立和扶持一批各具特色的以本地农产品为重点、具有辐射、带动作用的农业龙头企业。提升农业产业化的档次，延长农业产业链条，增加农产品附加值。在围绕农副产品深加工和农业产业化的基础上，逐步形成以主要农副产品生产基地为依托，以若干农业生产加工企业为龙头，生产、加工、销售一体化的农业和农村经济结构新格局。

2. 加快产业结构调整步伐，走科技含量高、经济效益好、资源消耗低、环境污染少、人力资源优势得到充分发挥的新型工业化道路。

要充分运用高新技术和先进适用技术、尤其要运用信息技术，改造传统产业。延伸原材料基础产品的产业链，提高产品增值水平，扩大定深加工产品的比重，逐步减少工业产品粗加工的份额，提高工业的加工程度和科技含量，增强抗风险能力。

3. 大力发展第三产业，逐步形成合理的规模和结构，增进服务效益和质量，逐步提高对全市经济增长的贡献程度。

我市第三产业的发展，应是建立在为第二产业发展服务基础上的发展。要通过深化改革，政策引导，规范管理，进一步引导社会资源合理流向第三产业。在继续发展商业贸易和生活服务等行业的同时，大力发展旅游业、会展业、物流业、信息咨询业等新兴行业，从而进一步加快全市第三产业的发展。

三、对2004年全市GDP完成情况的预测

根据1-9月份全市GDP实际完成情况及对第4季度可预见因素的分析预测：2004全市GDP完成1520亿元、增长13.0%的预期目标是完全可以实现的；如果措施到位，全市

GDP总量及增长率将超过年初预期目标,GDP将达到1530—1535亿元,比上年增长13.5%左右。 (刘丽红)

长春零售业如何更具竞争力

目前,研究人民生活水平、社会消费品购买力、经济繁荣程度和货币流通等问题要用到一个重要指标——社会消费品零售总额。零售业是社会消费品零售总额按业态分组中一个非常重要的组成部分,近几年,我市零售业实现的零售额占社会消费品零售总额的七成左右。因此研究零售业的发展情况,采取一些措施,使之更具竞争力,具有十分重要的意义。

一、我市零售业的现状

改革开放以来,我市零售业格局发生了巨大的变化,新型经营方式不断兴起,零售市场规模不断扩大,零售业成为市场化程度最高的行业之一。投资结构也开始发生了重大变化,由原来单一渠道、独家经营的传统经济模式逐渐形成国有、民营、联营和外资等各种经济成分并存、多种经营方式相结合、竞相发展的新格局。

1. 零售市场规模不断扩大

第二次全国基本单位普查资料显示,2001年末,我市零售企业法人达到4721户,比1996年增长3.5倍。从业人员达78411人,比1996年增长17.1%。近几年,在第二次全国基本单位普查数据的基础上,零售市场规模不断扩大,超级市场、便利店、专业专卖店、购物中心、仓储式商场等发展迅速,彻底改变了过去百货商店单一的经营模式,形成了行业内多层次、多业态、开放式、竞争型的新格局。一些在国际上流行的新型零售业态也逐步进入我市并取得迅速普及和发展。2003年,尽管有"非典"疫情的不利影响,社会消费品零售总额仍达到了438.3亿元。目前全市商业网点总数已发展到110363个,其中5000平方米以上大型综合超市已达17处。

2. 非公有经济发展迅速,内资仍是主渠道

随着商业管理体制改革的不断深化,我市国有资产通过合理的流动和重组,国有经济的比重明显下降,个体、私营经济的重要作用得到了充分发挥,已成为我市消费品零售额增长的重要推动力。2003年,在社会消费品零售总额中,公有经济实现零售额68.4亿元,比上年下降19.1%,占社会消费品零售总额的15.6%。非公有经济实现零售额370.0亿元,比上年增长16.5%,增幅高于社会消费品零售总额8.1个百分点,占总量的84.4%。

由于我市零售业对外开放较晚,目前内资仍是零售业的主渠道,从2003年限额以上零售业来看,无论单位个数、从业人员,还是商品销售额、商品零售额,我市内资零售业所占比重均在90%以上,处于绝对的主导地位。

3. 新型流通方式不断涌现

为了推进新型业态的快速发展,我市制定和出台了现代连锁商业发展规划,大力扶持新型业态的发展,连锁企业表现出强劲的发展态势,涌现出恒客隆超市连锁、吉林大药房连锁、远方超市连锁等一批规模较大、竞争力较强的连锁企业。与此同时,美国的沃尔玛、马来西亚的百盛购物中心、台湾的乐购、北京华联、上海联华等一批国际、国内知名零售连锁企业也相继落户长春,大大提升了我市连锁商业的档次。从2003年限额以上企业零售业态看,在105户零售企业中,百货商店只有23户,所占比重仅为21.9%。在传统百货商店经营比重不断萎缩的同时,其它新型业态发展迅速,专业(专卖)店取代了昔日百货商店的地位,单位数达到51户,所占比重达48.6%,可谓是占据了半壁江山。超级市场10户,占9.5%,也处于发展上升期。

目前,吉林大药房连锁门店数已达205家,并在美国发展了一个规模较大的连锁店。永新大药房连锁门店数为21家,其中在吉林省20家,在天津市1家。金叶香烟城门店数为19家,市新华书店16家,益和医药公司12家,远方超市10家,恒客隆集团4家。到2003年,全市有超市218个,百货店199个,连锁店1035个,专业专卖店2442个,配送中心6个。全市连锁经营的业种业态已扩展到超市、便利店、餐饮、医疗、音像、图书等行业。新兴业态与传统零售业形成了相互促进、共同发展的良好态势。据粗略测算,在社会消费品零售总额中,新型业态销售比重已达10%左右。

4. 购买力向城市集聚,城市零售市场增幅快于农村

收入的多少决定了购买力的大小。2003年,我市城市居民人均可支配收入为7905元,比上年增长13.5%。农村居民人均纯收入为3411元,比上年增长8.4%。二者收入相差1.3倍,增幅也相差5.1个百分点。由于收入上的差别,再加上农村部分消费流向城市,使城市零售市场增幅快于农村。2003年,在438.3亿元的社会消费品零售总额中,城市实现零售额409.9亿元,比上年增长8.5%;县及县以下(通常称为农村市场)实现零售额28.4亿元,增长7.5%,低于城市增幅1个百分点。

5. 外商企业大量涌入,利用外资步伐加快

随着流通领域的改革开放,国外零售商业大量涌入,不仅带来了新型零售业态,也为我市零售业带来了世界上最先进的管理经验、零售技术、营销手段和服务理念,使零售市场引入了竞争机制,激发了内资零售业发展的活力,推动了零售商业观念、机制的转变,加快了零售业向现代化和规模化的发展步伐。近几年是我市零售业对外开放步子迈得最大的时期,先后建设了卓展时代广场、百盛购物中心、沃尔玛超市、乐购超市、真维斯服饰等一大批商业设施,丰富了我市的商业业态,进一步提升了商业档次,带动了零售业整体水平的提高。目前,我市外商投资企业实现的零售额约占全市社会消费品零售总额的3%左右。

6. 经营规模以小企业为主

从目前我市零售业经营规模看,主要以小企业为主。2001年的普查资料表明,在4721户零售法人企业中,年销售额在100万元以下的有4042户,占85.6%。年销售额在100—1000万元的企业为558户,占11.8%。1000万元以上的企业仅为121户,占2.6%。从从业人员来看,19人以下的为4222户,占89.4%,接近于九成。从业人员在20—99人的法人企业为405户,占8.6%。从业人员在100人以上的企业仅为94户,所占比重仅为2%。

7. 各零售业态具有不同的优势

2003年,我市限额以上零售业的经济效益随着销售收入的增长而不断提高。零售业实现销售收入净额111.7亿元,比上年增长18.5%,利润总额由上年亏损3814万元转为盈利108.8万元,扭亏增盈3922.8万元。分业态看,各有各的优势。专业专卖店在销售总收入中所占份额最大,达到41.76%。实现利润最多,为2452万元。企业盈利能力也最

强,总资产贡献率达到2.76%。超级市场次之,总资产贡献率为2.04%,百货商店的总资产贡献率为1.22%,盈利能力还不到专业专卖店的一半;从企业的发展能力看,超级市场最强,资本保值增值率为20.66%,分别比百货商店和专业专卖店高1.98和8.72个百分点;从企业的偿债能力看,百货商店、超级市场和专业专卖店都超过了负债警戒线,但百货商店偿债能力比较强,资产负债率为68.57%。超级市场次之,为72.87%。专业专卖店最弱,为89.03%;从企业的营运能力看,百货商店居首位,年流动资产周转率达到3.20次,几乎是超级市场的2倍,专业专卖店为2.73次;从反映企业产出效率的成本费用利润率来看,只有专业专卖店是正数,为0.53%,百货商店和超级市场均为负数,分别为-0.79%和-0.35%,说明产出效率是非常低的。具体情况见下表。

业态名称	商品销售毛利率(%)	利润总额(万元)	总资产贡献率(%)	资本保值增值率(%)	资产负债率(%)	流动资金周转率(次)	成本费用利润率(%)
百货商店	5.58	-3557.3	1.22	18.68	68.57	3.20	-0.79
超级市场	11.36	-300.2	2.04	20.66	72.87	1.78	-0.35
专业专卖店	5.85	2452.0	2.76	11.94	89.03	2.73	0.53

二、影响我市零售业竞争力的几个问题

虽然我市零售业有了很大发展,但与一些地区相比,与市场经济发展的要求相比,还有较大的差距。主要表现在:

1. 我市零售业整体水平较弱。

从2003年东北四市对比资料看,我市零售业整体处于下游水平。

一是零售市场总量偏小。2003年,我市实现社会消费品零售总额438.3亿元,比上年增长8.4%,总量仅相当于沈阳市的60.7%、哈尔滨市的70.2%和大连市的77.1%,增幅也分别比沈阳、哈尔滨和大连低3.3、3.2和4.0个百分点。造成总量偏低的原因主要有以下几个。一个是限额以上零售法人企业个数少。2003年,我市限额以上零售法人企业为105户,在东北四市中是最少的,只相当于沈阳市的一半左右。另一个是非公有经济规模不大。与其他东北三市相比,我市的个体、私营经济无论是数量,还是质量上都有一定的差距。2003年,我市的个体、私营企业数为8.9万户,在东北四市中也是最少的,仅分别相当于大连市的47.3%、哈尔滨市的64.5%和沈阳市的69.4%。平均每户个体企业实现年销售额仅为8.5万元,私营企业为19.6万元,企业的规模很小。另外,我市流动人口较少、收入水平较低也是一个很重要的原因。

二是零售业盈利水平较低。近年来,我市零售市场竞争十分激烈,特别是同业间的竞争加剧,商家不得不采取打折、让利等手段吸引消费者,导致毛利率不断下滑。2003年,我市限额以上零售业毛利率为6.0%,在东北四市中是最低的(见下表)。与发达国家相比差距更为明显,发达国家批发业的毛利率一般在20%左右,零售业在30%左右。毛利率过低已使零售业难以通过真正的商品销售过程获利。从各业态毛利率来看也极不合理。我市百货商店的毛利率为5.5%,超级市场的毛利率为11.4%。按照规律,百货店的毛利应该比较高,而超市的毛利比较低。百货店的毛利率低于超市的毛利率也是不应该的。由于毛利率较低,使得商品销售利润也很低,平均每户企业仅为263.9万元,在东北四市中居末位,分别相当于大连市的45.4%、沈阳市的60.0%和哈尔滨市的87.9%。利润总额虽然比上年大幅度上升,但每户零售企业实现的利润总额仅为1.0万元,也处在盈亏的边缘。

三是资产负债率偏高。2003年,我市限额以上零售业的资产负债率高达75.3%,在东北四市中是最高的,分别高于沈阳、大连和哈尔滨市4.7、4.2和0.1个百分点。在西方发达国家,一般把资产负债率等于50%称为负债的警戒线,表明在企业资本结构中负债与所有者权益各占一半。如果资产负债率超过100%,则表明企业已资不抵债。所以把资产负债率等于100%视为破产警戒线。我市有十几户零售企业的资产负债率已突破了破产警戒线。

东北四市零售业情况对比表

城市名称	个体、私营户数(户)	限额以上法人个数(户)	亏损面(%)	商品销售毛利率(%)	每户实现商品销售利润(万元)	利润总额(万元)	平均每户利润总额(万元)	资产负债率(%)
长春	88828	105	46.7	6.0	263.9	108.8	1.0	75.3
大连	187626	130	48.5	12.3	581.2	1200.4	9.2	71.1
沈阳	128068	195	52.3	9.7	440.1	8161.0	41.9	70.6
哈尔滨	137719	105	34.3	13.3	300.2	-3948.0	-37.6	75.2

2. 农村零售市场销售增长较慢。

从我市社会消费品零售总额实现的地域上看,农村零售市场销售无论总量还是增幅都大大低于城市。农村商品流通不畅,流通网络不健全,基础设施也较落后,农民有效购买力不足。这与农民收入水平低于城市居民有很大关系。整个"九五"期间,我市城市居民人均可支配收入增加了2245元,年均增长9.9%。而农民人均纯收入仅增加了760元,年均增长5.6%。农民人均纯收入的增量仅是城市居民的三分之一,增幅也比城市居民低4.3个百分点。2003年,我市城市居民人均可支配收入为7905元,比2000年增加2355元,而同期农民人均纯收入仅增加991元,增量仅是城市居民的42.1%。农民与城市居民相比,农民既是消费者,也是生产者,农民收入中要有一部分投入到生产中去。所以即使农民收入和城市居民收入水平相当,农民的消费水平还是要低于城市居民,更何况现在农民的收入水平大大低于城市居民。我市是农业大市,农村人口占全市总人口的近60%,这在很大程度上制约了农村零售市场的发展。

3. 布局不合理

商业网点的发展和布局与城市规划是密不可分的,是设定商圈半径、创造有序竞争环境的有效依据。由于缺乏规划的有效引导,我市零售业布局有一个很大的弊端,有些地方饱和,有些地方空白,即分布不平衡。如在重庆路上,不到1000米的距离中,仅百货这一经营业态就有亚泰富苑、长百集团、国贸中心、百盛、卓展五家。重庆路商圈几家大型超市密集。而在西安大路、和平大路一带和东南湖大路一带,没有一家5000平方米以上的购物中心。在市场总体规划上,也表现为城区多,所辖县(市)和广大乡村少,而且在城市和县(市)所在地也呈现出中心地带市场密集拥塞、外围空间市场规划发展不足的状态。满足供应型的普通化综合市场多,有相当经营规模和辐射能量的、具备一定品位和知名度的大型专业市场少。商品经营需要聚集效应,但过分集中会导致无序竞争的局面,使价格战的恶性竞争方式不断发生,供应商的利益受损,企业自身的盈利水平也必然降低,在管理和各方面的投入自然跟不上,对企业长远发展十分不利。同时也给消费者造成一种错觉,以为降价商品利润过高,不打折不买商品,进而

影响正常消费心理和消费行为,这对开拓市场很不利,也制约了我市零售业的有序发展。

4. 连锁业规模偏小,产业高度分散

目前我市还没有真正具有规模与品牌优势的连锁专卖店,物流中心建设也刚刚起步。

我市零售企业还存在产业高度分散问题。2003年,我市零售业10强企业实现零售额73.2亿元,占全社会消费品零售总额的16.7%,其中过十亿的企业只有两家——欧亚集团和长百集团,销售额分别为23.0亿元和14.9亿元。而大连的大商集团的销售额为181.8亿元,是我市10强企业的2.4倍。美国的零售巨头沃尔玛去年销售额高达2220多亿美元,是中国百强零售企业销售总额的8倍多。在美国,主要的零售市场前三大家的销售总额一般都占整个市场份额的70%以上。相对而言,我们的零售业是高度分散的,目前还没有出现全国性的零售企业。最大的零售企业——欧亚集团也只是在本地发展,并没有找到跨地区扩张的有效途径,这也是产业分散的根本原因。

5. 现代营销方式和组织形式规模小,新型业态比重低

经过近几年的发展,我市零售业发生了很大的变化,新型业态也呈现良好的发展趋势。但与国内外先进水平相比,仍存在很大的差距,如新型业态的市场份额上海已达17%,大连达到12%,北京市新型业态占21.8%,而发达国家多达60%以上,我市只有10%左右。居民区缺少面积在50-100平方米、经营品种在500个、营业时间在16小时以上的有信誉的便民店。与老百姓最为接近的社区商业存在着布局混乱、业态传统、设施简陋、功能不强等问题,明显滞后于城市的发展,无法满足居民的生活需要。在电子商务方面,由于企业的信息化程度不高,真正实现网上购物、网上交易的还很少。另外,物流配送企业规模偏小,流通现代化程度也不高。

6. 企业科技含量不足,农村网点建设较落后

我市新型营销方式尚处在起步阶段,缺乏现代营销理念,商业科技化含量低,利用信息技术从事管理工作的企业很少,甚至连时点销售系统(POS)、管理信息系统(MIS)和电子订货系统(EOS)等基本信息管理技术还未普及。我市的一些地方,特别是农村的商业设施还较落后,大多以个体经营为主,难以满足和刺激居民较高层次的消费需求。一些地方的小商品市场在零售业中仍占据重要地位,它虽然对活跃市场起到一定作用,但也带来了不少社会问题,很多小商品市场成为假冒伪劣的滋生地,甚至成为藏污纳垢的地方,严重扰乱了市场经济秩序。

三、目前提高零售业竞争力面临的有利条件和不利条件

尽管我市零售业发展还存在很多制约因素,但从目前来看,也面临着良好的发展机遇,我们必须抓住机遇,加快发展,使我市零售业更具竞争力。

1. 消费环境有利于零售业的发展。

首先,从消费政策方面看,在今后一段时期内,国家将继续采取积极的财政政策和适当的货币政策来扩大内需、启动消费,融资渠道不断拓宽,又相继推出一系列信贷消费政策,如贷款买房、贷款买车、贷款旅游等等,这为零售业发展提供了难得的政策环境;其次,从社会购买力方面看,到2004年底,我市GDP将超过1500亿元,城市居民人均可支配收入和农民人均纯收入也将有一定幅度的增长。经济的快速增长和城乡居民收入的不断提高将促进社会购买力持续增强;再次,从零售业发展的阶段性变化来分析,目前的零售市场受居民可支配收入和消费预期等因素影响还远未饱和,消费者越来越追求高品质、实用性、个性化消费,汽车、住房等一些耐用消费品销售开始升温,消费高级化阶段才刚刚开始。因此,尽管消费结构多元化趋势会愈演愈烈,但商品消费仍将会与不断提高的住房消费、保险消费、教育消费、医药保健消费、娱乐消费等保持同步的增长;最后,按照经济周期理论,近两年应为我国新一轮经济周期的高涨期,社会需求增长强劲,当前国民经济的良好发展态势还将延续一段时间。受其影响,今后一两年内,如果没有重大突发事件,我市零售业也将继续保持良好的发展势头;另外,我国宏观经济长期向好是不争的事实,新兴业态还有很大的发展空间,农村市场也蕴含着巨大的潜力,这些都为我市零售业的发展提供了更广阔的发展空间。

2. 长春的区位优势和相关产业的带动为零售业的发展提供了广阔的空间

我市是吉林省的省会,是全省政治、经济、科技、文化中心,2003年末,户籍人口达到718.2万人,具有强大的消费需求,去年,实现社会消费品零售总额438.3亿元。我市基础设施较为齐全,交通与信息发达,是商品集散地和加工的中心,对周边地区的综合服务作用越来越大。我市的房地产开发投资一直保持了较高的增长速度,必然会带动建筑材料、装修装饰材料及其他相关材料销售的增长。我市还被评为最具竞争力的会展城市之一,会展活动的举办,必然会带来大量的商流、物流、信息流和资金流,对零售业发展也会有一定的拉动作用。

3. 零售业全面开放带来的机遇

目前开始实施的《外商投资商业领域管理办法》规定,从2004年12月11日起,外商零售业全面开放,外资商贸企业将通过直接投资、合资合作和企业并购等各种方式加快进入国内市场,必然带来商品市场的活跃,将会从更高的层面上促进零售业的新一轮发展与繁荣。入世还将促进我们在更广泛的领域内使用外资、应用先进的经营理念和营销方式,重新整合现有零售业资源,进而推动我市零售业增长方式的根本转变,提高零售业的现代化水平和国际竞争力。

在看到零售业发展潜力的同时,也要看到加快零售业发展的一些不利因素,一是由于我国社会保障体系还不够健全,人们收入中的一部分需要用于医疗、养老、子女教育、购买住房等支出和储备,使购买力大量分流,居民的一部分潜在购买力无法如期释放,抑制了消费品零售额的增长,影响零售业的进一步发展。二是来自于市场经济不断成熟的挑战。如今是商品过剩,个性化消费初露端倪,消费变化节奏加快,消费热点转移迅速,消费者的消费心理也日渐成熟,对商品和服务的要求更高,零售企业开始进入微利时代,会影响企业的后续投入。三是外商零售业全面开放既给我们带来了良好的发展机遇,同时也带来了挑战。国外一些实力更大、技术更先进、市场经验更丰富的大集团一定会进入我市,新一轮的商业竞争会更加残酷。市场开放、检测标准统一以及世界科技等都将对零售领域的产品质量、服务、效益等方面带来更为激烈的竞争。

2004年底,我国将取消外资商业企业在地域、股权和数量等方面的限制,完全开放内地的零售市场,这说明中国零售业加入世贸组织过渡期的结束,商业领域对外开放的速度会进一步加快。虽然此前外资零售业早已进入内地市场,但由于一些政策的限制,外资很多潜在的优势还没有完全发挥出

来。今后我市零售市场的竞争会更加激烈。

在东北,沈阳、大连和哈尔滨都已纷纷采取措施,加快零售业的发展。沈阳正全力打造东北地区现代化国际商都,实现商业连锁化、集约化、信息化的新跨跃。2003年又全面启动了最重要的两条商业街之一中街商业区建设改造工程,把它打造成4A级景区,完善其功能,全面建设一个集商贸、商务、旅游、餐饮、娱乐、健身等于一体的综合性社会活动中心和不夜城,这在全国还是独一份。显然,沈阳发展商业的目标正在向国际水准看齐。沈阳还借鉴上海、北京等先进城市经验,以大商业、大流通、大市场的理念规划高起点、大气魄、大手笔的沈阳商业,投资500亿元打造铁西物流中心,借此打造全沈阳乃至整个东北地区的产品流通配送的集散地。又在2004年的辽宁省投资环境和重大项目推介会上,推出了建筑面积26万平方米,项目总投资10亿元,预计年营业收入24亿元的东北地区最大的商业购物广场招商项目。大连的零售业也很有竞争力。大连大商集团有限公司在2003年中国百强连锁企业排行榜中以181.8亿元的销售额排在第2位,增幅达42%,比排在第1位的联华超市高出11个百分点。近几年,大连以建设现代化国际商都为目标,加速推进商品流通现代化。2003年,大连在建和拟建商业项目总数达到37个,其中包括了8个社区的商业中心,总建筑面积309万平方米,商业面积达到174万平方米,加上现有商业面积,人均占有商业面积超过1平方米。这充分说明了大连未来所拥有的庞大的商业环境。众多商业项目的兴起为大连营造“大商业”氛围提供了积极的硬件支持。目前,大连与世界500强的合资合作项目占20%,他们直接参与和推动了对传统商业的改造。

哈尔滨也正在全力打造东北零售业物流流通中心城市,积极加速国有商业资本的退出和商业设施的建设,准备筹资20亿元,在江北建设占地35万平方米、建筑面积70万平方米左右的松北商业区,使之成为全省最大的旅游购物商业中心。

我市也应抓住机遇,加快推进零售业的现代化和国际化,使之更具竞争力。

四、加快零售业的发展,使之更具竞争力的几点建议

1. 加大规划力度,突出特点,打造商业区

长春市场的特点是外来消费者相对较少,大多是本地的消费群体,属于日常消费型,市场份额有限。从消费层次上看,城镇居民收入在全国偏低,高收入群体有限。我市应根据自己的消费特点,加大规划力度,认真研究零售业态发展变化的规律性,对零售业进行合理规划和整体布局,引导和鼓励企业按照总体规划和发展目标,科学选择业态,合理设置网点,避免重复建设和盲目发展带来的同业态模式的恶性竞争。要突出特点,打造各商业区,使各商圈有自己的侧重点。如:重庆路商圈应以中、高档消费品为主;红旗街商圈由于历史原因,应该以大众路线为主;桂林路商圈则应以小巧玲珑吸引青年消费者。但每个店都要有自己的特点,要打自己的特色牌,要向商品的专业化方向发展,服装、家居、家电、工艺礼品、古董等等都应各自成店,这样使消费者消费时就会目标明确,商家也可以固定自己的消费群体。

2. 提高城乡居民特别是中低收入群体的收入水平,努力提高居民购买力。

提高城乡居民收入水平是扩大消费需求、促进消费品市场健康发展的关键。在农村,要切实减轻农民的负担,以市场需求为导向,加快农业产业结构的调整,提高农产品加工水平和效益,完善农业产业化经营。同时要打破城乡二元分割,在市场基础上相互开放,及时兑付农民工的工资,对进城民工在办理执照、税收、法律及咨询方面提供各种优惠政策。积极推进小城镇建设,把更多的农村剩余劳动力转移到二、三产业就业,拓宽农民增收渠道,不断提高农民的收入水平。在城镇,应进一步完善城镇居民最低生活保障制度,加强对下岗工人的职业再培训,减少因失业等原因导致的贫困问题。大力发展就业容量大的劳动密集型产业、服务业和中小企业。提供自主就业的优惠政策,提高城镇中低收入群体的收入水平。另外,劳动就业工作要改变重城镇轻农村的偏向,要从政府部门的职能安排上建立城乡一体化的劳动就业管理体制,不能只管城市不管农村。此外还要建立稳定的行政事业单位职工工资增长机制,使行政事业单位职工工资水平与经济发展水平基本相适应。

3. 推进新型营销方式,发展连锁经营,推动流通现代化

新型业态具有较强的竞争力与生命力。在西方发达国家,连锁经营一般占市场销售份额的1/3以上,美国比例最高,约占60%。英、法两国连锁经营已成为流通业中的主流趋势。今后,我市应大力发展连锁业,继续加快连锁业在业态、经营范围、地域等方面的拓展。在业态上,积极引导连锁经营从超市、百货店向便利店、专业店、专卖店、大型综合超市、仓储式超市、折扣店等多业态拓展;在经营范围上,从传统商品零售向成品油、汽车、农资、医药、烟草、图书报刊、住宿、典当、拍卖、家政服务、房地产中介和教育培训等多行业和新兴服务拓展;在地域上,从大中城市向小城镇和农村市场延伸,向省外、国外发展,组建一批跨区域、跨行业、跨所有制的大型连锁企业集团,从直营连锁向加盟连锁和特许经营等多种方式拓展。要通过多种方式,积极扩大现有连锁企业的店铺数量。还应进一步规范商品销售代理,努力扩大代理商品的范围和数量规模,大力发展物流配送中心,充分利用本企业现有的设施,发展、建设和改造各类商品的物流配送中心,合理利用社会资源,提高流通效率。同时还要改造目前居民区内效益不佳、无竞争力、规模不大的百货店、集贸市场为超级市场。今后,百货店应该是卖时尚、卖品牌、卖信誉、卖功能、卖环境;超市是卖价格、卖方便;专业店是卖品种,便利店是卖时间。

4. 明确市场定位,实行差异化经营、多种经营

不同的消费观念、消费水平需要不同的消费市场,对商场也就提出了拉开差距的要求。按国际上公认的标准,零售业可分为引领时尚、以满足高消费人群需求的高级百货店,突出流行、以满足社区购物的流行百货店,以及满足市民日常生活需要的超市、便利店三种业态形式。我市在业态的调整过程中,必须要有明确的市场定位。在经营品种上应对商品经营比重进行调整,减小竞争力较弱的商品经营比重,增加竞争力相对较强的商品经营比重,避开与其他零售业态的正面竞争。在深圳和沃尔玛成功对垒而声名鹊起的万佳超市就采用了这一战略。商业街区的建设改造,要向特色化经营方向发展。突出为本地区消费者服务的特色。要用业态的多样化满足消费需求的多层次和差异化。根据世界发达国家零售业态发展的经验、趋势和我国的实际情况,我市零售业态结构调整的措施应该是:稳定发展大型百货商店,并对其进行改造,增加服务功能,从而将目标顾客定在中、高收入阶层及特定的假日下的普通消费者;积极发展既能满足各种需求又能发挥商业经营特色的专业店和专卖店;努力发展连锁超市和超级购物中

心,使其成为消费者购物、娱乐一体化的场所,提供全面服务;有选择地发展仓储式商场;有计划、有步骤地发展网上销售等高科技性质的零售方式,从而跟上时代发展步伐,适应国际化竞争的需要,满足消费者对零售业发展的需求。

开展多种经营是现阶段零售业提高经济效益的有效手段。近年来,零售企业的其他业务利润和营业外收益一直保持较快增长,带动了企业整体效益的提高,说明企业盈利的手段已经呈现多元化。从世界上一些著名的大零售企业的经营情况看,他们的主要收益不是来自商品销售,而是来自随着商品销售所产生的其他收益。这一经验值得我们关注。我市零售企业为了适应激烈的市场竞争,应在搞好主业的基础上,采取以主业为依托,大力开展多种经营,通过出租店面、场地或对外投资等增加收益,从而带动整体经济效益的提高。

5. 继续招商引资

在发达国家,现代零售业的建立和发展已有150多年的历史,是很成熟的行业,尤其是美国、英国、日本。随着发达国家零售市场的饱和,一些著名的国际大型零售公司开始了全球化扩张。中国庞大的市场潜力对他们具有强大的吸引力。目前,世界50家最大的零售企业,已有70%在中国抢滩登陆。我国东部地区市场已经出现了日趋饱和的态势,对于我们东北老工业基地,这里的基础设施,技术、人员素质,购买力水平等相对西部而言要有更好的条件,市场发展潜力更大,对外资会更有吸引力。我们应加大招商引资力度,通过提供良好的服务、优化投资环境和出台一系列优惠政策,吸引国内外企业,特别是世界500强企业投资兴业。还可以通过专业招商、配套招商、中介招商、网上招商以及会展招商等多种形式,吸引发达国家和地区的企业来我市投资,盘活闲置资产,进行战略性重组。借鉴国内外先进经营理念、管理手段、流通技术来提高零售业现代化水平。同时支持企业在国内外开店设点,打入国际采购集团,参与国际经济大循环,提高零售业整体竞争力。

6. 加快社区商业的发展

社区商业是以社区范围内的居民为服务对象,以便民、利民,满足和促进居民综合消费为目标的属地型商业,一般商圈辐射半径为0.5公里,它既能满足社区居民日常生活需要,也是吸纳社区就业的重要载体。社区商业的发达程度,是衡量一个城市商业综合竞争能力的重要方面。如果把一座城市比做人体,那么,市级商业中心是骨骼,区级商业中心就是肌肉,而社区商业中心就是连通全身的血脉。我市应积极采取措施,加快社区商业的发展,建设具有较高标准和丰富内涵的社区商业。一是调动社会各方面的力量发展社区商业。要通过引外资、吸内资等多种渠道,引导有实力的国内连锁企业进社区,创造条件引入国外品牌企业参与社区商业建设。二是发挥民营经济经营灵活、市场反应快和调节能力强的优势,积极引导民营经济开办社区商业。三是鼓励下岗失业人员参与社区商业建设。要充分利用下岗再就业的优惠政策,引导鼓励社区下岗失业人员开办食品、小百货、小餐桌、餐饮店、书报亭、维修点等社区商业。

7. 加大改制改组力度,培养巨人

从国际零售业的发展趋势来看,企业的规模化、大型化、集团化是提高国际竞争力的重要手段,也是推动零售业发展的重要途径。我市零售业首先要顺应强强联合和并购重组的经济全球化这一发展趋势,以上市公司和优势企业为龙头,以市场为导向,采取联合并购等手段,实施新一轮资产重组,推进我市商业资产向优势企业、优势业态、优秀经营者集中,做大做强优势企业,形成经营规模大、核心竞争力强的新型企业组织框架,培育零售业巨人。其次要深化国有企业改革,建立现代企业制度。要对国有商业进行战略调整,有进有退,实现以较小资本带动较大资本运作。同时,推进国有商业企业的制度创新。借着东北老工业基地改造、南资北上的东风,把战略性投资与商业改制结合起来。对于条件成熟的国有企业,可以一步到位,国有资本完全退下来。在企业改制中的资产评估上,要按照市场化方式运作,有条件的企业可以公开拍卖,实现企业资产价值;不能公开拍卖的也要按照现实市场可以实现的价格进行公平评估。要充分按照市场化手段运作,不要盲目地将一些同行业企业捆绑在一起,以免经营状况好的企业被经营状况不好的企业拖垮。

8. 培养高素质商业管理人才队伍

管理对于零售企业的成功十分重要,尤其是在零售市场相对饱和的情况下,管理是生存和竞争的关键。没有好的管理,有好的市场机会也会失去。因此要培养一批适应现代商业经济发展、懂管理、善经营的复合型高素质专业人才,大胆引进和使用既有现代科技知识又熟悉商业经营活动的经营管理人员,有计划的对现有人员进行知识更新和培训,同时要加强商贸从业人员的商业道德教育,提高职工队伍整体素质。总之,只要我们不断提高居民收入水平,积极推进新型营销方式,加大招商引资力度,进行战略性重组,调整商业布局,注重市场细分,提高人员素质,我市零售业就一定会更具竞争力。

(逯桂梅)

县(市)区经济

ECONOMY OF COUNTY(CITY) AND DISTRICT

长春统计年鉴

CHANGCHUN STATISTICAL YEARBOOK

2 0 0 5

【农安县】古称黄龙府。地处松辽平原腹地,吉林省中部,距省会长春市60公里,是长春市主要农副产品供应和加工基地,全县幅员面积5400平方公里,辖26个乡镇,378个行政村,总人口112万人。农安县属于大陆性季风气候,年平均气温5.8度,年总降水量332毫米,年有效积温3037度,全年无霜期152天,适合一年季作物生长。现有耕地面积28.9万公顷。

2004年实现地区生产总值1084406万元,按可比价格计算,比上年增长2.7%。一、二、三产业增加值分别达到417640万元,316491万元,350275万元,按可比价格计算,分别增长了3.1%,1.8%,3.2%。

在国家和省、市扩大内需政策的影响下,市场物价总体水平继续回升。全年零售物价总指数为102.6%,居民消费价格总指数为104.1%。其中,食品类价格指数109.3%;衣着类价格指数101.1%;家庭设备及用品类价格指数为99.2%;交通和通讯工具类价格指数99.6%;娱乐教育文化用品类价格指数99.1%;居住类价格指数106.7%;服务项目价格指数100.1%,消费品价格指数105.2%。

全口径财政总收入66044万元,同比增长23.3%,财政组织收入26174万元,剔除政策性因素和一次性税源影响,与上年基本持平。

全县实现农业总产值716145万元,比上年增长3.5%;实现农业增加值(含农、林、牧、渔、服务业)419323万元,比上年增长1.37%。种植业结构受国家政策影响,粮食播种面积明显扩大。全县册内地粮食播种面积270212公顷,比上年增长17.19%,其中:玉米播种面积231528公顷,比上年增长31.95%;大豆播种面积18179公顷,比上年下降7.4%;水稻播种面积5506公顷,比上年下降7.2%。经济作物播种面积9304公顷,比上年下降114.0%。农业生产实现了稳定性发展,册内地粮食总产量达到2175046吨,比上年增长1.76%。其中:玉米产量1998965吨,比上年增长9.72%;大豆产量49120吨,比上年下降33.4%,水稻产量50,294吨,比上年下降4.2%。经济作物获得较好的收成。全县油料总产量18028吨,其中:葵花籽产量13588吨,蔬菜产量347911吨,瓜类产量129044吨。全年实现种植业总产值300291万元。林业生产持续发展。全年实现林业总产值4612万元,全年完成造林面积540公顷,全县森林覆盖率达到12.3%。牧业生产发展迅速。全年实现畜牧业总产值406621万元,比上年增长16.8%。肉类总产量达到447193吨,比上年下降1.0%;奶类产量3925吨,比上年增长0.1%;禽蛋产量51386吨,比上年增长2.11%。生猪总头数发展到3308176头,比上年增长2.49%。其中,生猪存栏1096229,比上年增长1.74%;生猪出栏2211947头,比上年增长2.87%。大牲畜存栏达到688560头(匹),比上年增长17.55%;羊存栏570933头,比上年增长2.2%。华正食品工业园区项目建设进展顺利。渔业生产继续发展。全年水产品产量3080吨,与上年持平。全年实现渔业总产值1638万元。农业投入进一步增加。全县化肥施用量(实物量)294422吨,比上年增长28.86%;农村用电量136270,000千瓦/时,比上年增长46.76%。

工业经济结构进一步优化,支柱及优势产业对工业经济的带动作用不断增强。全县销售收入500万元以上和小型国有工业企业总户数达到56户,工业总产值达到152728万元,比上年增长19.4%。实现利税9884万元。全口径工业总产值实现680000万元。

2004年全县全社会固定资产投资完成158613万元,比上年增长2.4%。其中,国有完成投资额34200万元,比上年增长16.5%;全民基本建设投资额完成42264万元,比上年增长62.2%;更新改造投资28800,比上年增长17.6%。全县建筑业增加值实现41951万元,按可比价格计算,比上年增长2.1%,建筑业增加值占第二产业增加值的比重为13%。全年建筑施工面积达到804973平方米,竣工面积714973平方米。

全县集市贸易成交额达到13亿元,全县社会消费品零售额达到228946万元,比上年增加20957万元,增长了10.0%。

金融保险业持续发展。银行各项贷款余额达到639916万元,其中:农业贷款60407万元;各项存款余额达到367891万元。城乡居民储蓄存款余额达到304466万元。保险承保总额7437万元,已诀理赔支出1872.3万元。

科技综合实力增强。全县拥有各类科学技术人员33186人。其中,自然科学技术人员16774人,社会科学技术人员16412人。

全县总人口达到1120419人,比上年增长0.46%。其中,农业人口873790人,比上年增长0.72%;非农业人口246629人,比上年下降0.45%。全县人口出生率8.9‰;人口死亡率3.3‰;人口自然增长率5.6‰。

人居环境进一步改善。开发商品房12.5万平方米。修建乡村公路510公里,有282个村实现"村村通"。从松花江向波罗湖引水4500万立方米,在氟病区新打水源井180眼,完成从长春市区向合隆镇引自来水的主管道铺设任务。植树造林4600公顷,改造农防林8万立方米。

卫生工作进一步加强,医疗条件不断改善,医疗卫生水平逐步提高。全县拥有卫生技术人员3303人,每万人口拥有卫生技术人员29.5人。深入开展计划生育优质服务工作,加大食品卫生整治力度,保障人民群众身体健康。

全县职工总人数达到46015人,比上年下降2.3%;职工工资总额373869千元,比上年增长4.9%。职工平均货币工资8077元,比上年增长9.1%。剔除物价上涨因素影响,职工实际平均工资为7807元。农民人均纯收入3650元,比上年增长5.1%。剔除物价上涨因素影响,农民实际人均纯收入3506元。

【九台市】2004年,九台市全年实现地区生产总值797575万元,比上年增长17.7%。其中:第一产业增加值170855万元,比上年增长9.7%;第二产业增加值为311723万元,比上年增长13.7 %;第三产业增加值314997万元,比上年增长27 %。经济效益水平明显提高,财政收入增长较快。全市财政收入55372万元,比上年增长28.8 %;全市财政支出176479万元,比上年增长47.2%。

实施县域突破战略和国家支持农业发展的"一免三补"政策,充分调动了农民的生产积极性,促进了农村和农业经济全面发展,增加了农民收入。全年实现现价农林牧渔业总产值292094万元,比上年增长15.62%。其中,农业产值145145万元,增长18.94%;林业产值988万元,减少45.38%;牧业产值144482万元,增长14.27%;渔业产值1479万元,减少37.2%。全市粮食作物播种面积为144894公顷,比上年增长4.09%.全市粮食总产量1031619吨,比上年增长70.92%,实现我市突破100万吨的又一个高产丰收年。

全年全市工业实现工业增加值232234万元,比上年增长

7.87%。全市工业总产值实现458,241万元,比上年增长15.88%。我市实施项目建设,促进固定资产投资突破12亿元大关,全年完成固定资产投资创历史最好水平。全市实现社会消费品零售总额157,646万元,比上年增长9.0%。

交通事业快速发展,交通运输运营能力增强。全市辖内公路里程372.3公里,比上年增长19.48%.全面实施了村村通车建设工程,完成村村通水泥路471.05公里,解决了78个村的通水泥路问题.实施了50.48公里的九德公路的改建工程,已于年内通车.全年完成公路货运量865万吨,比上年减少0.14%;货运周转量34330万吨/公里,增长3.18%。完成客运量586万人,比上年增长5.59%;客运周转量32406万人/公里,增长0.93%。

金融市场体系进一步完善,服务功能和水平进一步提高,金融存贷款业务量继续增长。到年末,金融机构各项存款余额347236万元。其中,个人储蓄存款275091万元。金融机构各项贷款345364万元。

文教卫生体育事业持续健康发展。全市拥有普通中学37所,普通小学298所中学教师4525人,小学教师7935人,中学在校学生65212人,小学在校学生51568人。全市共有文化馆(站)18个;公共图书馆1个,馆藏图书5万册(件、套)。广播电台1座,电视台1座。有线电视中心一个,收视频道达39个,有线电视用户1.8万户。全市卫生机构33个,实有床位1429张。全市卫生机构卫生技术人员2073人,其中,医生889人。成功举办了九台市首届城市运动会,参加城运会人数近万人。

人口和社会保障能力进一步加强。年末全市户籍人口832045人,其中:非农业人口197559人。全年出生人口6835人,出生率为7.93‰;死亡人口2815人,死亡率3.26‰。人口自然增长率为4.67‰。城乡居民收入水平明显提高。全年在岗职工年平均工资8820元,比上年增长18.02%;农村居民人均纯收入3950元,比上年增长23.05%。城乡居民家庭居住条件和环境继续改善。全民创业氛围已经形成,多渠道就业形式不断拓展。大力开展了就业和再就业工作,全年新增就业岗位6300个,城镇新增就业3503人,安置下岗失业人员3310人,登记失业率控制在3.6%以内。社会保障和福利事业持续发展。到目前,医疗保险参保单位360户,参保职工39065人。启动了工伤保险和灵活就业保险,工伤保险参保职工达12400人,灵活就业人员参保人数已达650人。加大了养老、失业保险扩面征缴力度,全年养老、失业金征缴9044万元,养老金、失业金发放率达到100%。加大城市居民最低生活保障工作力度,本级配套低保资金339万元,争取上级低保补助资金1800万元,使全市14200户、33950人得到了低保救助。广泛开展了救灾救济和优抚工作、"双日捐"和慈善救助活动、"助老工程"和"扶残助业工程"提高了社会保障制度。

【榆树市】位于吉林省中北部,处于长春、吉林、哈尔滨三市构成的三角区中心,幅员面积4723.77平方公里,其中耕地面积307433公顷,森林覆盖率为7.18%。全市辖14个乡、16个建制镇、4个街道办事处。总人口122.8万人,其中非农人口18.3万人。人口自然增长率为2.74‰。2004年,全市生产总值实现1150013万元,同比增长14.0%,其中:第一、第二、第三产业增加值分别实现461242万元、174954万元、513813万元,同比分别增长10.2%、10.7%和18.8%。财政总收入实现7.5亿元,同比增长17.6%。

一、农业

全市积极落实中央1号文件精神,采取一系列扶持农业的重要措施。2004年,投放农业贷款11亿元,比上年增长71.9%,向农户发放"粮食直补"资金1.33亿元,良种补贴1970万元,真正实现了农业增效,农民增收,农村经济增强。绿色农业、特色农业有了长足发展,种植业结构进一步优化。全市农业总产值实现713692万元,比上年增长5.5%,实现农业增加值461242万元,比上年增长9.8%。农作物播种面积307433公顷。粮食总产量达到46.5亿斤,居全国各县(市)之首。

二、工业和建筑业

2004年,全口径工业总产值实现400258万元,同比增长5.2%,利润总额实现17921万元,产品销售收入369676万元,完成增加值122600万元。其中:规模以上工业总产值实现94041万元,同比增长19.1%,实现销售收入90204万元,同比增长21.2%,完成增加值33798万元,同比增长39%。

固定资产投资完成额实现163607万元,同比增长2.3%。其中:国有完成投资额102151万元,同比增长118.2%,基本建设投资完成额103601万元,同比增长42.5%。建筑业增加值实现52354万元,同比增长10.1%。

三、国内贸易和招商引资

2004年,全市社会消费品零售额实现222860万元,同比增长42%。集市贸易成交额125671万元,同比增长16.5%。全市输出劳务人员29.1万人次,劳务经济总收入8.3亿元。招商引资态势良好,全年引进内资7.6亿元,引进外资1950万美元。全年引进项目155个,其中投资1000万元以上的项目10个,超过500万元以上的项目20个。

四、民营经济

在"民营富市"和"全民创业"政策的指引下,为民营经济发展提供了优惠政策,民营经济实力进一步增强。2004年,民营户数发展到41635户,从业人员达到205436人,分别比上年增长3.8%和14%。总产值实现923169万元,同比增长22.8%。利润总额57216万元,实交税金8560万元。

五、财政金融、保险业

2004年,我市积极落实"中央1号文件精神",减免农业税,导致本级财政收入有所下降。全口径财政收入75315万元,同比增长17.6%,本级财政收入12488万元。

金融机构各项存款余额达到361310万元,比上年增长3.2%,其中:城乡居民储蓄存款余额315601万元,比上年增长11.6%;金融机构各项贷款余额620695万元,比上年负9%。

全市保险业承保总额212500万元,保费收入17851万元,已决理赔支出13835万元。到2004年年末,全市全年共开发用工岗位7893个,新增就业人数6927人,城镇失业率为3.3%。全市参加社会基本养老保险37392人,参加医疗保险56031人,参加工伤保险13099人,参加低保40699人,参加失业保险44453人。

六、城乡建设

公路建设取得历史性突破。黑大公路榆树段、榆陶公路建成通车,科铁公路完成了路基土方、桥涵工程。三条公路的建成,提升了交通承载能力,缩短了我市与吉、长、哈三市的时空距离。"村村通"工程完成812公里,"村村通"总数达到

247个村,占行政村总数的63.7%。新建一级客运站投入使用。启动了城市巷路工程。完成了9项水利工程。稳步实施"蓝天工程",生态示范区建设通过省级验收,正在申报国家级生态示范区。

七、人民生活

实施水源深井及配套工程和供水管网建设,分户供热改造6万平方米。解决拖欠农民工工资843.9万元。城市居民人均可支配收入实现5300元,在岗职工年平均工资为8138元,农民人均纯收入实现3900元。

八、文教、科技和卫生

广播、电视事业健康发展。有线电视节目频道达到40个,有线电视用户增加到58000户,有线电视网络已经覆盖全市农村273个自然屯。全市现有各级各类学校586所、5858个班级;全市现有教职工12317人,在校学生172744人。2004年,全市投入校舍改造资金4277万元,解除危房面积2.2万平方米,新建、翻建、维修校舍12.8万平方米。

2004年,积极实施国家"863"计划农业智能系统研究与应用项目,已有9个项目列入省、市科技计划。农业技术学会组织发展到140多个,其中市级5个,会员发展到1万多人。举办各类科技培训班2600多次,培训农民近30万人次。我市被国家确定为重大科技攻关项目"国家粮食丰产科技工程"核心试验区和示范区,建成6个省级和长春市级农业星火科技专家大院。

医疗卫生工作进一步加强,防病治病能力进一步提高,城乡基层卫生服务网络体系已经形成。市疾病防控中心正式投入使用,进一步改善了群众就医防病条件。

技术监督局、食品药品监督管理局、工商行政管理局、卫生防疫站、酒类管理办公室等单位深入、持久开展医药、食品卫生质量监督检查管理和治理力度,保障人民群众身体健康。

【德惠市】位于吉林省中北部,美丽富饶的松辽平原腹地,处于长春、吉林、哈尔滨三大城市构成的三角区中心,交通便捷,京哈铁路、北哈公路(102国道)、同三高速纵贯境内,交接成网,四通八达。幅员面积3435平方公里,辖14个镇、5个乡、4个街道办事处、308个行政村。全市总户数24.9万户,总人口91.6万人,其中农业人口75.5万人,人口自然增长率4.9‰。

德惠属中温半湿润大陆性季风气候,森林覆盖率13%,年平均气温4.4℃,有效积温约2800℃,无霜期135至140天,降雨量550至600毫米。自然资源丰富,有耕地21万公顷,江河水域面积8000公顷,砂石矿储量120亿立方米,二氧化碳气矿探明储量64亿立方米,陶粒页岩矿储量1亿立方米,德惠是全国知名的十大商品粮生产基地之一,先后被国家命名为"粮食生产先进市"、"菜篮子工程先进市"、"中国松花江大米之乡",是国家"高优高"农业示范区。

2004年,德惠人民以党的十六大和十六届四中全会为指针,认真落实科学发展观,紧紧抓住"双振兴"历史机遇,全力实施"三区带动、四镇先行、五业并举、六龙开发"的战略举措,一心一意谋发展,聚精会神搞建设,全市经济和社会事业发展取得了巨大成就。据第一次全国经济普查数据显示,到2004年末,全市国内生产总值实现108.1亿元,同比增长15.2%。其中,一产业增加值实现40.8亿元,增长13.2%;二产业增加值实现19.3亿元,增长15.0%;三产业增加值实现48.0亿元,增长16.7%;全口径财政收入实现2.29亿元,剔除农业税后,按可比口径增长10.1%;全市社会消费品零售总额达到20亿元,增长25%。

——大项目建设取得历史性突破,工业化进程不断加快。"三区"建设快速推进。德惠经济开发区、米沙子新型工业区、大成德惠生化工业区的总体规划已经完成,道路、供水、供电、通讯等基础设施日臻完善,引资功能逐步增强,项目集聚效应正在显现。德惠经济开发区新建项目12个,总投资1.7亿元。米沙子开发区新建项目13个,总投资1.8亿元。大成德惠生化工业区新建大项目3个,配套项目3个,总投资9.8亿元。项目建设取得重大成果。关东市场被全国食品行业四强企业福建达利食品有限公司收购,一期工程总投资1.1亿元,已于6月份正式投产;德大公司投资1亿元整体收购了大曲酒厂、佐竹金穗公司,两户企业已重新启动生产;植物油厂破产后被长春市东升房地产开发公司整体收购,已进入试生产阶段;大成一期工程首批项目12万吨复合氨基酸、自备电厂和自备水处理厂已投入生产;10万吨谷氨酸项目和60万吨淀粉糖项目基础工程建设完毕,66KV输变电工程已经合闸供电。长余高速公路菜园子出口建设工程已进入建设中期;皓月集团整体收购鹊源牧业改制重组项目进展顺利;引天然气入德项目已经启动;长春钢厂德惠新厂项目已签约。年初确定的23个重点项目都取得了实质性进展。企业改革不断深化。坚持以产权制度改革为核心,以"双退出"为目标,本着"依法、有序、规范、稳步"的原则,采取出售、转让、兼并、重组等形式,努力破解企业改制中的难点问题,收到了明显效果。完成国有企业改制11户,理顺职工劳动关系3246人,盘活存量资产23亿元。

——现代农业实现大发展,农村经济繁荣兴旺。种植业结构进一步优化,粮食综合生产能力明显提高。全市粮食作物面积达到286.3万亩,占农作物总面积的83.3%。其中优质专用粮食作物面积发展到160万亩,占粮食作物总面积的56.4%,有9大类66种农产品获得国家认证的绿色食品标识。全市粮食总产量达到31.3亿斤,实现历史最高水平。农业产业化全面推进,辐射功能明显增强。猪、牛、羊、酒、米、菜等龙型产业快速壮大,在推进"三农"裂变中发挥了重要作用。畜牧业强势发展。"粮变肉、农转牧"工程深入实施,"无规定动物疫病示范区"建设扎实推进,牧业小区已发展到57个,生猪发展到200万头,牛发展到100万头,羊发展到20万只,肉鸡出栏8500万只,牧业产值实现25亿元,占农业总产值的61.7%。农业示范园区建设取得新成果。全市已建成各类农业示范园区120个,示范带动作用明显增强。订单农业快速发展。订单作物面积发展到186.2万亩,占农作物总面积的54.7%。农业标准化生产技术广泛应用,标准化生产基地建设初见成效。农机化装备水平不断提高。劳务输出成效喜人,全市劳动力转移达到16.7万人,占劳动力总数的57.5%。"一免三补"政策全面落实,农民生产积极性空前高涨。

——招商引资成果显著,对外交往不断扩大。招商引资质量明显提高。全年新引进项目118个,其中支撑拉动能力较强,超千万元的大项目33个,超亿元项目4个。引进内资15亿元人民币,外资1800万美元。重要经贸活动成果丰硕,组团参加了农博会、厦洽会、东盟博览会等大型经贸活动,同国内外300多家企业进行了接触和洽谈,签订意向项目127个,合同项目12个。成功地举办了第四届绿色食品节,弘扬了绿色品牌,展示了德惠形象,扩大了对外交往。期间共签订合同及协议项目21个,协议引资15亿元人民币。完成了德惠信息中心三期工程建设,组建了北京联络处,扩大了对外联系渠道。政务大厅服务水平进一步提高。软环境建设明显加强,评议整改活动收到较好效果。

——城乡开发建设步伐加快,管理水平有了新提高。高标准地完成了新惠路、和平路、建设路和人民街"三路一街"油路铺装及其路灯配套工程,使市区道路网络建设实现了新跨越。完成了三道沟治理工程、植物园一期工程、鑫缘广场、九道街人行步道改造铺装和部分街路景点的绿化美化任务,市区新增绿地17.24万平方米,美化了城市,改善了人居环境。新建和完善了松柏小区、红旗小区、安泰小区、新华小区、和平小区,完成了交警指挥中心等标志性建筑工程,提升了城市品味。全年完成城乡房屋开发面积30万平方米。岔路口、米沙子、菜园子、万宝等"四镇"建设快速推进。乡村道路建设迈出了新步伐,投入资金1.96亿元,修建乡村公路540公里,实现了历史性新突破。引入竞争机制,开通了城市公交线公共汽车,方便了百姓出行。2004年,城乡建设总投资6.1亿元,是我市历史上最多的一年。依法管理城市、经营城市水平明显提高。土地管理进一步加强,土地收储、招拍挂制度进一步完善。国家级生态示范区建设稳步推进,城乡环境质量明显改善。供电、供水、供热、规划、市容、卫生、市场等各项管理工作水平都有了新提高。

——全民创业掀起新高潮,民营经济主体作用日趋明显。创业带富成效明显,全市2026名干部创办、领办、帮办、协办各类项目1299个,总投资近2.1亿元。民营骨干企业发展势头强劲,长春佳龙、吉星实业、创业日化、绿野食品等一批重点企业生产规模不断扩大,经济总量增强,效益提高,成为引领全市民营经济发展的主力军。各项优惠政策深入落实,民营经济发展环境进一步改善。2004年,全市民营企业达到385户,民营经济增加值实现40亿元,同比增长33%,占全市GDP的37%。第三产业快速发展,城乡市场繁荣,物价稳定,商品流通活跃。粮食流通体制改革稳步推进。观光旅游、物流配送、中介服务等新兴产业发展迅速。

——预算执行效果理想,金融工作成效明显。强化预算执行的各项措施,克服了税源总量不足、政策性减收等各种不利因素影响,较好地完成了收支任务,实现了预算平衡。切实加大了组织收入力度,精心组织,挖潜增收,完成了全年收入计划。合理调整支出结构,严格控制财政支出。积极向上争取资金,缓解了财政紧张状况,保证了机关事业单位人员工资按月发放、社会各类保障对象基本生活费支出和重点项目支出。进一步加大了财政监管力度,扩大了工资统发范围,强化了收支两条线管理,提高了财政管理水平。金融部门在支持地方经济发展中发挥了重要作用,全年共投放贷款资金14.5亿元,为全市经济发展做出了积极贡献。民主法制建设不断加强,精神文明建设取得新成果。切实加强基层民主政治建设,全面完成了第六次村委会换届选举工作,健全了社区居委会的组织机构。认真学习贯彻《行政许可法》,依法行政、依法治市水平明显提高。全面推行政务公开,增强了政府工作的透明度。深入开展普法教育工作。坚持不懈开展严打斗争,净化了社会治安秩序。坚持"以人为本,安全第一"的方针,切实加强了安全生产管理工作,全面落实了安全生产管理的各项措施。加强了信访工作,解决了一些"热点"、"难点"问题,有效化解了一些集体访和越级访,维护了社会稳定。深入开展了以培养有理想、有道德、有文化、有纪律社会主义公民为目标的各类精神文明创建活动,文明村屯、文明单位、文明社区建设取得可喜成果,提高了城乡广大群众的整体素质,为加快经济发展提供了强大精神动力和智力支持。

——社会各项事业协调发展,城乡群众生活水平明显提高。大力发展教育、卫生、文化、体育、广播电视事业,基础设施建设明显加强。投资1.2亿元,完成了第四中学三期工程、第二实验小学和实验中学二期工程建设任务,第三十中学建成并投入使用,改造新建农村薄弱校21所,面积近2万平方米。投资509万元,新建了疾病防控中心,应对公共卫生突发事件能力明显提高。全民健身综合馆建设已完成了主体工程,开通了农村乡镇光缆传输有线电视信号。计划生育工作完成了年初工作目标。社会保险工作开创了新局面,养老保险、失业保险覆盖面进一步扩大,全年投入8236万元,为10526名离退休人员和1300名失业人员足额发放了养老金和失业金,为推进企业改革,维护社会稳定做出了重要贡献。开发就业岗位4695个,有2980名下岗失业人员走上了新的就业岗位。城乡低保工作全面扎实开展,全年投放597万元城镇低保资金,为1.2万低保对象足额发放了低保金。农村低保一次性救助1.5万人,发放救助金260万元。残疾人事业健康发展,农村贫困残疾人危房改造工程全面启动。人民生活水平得到了较大改善,预计到2004年末,城市居民人均年生活消费收入达到6050元,增长6.8%;农民人均收入达到4100元,增长17.1%;城乡居民储蓄存款余额达到40.1亿元,比年初增加1.7亿元。全市上下形成了各项事业协调发展,人民安居乐业,社会和谐进步的新局面。

【南关区】南关区位于长春市东南部,全区总面积为80平方公里,其中:幸福乡面积为57.5平方公里,区辖9街1乡,7个行政村,54个社区,47.5万人口。2004年,国民经济工作继续保持了良好的发展势头。

全区生产总值实现173,240万元,比上年增长15.6%。其中:第一产业增加值实现2000万元,与上年同期持平;第二产业增加值实现7013万元,比上年同期增长8.0%;第三产业增加值实现164227万元,比上年同期增长16.1%。三次产业比例为1.2:4.0:94.8。全口径财政收入实现69 264万元,其中,区本级收入实现18 103万元,按可比口径分别比上年增长25.3%和57.1%。可用财力实现36 197万元。农民人均纯收入4690元,增长4.2%。

农业和农村经济运行平稳。2004年,全区完成农林牧渔业总产值14985万元,比上年下降63.1%。其中:农业总产值9095万元;林业总产值7万元;畜牧业总产值5662万元;渔业总产值46万元。全区农业总收入完成15021万元。下降的原因是由于2003年底区划造成的。全区耕地面积由10442公顷减少到2220公顷,其中:粮食作物种植面积为1426公顷;完成蔬菜生产面积719公顷,国家级无公害蔬菜生产基地顺利通过农业部认证。

县域工业和个体私营经济发展势头良好。2004年,全区实现全口径工业总产值23466万元,增长2.22%。其中:规模以上工业实现产值8449万元,比上年增长19.51%。全口径实现利税2998万元;工业增加值达到7013万元,比上年增长8.0%。个体私营经济有了新的发展,全区个体私营业户17344户,从业人员52354人,注册资金37240万元。

招商引资硕果累累,第三产业迅猛发展。全区在立足于"环境立区、三产兴区、城建强区"的发展战略上,举全区之力,打造出"环境优美、三产发达、人民富裕、社会和谐"的现代化城市中心区。全区招商引资共引进内资5.8亿元,外资1023万美元。引进了国美电器、欧亚益民等知名企业,龙兴商贸园、亚泰富苑、乐购超市等重点项目进展顺利。进一步提升了四马路灯饰、岳阳街地板、长通路轮胎等专业街路建设水平,新增商业面积67103平方米。填充了21世纪国际商务总部、中吉大厦等4栋商务楼宇,新引进通钢国贸公司等入驻企业31户,总部经济有了新的突破。首开全省先河,培育了至善路等12条全民创业路,新增就业岗位1400多个、商用面积24700余平方米,搭建起了全民创业平台。积极培育亚泰大街、南湖大路三产经济带,新增大型餐饮企业10户,传统服务业取得长足发展。新开发商住面积105.3万平方米。

紧紧围绕专业街路、重点商圈和社区建设,投入7815万元改善硬环境,凸显了城建对经济发展的促进作用。对四马路、岳阳街、东岭南街等进行了重点改造,专业街和创业路外部形象明显改观。对解放大路等106条主次干道进行了高质量维护,道路承载能力明显增强。对17条巷道进行了标准化翻建,改善了社区居民的出行条件。新建水冲厕所16座,改造旱厕24座,全区环卫设施得到改善。通过栽大树等措施,打造了自由大路、亚泰大街等6条绿化精品街路,对15个社区用房周边进行全方位绿化,新建大型公共绿地11处,全区新增绿化面积35万平方米。在对棚户区进行全面调查摸底的基础上,现已开工建设3处。以"创建国家卫生城"为载体,强化城市综合管理和环境卫生整治,深入开展"整治违法排污企业,保障群众健康"环保专项行动。全区绿地面积已达38%以上,道路完好率在85%以上,建有市级标准街路11条,城市中心区内垃圾袋装化面积达65%以上,主要污染物排放总量都控制在"十五"期间规定的排放标准之内。与此同时,我们还在大力发展生态环保型产业等方面也取得了一定成绩。全区已建成国家级无公害蔬菜基地500公顷;省、市级"绿色学校"7所;"绿色社区"建设正待验收,全区环境质量进一步改善。

社会各项事业协调发展。教育事业的名校工程成效显著,教学质量稳步提升,优质学校率达到44.2%,居全市前列;薄弱校改造力度进一步加大,异地扩建了回族小学;未成年人思想道德建设不断加强。以改革为主线,吉大二院民康医院积极进行了股份制改革探索,街道医院重心下移,建立健全了社区卫生服务网络。顺利通过了省计生优质服务先进区验收,人口自然增长率为-0.02‰。深入开展了"科技促创业,创业带就业"系列活动,促进了科技成果转化。加大了文化市场整治力度,圆满完成了第六届亚洲艺术节演出任务。全民健身活动深入开展,南泉社区被授予全区体育先进社区称号。统计系统高质量完成了第一次全国经济普查试点任务,在国家提出的"十七"点问题中,有"十五"点采用了南关区的建议,受到国家和省、市的表彰。建成了全市首家区级现代化人力资源市场;开发就业岗位8150个,新增就业人数7278人,分别完成年计划的148%和165%。

【宽城区】位于长春市区的北部。全区幅员面积237.99平方公里,其中:耕地面积11198公顷。区辖9个街道办事处和1镇1乡。2004年末总户数127841户,总人口378521人,其中:非农人口305288人,人口自然增长率0.82‰。

2004年,在区委、区政府的正确领导下,团结和依靠全区广大干部群众,千方百计克服各种困难和问题,全力以赴抓好各项工作落实,较好地完成了各项工作任务。全区完成生产总值34.6亿元,比上年增长12.2%。其中第一产业增加值2.5亿元、第二产业7.5亿元、第三产业24.6亿元,分别比上年增长3.3%、10.0%和13.9%。

——农业工作成绩喜人。2004年是我区农业收成最好、农民得到实惠最多的一年。通过落实国家关于减免农业税和粮食直补政策,农民人均减负118元,农民人均收入达到4100元。投入资金2558万元,新改建乡村公路74.26公里。加大劳务输出力度,全年转移农村剩余劳动力13400人。实现农业总产值4.5亿元,比上年增长3.4%。粮食播种面积9183公顷,粮食总产量68706吨。同时,畜牧业也有较大的发展。

——工业、固定资产投资继续发展。工业持续发展,完成全口径工业总产值21.1亿元,比上年增长12.5%。同时积极培育规模企业,加大扶持力度,确保了规模经济的发展。全区规模以上工业企业完成工业总产值6.9亿元、利润4115万元,分别比上年增长24.3%和26.2%。固定资产投资保持了快速增长的好势头。全年完成固定资产投资7.5亿元,比上年增长49.1%。其中技术改造资金完成2.6亿元,比上年增长22.6%。

——国内贸易、市场发展步伐加快。全区加大了各类交易市场扶持和管理力度,使其加快发展步伐。其中投资1.6亿元的远东精品服装大厦,已成为全省服装批发市场的龙头。目前,全区发展各类市场49个,其中亿元以上市场15个。2004年实现社会消费品零售额54.2亿元,比上年增长29.6%。

——招商引资水平不断提高。紧紧围绕全区功能分区和企业资源整合拓展招商渠道,修订了《关于促进经济发展的若干意见》等政策性文件,强化项目的策划和包装,并通过各种途径和经贸活动进行宣传推介,调动了各方面招商引资的积极性,使全区招商引资工作取得较好效果。引进内资14.0亿元、外资1850万美元。

——财政收入保持适当增长。在政策性因素导致税源总量减少及区内重点税源企业效益下滑的双重压力下,积极协调税务部门,深挖税收增长潜力,加大清欠力度,努力实现应收尽收。全口径财政收入完成49343万元,其中本级财政收入完成10244万元,分别比上年增长0.45和9.6%。

——城市建设和管理管理工作效果显著。共投入市、区两级建设资金1.2亿元用于市政基础设施建设,创历史最好水平。对黑水路及周边的东一条至东四条、长江路、黄河路等6条街路进行了标准化建设。高标准、高质量地完成了北京大街、胜利大街、站前广场标准化街路建设和六条道路的大修任务,道路完好率达到89.0%。改造巷路33条,缓解了多年来群众反映的"出行难"问题。加快水洗公厕改建力度,引进社会资金300万元新建水洗公厕14座。全区绿化覆盖率达到24.2%。

——就业和再就业工作成绩突出。采取有效工作措施,加大工作力度,按照省、市要求,提前一年完成了区、街两级人力资源市场建设任务,并完善了社区就业网络平台。全年新开发就业岗位15833个,安置就业人员12825人,安置下岗失业人员9177人。南广街道林梦梦被评为全国再就业工作先进个人,是我省基层劳动保障干部中唯一出席全国再就业工作会议的代表。

——社会各项事业全面进步。开展了"建设学习型城区"和文明链接活动,巩固了省、市"创建文明城区先进区"工作成果,有32个单位被评为省、市级精神文明建设先进单位。有85个窗口单位被评为市、区文明窗口。成功承办了中国教育改革实验区经验交流会、吉林省中小学校长信息技术培训现场会、长春市教育督导工作现场会,提高了宽城教育的知名度。

【朝阳区】长春市朝阳区是长春市的中心区,地处长春市中南部,土地广阔,土质肥沃,资源丰富,气候适宜,生态环境较好,人文景观独特,交通和通讯设施完备,城区环境优美,是长春市政治经济与科技文化商贸中心。朝阳区近郊三镇总面积221.4平方公里,是长春市重要的粮食、蔬菜、肉类、蛋奶和建材生产基地,水、砂石等资源较丰富,劳动力资源充足。全区总面积248平方公里,其中城区面积26.6平方公里,总人口68.8万人。辖8个街道办事处、3个镇及1个省级工业经济开发区,共有55个社区,28个行政村。2004年,全区生产总值达到338300万元,全口径财政收入达到111187万元,全区可支配财力达到41930万元。全口径财政收入、区本级财政收入和可用财力三项主要财政经济指标连续5年位居长春市各城区之首。朝阳区商贸流通发达,全区拥有各类商贸企业700多户,各类餐饮企业500余户。区内有以五星级的香格里拉饭店为代表的各类宾馆30多家,有以长春百货大楼为代表的大型商厦20多家,"两圈五街"建设已初具规模。

2004年是朝阳区政府以服务促发展的形象展示年。以服务为主线,以发展为第一要务,工作立足抓早,思路立足出新,标准立足提高,措施立足加大,任务立足抓实,推动了朝阳区经济和各项社会事业的和谐持续发展。

2004年,朝阳区坚持以经济建设为中心,以诚信服务为主线,以提高全区人民群众的生活质量为宗旨,以加快"文明、绿色、开放、发达"的现代化文化商贸中心城区建设步伐为目标,振奋精神,加大措施,主动服务,扎实工作,较好地完成了各项工作任务。2004年,全区国内生产总值实现344300万元(区属),为年计划的105.2%,2004年三产增加值实现207570万元,比上年增长25.4%;全口径工业总产值实现179622万元,为年计划的102.4%,比上年同期增长16.7%,2004年工业增加值实现87100万元,比上年同期增长19.3%。其中规模以上工业总产值完成122280万元,为年计划的102.1%,比上年同期增长18.4%;全口径民营经济增加值实现232750万元,为年计划的100%,比上年同期增长25%;农业总产值实现50042万元,为年计划的127.2%,比上年同期增长39.9%,农业总收入实现138000万元,为年计划的105.7%,比上年同期增长16.3%,农民人均纯收入实现4100元,为年计划的103%,比上年同期增长11.8%;全口径财政收入实现111187万元,为年计划的106.7%,比上年同期增长17.4%,其中本级财政收入实现22446万元,为年计划的133.4%,比上年同期增长46.7%。

2004年,采取政府投入、开发区自筹、土地置换、施工单位垫付等多渠道筹措资金7000多万元,续建了丙一路、丙三路,随路铺设供热、天然气管网、通讯线路,完成了丙八路和丙四路上水工程,解决了相关企业的用电和用水问题。

2004年,引进内资336943万元,引进外资2015万美元,引进内资项目363个,引进外资项目9个。

本着经营城市、提高城市品位和含金量的思路,按照科学规划、合理布局的原则,充分利用现有资源和空间,加快服务业发展。继打造重庆商圈、红旗商圈、建设街安达街餐饮娱乐区域、同志街名品名店一条街基础上,2004年,着力推出西安大路商务街和桂林路区域的"长春韩国商业街"。西安大路以商务区建设和发展"总部经济"为特征,成立了全省第一家楼宇商务协会,通过整合楼宇资源,为我区"总部经济"的发展提供了广阔空间。在桂林路极具个性化商业氛围、韩国特色店悄然兴起的基础上,全力打造"长春韩国商业街"。区政府出台了10项鼓励韩商投资的优惠政策,对周边环境进行了立体打造,2004年10月28日举行了"长春韩国商业街"揭牌仪式,使这一区域的商业特色氛围更加浓厚。初步形成了重庆商贸圈、红旗商贸圈、桂林商贸圈三圈鼎立、齐头并进的立体商贸发展新格局。

2004年,调整了农业种养殖结构,新发展黄牛8743头、奶牛552头、肉鹅4.24万只、生猪2.44万头、梅花鹿1500头,畜牧业总产值可实现31504万元;发展蔬菜基地建设,扩大蔬菜种植面积100公顷,增加了脱毒马铃薯等15个品种;兑现"一免两补"政策,全区共减免农业税及其附加453万元,粮食直接补贴245万元,水稻良种补贴15万元,农民人均受益135元。

在集中精力抓好经济建设的同时,重视各项社会事业的健康发展。

投资1500万元的社区多功能服务大厦工程全部竣工;妥善解决了全区55个社区公共用房;投资228.25万元,为每个社区配备了综治警务用车;16个标准化社区已通过上级的验收;全区8个街道都相继建立了"阳光超市",使全区4100余户、11200余名贫困低保人口得到了救助;建立了新华社区、白菊医院、富锋镇医院3个残疾人康复站,近30个社区达到全国社区残疾人工作示范区标准;社团组织建设工作在全省介绍了经验;2004年5月,南湖街道湖东社区代表吉林省接受了中共中央总书记、国家主席胡锦涛同志的视察,社区建设工作得到了国家和省、市领导的高度评价。

较好地完成了新民大街、解放大路亮化景观工程及130条街路139271平方米的维修、改造任务;启动了南站棚户区一期改造工程和100条巷道改造工程,已完成改造巷道35条、36142平方米;新建15座水冲公厕,翻建旱厕8座;全区绿化面积增加70267平方米,绿化覆盖率达到43%;以创建国家卫生城和争创长春市卫生先进城区为目标,强化拆违、保洁及市容管理等项工作,共拆除各类违法违章建筑物4060处、17369平方米,改造台阶踏步977户,新设亮化牌匾2048块。

进一步完善了"三名"评选机制,启动了校、区两级学科首席教师工程,构建了梯次化的教育人才结构;整合了38中学与区体校的资源,与省体育学院合作,创建朝阳体育实验学校;实施"无因贫辍学教育计划",在全市率先提出了创建"无因贫辍学城区",建立了扶贫热线,开展了扶贫助学"五个一"工程;顺利完成了北安路小学与崇智小学合并改造工作,投资2000余万元进行中小学校舍重点工程改造,投资500万元完成了6所农村中小学危房改造维修工程。

社区卫生服务网络建设得到加强。目前,有社区医疗服务指导中心1个,疾病预防控制指导中心1个,城区社区卫生服务中心6个,农村社区卫生服务中心3个,城区社区卫生服务站24个。富豪、华侨两个社区卫生服务站,接受了国务院副总理吴仪的视察。城区社区卫生服务基本医疗保险覆盖率已达29.03%,社区卫生服务居民满意率达98.6%。今年政府又投资150万元,新建了25个农村社区卫生服务站,改善了农村医疗卫生条件，增强了应对农村突发卫生公共事件的能力。

2004年全区人口出生率为5.82‰，自然增长率为2.25‰，政策生育率为99%，迎接了国家计生委对计划生育综合改革的中期评估并接待了国家人口计生委组织的综合改革试点城市培训班全体成员的考察。实事求是地做好城镇计划生育家庭独生子女父母退休后奖励和农村部分计划生育家庭奖励扶助制度的落实工作。

【二道区】二道区位于长春市区东部，东与九台市、永吉县毗邻、南与双阳区接壤、西靠伊通河与南关区、宽城区隔河相望、北与宽城区及九台市衔接。幅员面积452.02平方公里，辖6街3镇1乡，32个社区，39个村，总人口为386425人，非农人口为300285人。区内有48条专用线和数十座仓储库。公路网线纵横交错，长吉南线、长吉北线、哈大高速公路均经过二道区。全省唯一内陆港长春货运口岸座落在本区。长春龙家堡国际新机场的建成启用将使二道区成为向世界展示长春的窗口，便捷的交通为二道区向内外辐射提供了良好的条件。长春二热电厂、中日友好水厂、长春市东郊煤气厂以及数十座大型货物仓储库等都座落在二道区。

2004年全区生产总值完成271800万元，同比增长15%。其中：第一产业完成19934万元，比2003年增长4.4%；第二产业完成63167万元，同比增长7.6%；第三产业完成188699万元，同比增长23.1%。三次产业比重分别为7.3:23.24:69.46。2004年人均生产总值为7034元。全口径财政收入为57838万元，同比增长11.21%，其中：本级财政收入完成10754万元，同比增长6.92%。经济结构进一步优化。物流园区对区域经济拉动作用日益增强，引进了广州香江集团等大型商贸物流、机械制造企业3个。生态经济发展态势良好，东四乡镇生态资源得到有效整合，莲花山滑雪场一期工程顺利竣工，具备了承办国际赛事能力。城区商贸带建设已见雏形。

2004年，全区实现农业总产值为42234万元，增长率为28.46%，农业增加值为19934万元，增长率为4.45%，粮食播种面积为13865.4公顷，粮食总产量为97333公斤，林业、牧业、渔业总产值为16472万元，肉类总产量为18665吨、奶类产量为17150吨、蛋产量为10052吨。农村居民人均纯收入为3833元。

2004年，全区年销售收入500万元以上工业企业生产质量、经济效益明显提高。全年完成工业总产值34620万元，同比增长1.25%，完成利润2168.3万元，同比增长2.5%。完成销售收入33554万元，同比增长6.5%。第三产业不断发展壮大，社会消费品零售额达到208945万元，同比减少6.8%。全年完成固定资产投资额26081万元，同比减少46.68%。

重点项目建设成效显著，城乡建设迈出新步伐。棚户区改造工程全面展开，新建居民住宅近100万平方米。吉林大路拓宽改造一期工程完工，长吉南线改造工程竣工通车。"村村通"工程成效显著，新建乡村道路92公里，通村率达到85%。完成了"三街四路"改造。新建小型水库10座，蓄水近百万立方米。城乡生态环境进一步改善，绿化覆盖率达到36.74%，"四荒一疏"、采石场治理及生态植被恢复取得明显成效。建成了6736平方米的小康示范村。

二道区被誉为吉林物流第一区，为了发挥现代物流业的优势，二道壮大了市场规模，木材交易市场由20万平方米扩建到50万平方米。新建的东北三省最大的"吉林亚泰江南茶城"，总投资1亿元，占地面积7500平方米，可容纳200户业户。新建的吉林亚泰名车超市，总投资2.1亿元，是东北地区最大的汽车展示销售中心。英俊花卉市场规划面积60万平方米，总投资6000万元。进行了物流开发建设规划，规划面积34.07平方公里，具体分起步区、物流批发交易区。

各项社会事业协调发展，人民生活水平稳步提高。教育事业实现新发展，闻名全市的108中、52中、53中3所改制校完成人事、分配和管理制度改革，中考成绩继续名列全市前茅，劝农山镇教育资源整合试点取得成效，中日合建的日章学园长春高中新教学楼交付使用。卫生体育改革稳步推进，组建了29家卫生服务站。"文化馆图书馆"两馆对外开放，竞技体育在省市赛事中喜夺22枚金牌，新配备社区健身路径12条。社区建房实现全覆盖，社区标准化建设基本完成。城乡一体化进程加快，5个"城中村"划归街道，英俊乡和三道镇实施合并。就业再就业政策全面落实，新增就业岗位7104个，就业人员6058人，安置下岗失业人员4573人，城镇登记失业率控制在3.7%。最低生活保障和社会救助扎实有效，全年发放低保资金920余万元。

【绿园区】绿园区作为长春市的一个行政区，位于长春西部，幅员面积286平方公里，其中，耕地面积10331公顷。全区下辖三镇六街，总人口567958人，其中，非农业人口为94426人，居民总户数为175839户，人口自然增长率为2.16‰。

2004年，绿园区人民在区委、区政府的正确领导下，以邓小平理论和"三个代表"重要思想为指导，全面贯彻党的十六大和十六届三中、四中全会精神，认真落实科学发展观，紧紧围绕区委二届四次全会和十五届人大二次会议确定的各项任务目标，求真务实，团结拼搏，开拓创新，扎实工作，国民经济持续快速健康发展，经济活力明显增强，社会事业全面进步，城乡居民生活水平继续提高。

全区经济综合实力明显增强。2004年，区生产总值完成591782万元，比上年同期增长18.9%，其中，第一产业完成增加值40413万元，同比增长12.1%，第二产业完成增加值312386万元，同比增长12.9%，第三产业完成增加值238983万元，同比增长28.9%。三次产业的比重为：6.8:52.8:40.4。

一、农业

农业经济稳步发展，产业结构不断优化。全区认真贯彻中央一号文件精神，采取一系列重要措施，加大对农业生产的扶持力度，农业经济保持较快发展。2004年完成农林牧渔业总产值68874万元，比上年增长7.1%。其中农业产值29402万元，比上年增长3.3%；林业产值624万元，比上年增长180%；牧业产值3856万元，比上年增长8.6%；农林牧渔服务业产值281万元，比上年增长7.3%。全年粮食播种面积6450公顷，比上年增长9.4%；粮食总产量达47546吨，比上年增长24.6%。其中，玉米总产量达31480吨，大豆总产量达560吨，水稻总产量达13082吨。蔬菜播种面积5397公顷，总产量达172502吨。其中无公害蔬菜面积发展到4035公顷，比上年增长了34.5%。葡萄发展到800公顷，比上年增长8.8%，花卉苗木发展到500公顷，比上年增长21.9%。

林业生产有较大发展。全区完成造林面积203公顷，栽植各类苗木86万株,完成林业产值624万元。林业工作获省先进区称号。

畜牧业发展势头良好。养殖业户数和养殖规模不断扩大,规模饲养户已达797户。全年实现牧业产值38567万元,比上年同期增长8.6%,肉类总产量达到38474吨,比上年增长2.5%;禽蛋产量8792吨,比上年同期减少27.8%。

二、工业、建筑业

工业经济快速发展,整体水平明显提高。全区坚持把工业作为经济发展的重点和主攻方向,紧紧依托一汽、长客等驻区大企业,抓园区,上项目,扩规模,壮主导,加大基础设施建设力度,工业经济不断发展壮大。2004年全区完成工业增加值270731万元,比上年增长23.9%,完成规模以上工业增加值75410万元,比上年增长28.3%;完成规模以下工业增加值195321万元,比上年增长22.7%。

建筑业稳定发展。随着城市建设规模的扩大、棚户区的改造、道路的建设,为建筑业带来了发展商机。全年完成增加值41655万元,比上年同期增长4.4%。

三、固定资产投资

固定资产投资幅度有所回落。2004年全区完成固定资产投资总额192531万元,比上年减少27.5%,其中,基本建设投资完成7400万元,比上年减少73.4%,更新改造投资完成58924万元,比上年减少22.1%。

四、城乡建设、环境保护

城乡面貌明显改观。全区围绕建设"生态园林区"这一目标,加快城乡建设步伐,城市承载能力明显增强,乡村面貌明显改观。重点建设的绿化美化、城乡道路、标准化街路、锦江公园、巷道铺装等工程全面完成。城乡房地产开发面积达到140万平方米。

以创建"国家卫生城"活动为契机,加快推进基础设施建设,取得显著成效。2004年,全区植树654万株,栽花草102万株,新增绿地61.3公顷,全区绿化覆盖率达42%,人均占有公共绿地面积达到16平方米。青年路街路绿化、春城大街绿地等工程被市里评为精品工程。修建改造了18条巷道,改造面积3.2万平方米。完成了和平大街亮化和锦江公园二期工程建设。完成了五环高尔夫家园、同欣花园和万鑫花园3个市级物业小区建设,全区市级物业达标小区达到26个,其中名仕花园小区晋升为国家级物业达标小区。青石路、万福街等5处90余万平方米的棚户区改造工程已开工建设。长春上海城、解放花园、雁鸣湖山庄等正在加紧建设,工程进展顺利,其中长春上海城一期工程已交付使用。绿园西部新城雏形已初步显现。镇村建设步伐加快。新建的西新镇政府办公大楼竣工并投入使用。目前,三个镇实现了柏油马路、水泥路村村通,电话村村通,小公共汽车村村通,农村城镇化建设加快,基础设施不断完善,居住环境明显改观。农村规模化经营步伐加快,其中,落位我区的长春市现代农业蔬菜示范基地项目已开工建设。水利设施建设得到加强,合心水网的王家楼拦河闸、十二米河清淤、引水涵洞等一期农业水利设施建设项目全面竣工。

五、国内贸易、国外贸易

2004年,全区商业企业抓住"假日经济"和"会展经济"的有力时机,积极建设各类市场、拓宽服务领域,各类市场、超市、专卖店和物流配送中心等新兴业态发展迅速,繁荣活跃了商品市场。全年实现社会消费品零售额355919万元,比上年同期增长28.9%。

市场建设进展顺利。2004年,全区各类市场发展到45个,新建成投入运营的市场3个,几大市场开业运营,极大地促进商业街路的形成与发展,投资5000余万元,占地9万平方米,建筑面积3.5万平方米的化工油漆市场、建筑装潢市场和建筑石材市场于2003年9月份相继开业运营。占地面积16.5万平方米,建筑面积10万平方米的长春蔬菜中心批发市场2003年10月下旬开始运营。由长春粮油集团投资上亿元的东北亚农产品物流中心部分开始运营,它将成为我省最大的粮油物流中心。

对外贸易平稳发展。全年实现出口额9930万美元。

六、招商引资

2004年为招商引资"项目年",通过在国内外设立委托招商机构、拓宽行会招商范围、强化引资平台建设、改善政策服务环境、组团赴外地招商等途径,扩大了我区在国内外的影响,招商引资取得了显著成效。全年共引进资金25.3亿元,引进外资2560万美元,其中两个开发区共引进项目43个,引进资金13亿元,占全区引资总额的58%。全区引进规模项目37个,超亿元的22项。投资5000万美元的海外实业大豆科技开发有限公司、投资2亿元的长春一元科技发展有限公司、投资2亿元移地建设的长春银龙纺织集团等大型项目相继落位我区。全区招商引资总量继续位居市城区之首。

七、财政、社会保险业

财政收入增长快速。2004年全区全口径财政收入完成110618万元,比上年增长21.3%;留用收入18071万元,比上年同期增长42.5%;财政支出31112万元,比上年增长32%;可支配财力27882万元,比上年同期增长15.7%。

社会保险事业持续发展。到2004年底,全区参与社会养老保险人员达到47215人,比上年增长3.2%;社会保险公司收缴保险金13466万元,比上年增长6.5%;保险费支出15987万元,比上年增长5.7%。

八、科技、教育

大力实施"科教兴区"战略,成效显著,成为全省首个国家级科技进步示范区。通过积极推进科技体制改革,科技创新能力进一步加强。教育整体水平进一步提高。名师名校工程建设不断完善,完成了87中学、绿园小学的续建工程和绿化工程,办学条件达到了省市一流水平。农村教育工作得到全面加强,22中学的1.5+1.5分流模式、28中学三教统筹、农科教结合的国家级课题研究等都得到了很大发展。22中学被评为吉林省农村办学模式改革示范校。完成了合心镇中心校教学楼建设,28中学教学楼正在建设中。农村办学条件的改善实现了新突破。信息化技术教育工作扎实推进,通过信息装备投入,开展教师信息教育培训,提高了信息技术教育应用水平,加快了教育信息化进程。教育质量不断提高,从课堂教学改革、教育科研等方面入手,制定相应奖励政策,开展教育质量测查,重在提高教育质量,取得显著效果。2004年荣获长春市教育科研先进区荣誉称号。各改制校择校生达到1777人,实现择校费收入1629万元。学龄前儿童入学率达到百分之百。

九、文化、卫生和体育

文化事业发展出现新高潮。2004年底,全区有文化站9个,文化馆1个,农村文化活动室21个,图书馆1个,图书馆藏书23100册。全年组织大型文体活动28场次,观众达3万人次;开展社区和广场性群众文体活动92场次,参与群众5

万余人次。获得市级奖励10项。先后组织举办了全区纪念邓小平诞辰100周年文艺汇演、加强未成年人思想道德建设演讲比赛、农民艺术节、全区社会事业成果展等,配合市里组织了第六届亚洲艺术节开幕式、长春市第五届农博会、第二届长春艺术节等大型系列文体活动,有力地促进了全区文化事业的健康发展。各种形式的文化娱乐活动遍及城乡各地。

卫生事业健康发展,城乡医疗服务水平明显增强。卫生体制改革不断深入,按照改革精神,将区防疫站一分为二,成立了区卫生监督所和疾控中心,缩减了区卫校编制,完成了区妇幼保健所撤所建院工作。医院基础设施不断完善,对区中医院重新进行了装修改造并更新了设备,使其成为城区就医条件最好的中医院之一。食品、医疗市场秩序进一步规范,结合"创建国家卫生城"活动,采取集中清理整顿、巡回督查等措施,加大了对食品卫生市场的管理力度,净化了食品、医疗市场秩序。疾病预防控制能力明显提高,对禽流感高危人群(养殖大户)实施了有效监测并采取了相应的应急措施。禽流感防治工作被省、市评为先进区。医疗保障体系不断完善。2004年全区卫生医疗机构发展到146个,其中医院5个,床位203张;卫生诊所125个,其中村卫生所44个。卫生技术人员达到335人。社区卫生服务机构逐步完善,已建社区卫生服务站28个。

体育事业蓬勃发展。群众性体育活动充满活力,成功举办了区直机关篮球赛,组队参加了省市体育竞赛,获得省市分龄赛速滑三个第一名,田赛获得一个第一名,在中日韩选拔赛中,有两名区选手分获第二名。在全区社区中设置了5个健身房,并协调了20多万元的健身器材,新安装健身路径8条,全区健身路径达到27条。

十、人口与人民生活

2004年末,全区总人口达到567958人。其中,农业人口103596人。人口出生率4.11‰,人口自然增长率2.16‰。

人民生活水平不断提高。2004年,城镇人均可支配收入8900元,比上年增长12.6 %,农民人均纯收入4080元,比上年增长10.1%。劳资专业统计口径年末从业人员11189人,在岗职工平均货币工资13150元。基本医疗保险制度改革稳步推进,4652人参加了基本医疗保险。

【双阳区】长春市双阳区位于长春市区东南部,地处东经125°26′—126°00′、北纬43°16′—43°56′,东濒饮马河与永吉县隔河相望,南与磐石市为邻,西与伊通县接壤,北与南关区、二道区相连,区人民政府所在地距市中心区46公里,长清、双蒋两条公路连接长春市中心城区,龙双公路连接长春市龙家堡机场。全区幅员面积1677.4平方公里,占长春市区总面积的35.3%;全区辖1个乡、3个镇、4个街道办事处,总人口378454人。双阳区是长春市面积最大、环境最好、资源最丰富、发展潜力最大的城区,处半小时经济范围之内,是建设"大长春紧密层圈的重要支点。

2004年,全区国内生产总值实现419004万元,比2003年增长11.3%,一、二、三产业增加值分别实现88506万元、131288万元、199210万元,分别比2003年增长2.0%、12.9%和15.8%。农业总产值实现159556万元,比2003年增长14.7%;粮食总产量达到50万吨,是撤县设区以来最高的一年,其中鹿发展到12.5万只,比2003年增长10%,百只以上养殖大户达到100户;全口径工业总产值实现352226万元,比2003年增长11.2%;全社会固定资产投资总额实现115931万元,比2003年增长12.4%;社会消费品零售总额实现98230万元,比2003年增长8.4%;全口径财政收入达到19193万元,区本级财政收入达到5753万元,农民人均纯收入达到3864元。

统计资料
STATISTICS

综合
GENERAL SURVEY

第一篇　综　合

长春位于北半球中纬地带，欧亚大陆东岸的中国东北平原腹地，地处东经124°18'－127°02'，北纬43°05'－45°15'，市中心座落在东经125°19'，北纬43°43'。气候为中温带大陆性季风气候，素有“塞北春城”的美誉。

长春市地域辽阔，土地资源丰富，全境面积20571平方公里，其中市区面积3603平方公里。下辖南关、宽城、二道、朝阳、绿园、双阳六个城区及农安、德惠、九台、榆树四个县(市)。2004年末，全市总人口724万人，其中市区人口315万人，四县(市)人口409万人。

国民经济持续快速增长，综合实力明显增强。全年实现国内生产总值1535亿元，比上年增长13.5%。其中，第一产业增加值168亿元，比上年增长8.0%；第二产业增加值742亿元，增长15.5%；第三产业增加值625亿元，增长13.0%。三次产业比重分别为11%、48.3%和40.7%。人均国内生产总值达到21285元，比上年增长12.6%。

国民经济主要指标快速增长，各项社会事业健康发展。2004年，全市规模以上工业企业完成产值1712.7亿元，比上年增长13.9%，固定资产投资总额达到460亿元，比上年增长18.0%，社会消费品零售总额实现495.3亿元，比上年增长13.0%，进出口总额53.2亿美元，比上年增长2.4%，城乡人民生活质量进一步提高，城市居民人均可支配收入和农民人均纯收入分别达到8900元和3906元。

1-1 行政区划
DIVISIONS OF ADMINISTRATIVE

单位:个

		城市 Urban area		农村 Rural area		
		街道办事处 Street agency	社区居民委员会 Residents committees	乡政府 Township government	镇政府 Town government	村民委员会 Village committees
总计	**Total**	**55**	**351**	**39**	**73**	**1692**
市区	District	42	287	4	13	254
南关区	Nanguan	9	54	1		7
宽城区	Kuancheng	9	51	1	1	26
朝阳区	Chanyang	8	67		3	25
二道区	Erdao	6	53	1	3	35
绿园区	Luyuan	6	48		3	27
双阳区	Shuangyang	4	14	1	3	134
县(市)	County	11	36	34	56	1382
九台市	Jiutai	3	10	2	13	310
榆树市	Yushu	4	12	14	16	388
农安县	Nongan		4	13	13	376
德惠市	Dehui	4	10	5	14	308

①城市:总计中街道办事处包括净月开发区2个,社区居民委员会包括净月开发区15个,经济开发区10个,高新技术开发区3个。

②农村:总计中乡政府包括高新技术开发区1个,镇政府包括森林城3个,经济开发区1个,村民委员会包括高新3个,森林城35,经济开发区18个。

1-2 自然概况
NATURAL CONDITIONS

		单位 Unit	长春市 Changchun	榆树市 Yushu	九台市 Jiutai	农安县 Nongan	德惠市 Dehui
一、土地资源	Land resources						
1. 国土面积	Area of territory	平方公里 sq. km	20571	4724	3375	5430	3459
2. 耕地面积	Area of cultivated land	公顷 ha	1103908	305601	158808	289301	214340
二、水利资源	Water resources						
1. 地表水资源年径流总量	Surface water volume	亿立方米 100million cu·m	12.9	3.1	2.9	1.3	1.7
2. 地下水资源量	Shallow ground water volume	亿立方米 100million cu·m	12.4	2.4	2.2	3.7	2.4
三、林木资源	Forest resources						
1. 森林面积	Forest area	万公顷 10000ha	23.2	3.9	6.6	5.1	2.5
2. 森林覆盖率	Forest coverage rate	%	14.27	12.5	21.53	11.83	11.48

1－3 1991－2004年长春市社会经济主要指标
MAIN INDICATORS OF SOCIETY AND ECONOMIC(1991－2004)

年份 Year	年末总人口(万人) Population (10000person)	#市区 District	从业人员(万人) Employment (10000person)	#职工 Staff and workers	国内生产总值(亿元) Gross domestic products (100million yuan)	#第一产业 Primary industry	#第二产业 Secondary industry	#第三产业 Tertiary industry
1991	642.6	213.2	313.4	134.2	121.4	31.4	50.3	39.7
1992	645.7	215.6	323.3	138.9	164.8	34.3	82.0	48.5
1993	651.0	218.8	317.5	134.8	238.5	43.8	124.1	70.6
1994	657.5	223.7	336.4	136.7	337.1	71.6	163.0	102.5
1995	667.3	270.0	345.0	133.9	412.9	89.1	175.1	148.7
1996	676.8	274.2	346.2	131.9	488.2	108.3	203.2	176.7
1997	683.8	278.8	351.2	128.7	541.2	114.2	224.6	202.4
1998	686.9	282.7	334.6	105.1	621.0	123.2	255.8	242.0
1999	691.2	286.6	350.3	102.8	738.8	132.1	304.7	302.0
2000	699.6	292.8	311.4	96.9	861.0	123.0	372.3	365.7
2001	705.1	298.0	327.4	92.7	1003.0	135.9	443.6	423.5
2002	712.5	303.9	329.4	116.9	1150.2	146.9	522.4	480.9
2003	718.2	310.0	334.7	114.9	1338.0	157.3	630.3	550.4
2004	724.1	314.7	376.1	112.0	1535.0	168.0	742.0	625.0

1－3 续表 1 continued1

单位：亿元 unit:100million yuan

年份 Year	工业总产值 Gross industrial output value	农业总产值 Gross agricultural output value	固定资产投资总额 Investment in fixed assets	#基本建设 Capital construction	#更新改造 Innovation	建筑业总产值 Gross output value of construction
1991	177.7	46.5	29.1	13.6	7.0	13.4
1992	270.2	52.2	45.1	21.8	9.3	18.2
1993	381.4	60.9	68.8	32.2	13.2	34.2
1994	486.5	68.0	96.1	43.1	15.4	42.7
1995	487.3	144.5	108.7	47.5	21.5	51.4
1996	475.8	172.9	120.6	57.4	23.6	57.8
1997	496.4	176.8	106.0	45.5	20.1	64.1
1998	502.4	198.9	141.7	50.7	25.4	66.6
1999	596.6	200.9	194.4	70.1	35.5	78.1
2000	749.7	106.8	235.2	85.0	43.8	113.1
2001	954.7	223.9	285.0	105.4	53.0	140.3
2002	1202.1	242.1	320.5	120.3	60.7	162.4
2003	1510.2	259.2	389.6	148.0	93.1	198.7
2004	1712.7	281.5	460.0	186.0	131.8	224.8

1-3续表2 continued2 单位:亿元 unit:100million yuan

年 份 Year	全市财政收入 Government revenue	#地方财政收入 Local government revenue	地方财政支出 Local government expenditures	金融机构存款余额 Balance of deposits	金融机构贷款余额 Balance of loans
1991	15.1	15.1	10.9	98.6	177.8
1992	17.2	17.2	12.6	122.2	210.0
1993	24.9	24.9	18.7	181.3	262.9
1994	30.2	10.2	21.6	199.6	310.0
1995	36.5	12.1	25.7	354.8	432.6
1996	45.0	17.0	29.8	465.4	534.1
1997	49.8	18.5	35.1	542.4	631.8
1998	56.5	21.9	37.7	581.2	744.9
1999	67.4	27.1	48.1	885.0	1082.2
2000	76.0	30.4	51.1	1013.2	1243.8
2001	97.4	36.3	59.0	1158.4	1344.8
2002	103.9	37.8	70.1	1403.6	1492.5
2003	134.8	46.0	85.8	1615.2	1629.6
2004	149.8	50.7	100.8	1766.3	1791.5

1-3续表3 continued3

年 份 Year	职工工资总额(亿元) Wages (100million yuan)	在岗职工年平均工资(元) Average wage (yuan)	年末储蓄存款余额(亿元) Balance of deposits at year end (100million yuan)	社会消费品零售总额(亿元) Total value of retail sale	商品零售价格指数(%) Overall retail price index	居民消费品价格总指数(%) Overall consumer price index
1991	27.7	2107	73.7	55.7	109.1	106.2
1992	33.3	2441	91.8	64.8	109.2	109.1
1993	40.4	3006	113.0	83.1	117.9	114.7
1994	57.6	4271	165.3	101.8	120.5	122.9
1995	66.3	5013	243.2	131.8	114.4	115.9
1996	83.3	6370	331.9	171.4	106.1	110.9
1997	90.8	7052	388.6	204.5	101.5	104.2
1998	84.6	7869	411.7	237.9	98.3	100.6
1999	90.0	8618	480.4	268.3	96.4	98.6
2000	95.5	9752	533.7	311.2	97.5	98.8
2001	104.6	11090	608.1	358.3	100.7	102.3
2002	123.6	12869	713.9	402.2	98.7	99.7
2003	124.4	13867	831.4	438.3	100.7	101.0
2004	139.3	15722	910.4	495.3	102.7	104.1

注:"在岗职工年平均工资"中1990年-1997年为"职工年平均工资"。

1-3续表4 continued4

年份 Year	货物运输量 (万吨) Fright traffic (10000ton)	旅客发送量 (万人次) Passenger traffic (10000 person-time)	邮电业务总量 (1990年不变价格)(万元) Post and telecommunication services(10000 yuan)	函件 (亿件) Letters delivered (100 million)
1991	6118	4016	18567	0.7
1992	5141	4441	26036	0.6
1993	5671	4323	37946	0.6
1994	6450	4657	51561	0.7
1995	7232	4848	53056	0.8
1996	9363	4794	107927	0.7
1997	9397	4023	139600	0.6
1998	9326	4799	200000	0.5
1999	9533	4848.4	284000	0.4
2000	8334	1937	433564.4	0.4
2001	8693	2743	316487.5	0.6
2002	10773	7668	328971.0	0.6
2003	10892	6999	356593.4	0.8
2004	11576	7631.2	365994.2	0.4

注:从2001年开始,将邮电业务总量改为邮电业务收入。

Note:Since 2001 post and telecommunication service changed into revenue of post and telelcommunication service

1-3续表5 continued 5

年份 Year	外贸出口商品总额 (亿美元) Exports ($100 million)	吸收外资 Funded from foreigh 签订合同项目(个) Contracts (unit)	签订合同金额 (亿美元) Amount sotcontroact ($100 million)	实际吸收外资金额(亿美元) Real amount ($100 million)	接待海外旅游者人数 (万人/次)Tourists (10000 person-time)
1991	0.53	44	0.16	0.04	3.0
1992	1.60	202	1.80	0.30	3.90
1993	1.70	295	2.30	0.70	3.40
1994	11.3	215	5.90	0.80	3.10
1995	1.40	323	5.90	1.80	3.00
1996	1.50	127	3.10	0.70	3.30
1997	5.00	130	2.20	0.70	3.50
1998	3.70	146	2.10	2.90	3.40
1999	6.00	150	5.10	3.30	4.50
2000	7.60	161	5.10	3.60	5.50
2001	9.80	125	4.60	5.10	6.60
2002	12.70	119	4.00	6.30	7.60
2003	15.50	118	3.90	7.50	6.90
2004	8.30	132	13.20	9.00	8.30

1-3续表6 continued 6

年 份 Year	全市科技成果(项) Major achievements in science and technology	高等学校在校学生数(万人) Students in high education(10000person)	小学在校学生数(万人) Students inprimary Schools(100000person)	学龄儿童入学率(%) Enrollment rate
1991	311	5.1	66.5	98.70
1992	116	5.3	65.2	98.80
1993	74	6.1	65.0	99.60
1994	464	6.7	67.3	100.00
1995	231	7.1	69.0	99.80
1996	427	7.4	72.0	99.89
1997	245	7.7	73.8	99.85
1998	561	8.2	72.8	99.95
1999	522	9.9	69.6	99.86
2000	468	12.9	65.2	99.70
2001	498	15.6	60.0	97.00
2002	615	19.6	55.3	98.97
2003	723	23.1	51.5	99.50
2004	637	26.1	50.5	99.90

1-3续表7 continued 7

年 份 Year	卫生机构数(个) Hospitals	#医院 Hospitals	医院病床(万张) Beds in hospitals	卫生技术人员(万人) Medical technical personel (10000person)	#医生 Doctors
1991	893	274	2.2	3.5	1.4
1992	833	256	2.4	3.6	1.5
1993	827	248	2.4	3.6	1.5
1994	802	274	2.2	3.7	1.5
1995	830	303	2.4	3.8	1.6
1996	399	303	2.3	3.6	1.6
1997	642	304	2.3	3.8	1.6
1998	608	298	2.2	3.7	1.6
1999	672	294	2.4	3.7	1.6
2000	648	285	2.3	3.5	1.6
2001	660	291	2.4	3.6	1.6
2002	1498	298	2.2	3.4	1.4
2003	1554	298	2.3	3.5	1.5
2004	1642	294	2.3	3.4	1.4

1－4　1991－2004年长春市平均水平主要指标
PER CAPITA MAIN INDICATORS(1991～2004)

年　份 Year	人均生产总值(元) Per capita Gross domestic product (yuan)	人均消费水平(元) Per capita Consumer level (yuan)	职工平均工资(元) Per capita wages (yuan)	城市居民人均可支配收入(元) Per capita Urban resident income (yuan)	农村居民人均纯收入(元) Per capita rural resident (yuan)	每一农业人口占有耕地面积(亩) Per capita Cultivated land (ha)
1991	1885	901	2107	1415	663	4.2
1992	2551	1087	2441	1713	723	4.3
1993	3634	1357	3006	2128	929	4.2
1994	5090	1747	4271	2756	1300	4.3
1995	6163	2085	5013	3456	1841	4.3
1996	7265	2407	6370	4164	2245	4.2
1997	7959	2748	7052	4702	2280	4.2
1998	9062	2946	6722	4751	2520	4.5
1999	10722	3265	7406	5110	2560	4.1
2000	12381	3583	8138	5568	2568	4.0
2001	14274	3962	9130	6339	2785	4.1
2002	16220	4398	10518	6963	3147	4.1
2003	18704	4942	11310	7905	3411	4.1
2004	21285	5403	12937	8900	3906	4.0

1－4续表1　　continued 1

年　份 Year	每一农业人口生产粮食(公斤) Per capita grain of rural population (kg)	每一工业职工创造产值(万元) Per capita output value (10000yuan)	每一工业职工实现利税(元) Per capita profits before tax (yuan)	每万人口拥有医疗床位数(张) Bed in hospital per 10000 population (beds)	城市居民人均居住建筑面积(平方米) Per capita floor space of urban resident (sq.m)	农村居民人均居住面积(平方米) Per capita floor space of rural resident (sq.m)
1991	1500	2.4	2160.7	35.0	6.00	15.10
1992	1500	3.0	3542.4	37.0	6.3	15.10
1993	1600	5.0	4000.8	38.0	6.55	15.30
1994	1700	6.6	5302.4	36.0	6.78	15.10
1995	1800	5.3	5459.2	38.0	7.23	17.20
1996	1900	7.8	4886.9	36.0	7.45	20.55
1997	1600	7.6	5283.5	35.2	7.70	18.20
1998	2070	11.7	9809	35.0	8.24	10.65
1999	1895	18.1	1835.9	34.7	9.10	19.10
2000	1277	21.5	29350	32.8	9.53	18.15
2001	1561.8	27.2	35584	34.0	9.90	18.29
2002	1718.1	36.6	50975.6	31.0	21.22	18.62
2003	1569.1	43.1	55457.1	32.0	22.32	21.85
2004	1982.9	56.8	55249.2	32.0	23.90	21.40

注：从2002年起，城市居民人均居住面积变为城市居民人均居住建筑面积。

Note: Since 2002 per capital floor space of urban resident is space of construction.

1-5 1991-2004年长春市每天社会经济活动概况
AGGREGATE INDICATORS ON NATIONAL ECONOMIC AND SOCIAL DEVELOPMENT

单位:万元 unit: 10000yuan

年份 Year	每天主要经济活动 Aggregate indicators for every day						
	地区生产总值 Gross domestic product	工业总产值 Gross industrial output value	农业总产值 Gross agriculturial output value	社会消费品零售总额 Total retail sales of goods consumer	金融机构现金收入 Cash income of bank	城镇居民储蓄 Urban deposits	乡村储蓄 Rural deposits
1991	3326.0	4871.1	1275.3	1792.6	6877.7	1706.3	185.3
1992	4515.1	7402.1	1413	2090.5	9573.8	2294.8	219.2
1993	6534.2	10438.6	1767.1	2276.1	15989.7	2810.2	284.5
1994	9235.6	13328.7	2964.9	2790.2	22308.5	4156.9	370.6
1995	11312.3	53018.1	3959.1	3610.9	29275.7	6172.9	488.8
1996	13375.9	16621.4	4737.6	4694.6	36359.3	8439.4	653.1
1997	14827.4	19098.6	4844.3	5602.4	44053.0	9789.5	857.4
1998	17013.7	19931.4	5448.8	6517.8	55002.7		
1999	20241.1	23561.6	5504.1	7350.7	62871.2		
2000	23589.0	28759.2	2926.8	8526	72767.1		
2001	27479.5	34375.3	6134.2	10547.9	83597.9		
2002	31506.8	41095.9	6632.9	11019.2	95234.6		
2003	36657.5	49315.1	7101.0	12008.2	115646		
2004	42054.8	58704.1	7698.6	13569.9	130807.5		

1-5续表1 continued1

年份 Year	每天主要经济活动 Aggregate indicators for every day						
	地方财政收入(万元) Local government revenue (10000yuan)	旅游外汇收入(万美元) Foreign exchange earning from tourism ($10000)	施工住宅面积(平方米) Floor space of building under construction (sq·m)	竣工住宅面积(平方米) Floor space of building completed (sq·m)	公路货运量(万吨) Freight traffic highway of (10000 ton)	铁路货运量(万吨) Freight traffic of railways (10000 ton)	民航货邮发送量(吨) Freight traffic of civil aviation (ton)
1991	415.0	0.7	4646.3	2558.3	15.0	1.8	5.9
1992	471.4	1.1	13746.8	3684.5	12.3	1.7	5.5
1993	681.0	1.4	8194.2	4355.1	15.6	2.7	7.5
1994	827.4	2.2	10085.5	4829.9	14.8	2.9	8.2
1995	332.3	3.9	10794.5	6411	17.9	2.4	8.0
1996	465.1	4.1	9095.9	4849.3	23.3	2.3	8.5
1997	1363.1	4.2	7062.7	4789.8	23.1	2.5	8.5
1998	1547.9	4.1	8497.3	4302.2	23.3	2.2	10.3
1999	1846.6	5.5	10944.2	5977.9	23.5	2.7	11.7
2000	2082.2	6.2	10544.4	6527.9	24.4	2.5	15.7
2001	2668.9	8.4	19112.3	9389.0	23.8	4.5	18.3
2002	2847.0	11.5	18931.5	7772.6	24.7	4.8	24.1
2003	3693.2	10.0	13643.8	6306.8	24.3	5.5	26.8
2004	4103.6	11.8	14775.3	5852.1	25.7	6.0	37.7

1－5续表2　　continued2

年份 Year	主要产品产量 Output of major products 钢(吨) Steel (ton)	钢材(吨) Steel products (ton)	发电量(万千瓦小时) Electricity (kwh)	原煤(吨) Coal(ton)	汽车(辆) Vehicles (coach)	铁路客车(辆) Railway passenger coaches (coach)	拖拉机(台) Tractors (coach)	化肥(吨) Chemical fertilizers (ton)	水泥(吨) Cement (ton)
1991	239.5	263.8	420.7	2531.7	228.7	2.2	171.6	48.4	1545.7
1992	320.0	270.5	764.8	2480.5	396.7	2.3	148.1	71.0	1757.4
1993	399.6	224.5	989.5	3215.9	481.5	2.4	68.6	45.7	2544.9
1994	287.0	245.3	866.8	3168.2	511	2.8	117.2	38.4	3259.2
1995	346.6	206.8	1677.7	3386.2	557.7	3.0	117.4	42.7	4377.5
1996	161.8	184.7	1730.0	3671.0	634.5	3.2	169.1	46.2	4152.4
1997	228.7	61.1	1649.5	3411.9	604.6	2.9	73.2	55.0	4589.9
1998	55.3	40.7	1498.6	2736.9	641.1	2.0	25.1	13.2	4635.6
1999	76.7	35.8	1542.5	2386.3	753.4	2.1	45.8	3.5	4950.7
2000	127.1	50.1	1859.0	2467.9	883.9	4.3	27.0	20.2	7345.2
2001	115.4	74.5	1912.3	3076.7	1071.2	4.3	36.9		8178.1
2002	199.7	114.9	1884.9	3060.3	1443.8	2.9	0.14		7835.6
2003	277.9	240.5	1904.1	3520.5	1756.2	2.1		8.2	8764.4
2004	337.6	337	2254.8	5334.2	1769.8	2.1		4.7	12169.9

1－5续表3　　continued3

年份 Year	主要产品产量 Output of major products 电视机(部) TV set (set)	摩托车(辆) Motorcycles (coach)	洗衣机(台) Washing machines (unit)	布(万米) Cloth (10000m)	卷烟(箱) Cigaretees (cases)	酒(吨) Wine (ton)	粮食(吨) Grain (ton)	猪、牛、羊肉(吨) Meat (ton)
1991	282.2	83.6	689.9	12.7	605.6	328.9	15910.9	346.5
1992	160.8	148.0	693.2	9.7	675.3	342.1	16433.7	353.6
1993	110.4	234.1	685.2	7.4	708.6	364.9	17627.2	382.6
1994	107.7	325.1	519.2	10.3	615.6	436.7	18561.0	517
1995	21.2	385.2	49.9	8.3	589.0	467.5	18937.5	741.4
1996	10.3	368.3	54.2	8.1	597.3	586.3	20554.8	1018.7
1997	1078.5	444.5		8.7	616.5	601.7	17787.3	1203.3
1998	4128.2	309.6		5.6	506.8	558.2	22645.9	1415.5
1999	3953.4	287.8		6.8	506.9	615.7	20620.1	1820.5
2000	2392.1	166.5		6.8	506.8	594.5	14407.8	2023.0
2001	1217.1	142.5	123.9	5.7	509.6	651.3	17123.3	2150.3
2002	1147.3	106.8	132.9	5.7	523.3	775.8	19232.8	2300.8
2003	2139.7	95.9	107.4	5.8	509.6	632.9	18356.2	2630.2
2004	2254.8	347.9	32.4	3.3	2534.2	621.9	21947.9	

1－5续表4 continued4

年份 Year	每天主要服务性活动 Major services					
	生活煤气使用量（万立方米）Gas for living（10000 cu·m）	家庭煤气使用量（吨）Gas for households（ton）	生活用电量（万千瓦小时）Electricity（10000kwh）	生活用水量（万吨）Water（10000ton）	铁路客运人数（万人）Passenger traffic for railway（10000person）	公路客运人数（万人）Passenger traffic for highway（10000person）
1991	21.1	29.8	129.8	27.8	5.2	6.40
1992	25.6	27.4	151.5	17.0	5.1	7.0
1993	20.2	51.5	177.9	32.6	6.3	5.5
1994	20.3	19.5	262.3	34.6	6.9	5.8
1995	21.3	19.7	300.7	36.1	6.8	4.3
1996	28.3	27.4	328.8	42.4	5.7	5.2
1997	44.6	44.6	462.8	47.1	5.3	11.5
1998	33.9	30.4	580.1	45.6	5.1	7.9
1999	58.1	29.9	413.8	46.8	5.1	7.9
2000	61.1	28.2	355.1	46.4	5.3	12.6
2001	72.0	27.1	435.6	28.6	7.5	12.8
2002	72.3	27.37	438.4	30.3	7.3	13.5
2003	90.2	24.9	486.7	30.5	6.3	12.7
2004	71.2	27.5	501.4	32.2	7.3	13.3

1－5续表5 continued5

年份 Year	每天主要服务性活动 Major services				
	民航旅客人数（人次）Passenger traffic for civil aviation（person time）	公共电汽车客运量（万人次）Pass enger traffic for public buses（10000person－times）	长途电话（万次）Long distance telephone calls（10000times）	报刊杂志（万份）Newspapers and magazines（10000pcs）	接待外国旅游人数（人）Tourists（person）
1991	435.7	87.6	4.9	20.6	82
1992	515	85.7	6.9	23.6	66
1993	616	84.9	10.6	16.5	93.3
1994	750.7	83.2	13.9	10.2	67.2
1995	942.5	92.2	3.8	25.1	67.1
1996	1054.8	102.2	25.6	31	74.2
1997	1021.6	93.3	26.2	34.3	72.8
1998	1052.1	105.1	31.9	48.9	77.2
1999	1147.9	109.3	31.1	42.9	101.0
2000	2539.7	118.2	24.4	46.9	104.9
2001	1495.9	122.3	32.8	19.8	164.3
2002	1674	150.4	30.4	17.8	191.8
2003	1726.0	158.4			188.7
2004	2854.8	153.8			227.4

1－5续表6 continued6

年份 Year	每天发生的其他活动和事件 Population					
	出生人数（人） Birth (person)	死亡人数（人） Death (person)	迁入人口（人） Emigration (person)	迁出人口（人） Migration (person)	结婚人数（对） Marriod (pair)	离婚人数（对） Divorced (pair)
1991	180.0	85.0	290.0	252.0	152.9	9.0
1992	166.0	87.0	248.0	242.0	149.6	8.6
1993	217.0	92.0	327.0	291.0	148.4	9.1
1994	219.0	97.0	361.0	293.0	155.2	10.6
1995	228.1	89.9	325.9	240.6	159.5	11.4
1996	246.6	94.2	489.6	9398.4	160.5	13.3
1997	192.0	92.4	303.9	225.0	151.2	14.6
1998	141.4	93.4	303.9	225.0	147.6	15.4
1999	140.5	102.1	337.2	287.5	133.0	14.4
2000	197.7	105.8	324.7	238.6	151.4	14.5
2001	140.4	90.2	326.6	233.9	124.3	14.4
2002	142.2	89.2	360.9	254.0	110.9	14.8
2003	129.2	87.6	379.0	258.3	113.0	14.5
2004	176.5	94.1	343.2	263.8	112.0	14.9

1－5续表7 continued 7

年份 Year	每天发生的其他活动和事件 Accident						
	各种交通事故（起） Traffic accidenf (case)	交通事故死亡人数（人） Deaths (person)	交通事故伤人数（人） Injuries (person)	交通事故造成经济损失（元） Losses (yuan)	职工伤亡事故件数（件） Industrial accident (acse)	死亡事故（起） Death accident (case)	重伤事故（起） Sverdly injured (case)
1991	2.3	1.0	1.2	5649.8	1.7	0.1	0.2
1992	2.2	1.2	1.1	8304.0	1.8	0.1	0.2
1993	2.7	1.3	1.2	9132.0	0.8	0.1	0.2
1994	2.0	1.4	0.8	7990.3	0.2	0.1	0.1
1995	3.7	1.6	1.4	18075.9	0.2	0.1	0.1
1996	7.8	2.2	2.5	36508.6	0.2	0.1	0.1
1997	6.9	2.0	2.3	30428.4	0.2	0.1	0.1
1998	7.2	2.0	2.4	34784.8	0.1	0.1	0.1
1999	6.3	1.9	2.0	32472.4	0.17	0.1	0.1
2000	4.9	2.0	2.1	42321.0	0.1	0.1	0.1
2001	3.9	1.9	1.7	59520.0	0.15	0.1	0.1
2002	33.3	1.8	15.7	66101.0	0.1	0.1	0.1
2003	12.6	1.9	8.2	55032.1			
2004	13.0	1.9	6.8	54923.8			

1-5续表8 continued8

年份 Year	每天发生的其他活动和事件 Accident and environment						
	职工工伤死亡人数(人) Peath for industrial accident(person)	职工伤亡财务损失(元) Losses(yuan)	工业废水排放量(万吨) Waste water (10000ton)	工业废气排放量(万标立方米) Waste gas (10000cu·m)	火灾起数(起) Fires(case)	火灾损失(元) Losses(yuan)	火化尸体数(具) Cremation death(derson)
1991	0.1	1821.9	43.4	16423.9	2.9	14295.6	93.5
1992	0.1	2493.2	41.1	16229.5	2.5	7402.4	92
1993	0.1	3843.8	43.8	11102.4	3.2	25680	94.5
1994	0.1	2794.5	43.8	13520.4	3.1	16660.5	94.1
1995	0.1	3095.9	52.6	17236.2	2.7	10702.6	968
1996	0.1	3017.8	11.3	12666.4	3.7	9813.3	103.4
1997	0.1	2586.3	12.7	16133.2	10.2	36775	101.4
1998	0.1	1479.5	10.9	14287.9	10.3	18485.1	103.5
1999	0.1	2909.6	7.9	12216.8	13.5	74470.0	102.2
2000	0.1	3018.1	8.3	11473.5	13.3	16569	103.0
2001	0.18	5326.0	7.6		16.5	49619.4	102
2002	0.1	5943.0	12.2		21.1	21292.7	103
2003			8.8		20.4	15503.8	103
2004			8.2		23.0	16561.5	104

1－6　长春市国民经济主要指标占全省比重
PROPORTION OF CHANGCHUN′ECONOMIC INDICATORS TO JILIN PROVINCE

		全省 Total	长春 Changchun	长春占全省比重(%) Changchun to Jilin province
土地面积(万平方公里)	Land area(10000sq·km)	18.74	2.06	11.0
年末总人口(万人)	Population(10000 person)	2708.5	724.1	26.7
地区生产总值(亿元)	Gross domestic products(100millon yuan)	2958.2	1535	51.9
#第三产业(亿元)	Tertiary industry(100millon yuan)	1017.9	625	61.4
全市财政收入(亿元)	Government revenue(100millon yuan)	166.3	50.7	30.5
工业增加值(亿元)	Gross industrial added value(100millon yuan)	1142.1	452	39.6
全社会固定资产投资总额(亿元)	Total investment in fixed assets(100millon yuan)	1171.6	460	39.3
社会消费品零售总额(亿元)	Total retail sales of consumer goods(100millon yuan)	1252.6	495.3	39.5
进出口商品总额(亿美元)	Total export and import($ 100millon)	67.9	53.2	78.4
#出口商品总额(亿美元)	Export($ 100millon)	17.2	8.3	48.3
接待外国旅游人数(万人次)	Tourists(10000person－time)	32.4	8.3	25.6

1－7 按当年价格计算的地区生产总值
GROSS DOMESTIC PRODUCT(AT CURRENT PRICE)

单位:万元　　　　unit:10000yuan

		绝对额 NUMBER		构成(%) PROPERATION	
		2004	2003	2004	2003
地区生产总值	Gross domestic product	15350051	13380369	100	100
第一产业	Primary industry	1680023	1573321	11.0	11.8
第二产业	Secondary industry	7419988	6302968	48.3	47.1
第三产业	Terinary industry	6250040	5504080	40.7	41.1
地区外净要素收入	Net factor income from abroad	125288	223202		
地区收入总值	Cross national income	15475339	13603571		

1－8　2004年长春市地区生产总值构成项目

COMPOSITION OF GROSS DOMESTIC PRODUCTS(2004)

单位：万元　　unit：10000yuan

	增加值 Added value	劳动者报酬 Wages	生产税净额 Net taxes on production	补贴 Subsidg	固定资产折旧 Depreciation	营业盈余 Operation surplus
地区生产总值	15350051	7393687	2426058	232634	2162369	3367937
第一产业　Primary industry	1680023	1385809	38715	0	87342	168157
第二产业　Secondary industry	7419988	2532728	1925808	0	927271	2034181
工业　Industry	6349852	1889576	1797392	0	830959	1831925
建筑业　Construction	1070136	643152	128416		96312	202256
第三产业　Terinary industry	6250040	3475150	461535	232634	1147756	1165599
农林牧渔服务业　Farming forestry animal husbandry and finshery	16867	12127	1467		1922	1351
地质勘查业、水利管理业　Geological prospection and water conservancy	45384	23554	7488		3899	10443
交通运输、仓储及邮电通信业　Transportation storage, post and telecommunication	966183	437681	67976	2400	309287	151239
交通运输和仓储业　Transportation and storage	608695	348666	44156	2400	168936	46937
邮电通信业　Post and telecommunication services	357488	89015	23820		140351	104302
批发和零售贸易、餐饮业　Wholesale, retail trade and catering	1783458	1205618	64202	230134	186371	327267
批发和零售贸易业　Wholesale, retail trade and catering	1458869	986170	12917	230134	165624	294158
餐饮业　Catering services	324589	219448	51285		20747	33109
金融保险业　Finance and in surance	676731	185290	110763	0	67317	313361
金融业　Finance	500807	162261	107173		64103	167270
保险业　Insurance	43332	23029	3590		3214	13499
其他　Others	132592	0				132592
房地产业　Real estate	703015	83213	105775	0	372428	141599
房地产管理业　Real estate management	183814	61394	74445		4595	43380
房地产开发与经营业　Real estate agency	156372	21819	31330		5004	98219
城市居民自有住房　Urban households owned	248867				248867	
农村居民自有住房　Rural households owned	113962				113962	
社会服务业　Social services	674399	370245	85657		41138	177359
卫生、体育、社会福利业　Health care, sports and social welfare	184505	142622	4059		20296	17528
教育、文艺广播电影电视业　Education, culture, art, film and TV	625622	523646	3754	100	79454	18768
科学研究和综合技术服务业　Scientific research adn polytechical services	149302	122726	8062		15081	3433
国家机关、政党机关和社会团体　Government, party and social organization	321476	279491			41985	
其他行业　Others	103098	88937	2332		8578	3251

1－9　2003－2004年长春市地区生产总值
GROSS DOMESTIC PRODUCT(2003－2004)

单位:万元　　unit:10000yuan

	2004		2003	
	绝对额 Number	比上年增长% Indices (per＝100)	绝对额 Number	比上年增长% Indices (per＝100)
地区生产总值　Gross domestic product	15350051	13.5	13380369	14.2
第一产业　Primary industry	1680023	8.0	1573321	6.0
第二产业　Secondary industry	7419988	15.5	6302968	17.2
工业　Industry	6349852	14.7	5422909	17.1
建筑业　Construction	1070136	20.0	880059	18.0
第三产业　Tertiary industry	6250040	13.0	5504080	13.5
农林牧渔服务业　Arming, forestry, animal husbandry and fishery	16867	2.5	16165	9.7
地质勘查业、水利管理业　Geological prospection and water cons rvancy	45384	9.1	40879	11.3
交通运输、仓储及邮电通信业　Transportation storage, Post and telecommunication	966183	15.8	841363	8.3
交通运输和仓储业　Transportation and storage	608695	14.3	528376	6.2
邮电通信业　Post and telecommunication services	357488	18.6	312987	12.4
批发和零售贸易、餐饮业　Wholesale, retail trade and catering	1783458	12.3	1578031	14.8
批发和零售贸易业　Wholesale, retail trade and catering	1458869		1284517	
餐饮业　Catering services	324589		293514	
金融保险业　Finance and in surance	676731	6.4	637629	6.3
金融业　Finance	500807		483422	
保险业　Insurance	43332		30126	
其他　Others	132592		124081	
房地产业　Real estate	703015	17.3	585312	27.2
房地产管理业　Real estate management	183814		146699	
房地产开发与经营业　Real estate agency	156372		126617	
城镇居民自有住房　Urban households owned	248867		204833	
农村居民自有住房　Rural households owned	113962		107163	
社会服务业　Social services	674399	12.2	593890	13.8
卫生、体育、社会福利业　Health care, sports and social welfare	184505	15.7	160029	13.0
教育、文艺及广播电影电视业　Education, culture, art, film and TV	625622	16.0	544065	15.4
科学研究和综合技术服务业　Scientific research adn polytechical services	149302	11.5	131557	13.7
国家机关、政党机关和社会团体　Government, party and social organization	321476	11.4	283739	13.4
其他行业　Others	103098	10.8	91421	11.9
人均生产总值(元)　Per capita GDP(yuan)	21285	12.6	18704	13.2

人口
POPULATION

第二篇　人　　口

2004年,我市人口继续保持稳定增长,年末户籍人口总数为724.1万人。农业人口为406.2万人,比上年增长0.2%,非农业人口为317.9万人,比上年增长1.57%。户籍人口出生率、死亡率和自然增长率分别为2.35‰、0.29‰和2.05‰。总人口中,男性367.5万人,女性356.6万人,分别占50.8%和49.2%。

2－1 1991－2004全市户数与人口
POPULATION AND HOUSEHOLDS(1991－2004)

年份 Year	总户数(户) Households	总人口(人) Population (person)	按地区分 By region		按性别分 By sex		按农业、非农业分 By agriculture	
			市区 City	县(市) County	男 Male	女 Female	农业 Agriculture	非农业 Non－agriculture
1991	1614678	6426346	2132172	4294174	3285503	3140843	4063959	2362387
1992	1635082	6457351	2156034	4301317	3301260	3156091	4061351	2396000
1993	1670969	6510368	2187716	4322652	3330453	3179915	4042237	2468131
1994	1700389	6574999	2237074	4337925	3360547	3214452	4027014	2547985
1995	1729366	6672912	2699569	3973343	3405570	3267342	4054554	2618358
1996	1774578	6767781	2741731	4026050	3448350	3319431	4099379	2668402
1997	1797299	6837875	2788071	4049804	3479853	3358022	4115644	2722231
1998	1828540	6868673	2826890	4041783	3494777	3373896	4101391	2767282
1999	1887580	6912278	2866357	4045921	3516229	3396049	4100246	2812032
2000	1955634	6996354	2928250	4068104	3557370	343894	4117996	2878358
2001	2005838	7057321	2980185	4077136	3586780	3470541	4120995	2936326
2002	2047139	7125055	3039375	4085680	3624060	3500995	4122300	3002755
2003	2071834	7182348	3100132	4082216	3650591	3531757	4051808	3130540
2004	2108261	7240845	3147366	4093479	3674807	3566038	4061950	3178895

2－2 2004年县(市)区户数与人口
POPULATION AND HOUSEHOLDS BY REGION

		总户数(户) Households	总人口(人) Population (person)	按性别分 By sex		按农业、非农业分 By agriculture	
				男 Male	女 Female	农业 Agriculture	非农业 Non－agriculture
总　计	**Total**	**2108261**	**7240845**	**3674807**	**3566038**	**4061950**	**3178895**
市辖区合计	Total district	955223	3147366	1584021	1563345	755861	2391505
南关区	Nanguan	179523	607482	298642	308840	115821	491661
宽城区	Kuancheng	157130	471908	238861	233047	94797	377111
朝阳区	Chaoyang	200439	735139	374349	360790	73964	661175
二道区	Erdao	124198	386425	192261	194164	86160	300265
绿园区	Luyuan	176598	567958	286363	281595	104685	463273
双阳区	Shuangyang	117335	378454	193545	184909	280434	98020
县(市)合计	Total county	1153038	4093479	2090786	2002693	3306089	787390
九台市	Jiutai	252007	832045	425691	406354	634486	197559
榆树市	Yushu	356595	1225294	627321	597973	1042466	182828
农安县	Nongan	295038	1120419	573812	546607	873790	246629
德惠市	Dehui	249398	915721	463962	451759	755347	160374

2-3 1991-2004年全市人口增减变动
BASIC STATISTICS ON POPULATION CHANGE(1991-2004)

单位:人 unit:person

年份 Year	年平均人口 Average population	增加 Increase		减少 Decrease	
		出生 Birth	迁入 Emigration	死亡 Death	迁出 Migration
1991	6402291	65774	105727	30923	91839
1992	6441848	60690	90698	31935	88285
1993	6483859	78892	119131	33521	106218
1994	6542683	79918	131550	35214	106767
1995	6623955	83252	118949	32824	87836
1996	6720346	89655	178698	34376	145431
1997	6802828	70108	110922	33726	82135
1998	6853272	51611	99196	34105	85125
1999	6890472	51275	123089	37263	104941
2000	6954316	72167	118519	38603	87096
2001	7026837.5	51263	119192	32918	85365
2002	7091188	51915	131735	32551	86590
2003	7153701.5	47149	138354	31981	94280
2004	7211596.5	64439	125259	34353	96285

2-4 2004年县(市)区人口增减变动
BASIC STATISTICS ON POPULATION CHANGE BY REGION(2004)

单位:人 unit:person

		年平均人口 Average population	增加 Increase		减少 Decrease	
			出生 Birth	迁入 Emigration	死亡 Death	迁出 Migration
全市总计	**Total**	**7211596.5**	**64439**	**125259**	**34353**	**96285**
市辖区合计	Total district	3123749	24767	89589	16211	48463
南关区	Nanguan	643003.5	4501	25267	3891	10461
宽城区	Kuancheng	432114	3592	6462	2630	10285
朝阳区	Chaoyang	729699	4374	30118	3190	19812
二道区	Erdao	380927	3288	9180	1939	2764
绿园区	Luyuan	560348.5	4527	15286	2644	3848
双阳区	Shuangyang	377657	4485	3276	1917	1293
县(市)合计	Total county	4087847.5	39672	35670	18142	47822
九台市	Jiutai	831751	8471	8144	4850	11333
榆树市	Yushu	1223826	13195	9260	5920	13860
农安县	Nongan	1117835.5	9893	9844	3704	12334
德惠市	Dehui	914435	8113	8422	3668	10295

2－5 2004年非农业人口增减人数

BASIC STATISTICS ON NON－AGRICULTURAL POPULATION(2004)

单位:人 unit:person

		全市 Total	市区 District	县(市) County(city)
一、年末非农业人口数	**Total**	**3178895**	**2391505**	**787390**
二、本年增加的非农业人口	**Increase of population**	**197891**	**136075**	**61816**
1.出生	Birth	22213	15896	6317
2.非农业人口迁入	Emigration	72112	53272	18840
3.农业人口转非农业人口	From agricultural population	38780	37137	1643
①招生	New students	22649	22640	9
②聘用	New workers	752	752	
③征用土地	Requisition land	4260	4260	
④投靠亲属	Relative with army	5849	5055	794
⑤落户小城镇	Relative with scientific cadres	897	365	532
⑥投资、购房	Relative with staff and workers	815	509	306
⑦其他	Others	3558	3556	2
4.自港、澳、台和国外迁入	From Hongkong,Macao,Taiwan and foreign	104	104	
5.退出现役	Demobilized soldier	2493	2152	341
6.刑满释放解除劳教	Corporal punishment	194	160	34
7.其他	Others	61995	27354	34641
三、本年减少的非农业人口	**Decrease of population**	**149536**	**88090**	**61446**
1.死亡	Death	14867	12436	2431
2.非农业人口迁出	Migration	69889	45615	24274
3.迁往港、澳、台和国外	To Hongkong,Macao,Taiwan and foreign	113	113	0
4.服现役	Join the army	558	508	50
5.服刑及劳教	Arrest	4	2	2
6.其他	Other	64105	29416	34689

2-6 1991-2004 年全市人口出生率、死亡率、自然增长率
BIRTH RATE,DEATH RATE AND NATURAL GROWTH RATE(1991-2004)

年份 Year	出生率(‰) Birth rate	死亡率(‰) Death rate	自然增长率(‰) Natural growth rate
1991	10.27	4.82	5.44
1992	9.42	4.95	4.46
1993	12.16	5.16	6.99
1994	12.21	5.38	6.83
1995	12.56	4.95	7.61
1996	13.34	5.11	8.22
1997	10.30	4.95	5.34
1998	7.53	4.97	2.55
1999	7.44	5.40	2.03
2000	10.38	5.55	4.83
2001	7.3	4.68	2.61
2002	7.32	4.59	2.73
2003	6.59	4.47	2.12
2004	8.94	4.76	4.17

2-7 2004 年县(市)区人口出生率、死亡率、自然增长率
BIRTH RATE,DEATH RATE AND NATURAL GROWTH RATE BY REGION(2004)

		出生率(‰) Birth rate	死亡率(‰) Death rate	自然增长率(‰) Natural growth rate
总 计	**Total**	**8.94**	**4.76**	**4.17**
市辖区合计	Total of district	7.93	5.19	2.74
南关区	Nanguan	7.00	6.05	0.95
宽城区	Kuancheng	8.31	6.09	2.23
朝阳区	Chaoyang	5.99	4.37	1.62
二道区	Erdao	8.63	5.09	3.54
绿园区	Luyuan	8.03	4.72	3.56
双阳区	Shuangyang	11.88	5.08	6.8
县(市)合计	Total of county	9.70	4.44	5.27
九台市	Jiutai	10.18	5.83	4.35
榆树市	Yushu	10.78	4.84	4.86
农安县	Nongan	8.85	3.31	5.54
德惠市	Dehui	8.87	4.01	4.86

2-8 1991-2004年镇人口
POPULATION IN TOWNS(1991-2004)

年份 Year	镇数 Towns (个)	总户数 Households (户)	总人口(人) Population 合计 Total	#非农业人口 Non-agriculture
1991	50	451556	1825360	393605
1992	70	586971	2418220	425368
1993	71	606911	2458906	454812
1994	73	625490	2517378	480921
1995	69	557599	2291863	319459
1996	71	589036	2381214	328492
1997	71	599342	2412099	334127
1998	71	609599	2407593	332771
1999	74	645686	2462254	337720
2000	74	676750	2498310	345006
2001	74	801526	2929795	355492
2002	75	822162	2965038	366485
2003	75	823632	2986758	441370
2004	75	850008	3065440	485870

2-9 2004年县(市)区镇人口
POPULATION IN COUNTY(2004)

	镇数 Towns (个)	总户数 Households (户)	总人口(人) Population 合计 Total	#非农业人口 Non-agriculture
总计 Total	**75**	**850008**	**3065440**	**485870**
市辖区合计 Total of district	19	175935	579814	143299
九台市 Jiutai	13	157948	567797	38162
榆树市 Yushu	16	178019	649759	39115
农安县 Nongan	13	196502	715289	231508
德惠市 Dehui	14	141604	552781	33786

统计资料

STATISTICS

单位从业人员与劳动报酬

EMPLOYMENT AND WAGE

长春统计年鉴

CHANGCHUN STATISTICAL YEARBOOK

2005

第三篇　单位从业人员与劳动报酬

2004年，我市的就业工作取得了新的进展，城镇单位就业也得到了基本稳定，工资水平持续提高。2004年末，全市城镇单位从业人员89.9万人，比上年年末减少0.7万人，减少人数比上年低8000人；减少幅度为0.8%，比上年低0.7个百分点.城镇国有单位从业人员人数为59.1万人，占65.7%；集体经济单位从业人数8.5万人，占9.4%；其他经济单位从业人数22.3万人，占24.9%。国有和集体经济单位所占比重分别下降1.7和1.1个百分点，其他经济单位所占比重上升2.8个百分点。

2004年，我市城镇单位从业人员劳动报酬总额为141.8亿元，比去年同期增长12%，其中国有经济单位97.1亿元，增长10.2%，集体经济单位74.4亿元，同比减少3.8%，其他经济单位37.3亿元，同比增长21.1%。

2004年全市城镇单位在岗职工平均工资为15722元，比上年增加1855元，增长13.4%。

3-1 1991-2004年全市职工工资总额
TOTAL WAGE OF STAFF AND WORKERS(1991-2004)

单位:千元 unit:1000 yuan

年份 Year	国有 State owned		集体 Collective owned		其他 Others	
	全市 Total	#市区 District	全市 Total	#市区 District	全市 Total	#市区 District
1991	1989308	1592623	763988	635517	17341	14335
1992	2435835	1978476	839918	698978	54721	47729
1993	3008869	2472131	860001	735876	167421	165027
1994	4472521	3742455	1011722	860025	276867	249663
1995	5220027	4423964	1045689	910067	364802	323990
1996	6569798	5592362	1251084	1086908	507483	451905
1997	7123101	6032678	1294877	1121163	658380	572053
1998	6574523	5616192	1040812	929690	932068	838951
1999	6871783	5828124	912084	824582	1348814	1246909
2000	7375814	6281248	960764	883329	1606900	1500715
2001	7529152	6478360	853190	792029	2074950	1920863
2002	8778127	7497443	883896	811997	2700222	2558936
2003	9191194	7846909	797041	722583	3033574	2882323
2004	10061498	8630697	773975	693387	3704129	3539419

3-2 1991-2004全市职工平均工资
AVERGE WAGE OF STAFF AND WORKERS (1991-2004)

单位:元 unit:yuan

年份 Year	国有 State owned		集体 Collective owned		其他 Others	
	全市 Total	#市区 District	全市 Total	#市区 District	全市 Total	#市区 District
1991	2259	2379	1792	1865	2147	2241
1992	2652	2836	1963	2064	2993	2949
1993	3266	3561	2299	2370	3551	3570
1994	4966	5196	2977	3088	4839	4818
1995	5478	5941	3474	3600	5305	5242
1996	6844	7498	4547	4717	7027	7079
1997	7472	8151	5076	5313	8382	8358
1998	7205	8119	4452	4883	7436	7646
1999	7866	8835	4345	4893	9009	9240
2000	8526	9807	4814	5576	10220	10438
2001	11569	13270	7005	7307	12177	12888
2002	11100	13341	5215	6345	13066	13682
2003	11802	14275	5227	6472	13786	14456
2004	13659	16866	5576	6833	14910	15800

3-3 全市单位从业人员数

单位:人

		国有
		全市 Total
总计	**Total**	**590594**
中央单位	Centre unit	173705
省属单位	Provincial unit	112497
市属单位	Unit belong to city	103371
县及县以下单位	Unit below county	201021
(一)农、林、牧、渔业	Farming, forestry, animal husbandry and fishery	14001
1. 农业	Farming	1321
2. 林业	Forestry	1462
3. 畜牧业	Animal husbandry	1143
4. 渔业	Fishery	
5. 农、林、牧、渔服务业	Farming, forestry, animal husbandry and fishery services	10075
(二)采矿业	Excavation	5221
(三)制造业	Manufacturing	107983
(四)电力、煤气及水的生产和供应业	Electric power, gas and water production and supply	12579
(五)建筑业	Construction	30499
1. 房屋和土木工程建筑业	Building construction	27636
2. 建筑安装业	Installment	2720
3. 建筑装饰业	Decoration	66
4. 其他建筑业	Others	77
(六)交通运输、仓储及邮政业	Transportation, storage, post and telecommunication	45704
1. 铁路运输业	Railway transportation	
2. 公路运输业	Highway transportation	7756
3. 城市公共交通业	Public transport	29
4. 水上运输业	Waterway	
5. 航空运输业	Air transportation	3004
6. 管道运输业	Pipeline transportation	241
7. 装卸搬运和其他运输服务业	Transport service	286
8. 仓储业	Storage	29435
9. 邮政业	Post services	4953
(七)信息传输、计算机服务和软件业	Information, computer service and software	7236
1. 电信和其他信息传输服务业	Telecommunication and other service	7029
2. 计算机服务业	Computer applied and services	188
3. 软件业	Software	19
(八)批发和零售业	Wholesale and retail trade	28654
1. 批发业	Wholesale	23985
2. 零售业	Retail trade	4669
(九)住宿和餐饮业	Hotel and catering service	7522
1. 住宿业	Hotels	6822
2. 餐饮业	Catering services	700
(十)金融业	Finance	18002
1. 银行业	Banking	16497

NUMBER OF STAFF AND WORKERS

unit: person

State owned	集体 Collective owned		其他 Others	
#市区 District	全市 Total	#市区 District	全市 Total	#市区 District
426675	**84859**	**75160**	**223147**	**201400**
166606				
105900				
100354				
53815				
2996	174	15	357	357
493				
556				
440			357	357
1507	174	15		
5210			3574	3269
102007	54939	52587	120431	102950
8700			11079	10804
28970	6970	6802	15612	13672
26209	6704	6544	12017	10077
2646	238	233	2079	2079
38	24	21	1386	1386
77	4	4	130	130
18144	3060	3009	13442	11984
			52	52
3373	522	522	2624	1166
	193	142	9492	9492
3004			201	201
241	435	435	688	688
256			101	101
7172	43	43	263	263
4098	1867	1867	21	21
5949	55	55	5005	5005
5742	55	55	3278	3278
188			40	40
19			1687	1687
12711	4247	2586	21466	21378
9675	1691	1340	7012	6974
3036	2556	1246	14454	14404
7077	491	479	8466	8466
6417	319	307	4497	4497
660	172	172	3969	3969
14468	3523	547	6248	6248
13543	3523	547	4173	4173

3-3续表1 continued1

		国有
		全市 Total
2. 证券业	Securities	10
3. 保险业	Insurance	1323
4. 其他金融活动	Other finance services	172
(十一)房地产业	Real estate	6632
其中:1. 房地产开发与经营业	Real estate developing	1487
2. 物业管理	Management	3877
3. 房地产中介服务	Medium services	14
(十二)租赁和商务服务业	Lease and service	8176
1. 租赁业	Leases	131
2. 商务服务业	Services	8045
(十三)科学研究、技术服务和地质勘查业	Scientific research and polytechnic services	29097
1. 研究与试验发展	Scientific research	10671
2. 专业技术服务业	Technical services	15178
3. 科技交流和推广服务业	Technical developing and services	802
4. 地质勘查业	Geological prospection	2446
(十四)水利、环境和公共设施管理业	Water conservancy, environment and public services	20165
1. 水利管理业	Water conservancy	4517
2. 环境管理业	Environment	5082
3. 公共设施管理业	Public management	10566
(十五)居民服务和其他服务业	Resident service	2253
1. 居民服务业	Resident services	566
2. 其他服务业	Other social services	1687
(十六)教育	Education	123511
其中:1. 初等教育	Primary education	42237
2. 中等教育	Middle education	37855
3. 高等教育	Higher education	38092
(十七)卫生、社会保障和社会福利业	Healthcare, social welfare	36138
1. 卫生	Health care	34606
2. 社会保障业	Social security	539
3. 社会福利业	Social welfare	993
(十八)文化、体育和娱乐业	Culture, sports and recreation services	17202
1. 新闻出版业	Newspaper	7718
2. 广播、电影、电视和音像业	Radio, film and TVset	3602
3. 文化艺术业	Culture and art	4131
4. 体育	Sports	1566
5. 娱乐业	Recreation services	185
(十九)公共管理和社会组织	Public management and social organization	70019
其中:1. 中国共产党机关	Communist party	2755
2. 国家机构	Government agencies	65323
3. 人民政协和民主党派	Party agencies	527
4. 群众团体、社会团体和宗教组织	Social organizations	1414
(二十)国际组织	International organizations	

单位:人 unit:person

State owned	集 体 Collective owned		其 他 Others	
#市 区 District	全 市 Total	#市 区 District	全 市 Total	#市 区 District
10			1338	1338
743			697	697
172			40	40
5411	314	314	8435	8435
1128			3909	3909
3658	307	307	4324	4324
14			153	153
7640	1843	1831	3511	3340
131			20	20
7509	1843	1831	3491	3320
27003	702	603	2658	2635
10671	38	38	343	343
13780	603	504	1925	1902
594	61	61	390	390
1958				
14530	3708	3309	359	359
1784	117			
3251	3446	3164	56	56
9495	145	145	303	303
2066	848	848	136	136
379	18	18	62	62
1687	830	830	74	74
74453	414	414	1894	1894
13806	124	124		
18374	41	41	754	754
37938			615	615
25199	2848	1148	73	73
24034	2721	1021	53	53
358				
807	127	127	20	20
15311	494	471	401	395
7710	204	204	129	129
2600	37	37		
3359	169	146	74	68
1457	62	62	32	32
185	22	22	166	166
48830	238	142		
2164				
45037	215	119		
446				
1183				

3－4 全市单位从业人员劳动报酬

单位:千元

		国有
		全市 Total
总计	**Total**	**9702260**
中央单位	Centre unit	4448995
省属单位	Provincial unit	1850066
市属单位	Unit belong to city	1555327
县及县以下单位	Unit below county	1847872
(一)农、林、牧、渔业	Farming, forestry, animal husbandry and fishery	91830
1.农业	Farming	5952
2.林业	Forestry	7911
3.畜牧业	Animal husbandry	9662
4.渔业	Fishery	
5.农、林、牧、渔服务业	Farming, forestry, animal husbandry and fishery services	68305
(二)采矿业	Excavation	64433
(三)制造业	Manufacturing	2209562
(四)电力、煤气及水的生产和供应业	Electric power, gas and water production and supply	252043
(五)建筑业	Construction	419286
1.房屋和土木工程建筑业	Building construction	352672
2.建筑安装业	Installment	65008
3.建筑装饰业	Decoration	590
4.其他建筑业	Others	1016
(六)交通运输、仓储及邮政业	Transportation, storage, post and telecommunication	444216
1.铁路运输业	Railway transportation	
2.公路运输业	Highway transportation	55657
3.城市公共交通业	Public transport	310
4.水上运输业	Waterway	
5.航空运输业	Air transportation	118654
6.管道运输业	Pipeline transportation	6885
7.装卸搬运和其他运输服务业	Transportservice	9107
8.仓储业	Storage	175586
9.邮政业	Post services	78017
(七)信息传输、计算机服务和软件业	Information, computer service and software	222480
1.电信和其他信息传输服务业	Telecommunication and other service	220012
2.计算机服务业	Computer applied and services	2274
3.软件业	Software	194
(八)批发和零售业	Wholesale and retail trade	259132
1.批发业	Wholesale	220890
2.零售业	Retail trade	38242
(九)住宿和餐饮业	Hotel and catering service	79462
1.住宿业	Hotels	74310
2.餐饮业	Catering services	5152
(十)金融业	Finance	489972
1.银行业	Banking	444458

WAGES OF STAFF AND WORKERS EMPLOYED

unit: 1000yuan

State owned	集 体 Collective owned		其 他 Others	
#市 区 District	全 市 Total	#市 区 District	全 市 Total	#市 区 District
8375366	**743876**	**663416**	**3731103**	**3567923**
4347594				
1766318				
1513335				
748119				
28584	1223	138	4180	4180
2367				
2134				
5249			4180	4080
18834	1223	138		
64433			41162	39336
2164786	457313	436667	2268061	2133278
210771			217031	213712
408360	55525	54491	199356	185999
342334	52734	51732	163105	149748
64564	2602	2579	21161	21161
446	153	144	14073	14073
1016	36	36	1017	1017
294963	29959	29569	203708	195338
			480	480
29369	2884	2884	21348	12978
	1072	682	149182	149182
118654			4457	4457
6885	13243	13243	23660	23660
8789			1577	1577
65065	380	380	2431	2431
66201	12380	12380	573	573
196192	489	489	139935	139935
193724	489	489	107458	107458
2274			300	300
194			32177	32177
161471	29652	23101	205086	204673
133072	14357	13119	70000	69923
28399	15295	9982	135086	134750
76317	4296	4244	84313	84313
71505	2403	2351	58516	58516
4812	1893	1893	24797	25797
440718	40490	7453	101600	101600
401257	40490	7453	66347	66347

3-4续表1 continued1

		国 有
		全 市 Total
2. 证券业	Securities	194
3. 保险业	Insurance	38419
4. 其他金融活动	Other finance services	6901
(十一)房地产业	Real estate	98131
其中:1. 房地产开发与经营业	Real estate developing	28982
2. 物业管理	Management	47694
3. 房地产中介服务	Medium services	160
(十二)租赁和商务服务业	Lease and service	161486
1. 租赁业	Leases	1890
2. 商务服务业	Services	159596
(十三)科学研究、技术服务和地质勘查业	Scientific research and polytechnic services	536341
1. 研究与试验发展	Scientific research	224416
2. 专业技术服务业	Technical services	267711
3. 科技交流和推广服务业	Technical developing and services	10569
4. 地质勘查业	Geological prospection	33645
(十四)水利、环境和公共设施管理业	Water conservancy, environment and public services	229689
1. 水利管理业	Water conservancy	47349
2. 环境管理业	Environment	51279
3. 公共设施管理业	Public management	131061
(十五)居民服务和其他服务业	Resident service	31663
1. 居民服务业	Resident services	8701
2. 其他服务业	Other social services	22962
(十六)教育	Education	2131825
其中:1. 初等教育	Primary education	481713
2. 中等教育	Middle education	544498
3. 高等教育	Higher education	1012828
(十七)卫生、社会保障和社会福利业	Healthcare, social welfare	637578
1. 卫生	Health care	611128
2. 社会保障业	Social security	12518
3. 社会福利业	Social welfare	13932
(十八)文化、体育和娱乐业	Culture, sports and recreation services	236219
1. 新闻出版业	Newspaper	121233
2. 广播、电影、电视和音像业	Radio, film and TVset	35238
3. 文化艺术业	Culture and art	57958
4. 体育	Sports	20061
5. 娱乐业	Recreation services	1729
(十九)公共管理和社会组织	Public management and social organization	1106912
其中:1. 中国共产党机关	Communist party	50358
2. 国家机构	Government agencies	1021638
3. 人民政协和民主党派	Party agencies	10242
4. 群众团体、社会团体和宗教组织	Social organizations	24674
(二十)国际组织	Internationa organizations	

单位:千元　unit:1000yuan

State owned	集　　体 Collective owned		其　　他 Others	
#市　区 District	全　市 Total	#市　区 District	全　市 Total	#市　区 District
194			21415	21415
32366			12763	12763
6901			1075	1075
89247	3762	3762	115016	115016
26425			50448	50448
46650	3718	3718	61428	61428
160			2071	2071
156772	16084	16064	62468	61522
1890			64	64
154882	16084	16064	62404	61458
519191	10241	9880	47904	47783
224416	388	388	12520	12520
255758	9084	8723	29469	29348
9388	769	769	5915	5915
29629				
191950	42014	39878	5900	5900
27194	636			
41575	39825	38325	889	889
123181	1553	1553	5011	5011
29915	6694	6694	1854	1854
6953	384	384	489	489
22962	6310	6310	1365	1365
1659363	4593	4593	28266	28266
217312	1844	1844		
347390	776	776	9776	9776
1011296			11779	11779
551687	30992	16893	683	683
529162	29732	15633	450	450
9910				
12615	1260	1260	233	233
224693	7171	7075	4580	4535
121159	3955	3955	1651	1651
29257	355	355		
53256	2126	2030	511	466
19292	635	635	346	346
1729	100	100	2072	2072
905953	3378	2425		
44990				
829174	3158	2205		
9169				
22620				

3-5 全市在岗职工人数

单位:人

		国有
		全市 Total
总计	Total	**582021**
中央单位	Centre unit	170513
省属单位	Provincial unit	110266
市属单位	Unit belong to city	101121
县及县以下单位	Unit below county	200121
(一)农、林、牧、渔业	Farming, forestry, animal husbandry and fishery	13982
1.农业	Farming	1321
2.林业	Forestry	1462
3.畜牧业	Animal husbandry	1127
4.渔业	Fishery	
5.农、林、牧、渔服务业	Farming, forestry, animal husbandry and fishery services	10072
(二)采矿业	Excavation	5221
(三)制造业	Manufacturing	107654
(四)电力、煤气及水的生产和供应业	Electric power, gas and water production and supply	12311
(五)建筑业	Construction	30467
1.房屋和土木工程建筑业	Building construction	27604
2.建筑安装业	Installment	2720
3.建筑装饰业	Decoration	66
4.其他建筑业	Others	77
(六)交通运输、仓储及邮政业	Transportation, storage, post and telecommunication	45480
1.铁路运输业	Railway transportation	
2.公路运输业	Highway transportation	7748
3.城市公共交通业	Public transport	29
4.水上运输业	Waterway	
5.航空运输业	Air transportation	2997
6.管道运输业	Pipeline transportation	241
7.装卸搬运和其他运输服务业	Transport service	286
8.仓储业	Storage	29328
9.邮政业	Post services	4851
(七)信息传输、计算机服务和软件业	Information computer service and software	6637
1.电信和其他信息传输服务业	Telecommunication and other service	6434
2.计算机服务业	Computer applied and services	184
3.软件业	Software	19
(八)批发和零售业	Wholesale and retail trade	28370
1.批发业	Wholesale	23740
2.零售业	Retail trade	4630
(九)住宿和餐饮业	Hotel and catering service	7435
1.住宿业	Hotels	6735
2.餐饮业	Catering services	700
(十)金融业	Finance	16874
1.银行业	Banking	15463

NUMBER OF STAFF AND WORKERS

unit:person

State owned	集 体 Collective owned		其 他 Others	
#市 区 District	全 市 Total	#市 区 District	全 市 Total	#市 区 District
418736	**83369**	**73717**	**218281**	**196547**
163571				
103706				
98104				
53355				
2979	174	15	357	357
493				
556				
424			357	357
1506	174	15		
5210			3572	3267
101680	54317	51968	118278	100803
8432			11053	10778
28938	6939	6771	15377	13444
26177	6673	6513	11863	9930
2646	238	233	2000	2000
38	24	21	1384	13847
77	4	4	130	130
17960	3056	3005	13422	11964
			52	52
3373	522	522	2622	1164
	193	142	9482	9482
2997			198	198
241	435	435	688	688
256			101	101
7065	39	39	261	261
4028	1867	1867	18	18
5356	55	55	4138	4138
5153	55	55	2424	2424
184			40	40
19			1674	1674
12457	4221	2579	20743	20655
9430	1684	1335	6789	6751
3027	2537	1244	13954	13904
6990	491	479	8438	8438
6330	319	307	4486	4486
660	172	172	3952	3952
13461	3522	546	6216	6216
12536	3522	546	4173	4173

3-5续表1 continued1

		国有 全市 Total
2.证券业	Securities	10
3.保险业	Insurance	1229
4.其他金融活动	Other finance services	172
(十一)房地产业	Real estate	5597
其中:1.房地产开发与经营业	Real estate developing	1473
2.物业管理	Management	2893
3.房地产中介服务	Medium services	
(十二)租赁和商务服务业	Lease and service	7516
1.租赁业	Leases	131
2.商务服务业	Services	7385
(十三)科学研究、技术服务和地质勘查业	Scientific research and polytechnic services	28032
1.研究与试验发展	Scientific research	10610
2.专业技术服务业	Technical services	14378
3.科技交流和推广服务业	Technical developing and services	764
4.地质勘查业	Geological prospection	2280
(十四)水利、环境和公共设施管理业	Water conservancy, environment and public services	19697
1.水利管理业	Water conservancy	4455
2.环境管理业	Environment	5082
3.公共设施管理业	Public management	10160
(十五)居民服务和其他服务业	Resident service	2107
1.居民服务业	Resident services	566
2.其他服务业	Other social services	1541
(十六)教育	Education	122571
其中:1.初等教育	Primary education	42204
2.中等教育	Middle education	37689
3.高等教育	Higher education	37412
(十七)卫生、社会保障和社会福利业	Healthcare, social welfare	35510
1.卫生	Health care	33986
2.社会保障业	Social security	538
3.社会福利业	Social welfare	986
(十八)文化、体育和娱乐业	Culture, sports and recreation services	17034
1.新闻出版业	Newspaper	7636
2.广播、电影、电视和音像业	Radio, film and TVset	3565
3.文化艺术业	Culture and art	4119
4.体育	Sports	1539
5.娱乐业	Recreation services	175
(十九)公共管理和社会组织	Public management and social organization	69526
其中:1.中国共产党机关	Communist party	2755
2.国家机构	Government agencies	64846
3.人民政协和民主党派	Party agencies	527
4.群众团体、社会团体和宗教组织	Social organizations	1398
(二十)国际组织	International organizations	

单位:人 unit:person

State owned	集 体 Collective owned		其 他 Others	
#市 区 District	全 市 Total	#市 区 District	全 市 Total	#市 区 District
10			1338	1338
743			665	665
172			40	40
4379	307	307	8174	8174
1114			3838	3838
2674	300	300	4134	4134
			153	153
7001	1834	1831	3421	3250
131			20	20
6870	1834	1831	3401	3230
25945	587	488	2504	2481
10610	38	38	339	339
12987	523	424	1787	1764
556	26	26	378	378
1792				
14062	3092	2693	324	324
1722	117			
3251	2855	2573	56	56
9089	120	120	268	268
1920	840	840	130	130
379	18	18	61	61
1541	822	822	69	69
73519	414	414	1662	1662
13773	124	124		
18208	41	41	673	673
37258			492	492
24887	2794	1119	71	71
23730	2667	992	51	51
357				
800	127	127	20	20
15145	488	465	401	395
7628	199	199	129	129
2563	37	37		
3347	168	145	74	68
1432	62	62	32	32
175	22	22	166	166
48415	238	142		
2164				
44637	215	119		
446				
1168				

3-6 全市在岗职工工资总额

单位:千元

		国 有
		全 市 Total
总 计	**Total**	**9603159**
中央单位	Centre unit	4405061
省属单位	Provincial unit	1828172
市属单位	Unit belong to city	1531301
县及县以下单位	Unit below county	1838625
(一)农、林、牧、渔业	Farming, forestry, animal husbandry and fishery	91685
1.农业	Farming	5952
2.林业	Forestry	7911
3.畜牧业	Animal husbandry	9544
4.渔业	Fishery	
5.农、林、牧、渔服务业	Farming, forestry, animal husbandry and fishery services	68278
(二)采矿业	Excavation	64433
(三)制造业	Manufacturing	2207330
(四)电力、煤气及水的生产和供应业	Electric power, gas and water production and supply	249949
(五)建筑业	Construction	418905
1.房屋和土木工程建筑业	Building construction	352291
2.建筑安装业	Installment	65008
3.建筑装饰业	Decoration	590
4.其他建筑业	Others	1016
(六)交通运输、仓储及邮政业	Transportation, storage, post and telecommunication	441534
1.铁路运输业	Railway transportation	
2.公路运输业	Highway transportation	55629
3.城市公共交通业	Public transport	310
4.水上运输业	Waterway	
5.航空运输业	Air transportation	118529
6.管道运输业	Pipeline transportation	6885
7.装卸搬运和其他运输服务业	Transport service	9107
8.仓储业	Storage	173812
9.邮政业	Post services	77262
(七)信息传输、计算机服务和软件业	Information computer service and software	216484
1.电信和其他信息传输服务业	Telecommunication and other service	214044
2.计算机服务业	Computer applied and services	2246
3.软件业	Software	194
(八)批发和零售业	Wholesale and retail trade	254618
1.批发业	Wholesale	217112
2.零售业	Retail trade	37506
(九)住宿和餐饮业	Hotel and catering service	78808
1.住宿业	Hotels	73656
2.餐饮业	Catering services	5152
(十)金融业	Finance	473433
1.银行业	Banking	428714

WAGES OF STAFF AND WORKERS EMPLOYED

unit: 1000yuan

State owned	集　体 Collective owned		其　他 Others	
#市　区 District	全　市 Total	#市　区 District	全　市 Total	#市　区 District
8280662	**733075**	**653067**	**3589223**	**3426198**
4304788				
1744596				
1489309				
741969				
28584	1223	138	4180	4180
2367				
2134				
5249			4180	4180
18834	1223	138		
64433			41112	39286
2162557	452739	432107	2157738	2023009
208677			216579	213260
407979	55217	54183	197361	184105
341953	52426	51424	161750	148494
64564	2602	2579	20541	20541
446	153	144	14053	14053
1016	36	36	1017	1017
292502	29866	29476	203537	195167
			480	480
29369	2884	2884	21294	12924
	1072	682	149111	149111
118529			4439	4439
6885	13243	13243	23660	23660
8789			1577	1577
63291	287	287	2416	2416
65639	12380	12380	560	560
190229	489	489	132632	132632
187789	489	489	100483	100483
2246			300	300
194			31849	31849
157240	29536	23043	200017	199604
129294	14303	13071	68551	68474
27946	15233	9972	131466	131130
75663	4296	4244	80653	80653
70851	2403	2351	55329	55329
4812	1893	1893	25324	25324
425078	40480	7443	101323	101323
385617	40480	7443	66347	66347

3－6续表1 continued1

		国有
		全市 Total
2. 证券业	Securities	194
3. 保险业	Insurance	37624
4. 其他金融活动	Other finance services	6901
(十一)房地产业	Real estate	91569
其中:1. 房地产开发与经营业	Real estate developing	28811
2. 物业管理	Management	41758
3. 房地产中介服务	Medium services	
(十二)租赁和商务服务业	Lease and service	155931
1. 租赁业	Leases	1890
2. 商务服务业	Services	154041
(十三)科学研究、技术服务和地质勘查业	Scientific research and polytechnic services	521699
1. 研究与试验发展	Scientific research	223964
2. 专业技术服务业	Technical services	257172
3. 科技交流和推广服务业	Technical developing and services	10332
4. 地质勘查业	Geological prospection	30231
(十四)水利、环境和公共设施管理业	Water conservancy, environment and public services	216564
1. 水利管理业	Water conservancy	46879
2. 环境管理业	Environment	51279
3. 公共设施管理业	Public management	118406
(十五)居民服务和其他服务业	Resident service	30477
1. 居民服务业	Resident services	8701
2. 其他服务业	Other social services	21776
(十六)教育	Education	2120141
其中:1. 初等教育	Primary education	480506
2. 中等教育	Middle education	543074
3. 高等教育	Higher education	1004581
(十七)卫生、社会保障和社会福利业	Healthcare, social welfare	632508
1. 卫生	Health care	606139
2. 社会保障业	Social security	12508
3. 社会福利业	Social welfare	13861
(十八)文化、体育和娱乐业	Culture, sports and recreation services	234650
1. 新闻出版业	Newspaper	120249
2. 广播、电影、电视和音像业	Radio, film and TVset	34954
3. 文化艺术业	Culture and art	57905
4. 体育	Sports	19887
5. 娱乐业	Recreation services	1655
(十九)公共管理和社会组织	Public management and social organization	1102441
其中:1. 中国共产党机关	Communist party	50358
2. 国家机构	Government agencies	1017290
3. 人民政协和民主党派	Party agencies	10242
4. 群众团体、社会团体和宗教组织	Social organizations	24551
(二十)国际组织	International organizations	

单位:千元 unit: 1000yuan

State owned	集 体 Collective owned		其 他 Others	
#市 区 District	全 市 Total	#市 区 District	全 市 Total	#市 区 District
194			21415	21415
32366			12486	12486
6901			1075	1075
82697	3691	3691	112500	112500
26254			49257	49257
40714	3647	3647	60103	60103
			2071	2071
151312	16084	16064	60867	59921
1890			64	64
149422	16084	16064	60803	59857
504603	8178	7817	46165	46044
223964	388	388	12387	12387
245273	7261	6900	27947	27826
9151	529	529	5831	5831
26215				
178825	39270		5322	5322
26724	636			
41575	37223		889	889
110526	1411		4433	4433
28729	6650		1812	1812
6953	384		483	483
21776	6266		1329	1329
1647709	4593		22251	22251
216105	1844			
345966	776		8391	8391
1003049			7981	7981
548836	30282		670	670
526392	29022		437	437
9900				
12544	1260		233	233
223143	7103		4504	4459
120175	3897		1575	1575
28973	355			
53203	2116		511	466
19137	635		346	346
1655	100		2072	2072
901994	3378			
44990				
825334	3158			
9169				
22501				

3－7　全市在岗职工平均工资

单位:元

		国有
		全市 Total
总　计	**Total**	**16525**
中央单位	Centre unit	26062
省属单位	Provincial unit	16693
市属单位	Unit belong to city	14818
县及县以下单位	Unit below county	9227
(一)农、林、牧、渔业	Farming, forestry, animal, husbandry and fishery	6617
(二)采矿业	Excavation	11823
(三)制造业	Manufacturing	20379
(四)电力、煤气及水的生产和供应业	Electric power, gas and water production and supply	20295
(五)建筑业	Construction	13053
(六)交通运输、仓储及邮政业	Transportation, storage, post and telecommunication	9752
(七)信息传输、计算机服务和软件业	Information, computer services and software	32890
(八)批发和零售业	Wholesale and retail trade	8934
(九)住宿和餐饮业	Hotels and catering services	10622
(十)金融业	Finance	27672
(十一)房地产业	Real estate	17113
(十二)租赁和商务服务业	Lease and services	20799
(十三)科学研究、技术服务和地质勘查业	Scientific research and polytechnic services	18622
(十四)水利、环境和公共设施管理业	Water conservancy	10898
(十五)居民服务和其他服务业	Resident service	14403
(十六)教育	Education	17686
(十七)卫生、社会保障和社会福利业	Healthcare, social welfare	27945
(十八)文化、体育和娱乐业	Culture, sports and recreation services	13745
(十九)公共管理和社会组织	Public management and organizations	15952
(二十)国际组织	International organizations	

AVERAGE WAGE OF STAFF AND WORKERS EMPLOYED

unit: yuan

State owned	集　　体 Collective owned		其　　他 Others	
#市　区 District	全　市 Total	#市　区 District	全　市 Total	#市　区 District
19778	**8545**	**8565**	**16406**	**17390**
26575				
16948				
14846				
13884				
9002	7029	9200	11841	11841
11846			11323	11812
21130	8002	7957	18455	20331
24728			20093	20303
13590	7796	7832	10836	11371
16436	9490	9521	15158	16298
35892	8891	8891	32294	32294
12503	7019	8973	9548	9569
10846	7550	7619	9797	9797
31237	11619	14043	17208	17208
19732	12684	12684	14075	14075
21672	8770	8773	18585	19304
19460	14398	16667	18437	18559
12552	13271	14494	13108	13108
14893	7842	7842	12761	12761
22945	10884	10884	14765	14765
22189	10651	14181	10308	10308
14689	9844	15004	11578	11642
18792	14253	17077		

3－8 1991－2004年全市职工人数
NUMBER OF STAFF AND WORKERS(1991－2004)

单位:人 unit:person

年 份 Year	国 有 State owned		集 体 Collective owned		其 他 Others	
	全市 Total	#市区 District	全市 Total	#市区 District	全市 Total	#市区 District
1991	895105	675007	437087	347024	9353	7656
1992	930376	701544	436387	346452	22011	19593
1993	917552	690799	379703	314004	50863	49939
1994	958917	714394	349364	284027	58723	52466
1995	958517	745656	308646	255899	72238	64645
1996	962465	743764	281711	233661	74548	66011
1997	961009	736223	258096	210327	80160	69112
1998	910218	686610	234146	190138	125229	109538
1999	884816	659924	213597	168667	148712	134277
2000	866880	636210	200355	156562	156691	143264
2001	808387	586552	182329	139287	193220	169853
2002	781499	555012	160367	119412	217059	196817
2003	772739	544843	150348	109531	225920	205131
2004	753725	510010	136077	98639	247983	223592

统计资料

STATISTICS

固定资产投资

INVESTMENT IN FIXED ASSETS

长春统计年鉴

CHANGCHUN STATISTICAL YEARBOOK

2 0 0 5

第四篇 固定资产投资

2004年全市完成固定资产投资460亿元，增长18.1%。其中城镇固定资产投资327.1亿元，比上年增长32.1%，占全社会投资额的71.1%，比重上升了7.5个百分点；房地产开发投资90.4亿元，增长16.3%，占全社会投资额的19.6%。2004年我市固定资产投资增加额达到70.4亿元，是2000年以来固定资产投资增量最高的一年。固定资产投资的主要特点：

1. 固定资产投资率上升。2004年我市固定资产投资率达到29.9%，比上年提升0.8个百分点，投资带动全市经济增长5.3个百分点。

2. 非国有投资比重扩大。2004年全市城镇以上国有经济完成投资176.6亿元，同比增长16.6%，增幅下降11个百分点，所占比重为42.3%。非国有经济完成固定资产投资241亿元，同比增长38.6%，增幅比上年快5.6个百分点，所占比重达57.7%，比重扩大了4.2个百分点。在非国有经济投资中，个体私营投资44.8亿元，增长52.9%，占城镇固定资产投资额的13.7%，比重上升了4.7个百分点。港澳台外商完成投资91.2亿元，增长1.3倍。其他经济完成投资105亿元，仅增长1.9%。

3. 工业投资高位运行。2004年全市工业投资176.6亿元，同比增长46.1%，增速比全社会投资增速高28个百分点，在第二产业投资中所占比重达89.6%。国企改革速度的加快和老工业基地振兴，使工业企业投资保持了高位运行，对第二产业投资产生了积极的拉动作用。2004年第二产业完成投资197亿元，增长54.2%。

4. 商品房销售小幅增长。2004年全市商品房销售建筑面积193.8万平方米，增长4.6%；商品房销售额为43.8亿元，增长7.6%。其中住宅面积为174.7万平方米，每平方米销售价格上升11.3%。在住宅面积中，经济适用房面积为61.8万平方米，每平方米销售价格上升4.4%。经济适用房销售面积比上年减少11.4%。

5. 资金到位率稳定。2004年城镇以上固定资产投资到位资金450.8亿元，增长28.1%，其中上年结余资金19.4亿元，占4.3%；自筹资金274亿元，占60.8%；国内贷款56亿元，占12.4%；国家预算内资金22.2亿元，占4.9%；利用外资16.8亿元，占3.7%；其他资金62.5亿元，占13.9%。

4－1　1991－2004年全社会固定资产投资总额
TOTAL OF INVESTMENT IN FIXED ASSETS(1991～2004)

单位:万元　　unit:10 000 yuan

年 份 Year	固定资产投资总额 Total	基本建设 Captial construction	更新改造 Innovation	其他投资 Others	房地产投资 Real estate	农村集体 Rural collective	城镇私人建房 Urban private	农村私人建房 Rural private
1991	290749	136076	69898	12890	29299	14352	9271	18963
1992	450808	218042	92600	18756	52877	28345	17016	23172
1993	687673	322454	131894	24978	109568	53052	20680	25047
1994	961008	430701	154463	29646	230840	63305	26215	25838
1995	1086570	474862	215382	38785	226138	76430	26035	28938
1996	1205555	573973	236484	38160	192506	101995	32001	30436
1997	1060320	454696	200814	33009	139689	160878	38482	32752
1998	1416535	507416	254283	61878	161594	336181	59228	35955
1999	1944338	701282	354519	39754	251955	494290	63317	39221
2000	2352422	850330	437508	56032	303296	584810	74460	45986
2001	2850446	1054118	529811	69078	485481	572943	86464	52551
2002	3204576	1202562	607447	75480	608399	556648	99532	54508
2003	3896440	1479758	930996	65672	777020	515059	72022	55913
2004	4599564	1860133	1317651	93188	903503	307072	57896	60121

注:1. 农村集体投资2004年为农村非农户固定资产投资。
　2. 2004年数据为快报数。

4-2 2004年长春市城镇基建+更改+其他+房地产投资完成情况(快报)

单位:万元

分组指标	Item	总计 Total	中央 Center
计划总投资	Total	11151331	3669576
本年新开工项目计划总投资	Started projects	2900836	215217
本年计划投资	Planned investment	5485274	1331959
本年完成投资	Completed investment	4174475	1162241
其中:500万元以下项目	Under 5 million yuan	6145	0
其中:国有经济控股	Stated owned	2940529	1134556
其中:住宅投资	House	737714	49935
本年完成投资按登记注册类型分	Grouped by ownership		
内资	Domestic funds	3262255	648775
国有	State owned	1702722	559388
集体	Collective owned	44252	3000
股份合作	Cooperative	30329	0
联营	Joint owned	21027	1052
国有联营	State joint	11502	1052
集体联营	Collective joint	890	0
国有与集体联营	State and collective joint	3635	0
其他联营	Other joint	5000	0
有限责任公司	Company limited	724914	80899
国有独资公司	State owned	50652	0
其他有限责任公司	Others	674262	80899
股份有限公司	Share holding	291161	4436
私营	Private	376398	0
其他内资	Other domestic	71452	0
港澳台投资	Funded from Hongkong, Macao and Taiwan	129010	0
港澳台合资经营	Joint Venture	104559	0
港澳台独资	Funded from HongKong, Macao and Taiwan	17851	0
港澳台股份有限公司	Share holding	6600	0
外商投资	Foreign investment	783210	513466
外商合资经营	Joint venture	655250	513466
外商独资	Sole investment	124315	0
外商股份有限公司	Share holding	3645	0
本年完成投资按国民经济行业划分	Grouped by sector		
(一)农、林、牧、渔业	Agriculture	44084	0
林业	Forestry	1500	0
畜牧业	Animal husbandry	42584	0
(二)采矿业	Mining	5680	0
煤碳开采和洗选业	Coal mining and processing	2045	0
石油和天然气开采业	Petroleum and natural gas	3635	0
(三)制造业	Manufacture	1643344	905150
农副食品加工业	Food proclessing	79208	0

MAIN INDICATORS OF CAPITAL CONSTRUCTION AND REAL ESTATE INVESTMENT

unit: 10000yuan

地方 Local	省 Province	地市县属 City	地区 Prefecture	县 County	其他 Others
7481755	883812	6597943	2625654	748214	3224075
2685619	400416	2285203	1313429	402827	568947
4153315	434387	3718928	1608363	486560	1624005
3012234	353611	2658623	1022853	388910	1246860
6145	180	5965	1564	2956	1445
1805973	332827	1473146	798830	298506	375810
687779	24139	663640	155082	17781	490777
2613480	294561	2318919	897006	369288	1052625
1143334	207074	936260	600018	245322	90920
41252	0	41252	11500	21050	8702
30329	0	30329	22329	0	8000
19975	5000	14975	13975	1000	0
10450	0	10450	9450	1000	0
890	0	890	890	0	0
3635	0	3635	3635	0	0
5000	5000	0	0	0	0
644015	9900	634115	206131	47656	380328
50652	0	50652	50652	0	0
593363	9900	583463	155479	47656	380328
286725	72587	214138	37561	54010	122567
376398	0	376398	5492	0	370906
71452	0	71452	0	250	71202
129010	0	129010	129010	9000	120010
104559	0	104559	0	9000	95559
17851	0	17851	0	0	17851
6600	0	6600	0	0	6600
269744	59050	210694	125847	10622	74255
141784	59050	82734	14202	3122	65410
124315	0	124315	108000	7500	8815
3645	0	3645	3645	0	0
44084	0	44084	31040	13044	0
1500	0	1500	1500	0	0
42584	0	42584	29540.	13044	0
5680	0	5680	5680	0	0
2045	0	2045	2045	0	0
3635	0	3635	3635	0	0
738194	60650	677544	222570	111202	343772
79208	0	79208	15350	37758	26100

4－2续表1　continued1

分 组 指 标	Item	总计 Total	中 央 Center
食品制造业	Food manu facturing	41476	0
饮料制造业	Beverage manufacturing	10688	0
烟草制品业	Tobacco processing	1581	1581
纺织服装、鞋、帽制造业	Textile, garment and shoes	13800	0
家具制造业	Furniture	8211	0
印刷业和记录媒介的复制	Printing and record pressing	1500	0
石油加工、炼焦及核燃料加工业	Petroleum processing and coking	1400	0
化学原料及化学制品制造业	Chemical industry	24847	0
医药制造业	Medical industry	199530	0
橡胶制品业	Rubber products	5000	0
塑料制品业	Plastic products	4500	0
非金属矿物制品业	Nonmetal mineral products	33430	0
有色金属冶炼及压延加工业	Smelting and pressing of nonferrous metals	2700	0
金属制品业	Metal products	8580	0
通用设备制造业	Ordinary machinery	27540	0
专用设备制造业	Special purpose equipment	14561	0
交通运输设备制造业	Transport equipment	1137222	900069
电气机械及器材制造业	Electric equipment	20649	0
通信设备、计算机及其他电子设备	Electronic and telecommuncation	3421	0
仪器仪表及文化、办公用机械制造	Instrument meters, cultural and offical machinery	3500	3500
(四)电力、燃气及水的生产和供应业	Electric power gas and water production and supply	116667	41413
电力、热力的生产和供应业	Electric power hot production	90630	41413
燃气生产和供应业	Gas production and supply	8600	0
水的生产和供应业	Water production and supply	17437	0
(五)建筑业	Construction	204032	692
房屋和土木工程建筑业	Building and civil engineering	179806	692
建筑安装业	Installation	17000	0
建筑装饰业	Decoration	3626	0
其他建筑业	Others	3600	0
(六)交通运输、仓储和邮政业	Transport, storage and post	229676	47887
铁路运输业	Railway	4650	4650
道路运输业	Highway	142506	0
城市公共交通业	Urban public transport	28683	0
航空运输业	Airway	36237	36237
仓储业	Storage	10600	0
邮政业	Post	7000	7000
(七)信息传输、计算机服务和软件业	Information transmission	52393	16536
电信和其他信息传输服务业	Information services	32993	16536
软件业	Soft services	19400	0
(八)批发和零售业	Wholesale and retail trade	54622	900

单位:万元 unit:10000yuan

地方 Local	省 Province	地市县属 City	地区 Prefecture	县 County	其他 Others
41476	1600	39876	9706	3000	27170
10688	1974	8714	2214	1000	5500
0	0	0	0	0	0
13800	0	13800	10000	0	3800
8211	0	8211	0	0	8211
1500	0	1500	0	0	1500
1400	0	1400	0	1400	0
24847	0	24847	1200	8100	15547
199530	0	199530	145650	17110	36770
5000	0	5000	0	0	5000
4500	0	4500	0	2500	2000
33430	0	33430	0	3600	29830
2700	0	2700	2700	0	0
8580	0	8580	2000	0	6580
27540	0	27540	3000	0	24540
14561	0	14561	2200	6000	6361
237153	57076	180077	16441	22234	141402
20649	0	20649	10909	8500	1240
3421	0	3421	1200	0	2221
0	0	0	0	0	0
75254	1446	73808	44525	8593	20690
49217	1446	47771	19163	7918	20690
8600	0	8600	8600	0	0
17437	0	17437	16762	675	0
203340	10230	193110	3841	137799	51470
179114	6630	172484	3841	135799	32844
0	17000	0	17000	0	17000
3626	0	3626	0	2000	1626
3600	3600	0	0	0	0
181789	0	181789	170425	2251	9113
0	0	0	0	0	0
142506	0	142506	140255	2251	0
28683	0	28683	28683	0	0
0	0	0	0	0	0
10600	0	10600	1487	0	9113
0	0	0	0	0	0
35857	13257	22600	2000	10600	10000
16457	13257	3200	2000	0	1200
19400	0	19400	0	10600	8800
53722	5300	48422	6651	2600	39171

4-2续表2 continued2

分组指标	Item	总计 Total	中央 Center
批发业	Wholesale	31622	900
零售业	Retail trade	23000	0
(九)住宿和餐饮业	Hotels and catering	12320	0
住宿业	Hotels	8120	0
餐饮业	Catering	4200	0
(十)金融业	Finance	18300	8500
银行业	Banking	18300	8500
(十一)房地产业	Real estate	924427	0
房地产业	Real estate	924427	0
(十二)租赁和商务服务业	Rentand services	8513	0
商务服务业	Services	8513	0
(十三)科学研究、技术服务和地质勘查业	Science and technical services	33248	10756
研究与试验发展	Science research	33023	10531
专业技术服务业	Technical services	225	225
(十四)水利、环境和公共设施管理业	Conservancy and environment	189486	1929
水利管理业	Water conservancy	4940	1929
公共设施管理业	Pablic equipment	184546	0
(十五)居民服务和其他服务业	Resident services and others	550	0
居民服务业	Resident services	350	0
其他服务业	Other services	200	0
(十六)教育	Education	294329	77977
教育	Education	294329	77977
(十七)卫生、社会保障和社会福利业	Health care and scical welfare	28612	2890
卫生	Health care	28612	2890
(十八)文化、体育和娱乐业	Culture sport and arts	107005	0
新闻出版业	News and publishing	2511	0
广播、电视、电影和音像业	Broad casting and TV video products	66827	0
文化艺术业	Culture	25700	0
体育	Sports	4532	0
娱乐业	Amusement	7435	0
(十九)公共管理和社会组织	Government and social organization	207187	16582
国家机构	Government agencies	202651	16582
人民政协和民主党派	Civil party	186	0
群众团体、社会团体和宗教组织	Social organization	4100	0
基层群众自治组织	Mass organization	250	0
本年新增固定资产	Newly increased assets fixed	2006349	885604

单位:万元 unit:10000yuan

地方 Local	省 Province	地市县属 City	地区 Prefecture	县 County	其他 Others
30722	3800	26922	251	2500	24171
23000	1500	21500	6400	100	15000
12320	0	12320	0	4200	8120
8120	0	8120	0	0	8120
4200	0	4200	0	4200	0
9800	0	9800	9800	0	0
9800	0	9800	9800	0	0
8120	0	8120	0	0	8120
893398	0	871625	7208	5216	8500
8513	0	8513	1913	0	6600
8513	0	8513	1913	0	6600
22492	9500	12992	5947	875	6170
22492	9500	12992	5947	875	6170
0	0	0	0	0	0
187557	0	187557	126334	61223	0
3011	0	3011	3011	0	0
184546	0	184546	123323	61223	0
550	0	550	350	0	200
350	0	350	350	0	0
200	0	200	0	0	200
216352	103081	113271	72023	3575	37673
216352	103081	113271	72023	3575	37673
25722	12084	13638	2842	796	10000
25722	12084	13638	2842	796	10000
107005	69299	37706	14821	7785	15100
2511	0	2511	2511	0	0
66827	64767	2060	1710	350	0
25700	0	25700	10600	0	15100
4532	4532	0	0	0	0
7435	0	7435	0	7435	0
190605	46991	143614	111015	12793	19806
186069	45491	140578	108415	12357	19806
186	0	186	0	186	0
4100	1500	2600	2600	0	0
250	0	250	0	250	0
1120745	80649	1040096	390770	128604	520722

4－3　2004年长春市房地产开发投资完成情况(快报)

单位:万元

分组指标	Item	总计 Total	中央 Center
计划总投资	Total	2712775	43525
本年计划投资	Started projects	1283941	37269
本年完成投资	Completed investment	903503	31029
其中:商品房建设投资额	Commercial houses	625288	30432
土地开发投资额	Land development	19254	120
土地购置费	Land purchasing	203983	397
其中:国有经济控股	State owned	210569	7036
本年完成投资按登记注册类型分	Grouped by ownership		
内资	Domestic	793326	31029
国有	State owned	110813	7036
集体	Collective owned	1000	0
股份合作	Cooperative	2668	0
联营	Joint owned	1052	1052
国有联营	State joint	1052	1052
有限责任公司	Company limited	292527	22941
国有独资公司	State owned	1859	0
其他有限责任公司	Others	290668	22941
股份有限公司	Share holding	50720	0
私营	Private	26334	0
其他内资	Other domestic	71202	0
港澳台投资	Funded from HongKong,Macao and Taiwan	99490	0
港澳台合资经营	Joint Venture	82139	0
港澳台独资	Sole owned	17351	0
外商投资	Foreign investment	10687	0
外商合资经营	Joint venture	4872	0
外商独资	Sole investment	5815	0
本年完成投资按用途划分	Grouped by uses		
住宅投资	Houses	648771	24752
其中:经济适用房	Economic houses	94598	24152
办公楼	Office building	41341	1292
商业营业用房	Commercial houses	160556	3243
其他	Others	52835	1742
本年新增固定资产	Newly increasing assets fixed	452735	19312
本年购置土地面积(平方米)	Land purchasing(sq·m)	3256481	6293
本年土地成交价款	Land value	203983	397
本年完成开发土地面积(平方米)	Land developing(sq·m)	506595	3133
本年资金来源合计	Funds sources	943635	26410
本年各项应付款合计	Payable amount	154566	4619

STASISTICS ON REAL EASTAT DEVELOPMENT INVESTMENT IN CHANGCHUN(2004)

unit:10000yuan

地方 Local	省 Province	地市县属 City			
			地区 Prefecture	县 County	其他 Others
2669250	34630	2634620	450806	6458	2177356
1246672	24071	1222601	353181	6458	862962
872474	21773	850701	183868	6358	660475
594856	17562	577294	111801	5529	459964
19134	0	19134	2284	370	16480
203586	0	203586	56086	450	147050
203533	20550	182983	145614	5358	32011
762297	21773	740524	183868	6358	550298
103777	21773	82004	76646	5358	0
1000	0	1000	0	1000	0
2668	0	2668	2668	0	0
0	0	0	0	0	0
0	0	0	0	0	0
269586	0	269586	95464	0	174122
1859	0	1859	1859	0	0
267727	0	267727	93605	0	174122
50720	0	50720	3598	0	47122
263344	0	263344	5492	0	257852
71202	0	71202	0	0	71202
99490	0	99490	0	0	99490
82139	0	82139	0	0	82139
17351	0	17351	0	0	17351
10687	0	10687	0	0	10687
4872	0	4872	0	0	4872
5815	0	5815	0	0	5815
624019	10958	613061	135645	4739	472677
70446	735	69711	18018	3882	47811
40049	7139	32910	952	300	31658
157313	3376	153937	34465	1219	118253
51093	300	50793	12806	100	37887
433423	10499	422924	74109	6358	342457
3250188	0	3250188	956883	14500	2278805
203586	0	203586	56086	450	147050
503462	0	503462	60811	14500	428151
917225	22906	894319	184369	5768	704182
149947	443	149504	38709	590	110205

4-4 2004年长春市房地产面积综合情况(快报)

STASISTICS ON REAL EASTAT DEVELOPMENT AREA

单位:平方米 unit:sq·m

分组指标	Item	合计 Total	住宅 House	其中:经济适用房 Economic house	办公楼 Office	商业营业用房 Commerical house	其他 Other
房屋施工面积	Floor space under construction	7173479	5393272	1015852	315778	1099384	365045
其中:新开工面积	Started area	4926260	3991146	784313	164553	600240	170321
房屋竣工面积	Floor space completed	2793757	2135693	595829	97173	465529	95362
商品房屋销售建筑面积	Floor space of building	1938212	1747456	617619	18165	139187	33404
其中:销售给个人	Sale to individual	1921677	1747456	617619	12165	129366	32690
商品房空置面积	No-purchase	2789768	2019146	550627	107586	558680	104356
其中:空置一年至三年(含一年)	1 to 3 years	1052717	793262	149065	12213	207220	40022
空置三年以上(含三年)	Above 3 years	163989	92026	52487	26892	43881	1190
竣工房屋价值(万元)	Completed house(10000yuan)	326365	224275	43065	19795	69775	12520
商品房屋销售额(万元)	Sale house(10000 yuan)	438426	370508	99107	4734	53759	9425
其中:销售给个人(万元)	Sale to individual	434062	370508	99107	3634	50615	9305

财政
GOVERNMENT FINANCE

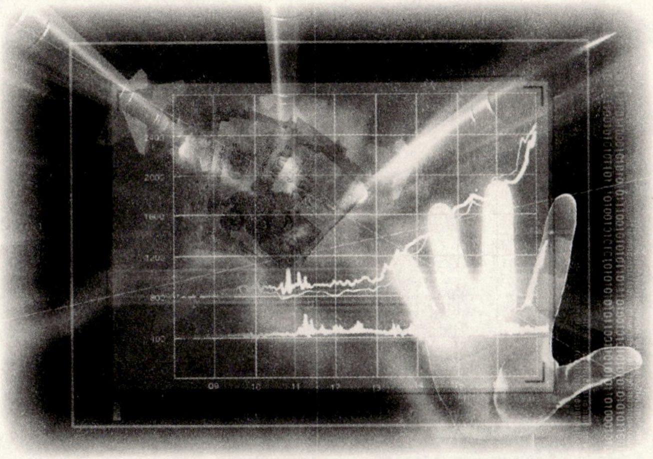

第五篇 财 政

2004年，全市经济快速发展，财政收入稳步增长，为全市经济和各项社会事业的健康发展提供了有力保障。

一、一般预算全口径财政收入和地方留用收入稳步增长，全面超额完成预算任务

2004年，全市一般预算全口径财政收入完成149.8亿元，比去年增长11.1%。其中，市单列企业及市级固定收入完成75.8亿元，增长20.5%；各城区及开发区全口径财政收入完成66.5亿元，增长8.4%；四县(市)全口径财政收入完成7.5亿元，比去年下降29.2%。

地方留用收入完成50.7亿元，比去年增长10.3%。其中，工商税收完成30.5亿元，比去年增长21.5%，在工商税收中，增值税完成6.9亿元，比去年增长14.3%，营业税完成9.3亿元，比去年增长35.3%；企业所得税完成3.1亿元，比去年增长8.8%；罚没行政性收费收入8.4亿元，比去年增长19.1%；专项收入2.3亿元，比去年增长25.1%。

二、财政支出增长相对较快

2004年，全市财政支出完成100.7亿元，比去年增长17.4%。其中，基本建设支出12.6亿元，比去年增长58.0%，教育支出13.7亿元，比去年增长9.4%，抚恤和社会福利救济支出4.1亿元，比去年增长2.8%，社会保障补助支出10.6亿元，比去年增长36.1%，行政管理费支出10.7亿元，比去年增长18.3%。

5-1 全市一般预算全口径财政收入
GOVERNMENT REVENUE BY REGION

单位:万元 unit:10000 yuan

		2004	同比增长(%) Increasing rate
全市收入总计	Total	**1497825**	**11.1**
1.市单列企业及市级固定收入	Income of enterprises of city level	757952	20.5
2.区 合 计	Total	665104	8.4
南关区	Nanguan	69264	11.1
宽城区	Kuancheng	49343	0.4
朝阳区	Chaoyang	111187	20.5
二道区	Erdao	56986	12.0
绿园区	Luyuan	110618	23.0
双阳区	Shuangyang	18742	-5.2
经济开发区	Economic and technical developing area	100274	-9.8
高新开发区	High-techical area	105548	7.5
净月开发区	Jingyue area	32794	21.3
汽贸城开发区	Vehiceles trade city developing	10348	7.2
3.县(市)合计	Total of city and county	74769	-29.2
榆树市	Yushu	13025	-48.0
农安县	Nongan	26174	-20.8
德惠市	Dehui	13302	-45.2
九台市	Jiutai	22268	-4.4

5-2 全市地方财政留用收入及财政支出

单位:万元

		2004	同比增减 (%) Increasing rate
收入合计	Total	**506923**	**10.3**
一、工商税收	Industrial and commercial tax	304912	21.5
增值税	Value added tax	68981	14.3
营业税	Business tax	92896	35.3
外投企业所得税	Income tax of foreign funds	16567	-14.3
个人所得税	Income tax of individual	29989	46.3
城市维护建设税	Tax on city maintenance and construction	41455	21.0
房产税	Tax on real estates	33126	13.4
印花税	Stamp tax	8082	-10.3
城镇土地使用税	Tax on use of urban land	6267	106.4
车船税	Tax on vehicles and ships	2676	58.9
其他各税	Others	4873	-3.1
二、企业所得税	Income tax of enterprises	30911	8.8
集体企业所得税	Income tax of collective owned	1496	-41.9
股份制企业所得税	Income tax of share holding	18682	6.1
私营企业所得税	Income tax of private enterprises	2558	31.0
其他企业所得税	Others	8175	30.4
三、企业所得税退税	Drawback		
四、国有企业计划亏损补贴	Subsidies enterprises	-2755	-42.9
五、农业税	Agriculture tax	6821	-80.9
六、农业特产税	Tax on special agricultural products	396	-9.2
七、耕地占用税	Tax on use of land	13403	-14.9
八、契税	Contract tax	32278	30.0
九、罚没行政性收费收入	Penalty	84200	19.1
十、专项收入	Special income	23168	25.1
排污费收入	Sewage treatment	4734	-22.6
城市水资源费收入	Urban water resources	456	70.8
教育费附加收入	Extra-charge for education	17978	48.1
十一、其他收入	Others	13589	-29.3

FINAL STATEMENT OF GOVERNMENT REVENUE AND EXPENDITURE

unit:10000yuan

		2004	同比增减 (%) Increasing rate
支出合计	Total	**1007695**	**17.4**
一、基本建设支出	Expenditure for capital construction	126029	58.0
二、企业挖潜改造资金	Innovation funds of enterprise	18790	-24.7
三、科技三项费	Science and technology promotion funds	10290	8.7
四、农业支出	Agricultural expendiure	35082	38.4
五、林业支出	Forestry expenditure	6228	170.9
六、水利和气象支出	Water conserancy expenditure	7941	-19.5
七、工业交通等部门的事业费	Operating expenses of industrial department	11025	10.5
八、流通部门事业费	Operating expenses of comerce	2488	23.8
九、文体广播事业费	Expenses of culture sports and radio	22285	24.5
十、教育支出	Expenses of education	136509	9.4
十一、科学支出	Expenses of science	1981	3.9
十二、医疗卫生支出	Expenses of health care	37694	14.4
十三、其他部门的事业费	Expenses of tax department	55798	6.7
十四、抚恤和社会福利救济	Pension and relief	41067	2.8
十五、行政事业单位离退休经费	Expenses retired	81260	14.0
十六、社会保障补助支出	Social welfare	105732	36.1
十七、行政管理费	Adminstration expenses	106689	18.3
十八、公检法司支出	Sucriey, procuratory and court	80934	11.1
十九、城市维护费	City maintainamne	42899	-15.3
二十、价格补贴支出	Price subsidies	1012	-62.3
廿一、专项支出	Special expenditurse	22639	29.7
排污费支出	Sewage treatment	6976	58.0
城市水资源费支出	Urban water resources	423	53.8
教育附加支出	Extra-charge for education	15132	22.2
探矿权采矿权使用费	Subsidies for mining	108	-71.2
廿二、其他各类支出	Others	53323	27.0
廿三、总预备费	Prepare expenses		

物价
PRICE

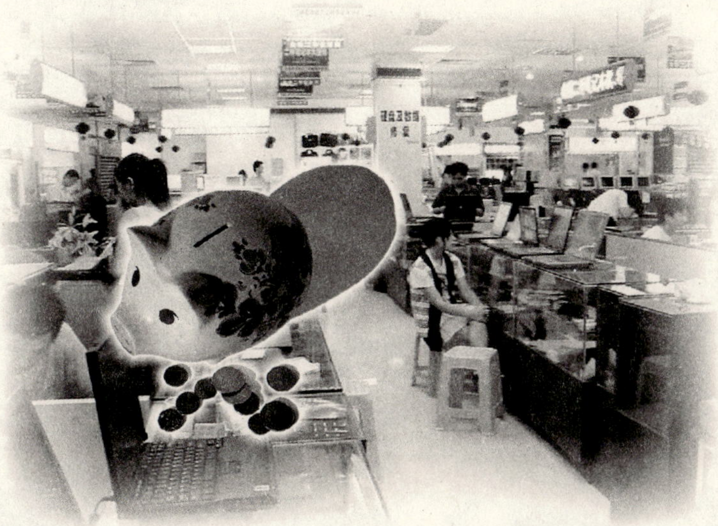

第六篇 物 价

2004年，长春市消费价格总水平上涨4.1%，是自1998年以来价格上涨的最高年份。商品零售价格总水平上涨2.7%。

粮食价格同期比上涨25.7%，其中大米价格上涨34.8%，面粉价格上涨23.9%，粮食制品价格上涨3.8%，大豆价格上涨23.3%；植物油脂价格上涨8.8%，植物油制品价格上涨9.6%。粮油价格上涨影响价格总水平上升1.4个百分点。

2004年，长春市猪肉价格同期比上27.3%，猪肉价格上涨主要是粮价上涨带动的饲料价格上涨拉动。

2004年1、2月间，受白城地区禽流感疫情影响，省内禽蛋生产遭受严重打击，养禽业普遍亏损。淡水鱼和海水鱼价格分别上涨23.8%和4.2%。

2004年以来，煤炭、电力、燃气、成品油等基础能源及燃料价格纷纷上涨，引发下游产品价格随之上扬。2004年4月，我市地产工业用煤炭价格开始上涨，月环比价格上涨20%以上。以后逐月上涨。4月。民用电价格由每千瓦时0.399元上调到0.486元，上调21.8%，受国际市场原油价格波动影响，我市汽油价格4、5、8月价格分别上涨6.8%、0.4%、1.3%，柴油价格也在5月和8月分别上涨4.9%、2.9%，液化石油气价格在8、9、10三个月分别上涨20%、16.7%、8.2%，上涨原因，主要受国际市场原油价格变动推动。

主要交通工具机票价格上涨7.1%，火车票价格上涨5.8%，长途汽车票价格上涨12.5%。

2004年除衣着类消费品价格上涨1.1%外，家庭设备用品及维修服务价格下降0.8%，医疗保健及个人用品价格下降2.4%，交通和通讯价格下降0.4%，娱乐教育文化用品及服务价格下降0.9%。衣着类中只有鞋类消费品价格上涨5.9%，衣着材料持平，服装类价格下降0.5%。

相当数量的家用机电产品价格依然降势不减。2004年与上年同期相比，洗衣机价格下降4.8%，电风扇价格下降0.9%，电冰箱(柜)价格下降4.7%，空调器价格下降0.7%，摩托车价格下降0.2%，汽车价格下降4.3%，电视机价格下降14%，影碟机价格下降19.6%，摄像机价格下降16.7%，照相机价格下降4.1%，音响价格下降0.4%，电脑价格下降8.3%，移动电话机价格下降20.1%，传真机价格下降3.3%。中成药价格下降6.6%，西药价格下降7.5%。一些日用品价格同比也有不同程度的下降。

2004年，机票价格受《民航国内航空运输价格改革方案》影响，全年上涨7.1%。对一般零散乘客来说，机票价格上涨的确使这一部分消费者增加了消费支出。但对团体及旅行社而言，这一上浮举措实际上并未完全兑现，机票价格打折的幅度仍然相当大。

6－1 2003－2004年长春市居民消费价格类指数
CONSUMER PRICE INDICES BY CATEGORY (2003－2004)

		2003	2004
居民消费价格总指数	General consumer price index	101.0	104.1
一、食品	Food	103.2	109.3
粮食	Grain	100.7	125.7
淀粉及薯类	Tubers	100.0	100.0
干豆类及豆制品	Soybean products	102.7	113.2
油脂类	Oil and fat	112.2	109.2
肉禽及其制品	Meat and poultry	101.9	115.8
蛋类	Eggs	95.8	118.3
水产品类	Aquatic products	98.0	106.4
菜类	Vegetables	115.7	91.8
调味品	Seasoning	106.4	111.1
糖类	Sugar	104.0	100.4
茶及饮料	Tea and drink	100.3	101.1
干鲜瓜果	Dried and fresh fruits	96.6	102.4
糕点饼干面包	Cakes	100.2	100.0
奶及奶制品	Milk products	100.1	100.7
在外用膳食品	Catering food	102.2	100.8
其他食品及食品加工服务	Processing services	99.8	99.6
二、烟酒及用品	Tobacco, liquor	101.9	102.7
烟草	Tobacco	102.5	102.6
酒	Liquor	101.1	103.1
吸烟饮酒用品	Drinkingset	100.7	100.0
三、衣着类	Garments	99.0	101.1
服装	Clothing	100.4	99.5
衣着材料	Textiles	100.0	100.0
鞋袜帽	Shoes and hats	95.7	105.2
衣着加工服务	Processing services	100.0	100.0
四、家庭设备用品及维修服务	Household facilites	97.0	99.2
耐用消费品	Durable consumer goods	94.8	99.1
室内装饰品	Interior decorations	100.7	99.6
床上用品	Bed daily articles	102.6	98.7
家庭日用杂品类	Daily articles	98.0	99.2
家庭服务及加工维修服务	Maintain services	99.4	100.0
五、医疗保健和个人用品	Medicine and medical services fees	100.0	97.6
医疗保健类	Medicine and medical services	100.0	96.4
个人用品及服务	Services	100.2	101.5
六、交通和通讯	Transportation and telecommunication	98.8	99.6
交通	Transportation	99.1	102.8
通信	Telecommunication	98.5	96.3
七、娱乐教育文化用品及服务	Recreation education and culture	98.8	99.1
文娱用耐用消费品及服务	Recreation durable goods	91.6	89.6
教育	Teaching material and reference book	100.6	101.4
文化娱乐用品	Cultural goods	98.1	99.1
旅游及外出	Tourism	98.4	98.1
八、居住	Residence	102.2	106.7
建房及装修材料	Housing	97.6	101.0
租房	Renting house	108	100.0
自有住房	Self－house	98.4	100.7
水、电、燃料	Water electricity and fuel	101.6	111.3

6-2 2003-2004年长春市商品零售价格分类指数(以上同期为100)

RETAIL PRICE INDICES BY CATEGORY (2003-2004)

(以上年同期为100)

(preceding year=100)

		2003	2004
商品零售价格总指数	Retail price indices	100.7	102.7
一、食品类	Food	103.2	108.0
1. 粮食	Grain	100.8	125.9
2. 淀粉及薯类	Tubers	100.0	100.0
3. 干豆类及豆制品	Soybean products	102.7	113.1
4. 油脂	Oil and fat	112.2	109.2
5. 肉禽及其制品	Meat poultry	101.9	117.0
6. 蛋	Eggs	95.7	120.5
7. 水产品	Aquatic products	98.2	108.9
8. 菜	Vegetables	114.7	91.8
9. 调味品	Seasoning	106.9	111.6
10. 糖	Sugar	104.7	100.5
11. 干鲜瓜果	Dried and fresh fruits	96.4	102.4
12. 糕点饼干面包	Cakces	100.0	100.0
13. 奶及奶制品	Milk products	101.0	100.6
14. 在外用膳食品	Catering food	102.2	100.8
15. 其他食品	Other food	99.8	99.6
二、饮料、烟酒	Beverage, tobacco and liquor	101.4	102.2
三、服装、鞋帽类	Clothing, shoes and hats	99.0	100.9
四、纺织品类	Textiles	101.3	99.4
五、家用电器及音像器材	Howseholds facilieies	93.8	95.1
六、文化办公用品	Offical articles	98.7	98.5
七、日用品	Daily articles	99.2	100.6
八、体育娱乐用品	Sports articles	98.6	96.0
九、交通、通信用品	Transport and telecommunication	92.8	91.1
十、家具	Funiture	94.2	100.0
十一、化妆品类	Cosmetics	98.0	99.0
十二、金银珠宝类	Jewelry	117.7	118.9
十三、中西药品及医疗保健用品类	Tranditional chinese and westerh medicines	98.8	94.8
十四、书报杂志及电子出版物类	Newspapers and magazines	99.2	103.0
十五、燃料类	Fuels	106.9	107.1
十六、建筑材料及五金电料类	Construyction materials	97.8	100.0

6－3　2004年长春市零售价格类指数
RETAIL PRICE INDICES BY CATEGORY(2004)

类别及名称 Item	指数 Index	类别及名称 Item	指数 Index
商品零售价格总指数　General index	102.7	3.音像器材类　Audovisual articles	100.0
一、食品类　Food	108.0	六、文化办公用品　Offical articles	98.5
1.粮食　Grain	125.9	七、日用品　Daily articles	100.6
2.淀粉及薯类　Tubers	100.0	1.日用百货　Daily articles	101.2
3.干豆类及豆制品　Soybean products	113.1	2.日用杂品　Small articles	100.0
4.油脂　Oil and fat	109.2	3.洗涤用品　Washing appliance	100.9
5.肉禽及其制品　Meat poultry	117.0	4.其它日用品　Others	99.9
6.蛋　Eggs	120.5	八、体育娱乐用品　Sports goods	96.0
7.水产品　Aquatic products	108.9	1.体育用品　Sports goods	93.8
8.菜　Vegetable	91.8	2.娱乐用品　Cultural appliance	97.7
9.调味品　Seasoning	111.6	九、交通、通信用品　Transport and telecommunication	91.1
10.糖　Sugar	100.5	1.交通运输机械　Transports	96.2
11.干鲜瓜果　Dried and fresh fruits	102.4	2.通讯器材类　Telecommunication	88.1
12.糕点饼干面包　Cake	100.0	十、家具　Funiture	100.0
13.奶及奶制品　Milk products	100.6	十一、化妆品类　Cosmetfics	99.0
14.在外用膳食品　Catering food	100.8	十二、金银珠宝类　Jewelry	118.9
15.其它食品　Other food	99.6	十三、中西药品及医疗保健用品类　Medicines and equipment	94.8
二、饮料、烟酒　Beverage, tobacco and liquor	102.2	1.医疗器具及用品　Equipment	102.6
1.茶及饮料　Tea	100.7	2.中药材及中成药　Chinese medicines	96.6
2.烟草　Tobacco	102.6	3.西药　Western medicines	92.5
3.酒　Liquor	102.6	4.保健器具及用品　Appliance	100.9
三、服装、鞋帽类　Clothing, shoes and hats	100.9	十四、书报杂志及电子出版物类　Newpapers and books	103.0
1.服装　Clothing	99.5	1.教材及参考书　Books	106.2
2.鞋袜帽　Shoes and hats	104.1	2.书报杂志　Newpapers	100.0
3.其它　Others	100.0	3.电子音像制品　Audiovisual products	100.0
四、纺织品类　Textiles	99.4	十五、燃料类　Fuel	107.1
1.衣着材料　Clothing	100.0	1.煤炭及制品类　Coal and produets	105.5
2.床上用品　Beds	99.1	2.石油及制品类　Oil and products	108.3
五、家用电器及音像器材　Households facilities	95.1	十六、建筑材料及五金电料类　Construction materials	100.0
1.家庭设备　Households facilities	98.7	1.建筑装璜材料　Construction	101.2
2.文娱用耐用消费品　Reereation chirable goods	87.8	2.五金电料类　Hardware	95.9

人民生活
PEOPLE'S LIVELIHOOD

第七篇 人民生活

2004年,长春市城市居民人均可支配收入8900元,同期比增加995元,增长12.6%。城市居民收入快速增长,一是国家增资政策兑现和我市出勤奖及企业奖金补贴增发,二是机关事业单位公务电话货币化的实行及工资补贴的发放,三是私营及个体经营收入的提高。

人均消费支出7539元,同期比增加815元,增长12.1%。八项消费呈现"七升一降","七升"按增幅大小依次为,居住增长26.2%,医疗保健增长21.9%,交通通讯增长18.2%,家庭设备用品及服务支出增长15.6%,衣着增长11.2%,娱乐教育文化服务增长8.3%,食品增长7.1%,"一降"为杂项商品服务下降1.1%。住房装潢、医疗保健、通讯和交通工具支出同期比分别增长73.9%、21.9%、96.5%。

居民消费结构进一步改变,吃的比重缩小,住的比重扩大。教育、文化、劳务消费占有越来越大的比重,人均服务性消费支出2254元,比去年同期增加239元,增幅达11.9%,占消费支出的比重为29.9%,服务性支出中,教育、医疗、通讯、交通的四项花费占服务消费支出的70%。

据对630户农村住户抽样调查结果显示:2004年,我市农民收入增加,生活质量进一步得到改善。2004年,我市农民人均收入为3906.18元,比上年增长14.5%。收入增长的同时,农民生活消费支出增加。2004年我市农民生活消费支出为2003.17元,比上年增长12.9%。

2004年农民生活消费有如下特点:

1、膳食结构日趋合理。2004年,我市平均每一农民消费蔬菜及菜制品161.23公斤,比上年增长25.4%;豆制品3.57公斤,比上年增长17.4%;蛋类及蛋制品8.42公斤,比上年增长31.8%;奶和奶制品0.93公斤,比上年增长1.1倍;油脂类7.8公斤,比上年减少2.4%。

2、文化生活不断丰富。2004年,我市农民人均文化教育及娱乐用品支出为47.01元,比上年增长2%。

3、家庭生活装备不断增强。截至2004年末,我市每百户农民家庭拥有大型家具67件,比上年增长1.5%;彩电84台,增长9.1%;电冰箱14台,比上年增长27.3%;电风扇26台,增长4%;摩托车35台,增长12.9%;移动电话52部,比上年增长44.4%;影碟机37台,增长19.4%;组合音响8台,增长14.3%;家用计算机2台,增长1倍。

4、居住条件不断改善。2004年末,我市农村居民平均每户新建(购)住房的面积为1.47平方米,比上年增长48.5%。

7-1 城市住户基本情况
BASIC STATISTICS ON URBAN HOUSEHOLDS

		单位 Unit		合计 Total
一、家庭人口数	Household size	人/户	person	3.03
有收入者人数	Person employed and retired	人/户	person	2.21
1. 就业人口数	Number of person employed	人/户	person	1.73
(1)国有经济单位职工人数	Staff and worker in state owned	人/户	person	0.92
(2)城镇集体经济单位职工人数	Staff and worker in collective owned	人/户	person	0.20
(3)其他各种经济类型单位职工	Staff and worker in other owned	人/户	person	0.14
(4)离退休再就业人员数	Reemployed retirees	人/户	person	0.08
(5)其他就业人员数	Other employees	人/户	person	0.13
2. 离退休人数	Person retired	人/户	person	0.45
3. 其他有收入者人数	Other earning people	人/户	person	0.03
二、家庭总收入	Household income	元/人	yuan/ person	9598.70
其中:可支配收入	Disposable income	元/人	yuan/ person	8901.23
(一)工薪收入	Wages	元/人	yuan/ person	6738.92
1. 工资及补贴收入	Wages	元/人	yuan/ person	6585.17
2. 其他劳动收入	Others	元/人	yuan/ person	153.75
(二)经营净收入	Business income	元/人	yuan/ person	943.34
(三)财产性收入	Property income	元/人	yuan/ person	78.89
(四)转移性收入	Transfer income	元/人	yuan/ person	1837.56
三、出售财物收入	Sell property	元/人	yuan/ person	47.19
四、借贷收入	Borrow and Lend income	元/人	yuan/ person	2417.47
五、家庭总支出	Household experinditure	元/人	yuan/ person	9403.86
(一)消费支出	Consumption	元/人	yuan/ person	7538.71
(二)购房与建房支出	Building expenditure	元/人	yuan/ person	337.29
(三)转移性支出	Transfer expenditure	元/人	yuan/ person	948.36
(四)财产性支出	Property expenditure	元/人	yuan/ person	0.00
(五)社会保障支出	Social security expenditure	元/人	yuan/ person	579.50
六、借贷支出	Borrow and lend expenditure	元/人	yuan/ person	2413.98
消费支出	Consumption	元/人	yuan/ person	7538.71
一、食品	Food	元/人	yuan/ person	2813.16
(一)粮油类	Grain	元/人	yuan/ person	449.57
1. 粮食·单价	Grain	元/千克	yuan/kg	3.03
数量	Quantity	千克/人	kg/person	88.87
金额	Amount	元/人	yuan/person	269.11
(1)大米·单价	Rice	元/千克	yuan/kg	2.66
数量	Quantity	千克/人	kg/person	54.37
金额	Amount	元/人	yuan/person	144.53
(2)面粉·单价	Flour	元/千克	yuan/kg	2.86
数量	Quantity	千克/人	kg/person	19.25
金额	Amount	元/人	yuan/person	55.02
(3)其他粮食·单价	Other grain	元/千克	yuan/kg	2.54
数量	Quantity	千克/人	kg/person	2.98
金额	Amount	元/人	yuan/person	7.56

7-1续表1 continued1

		单 位 Unit		合 计 Total
(4)粮食制品·单价	Grain products	元/千克	yuan/kg	5.05
数量	Quantity	千克/人	kg/person	12.27
金额	Amount	元/人	yuan/person	61.99
2. 淀粉及薯类·单价	Tubers	元/千克	yuan/kg	1.58
数量	Quantity	千克/人	kg/person	22.15
金额	Amount	元/人	yuan/ person	35.07
3. 干豆类及豆制品	Soybeans products	元/人	yuan/person	45.78
4. 油脂类·单价	Oil and fats	元/千克	yuan/kg	8.10
数量	Quantity	千克/人	kg/person	12.29
金额	Amount	元/人	yuan/ person	99.61
(1)食用植物油·单价	Vegetable oil	元/千克	yuan/kg	8.11
数量	Quantity	千克/人	kg/person	12.23
金额	Amount	元/人	yuan/ person	99.15
(2)食用动物油·单价	Fats	元/千克	yuan/kg	7.01
数量	Quantity	千克/人	kg/person	0.06
金额	Amount	元/人	yuan/ person	0.45
(二)肉禽蛋水产品类	Meat, poultry and aquatic	元/人	yuan/person	693.52
1. 肉类·单价	Meat	元/千克	yuan/kg	14.47
数量	Quantity	千克/人	kg/person	27.98
金额	Amount	元/人	yuan/ person	404.80
(1)猪肉·单价	Pork	元/千克	yuan/kg	12.90
数量	Quantity	千克/人	kg/person	15.99
金额	Amount	元/人	yuan/person	206.30
(2)牛肉·单价	Beef	元/千克	yuan/kg	15.10
数量	Quantity	千克/人	kg/person	5.34
金额	Amount	元/人	yuan/ person	80.61
(3)羊肉·单价	Mutton	元/千克	yuan/kg	15.81
数量	Quantity	千克/人	kg/person	2.36
金额	Amount	元/人	yuan/ person	37.26
(4)其他肉·单价	Others	元/千克	yuan/kg	14.03
数量	Quantity	千克/人	kg/person	0.59
金额	Amounts	元/人	yuan/ person	8.30
(5)肉制品·单价	Meat products	元/千克	yuan/kg	19.53
数量	Quantity	千克/人	kg/person	3.70
金额	Amount	元/人	yuan/ person	72.33
2. 禽类·单价	Poultry	元/千克	yuan/kg	11.32
数量	Quantity	千克/人	kg/person	5.11
金额	Amount	元/人	yuan/ person	57.91
(1)鸡·单价	Chicken	元/千克	yuan/kg	10.62
数量	Quantity	千克/人	kg/person	4.31
金额	Amount	元/人	yuan/ person	45.82
(2)鸭·单价	Duck	元/千克	yuan/kg	11.30
数量	Quantity	千克/人	kg/person	0.17
金额	Amount	元/人	yuan/ person	1.92
(3)其他禽类·单价	Other poultry	元/千克	yuan/kg	10.67
数量	Quantity	千克/人	kg/person	0.18
金额	Amount	元/人	yuan/ person	1.91
(4)禽制品·单价	Poultry products	元/千克	yuan/kg	18.29
数量	Quantity	千克/人	kg/person	0.45
金额	Amount	元/人	yuan/ person	8.26
3. 蛋类·单价	Eggs	元/千克	yuan/kg	5.51
数量	Quantity	千克/人	kg/person	13.60
金额	Amount	元/人	yuan/ person	74.98
(1)鲜蛋·单价	Eggs	元/千克	yuan/kg	5.33
数量	Quantity	千克/人	kg/person	13.02
金额	Amount	元/人	yuan/ person	69.37
(2)蛋制品·单价	Eggs products	元/千克	yuan/kg	9.76
数量	Quantity	千克/人	kg/person	0.57
金额	Amount	元/人	yuan/ person	5.61

7-1 续表 2 continued2

		单 位 Unit		合 计 Total
4. 水产品类	Aquatic	元/人	yuan/person	155.93
(1)鱼·单价	Fish	元/千克	yuan/kg	9.00
数量	Quantity	千克/人	kg/person	10.57
金额	Amount	元/人	yuan/ person	95.14
(2)虾·单价	Shrimp	元/千克	yuan/kg	26.60
数量	Quantity	千克/人	kg/person	1.46
金额	Amount	元/人	yuan/ person	38.92
(3)其他水产品·单价	Others	元/千克	yuan/kg	15.64
数量	Quantity	千克/人	kg/person	1.08
金额	Amount	元/人	yuan/ person	16.89
(4)水产制品	Aquatic products	元/人	yuan/person	4.98
(三)蔬菜类	Vegetable	元/人	yuan/person	346.04
1. 鲜菜·单价	Vegetable	元/千克	yuan/kg	1.73
数量	Quantity	千克/人	kg/person	170.27
金额	Amount	元/人	yuan/ person	294.93
2. 干菜·单价	Dried vegetable	元/千克	yuan/kg	27.09
数量	Quantity	千克/人	kg/person	1.21
金额	Amount	元/人	yuan/ person	32.87
3. 菜制品	Vegetable products	元/人	yuan/person	18.24
(四)调味品	Seasoning	元/人	yuan/person	46.70
(五)糖烟酒饮料类	Sugar, tobacco, liquor	元/人	yuan/person	341.54
1. 糖类	Suagar	元/人	yuan/person	52.29
2. 烟草类	Tobacco	元/人	yuan/person	139.73
3. 酒类·单价	Tobacco	元/千克	yuan/kg	4.48
数量	Quantity	千克/人	kg/person	17.40
金额	Amount	元/人	yuan/ person	77.95
(1)白酒·单价	Liquor	元/千克	yuan/kg	7.90
数量	Quantity	千克/人	kg/person	3.58
金额	Amount	元/人	yuan/ person	28.29
(2)果酒·单价	Wine	元/千克	yuan/kg	7.76
数量	Quantity	千克/人	kg/person	0.68
金额	Amount	元/人	yuan/ person	5.30
(3)啤酒·单价	Beer	元/千克	yuan/kg	3.26
数量	Quantity	千克/人	kg/person	12.85
金额	Amount	元/人	yuan/ person	41.83
(4)其他酒·单价	Others	元/千克	yuan/kg	8.80
数量	Quantity	千克/人	kg/person	0.29
金额	Amount	元/人	yuan/ person	2.53
4. 饮料	Beverage	元/人	yuan/person	71.57
(1)碳酸饮料·单价	Drink	元/千克	yuan/kg	4.66
数量	Quantity	千克/人	kg/person	4.09
金额	Amount	元/人	yuan/ person	19.06
(2)果蔬饮料·单价	Vegetable drink	元/千克	yuan/kg	5.26
数量	Quantity	千克/人	kg/person	1.72
金额	Amount	元/人	yuan/ person	9.04
(3)瓶装饮用水·单价	Water bottled	元/千克	yuan/kg	2.09
数量	Quantity	千克/人	kg/person	4.97
金额	Amount	元/人	yuan/ person	10.39
(4)茶叶·单价	Tea	元/千克	yuan/kg	178.47
数量	Quantity	千克/人	kg/person	0.12
金额	Amount	元/人	yuan/ person	20.56
(5)咖啡可可粉·单价	Coffee	元/千克	yuan/kg	77.05
数量	Quantity	千克/人	kg/person	0.03
金额	Amount	元/人	yuan/ person	2.59
(6)其他饮料	Others	元/人	yuan/person	9.92

7-1续表3 continued3

		单 位 Unit		合 计 Total
(六)干鲜瓜果类	Dried and fresh fruits	元/人	yuan/person	289.16
1.鲜果·单价	Fresh fruits	元/千克	yuan/kg	3.24
数量	Quantity	千克/人	kg/person	60.90
金额	Amount	元/人	yuan/ person	197.28
2.鲜瓜·单价	Melon	元/千克	yuan/kg	1.81
数量	Quantity	千克/人	kg/person	24.15
金额	Amount	元/人	yuan/ person	43.69
3.干果·单价	Dried fruits	元/千克	yuan/kg	7.82
数量	Quantity	千克/人	kg/person	5.07
金额	Amount	元/人	yuan/ person	39.64
4.瓜果制品·单价	Fruit's products	元/千克	yuan/kg	9.79
数量	Quantity	千克/人	kg/person	0.32
金额	Amount	元/人	yuan/ person	3.11
5.坚果及果仁·单价	Nut	元/千克	yuan/kg	20.75
数量	Quantity	千克/人	kg/person	0.26
金额	Amount	元/人	yuan/ person	5.44
(七)糕点、奶及奶制品	Cake and milk products	元/人	yuan/person	199.54
1.糕点·单价	Cake	元/千克	yuan/kg	10.37
数量	Quantity	千克/人	kg/person	4.22
金额	Amount	元/人	yuan/ person	43.69
2.奶及奶制品	Milk and its products	元/人	yuan/person	155.85
(1)鲜乳品·单价	Milk	元/千克	yuan/kg	3.37
数量	Quantity	千克/人	kg/person	32.23
金额	Amount	元/人	yuan/ person	108.72
(2)奶粉·单价	Milk powder	元/千克	yuan/kg	31.20
数量	Quantity	千克/人	kg/person	0.23
金额	Amount	元/人	yuan/ person	7.08
(3)酸奶·单价	Sour milk	元/千克	yuan/kg	7.19
数量	Quantity	千克/人	kg/person	1.97
金额	Amount	元/人	yuan/ person	14.20
(4)其他奶制品	Other milk products	元/人	yuan/person	25.85
(八)其他食品	Others	元/人	yuan/person	51.35
其中:半成品	Semi-finished products	元/人	yuan/person	20.94
(九)饮食服务	Catering services	元/人	yuan/person	395.63
1.食品加工服务费	Food prossing	元/人	yuan/person	1.11
2.在外饮食	Catering services	元/人	yuan/person	394.52
(1)购自食堂	From cornteen	元/人	yuan/person	195.06
(2)购自饮食业	From catering services	元/人	yuan/person	198.48
(3)在亲友家搭伙支出	With relative	元/人	yuan/person	0.99
非食品类	Non-food	元/人	yuan/person	4725.54
二、衣着	Garment	元/人	yuan/person	707.18
(一)服装·单价	Garment	元/件	yuan/piece	83.44
数量	Quantity	件/人	piece/person	5.93
金额	Amount	元/人	yuan/ person	495.15
1.男士服装·单价	Man clothing	元/件	yuan/piece	106.31
数量	Quantity	件/人	piece/person	1.95
金额	Amount	元/人	piecel/person	207.02
2.女士服装·单价	Women clothing	元/件	yuan/piece	81.16
数量	Quantity	件/人	piece/person	3.03
金额	Amount	元/人	yuan/person	246.01
3.童装·单价	Children's wear	元/件	yuan/piece	44.07
数量	Quantity	件/人	piece/person	0.96
金额	Amount	元/人	yuan/person	42.12
(二)衣着材料	Cloth material	元/人	yuan/person	4.91

7-1续表4 continued4

		单 位 Unit		合 计 Total
(三)鞋类·单价	Shoes	元/双	yuan/pair	87.36
数量	Quantity	双/人	pair/person	2.05
金额	Amount	元/人	yuan/ person	179.46
(四)其他衣着用品	Other clothing	元/人	yuan/person	24.47
(五)衣着加工服务费	Prossing serivce	元/人	yuan/person	3.20
三、家庭设备用品及服务	Household facilities and article	元/人	yuan/person	251.72
(一)耐用消费品	Durable consumer goods	元/人	yuan/person	96.58
1. 家具	Amounts	元/人	yuan/person	31.66
(1)成套家具	Completes sets of furniture	元/人	yuan/person	0.33
(2)其他家具	Other furniture	元/人	yuan/person	31.33
2. 家庭设备	Household facilities	元/人	yuan/person	64.92
(1)洗衣机·单价	Washing machine	元/台	yuan/unit	1347.25
数量	Quantity	台/百户	unit/100h	0.96
金额	Amount	元/人	yuan/ person	4.27
(2)电风扇·单价	Fan	台/百户	unit/100h	546.33
数量	Quantity	元/人	yuan/person	0.36
金额	Amount	元/人	yuan/ person	0.65
(3)电冰箱·单价	Fridge	元/台	yuan/unit	2102.12
数量	Quantity	台/百户	yuan/100h	2.04
金额	Amount	元/人	yuan/ person	14.15
(4)冰柜·单价	Freezer	元/台	yuan/unit	0.00
数量	Quantity	台/百户	unit/100h	0.00
金额	Amount	元/人	yuan/ person	0.00
(5)微波炉·单价	Oven	元/台	yuan/unit	691.24
数量	Quantity	台/百户	unit/100h	3.00
金额	Amount	元/人	yuan/ person	6.84
(6)空调器·单价	Air conditioner	元/台	yuan/unit	4805.50
数量	Quantity	台/百户	unit/100h	0.72
金额	Amount	元/人	yuan/person	11.41
(7)电炊具·单价	Electric cooking	元/台	yuan/unit	347.23
数量	Quantity	台/百户	unit/100h	6.36
金额	Amount	元/人	yuan/ person	5.19
(8)淋浴热水器·单价	Shower	元/台	yuan/unit	1542.47
数量	Quantity	台/百户	unit/100h	2.04
金额	Amount	元/人	yuan/ person	10.38
(9)排油烟机·单价	Smoke absorber	元/台	yuan/unit	396.43
数量	Quantity	台/百户	unit/100h	1.68
金额	Amount	元/人	yuan/ person	2.20
(10)吸尘器·单价	Dust catcher	元/台	yuan/unit	570.33
数量	Quantity	台/百户	unit/100h	0.36
金额	Amount	元/人	yuan/ person	0.68
(11)消毒碗柜·单价	Sterilized cupboard	元/台	yuan/unit	1101.83
数量	Quantity	台/百户	unit/100h	0.72
金额	Amount	元/人	yuan/ person	2.62
(12)洗碗机·单价	Washing bowl machine	元/台	yuan/unit	0.00
数量	Quantity	台/百户	unit/100h	0.00
金额	Amount	元/人	yuan/ person	0.00
(13)饮水机·单价	Drink machine	元/台	yuan/unit	266.79
数量	Quantity	台/百户	unit/100h	2.28
金额	Amount	元/人	yuan/ person	2.01
(14)取暖器·单价	Warm machine	元/台	yuan/unit	215.67
数量	Quantity	台/百户	unit/100h	0.36
金额	Amount	元/人	yuan/ person	0.26
(15)其他	Other	元/人	yuan/person	4.27

7-1续表5 continued5

		单　位 Unit		合　计 Total
(二)室内装饰品	Interior decoration	元/人	yuan/ person	14.96
1. 纺织装饰品	Texticles	元/人	yuan/person	7.07
2. 装饰灯具	Lamp	元/人	yuan/person	4.71
3. 其他装饰品	Others	元/人	yuan/person	3.18
(三)床上用品	Bed articles	元/人	yuan/person	20.78
(四)家庭日用杂品	Daily use articles	元/人	yuan/person	107.40
1. 厨、餐、茶具	Food tea articles	元/人	yuan/person	14.73
2. 家用工具	House hold articles	元/人	yuan/person	0.18
3. 家居清洁用品	Cleuring articles	元/人	yuan/person	31.13
4. 其他日用杂品	Others	元/人	yuan/person	61.36
(五)家具材料	Furniture materials	元/人	yuan/person	0.00
(六)家庭服务	Services	元/人	yuan/person	12.00
1. 家政服务	Services	元/人	yuan/person	9.01
2. 加工维修服务费	Repair	元/人	yuan/person	2.99
四、医疗保健	Health care	元/人	yuan/person	735.41
(一)医疗器具	Medical appliance	元/人	yuan/person	0.55
(二)保健器具	Health care appliance	元/人	yuan/person	14.59
(三)药品费	Medicine expense	元/人	yuan/person	396.49
(四)滋补保健品	Nourishing medicine	元/人	yuan/person	77.52
(五)医疗费	Health care service	元/人	yuan/person	246.15
(六)其他	Others	元/人	yuan/person	0.11
五、交通和通讯	Transportation and telecommuniction	元/人	yuan/person	808.09
(一)交通	Transportation	元/人	yuan/person	374.12
1. 家庭交通工具	Household use	元/人	yuan/person	81.94
(1)摩托车·单价	Motorcycle	元/辆	yuan/unit	2986.13
数量	Quantity	辆/百户	unit/100h	0.96
金额	Amount	元/人	yuan/ person	9.46
(2)自行车·单价	Bicycle	元/辆	yuan/unit	180.57
数量	Quantity	辆/百户	unit/100h	1.68
金额	Amount	元/人	yuan/ person	1.00
(3)助力车·单价	Vehicle	元/辆	yuan/unit	0.00
数量	Quantity	辆/百户	unit/100h	0.00
金额	Amount	元/人	yuan/ person	0.00
(4)家用汽车·单价	Venicle	元/辆	yuan/unit	60185.33
数量	Quantity	辆/百户	unit/100h	0.36
金额	Amount	元/人	yuan/ person	71.48
(5)其他交通工具	Others	元/人	yuan/person	0.00
2. 车辆用燃料及零配件	Fuel and parts	元/人	yuan/person	25.95
(1)燃料	Fuel	元/人	yuan/person	14.41
(2)零配件	Parts	元/人	yuan/person	6.03
(3)其他	Others	元/人	yuan/person	5.50
3. 交通工具服务支出	Traffic service	元/人	yuan/person	17.40
(1)维修费	Service	元/人	yaun/person	16.71

7-1续表6 continued6

		单位 Unit		合计 Total
(2)车辆使用税费	Tax and expenses	元/人	yuan/person	0.11
(3)其它车辆使用费用	Other vehicle expenses	元/人	yuan/person	0.57
4.交通费	Traflic	元/人	yuan/person	248.83
(1)飞机	Airoplane	元/人	yuan/person	24.50
(2)火车	Railway	元/人	yuan/person	47.65
(3)长途汽车	Long disstance highway	元/人	yuan/person	10.75
(4)市内公共交通	Bus	元/人	yuan/person	112.91
(5)出租汽车费	Texi	元/人	yuan/person	52.94
(6)其他交通费用	Others	元/人	yuan/person	0.09
(二)通信	Telecommunication	元/人	yuan/person	433.97
1.通信工具	Mean of telecommunication	元/人	yuan/person	48.44
(1)电话机·单价	Telephone	元/部	yuan/sub	65.64
数量	Quantity	部/百户	sub/100h	1.68
金额	Amount	元/人	yuan/ person	0.36
(2)移动电话·单价	Mobile phone	元/部	yuan/sub	1364.09
数量	Quantity	部/百户	sub/100h	10.68
金额	Amount	元/人	yuan/ person	48.06
(3)寻呼机·单价	Bp	元/部	yuan/sub	0.00
数量	Quantity	部/人	sub/person	0.00
金额	Amount	元/人	yuan/ person	0.00
(4)传真机·单价	Fax	元/部	yuan/sub	0.00
数量	Quantity	部/百户	sub/100h	0.00
金额	Amount	元/人	yuan/ person	0.00
(5)其他通信工具	Others	元/人	yuan/person	0.01
2.通信服务	Service	元/人	yuan/person	385.53
(1)电信费	Telecommunication	元/人	yuan/person	384.35
(2)邮费	Postage	元/人	yuan/person	0.76
(3)其他	Others	元/人	yuan/person	0.43
六、教育文化娱乐服务	Education, recreation	元/人	yuan/person	1091.52
(一)文化娱乐用品	Recreational articles	元/人	yuan/person	232.33
1.彩色电视机·单价	Colour TV set	元/台	yuan/set	3642.42
数量	Quantity	台/百户	set/100h	2.28
金额	Amount	元/人	yuan/ person	27.40
2.影碟机·单价	Video disc player	元/台	yuan/set	540.63
数量	Quantity	台/百户	set/100h	0.96
金额	Amount	元/人	yuan/ person	1.71
3.录放像机·单价	Video recorder	元/台	yuan/set	0.00
数量	Quantity	台/百户	set/100h	0.00
金额	Amount	元/人	yuan/ person	0.00
4.家用电脑	Computer	元/人	yuan/ person	45.86
(1)整机电脑·单价	Computer	元/台	yuan/set	6598.71
数量	Quantity	台/百户	unit/100h	2.04
金额	Amount	元/人	yuan/ person	44.41
(2)计算机外部设备	Parts	元/人	yuan/person	1.10
(3)各种零配件及耗材	Parts	元/人	yuan/person	0.35
5.组合音响·单价	Hi-Fi stereo component systern	元/台	yuan/set	0.00
数量	Quantity	台/百户	set/100h	0.00
金额	Amount	元/人	yuan/ person	0.00

7-1续表7 continued7

		单 位 Unit		合 计 Total
6. 录音机·单价	Tape recoder	元/台	yuan/set	130.79
数量	Quantity	台/百户	set/100h	1.68
金额	Amount	元/人	yuan/ person	0.72
7. 摄像机·单价	Pick up camera	元/架	yuan/unit	14444.33
数量	Quantity	架/百户	unit/100h	0.36
金额	Amount	元/人	yuan/ person	17.16
8. 照相机·单价	Camera	元/架	yuan/unit	3321.00
数量	Quantity	架/百户	unit/100h	1.68
金额	Amount	元/人	yuan/ person	18.41
9. 钢琴·单价	Piano	元/架	yuan/unit	0.00
数量	Quantity	架/百户	unit/100h	0.00
金额	Amount	元/人	yuan/ person	0.00
10. 其他中高档乐器·单价	Musical instrument	元/件	yuan/unit	6007.00
数量	Quantity	件/百户	unit/100h	0.96
金额	Amount	元/人	yuan/ person	19.02
11. 健身器材·单价	Sports apparatus	元/件	yuan/set	2033.05
数量	Quantity	件/人	set/person	0.01
金额	Amount	元/人	yuan/ person	15.29
12. 电子辞典·单价	Electronic dictionary	元/部	yuan/unit	396.33
数量	Quantity	部/人	unit/person	0.00
金额	Amount	元/人	yuan/ person	0.47
13. 音像制品及软件	Audiovisual products and software	元/人	yuan/person	15.92
14. 体育用品	Sport apparatus	元/人	yuan/person	0.71
15. 书报杂志	Newspaper and magaizers	元/人	yuan/person	29.73
16. 纸张文具	Paper articales	元/人	yuan/person	11.13
17. 其他文娱用品	Others	元/人	yuan/person	28.78
(二)文化娱乐服务	Services	元/人	yuan/person	118.84
1. 参观游览	Tourism	元/人	yuan/person	15.50
2. 健身活动	Sports	元/人	yuan/person	13.83
3. 团体旅游	Group tourism	元/人	yuan/person	39.40
4. 其它文娱活动	Other activities	元/人	yuan/person	49.05
5. 文娱用品修理服务费	Services	元/人	yuan/person	1.06
(三)教育	Education	元/人	yuan/person	740.36
1. 教材	Teaching material	元/人	yuan/person	66.72
(1)课本及参考书	Textbook	元/人	yuan/person	62.83
(2)教育软件	Teaching software	元/人	yuan/person	3.83
(3)其它教材	Others	元/人	yuan/person	0.07
2. 教育费用	Teaching expenses	元/人	yuan/person	673.63
(1)非义务教育学杂费	Non-duty education	元/人	yuan/person	160.70
(2)义务教育学杂费	Duty education	元/人	yuan/person	81.33
(3)托幼费	Kind ergan tens	元/人	yuan/person	26.15
(4)成人教育费	Adults education	元/人	yuan/person	30.35
(5)家教费	Family education	元/人	yuan/person	14.42
(6)培训班	Trairing	元/人	yuan/person	193.75
(7)学校住宿费	Hotels	元/人	yuan/person	33.76
(8)其他	Others	元/人	yuan/person	133.17
七、居住	Residehce	元/人	yuan/person	889.99
(一)住房	House	元/人	yuan/person	416.26
1. 租赁房房租	Rent	元/人	yuan/person	59.40
2. 自有房租金折算	Rent discount	元/人	yuan/person	0.00
3. 住房装潢支出	Decoration expenses	元/人	yuan/person	329.81
4. 维修用建筑材料	Buileling material	元/人	yuan/person	22.21
5. 其他	Others	元/人	yuan/person	4.84
(二)水电燃料及其他	Wather, fuel and others	元/人	yuan/person	437.40

7-1 续表 8　　continued8

		单位 Unit		合计 Total
1. 水·单价	Water	元/吨	yuan/ton	2.53
数量	Quantity	吨/人	ton/person	20.79
金额	Amount	元/人	yuan/person	52.65
2. 电·单价	Electricty	元/度	yuan/degree	0.46
数量	Quantity	度/人	degree/person	366.14
金额	Amount	元/人	yuan/person	167.55
3. 燃料	Fuel	元/人	yuan/person	130.58
(1)煤炭·单价	Coal	元/千克	yuan/kg	0.29
数量	Quantity	千克/人	kg/person	35.41
金额	Amount	元/人	yuan/ person	10.17
(2)液化石油气·单价	Liqufied gas	元/千克	yuan/kg	2.93
数量	Quantity	千克/人	kg/person	1.39
金额	Amount	元/人	yuan/person	4.07
(3)管道煤气·单价	Pipe gas	元/立方米	yuan/cu. m	1.51
数量	Quantity	立方米/人	cu. m/person	77.04
金额	Amount	元/人	yuan/ person	116.33
(4)其他燃料	Other fuel	元/人	yuan/person	0.01
4. 其他	Others	元/人	yuan/person	86.62
(三)居住服务费	Services	元/人	yuan/person	36.33
1. 物业管理费	Real estate management	元/人	yuan/person	31.01
2. 维修服务费	Maintain service	元/人	yuan/person	5.17
3. 其它	Others	元/人	yuan/person	0.15
八、杂项商品和服务	Daily consumer goods and service	元/人	yuan/person	241.63
(一)杂项商品	Daily consumer goods	元/人	yuan/person	119.08
1. 金银珠宝饰品	Jewlry	元/人	yuan/person	11.02
2. 手表·单价	Watch	元/只	yuan/unit	275.16
数量	Quantity	只/人	unit/person	0.01
金额	Amount	元/人	yuan/person	2.07
3. 理发美容用具	Haircut and improve look goods	元/人	yuan/person	0.04
4. 化妆品	Cosmetics	元/人	yuan/person	55.44
5. 其他杂品	Others	元/人	yuan/person	50.52
(二)服务	Services	元/人	yuan/person	122.55
1. 旅馆住宿费	Hotel	元/人	yuan/person	6.59
2. 理发洗澡费	Haircut and bathing	元/人	yuan/person	79.63
3. 美容费	Improve looks	元/人	yuan/person	17.32
4. 其他服务	Others	元/人	yuan/person	19.01

7－2 农村人口状况

		单 位 Unit	合 计 Total
调查户数	Households surveyed	户 household	630
一、常住人口	Permanent residents	人 person	2369
二、整半劳动力	Able bodied and semi able bodied laborers	人 person	1727
1. 男劳动力人数	Male laborers	人 person	900
2. 整劳动力	Whole laborers	人 person	1175
三、就业劳动力人数	Employment	人 person	1709
1. 在一产业就业的劳动力	Primary industry	人 person	1463
2. 在二产业就业的劳动力	Secondary industry	人 person	114
3. 在三产业就业的劳动力	Tertiary industry	人 person	132
四、常住人口中外出就业的劳动力人数	Flow laborers	人 person	191
五、劳动力文化程度	Educational level for laborer		
1. 不识字或识字很少	Illiterate and semi－illiterate	人 person	61
2. 小学程度	Primary school	人 person	488
3. 初中程度	Junior secondary school	人 person	973
4. 高中程度	Senior secondary school	人 person	155
5. 中专	Special secondary school	人 person	35
6. 大专及以上	College and higher level	人 person	14

BASIC STATISTICS ON RURAL POPULATION

榆树市 Yu shu	农安县 Nongan	德惠市 Dehui	九台市 Jiutai	双阳区 Shuangyang	城 区 District
100	100	100	100	100	130
409	401	408	382	343	426
312	301	266	272	241	33
155	153	141	140	128	183
205	227	176	187	163	217
309	301	266	272	241	320
264	298	241	221	212	227
18		11	23	11	51
27	3	14	28	18	42
37	8	25	52	19	50
13	11	12	6	14	5
110	86	76	82	65	69
155	185	15	141	137	205
21	19	22	32	16	45
9		5	8	7	6
4		1	3		4

7-3 农村生产性固定资产及土地经营、耕地流转情况

		单位 Unit	合计 Total
一、期末生产性固定资产原值	Productive fixed assets in original	元 yuan	5374106
1.农业	Agriculture	元 yuan	3872338
#房屋及建筑物	Buildings	元 yuan	1211940
役畜	Draught animals	元 yuan	938870
大中型铁木农具	Wood and iron farm tools	元 yuan	256710
农业机械	Machinery of agriculture	元 yuan	1323218
2.工业	Industry	元 yuan	
#房屋及建筑物	Buildings	元 yuan	
生产设备	Equipment of production	元 yuan	
3.建筑业	Construction	元 yuan	60000
4.交通运输业	Transportation	元 yuan	12833
5.批发和零售贸易餐饮业	Wholesales, retail trade and catering serices	元 yuan	10000
6.社会服务业	Social services	元 yuan	
7.文教卫生业	Educotion, culture and health care	元 yuan	
8.其他	Others	元 yuan	
二、期末主要生产性固定资产数量	Number of productive fixed assets		
1.房屋及建筑物	Building	平方米 sq.m	19417
2.汽车	Trucks	辆 unit	2
3.大中型拖拉机	Large and middle tractors	台 unit	60
4.小型和手扶拖拉机	Mini-tractors	台 unit	146
5.机动脱粒机	Motorized threshing machines	台 unit	39
6.收割机	Harvester	台 unit	7
7.农用动力机械	Agricultural machinery	台 unit	77
8.胶轮大车	Cart with rubber tires	架 unit	144
9.水泵	Pump	台 unit	148
10.役畜	Draught	头 head	339
11.产品畜	Commodity animals	头 head	369
三、土地经营情况	Cultivated land		
1.耕地面积	Area of cultivated land	亩 ha	11742.73
#有效灌溉面积	Family plot	亩 ha	1845.94
2.山地面积	Mountains	亩 ha	105.4
3.园地面积	Garden plot	亩 ha	54.43
4.牧草地面积	Grass land	亩 ha	
5.养殖水面面积	Cultivateable water area	亩 ha	
四、耕地流转情况	Change of cultivated land		
1.年初经营耕地面积	Area of cultivated land at beginning of year	亩 ha	11842.73
2.年内转入耕地面积	In creasing of cultivated land	亩 ha	237.4
3.年内转出耕地面积	Decreasing of cultivated land	亩 ha	337.4
4.年末经营耕地面积	Area of cultivated land at end of year	亩 ha	11742.73

PRODUCTIVE FIXED ASSETS, LAND, MOUNTAIN AND WATER AREA

榆树市 Yu shu	农安县 Nongan	德惠市 Dehui	九台市 Jiutai	双阳区 Shuangyang	城　区 District
724470	631680	866760	1116520	1610976	423700
584230	631680	719210	1024520	610698	302000
215540	172300		616000	144600	63500
86170	185200	282800	164300	123850	96550
44560	16950	94600	83000	1500	16100
219560	250780	298110	109220	319848	125700
					60000
				12833	
			10000		
2950	5177	726	3335	6339	890
		1		1	
2	11	12	8	9	18
30.5	28	26	15	31.8	15
8	4	16	5	5	1
		7			
20	10	7	10	21	9
14	47	48		10	22
9	44	29	12	36	18
29	85	86	55	40	44
36		53	49	209	22
2720.69	1786.1	2194.23	1883.86	1945.43	1212.42
193.9	160.5	578.7	348.1	463.4	101.34
			9.4		96
		5.8	43.13		5.5
2756.96	1766.1	2194.23	1861.86	2044.36	1219.22
52.5	20		22	121.2	21.7
88.77				220.13	28.5
2720.69	1786.1	2194.23	1883.86	1945.43	1212.42

7－4 农村住房情况

		单 位 Unit	合 计 Total
一、期末住房情况	House		
(一)住房面积	Floor space of house	平方米 sq·m	50653.16
其中:租用住房面积	Floor space of house rented	平方米 sq·m	739
(二)住房价值	Value of house	元 yuan	16701600
(三)住房类型	Type of building		
1.楼房面积	Floor space of building	平方米 sq·m	1055
2.砖瓦平房面积	Floor space of brick and wood structure	平方米 sq·m	41550.16
3.其他	Others	平方米 sq·m	8048
(四)住房结构	Structure of building		
1.钢筋混凝土结构面积	Reinforced concrete structurs	平方米 sq·m	2738
2.砖木结构面积	Brick and wood structure	平方米 sq·m	40266.16
3.其他	Others	平方米 sq·m	7649
二、期内新建(购)住房情况	New house		
(一)新建(购)住房面积	Floor space of new house	平方米 sq·m	929
(二)新建(购)住房价值	Value of new house	元 yuan	332000
(三)新建(购)住房类型	Type of new house		
1.楼房面积	Floor space of building	平方米 sq·m	190
2.砖瓦平房面积	Floor space of brick and wood structure	平方米 sq·m	639
3.其他	Others	平方米 sq·m	100
(四)新建(购)住房结构	Structure of new house		
1.钢筋混凝土结构面积	Reinforced concrete structure	平方米 sq.m	190
2.砖木结构面积	Brick and wood structure	平方米 sq.m	639
3.其他	Others	平方米 sq.m	100

7－5 主要农作物产量

单位:公斤

		合 计 Total
(一)谷物产量	Grain	6512804
其中:1.小麦	Wheat	15
2.水稻	Rice	793129
3.玉米	Corn	5692810
(二)大豆	Soybeans	159825
(三)薯类	Tubers	41479.2
(四)棉花产量	Cotton	
(五)油料作物产量	Beans	4388.5
(六)糖料作物产量	Beetroots	
(七)蔬菜产量	Vegetable	950670
(八)水果产量	Frits	8018

BASIC STATISTICS ON RURAL HOUSE

榆树市 Yushu	农安县 Nongan	德惠市 Dehui	九台市 Jiutai	双阳区 Shuangyang	城　区 District
7104.5	7785	8146	8934	7573.66	11110
48	690		1		
2057200	1987000	2734500	3308000	2006900	4608000
					1055
4560.5	6591	7620	7985	5857.66	8936
2544	1194	526	949	1716	1119
	170		736		1832
4560.5	6621		7361	5944.66	8159
2544	994		837	1629	1119
96			385	203	245
55000			125000	79000	73000
					190
96			340	203	
			45		55
					190
96			340	203	
			45		55

YIELD OF MAJOR AGRICULTURAL PRODUCTS

unit: kg

榆树市 Yushu	农安县 Nongan	德惠市 Dehui	九台市 Jiutai	双阳区 Shuangyang	城　区 District
1132935	1289340	1257930	1235549	1013600	583450
			15		
100785		227790	207904	241650	15000
1023350	1280140	1030140	1027430	763450	568300
85525	6430	28090		38580	1200
10525	16480	10908	867	89.2	2610
3300	800			288.5	
125650.5	205746	65108	76502	76865	400798.5
	20	130	850	1285	5733

7－6 农村粮食收、支、存情况
BASIC STATISTIC ON RURAL GRAIN

单位:公斤　　　　unit:kg

		合计 Total	榆树市 Yushu	农安县 Nongan	德惠市 Dehui	九台市 Jiutai	双阳区 Shuangyang	城区 District
一、年初粮食结存	Grain at year bugining							
二、年内粮食收入合计	Revenue of grain	7181326.9	1295298.2	1394426.1	1355993	1368845.3	1112795.5	653968.7
1.生产	Revenue of individual	6730477.7	1240465	1312250	1297608	1240299	1052595.5	587260
2.购入	Purchase	450849.2	54833.2	82176.1	58385	128546.3	60199.8	66708.7
3.其他粮食收入	Others							
三、年内粮食支出合计	Expenditure for grain	4356192.5	541067.3	441105.6	923453.5	823667.3	1048861	578037.7
1.主食用粮	Major grain	468408.4	68540.6	92778.1	88081.7	86896.4	63639.1	68472.4
2.其他生活用粮	Other living grain							
3.出售	Sale	3355784.9	393661.1	304691.5	757996.1	612741	839236.2	447459
4.种子	Seeds	53990.8	6764.6	4536	4911.8	270.7	7368.7	3337.3
5.饲料	Forage	459008.4	72101	39100	72464	96957.4	138617	39769
6.借出	Lend	19000						19000
7.归还借粮	Payable grain							
8.其他粮食支出	Others							
四、年末粮食结存	Grain at year end	5706754	1203528	968824	1255126	1000624	839875	438777
#口粮	Food grain	220402	91040	19470	32535	9300	58400	9657
饲料	Forage	725575	133950	117100	183410	62840	154675	73600
种子	Seeds	11430	8910	1000	170			1350
其他	Others	4749347	969628	831254	1039011	928484	626800	354170

7－7 农村出售产品情况

BASIC STATISTICS ON RURAL PRODUCTS

（农村住户抽样调查资料） Data are obtained from the sample surveys on rural households

	单 位 Unit	合 计 Total	榆树市 Yushu	农安县 Nongan	德惠市 Dehui	九台市 Jiutai	双阳区 Shuangyang	城 区 District
1.粮食 Grain	公斤 kg	3298786.1	379704.5	301495.5	747192.6	608889	831495	430009.5
金额 Amount	元 yuan	3121831.3	329980.8	245973	757470.3	621096.4	768189.3	399121.5
＃稻谷 Rice	公斤 kg	373828	23882		104852	76075	159419	9600
金额 Amount	元 yuan	579743.5	33340		169939.8	125350.4	231353.3	19760
＃玉米 Corn	公斤 kg	2919273.5	353378.5	299550	641668.5	532669	671648	420359.5
金额 Amount	元 yuan	2536016.3	294443.8	244222	586382	495539	536151	379278.5
2.油料 Beans	公斤 kg	3888.5	325	3035	275		183.5	70
金额 Amount	元 yuan	11723	1560	8676	707		576	204
3.糖料 Beetroots	公斤 kg							
金额 Amount	元 yuan							
4.烟叶 Tobacco	公斤 kg							
金额 Amount	元 yuan							
5.蔬菜 Vegetable	公斤 kg	544038.5	58708.5	118521	14023	19256.5	1680	331849.5
金额 Amount	元 yuan	369575.5	65324.3	59852	9278.1	20661.7	2555.5	211894.9
6.瓜类 Vegetable	公斤 kg	49073		23000	10000		1898	14175
金额 Amount	元 yuan	47081		18345	12300		4457	11979
7.水果 Fruits	公斤 kg	8251.3		2410	110	746.8		4984.5
金额 Amount	元 yuan	19744		4710	165	1462		13407
8.木材 Timber	立方米 cu.m	19.9	1		11.4		5	2.5
金额 Amount	元 yuan	10210	650		6670		1800	1090
9.出售牧业产品 Sale meat								
肉猪 Hogs	公斤 kg	97542.4	22071	11707	6470.4	41402	13218	2656
金额 Amount	元 yuan	775470.6	167664	96401	42263	347515	100530	21097.6
肉牛 Cattle	公斤 kg	73288	66010	200	4480	558	850	1190
金额 Amount	元 yuan	550290	493980	2200	35740	5450	6020	6900
菜羊 Goats	公斤 kg	5590.5	910	2245	515	60		1860.5
金额 Amount	元 yuan	35569	3910	14960	3020	520		13159
家禽 Poultry	公斤 kg	6972.6	566.9	1635.1	1060.3	543.7	3098.6	68
金额 Amount	元 yuan	53106.6	4842.6	12219.2	8073	4598.8	22853	520
10.猪肉 Pork	公斤 kg	1884	1160		400	7	283	34
金额 Amount	元 yuan	15402	9500		2565	80	2905	352
11.蛋类 Eggs	公斤 kg	19288.8	134.5	346.3	303.6	935.2	15675.8	1893.5
金额 Amount	元 yuan	93410	1044	2695	2651.8	5187.5	72188.7	9643
12.羊毛 Wool	公斤 kg	153.3		147	6.25			
金额 Amount	元 yuan	1260		1090	170			

7－8 农村总收入和纯收入

（农村住户抽样调查资料）

单位：元

		合 计 Total
一、全年总收入	Gross income	13020250.2
(一)工资性收入	Basic income	2151354.7
1.在非企业组织中劳动得到的报酬	From collective organization	282700.4
2.在本乡地域内劳动得到的报酬	From local enterprises	443953
#在企业中劳动得到的	From township enterprises	283337
在国家投资基建项目得到的	From national projects	1800
提供其他劳务收入	Other services	158816
3.外出从业得到的	From other place	1424701.3
在乡外县内从业得到的	From other townhships	191025.2
在县外省内从业得到的	From other counties	326508
在省外国内从业得到的	From other provinces	96200
在国外从业得到的	From foreign countries	810968
(二)家庭经营收入	Income from households business	10004342.1
1.农业收入	Farming	6810855.4
农产品收入	Form products	6738601.4
2.林业收入	Forestery	19260.8
3.牧业收入	Animal husbandry	2876263.7
4.渔业收入	Fishery	8268
5.工业收入	Industry	9805
6.建筑业收入	Construction	85602
7.交通运输和邮电业收入	Transportation, post and telecommunication	98581.6
8.批发和零售贸易餐饮业收入	Commerce and catering	29158.2
9.社会服务业收入	Social services	31280
10.文教卫生业收入	Eduction culture and health care	
11.其他行业收入	Others	31692
(三)转移性收入	Transfer income	489709.7
1.家庭非常住人口寄回和带回	Send back from other place	60240
2.城市亲友赠送收入	Gift from relatire in city	23080
3.农村亲友赠送收入	Gift from relatire in ruban area	58722
4.退耕还林还草补贴收入	Subsidy of governmert	5183
5.粮食直接补贴收入	Grain income	305922.9
(四)财产性收入	Property income	374843.7
1.利息	Interest	17
2.租金	Dividend Rent	15425
3.红利	Dividend	
4.土地征用补偿	Subsidy for use of land	74111
5.转让承包土地经营权收入	Rent land	20009
6.其他投资收益	Investment	12866
7.其他	Others	252415.7
二、全年纯收入	Net income	9253733.5
三、全年人均纯收入	Per capita net income	3906.18

GROSS AND NET INCOME OF RURAL HOUSEHOLDS

Data are obtained from the sample surveys on rural households

unit: yuan

榆树市 Yushu	农安县 Nongan	德惠市 Dehui	九台市 Jiutai	双阳区 ShuangYang	城　区 District
2333904.9	1542462	1824122.2	2075273.3	1809015.5	3431080.6
231087	61099.6	125554.5	263816	144457.5	1325340.1
23331	300	34764	44758	21777	157770.4
72426	2136	26584.5	92436	48454.5	201916
		16667	51464	25300	151538
		100			1700
34058	2136	9817.5	40972	23154.5	48678
135330	58663.6	64206	126622	74226	965653.7
8660	58063.6	8510	8101	5472	102218.7
68220	600	55696	83551	55254	63187
58450			12250	13500	12000
			22720		788248
1991757.8	1414304.2	1601416.6	1619992.8	1509803	1862676.6
1284447.3	1182216	1338772.8	1139902.5	1082138	773875
1284447.3	1166465	1324217.8	1131540.5	1060662	761765
650	100	8405.7	1920	1981.8	6293.3
698801.1	218359.3	223228.9	451934.6	393028.3	896024.3
		763		265	7505
300	1600	4540	1380		1985
3000	570	8180		5300	68552
550		7712.6	9664	15450	65205
2940		3783.5	14089.7	4445	3900
		5400	80		25800
1000	9687	548	62	7550	12845
87285.4	56336.7	59614.4	123922.5		61796.4
1500			58740		
		1660	2370		10900
20712		550	4600		20420
				5183	
64497.4	54273.7	55209.6	52737		19533.8
23774.7	10721.6	37536.7	67542	54001.1	181267.6
				17	
				880	14545
8431		1633	21	4026	60000
4800		4105	2704	6700	1700
			9566		3300
10543.7	10721.6	31798.7	55251	42378.1	101722.6
1350081.5	1249886.5	1322816.3	1180387.9	1002346.7	3143639.2
3300.93	3116.92	3242.2	3090.02	2922.29	7379.43

7－9 农村总支出

单位:元　　　　(农村住户抽样调查资料)

		合 计 Total
全年总支出	Gross expenditures	9071181.5
一、家庭经营费用支出	Expenses of household business	3308017.9
1.农业生产支出	Farming	1949375.8
2.林业生产支出	Forestry	6048.5
3.牧业生产支出	Animal husbandry	1318858.1
4.渔业生产支出	Fishery	7691
5.工业生产支出	Industry	3208
6.建筑业生产支出	Construction	765
7.交通运输和邮电业支出	Transportation, post and telecommunication	17204
8.文教卫生业支出	Eduction culture and health care	295
9.批发和零售贸易、餐饮业支出	Wholesale, retail trade and catering	360
10.社会服务业支出	Social services	302
11.其他家庭经营支出	Others	3910.5
二、购置生产性固定资产支出	Expenditures for purchasing fixed assets	529462.8
三、建造生产性固定资产雇工支出	Expenditares for productive fixed assets	1340
四、税费支出	Tax expendiures	67503
第一产业税金	Primary indusery taxes	28542
第二产业税金	Secondary industry taxes	266
第三产业税金	Tertiary industry taxes	363
其他各种收费	Others	38332
五、村提留	Draw down in village	
乡统筹	Overall plan of township	
六、生活消费支出	Living experditure	4745512.8
(一)食品	Food	2054753.3
1.主食	Staple food	590895.3
2.副食	Non－staple food	1218865.1
3.其他食品	Other food	244992.9
(二)衣着	Garments	290607.2
(三)居住	Residence	574712.4
#装修生活用房材料	House	31356
(四)家庭设备、用品及服务	Articles and services of houschold	137925.5
(五)医疗保健	Health care	402879.6
(六)交通和通讯	Transportation and telecommunication	527293.5
(七)文教娱乐用品及服务	Educaton, cultural and recreation services	552073.3
(八)其他商品和服务消费	Other goods and services	71065
七、转移性支出	Transfer expenditure	326026.4
1.寄给和带给在外人口	Send outside others	140319
2.赠送农村亲友	Send to relatives	136463
3.赠送城市亲友	Send to rural relatives	7195
八、财产性支出	Property expenditure	93318.5
1.宅基地有偿使用费	Fee of house base	
2.承包其他农户转让费	Rent fee	91671
3.其他	Others	1647.5

GROSS EXPENDITURES OF RURAL HOUSEHOLDS

Data are obtained from the sample surveys on rurel households　　unit:yuan

榆树市 Yushu	农安县 Nongan	德惠市 Dehui	九台市 Jiutai	双阳区 Shuangyang	城　区 District
1821319.3	**1024039**	**1388373.4**	**1881030.1**	**1684710.7**	**1270837.4**
880189.4	249411.6	442647.8	798820.7	682894.5	254237.8
357483.8	202700.4	291258.6	533993.9	376543.8	187395.3
2	81.5	282	554	170	4959
516986.6	46409.7	142158.3	264202.8	298778.2	50506.5
		414		14	7263
3107			40	21	40
		7	10	430	318
2460	100	5696		6206	2742
				295	
	120	40			200
150		51		101	
		2741	20	335.5	814
124067	36752	91913	65608	137105.8	74017
					1340
34624	1052	324	17030	3936	10537
	980		16150	1144	10268
				266	
	72		217	70	4
34624		324	663	2456	265
736749.4	694467.4	825614.1	922476	694553.8	870596.6
310330	334075.8	378235.1	370361.6	312519	348176.3
83953.9	119693.9	106435.7	112114.6	70825.9	97871.4
42244.9	29133.4	41472.9	36655.3	46543.9	48942.6
52306	30755.8	38882	45085.2	50456	73122.2
115160.6	50886.6	93236.7	110948	54528.9	149951.7
14732	4101.5	4749	899.5	5272	1602
22018.1	17793.3	18074.4	36260.1	22466.3	21313.3
51276.9	45771.1	97636.4	78953.9	45993	83248.3
73028.7	100187.5	68192.8	122749.9	89791.2	73343.5
85503.9	93977.9	103931.7	100815.8	80697.8	87146.1
7921.2	5409.4	8145	20759.8	18060.2	10769.3
16568.5	3186	19877	65615.4	161590.5	59189
14242	2804	11636	7442	72280	31915
	2	4900	35003	82078	14480
119		1420	817	2881	1958
29121	39170	7997.5	11480	4630	920
29121	39170	6550	11480	4630	720
		1447.5			200

7-10 农村住户食品消费情况

单位:公斤　　　　（农村住户抽样调查资料）

		合 计 Total
一、谷物	Grain	444945.85
#小麦	Wheat	54803.27
稻谷	Rice	273536.79
玉米	Corn	108911.20
高粱	Jowar	160.00
谷子	Millet	964.70
其他谷物	Others	6569.90
二、薯类	Tubers	10096.7
#红薯	Ganshu	77.08
马铃薯	Potato	9073.40
其他薯类	Others	946.22
三、豆类消费量	Beans	13365.85
#大豆	Soybean	7595.50
其他豆类	Others	5770.35
四、消费油脂类	Oil and fat	18470.30
1.植物油	Beaning oil	18128.20
2.动物油	Fat	342.10
五、烟叶消费量	Tobacco	572.00
六、豆制品	Soybean products	8467.66
七、蔬菜及菜制品消费量	Vegetables	381953.16
1.叶菜类	Celery	125391.28
2.瓜菜类	Cucumber	70773.65
3.块根、块茎类	Root vegetable	55486.20
4.茄果类	Tomato	70740.53
5.葱蒜类	Onion	34737.00
6.菜用豆类	Beans	16945.50
7.水生菜类	Vegetable in water	232.30
8.蘑菇和菌类	Mushroom	423.35
9.其他鲜菜	Other vegetable	7223.35
八、瓜类	Melon	14830.10
1.西瓜	Melon	10649.55
2.其他瓜类	Others	4180.55
九、水果类	Fruits	41850.90
十、消费茶叶	Tea	65.65
十一、坚果消费量	Nuts and its products	689.00
十二、消费肉禽及制品	Meat and its product	34058.89
1.猪肉	Pork	22129.89
2.牛肉	Beef	992.55
3.羊肉	Mutton	681.65
4.家禽	Poultry	8930.30
5.其他肉禽及制品	Meat and poultry	1324.50
十三、消费鲜蛋及蛋制品	Eggs and its poducts	19954.95
十四、消费鲜奶及奶制品	Milk and products	2212.95
十五、消费水产品	Aquatic	6124.63
1.鱼类	Fish	5605.1
2.虾、贝、蟹类	Shrimps and shellfish	125.75
3.藻类	Marine alga	143.35
4.其他	Other aquatic	249.92
十六、消费食糖	Sugar	2273.90
十七、消费酒	Drink and liquor	29223.37
1.白酒	Liquor	10814.75
2.啤酒	Beer	18281.62
3.果酒	Wine	103.00

CONSUMPTION OF MAJOR FOOD IN RURAL HOUSEHOLDS

Data are obtained from the sample surveys on rural households

unit: kg

榆树市 Yu shu	农安县 Nongan	德惠市 Dehui	九台市 Jiutai	双阳区 Shuangyang	城 区 District
65351.43	88478.99	80131.68	81840.18	62635.43	66508.15
7801.00	15496.00	9139.27	8435.33	3648.33	10283.33
48396.43	39069.29	55103.21	34032.14	58015.00	38920.71
8725.00	32239.00	15028.20	35522.50	575.00	16821.50
140.00					20.00
125.50	585.70	171.50	22.00	3.00	57.00
163.50	1089.00	689.50	3828.20	394.10	405.60
1087.20	2591.88	3993.26	1561.26	85.68	777.42
	20.40	1.60	29.50	1.28	24.30
822.00	2432.30	3781.20	1367.80	82.40	587.70
265.20	139.18	210.46	163.96	2.00	165.42
2102.00	1707.05	3956.75	3495.00	918.00	1186.85
1403.00	1410.00	3274.50	606.00	681.00	221.00
699.00	297.25	682.25	2889.00	237.00	965.85
3601.90	2768.15	2626.35	3322.60	2076.90	4074.40
3485.65	2742.20	2596.35	3288.00	1989.40	4026.60
116.25	25.95	30.00	34.60	87.50	47.80
76.20	52.10	84.00	131.80	61.80	166.10
3318.60	56.15	444.70	768.65	2002.85	1876.71
49007.30	75567.90	57774.18	64111.50	82708.75	52783.53
13890.75	23724.95	23233.10	20219.85	22505.55	21817.08
11237.05	10360.45	9569.30	14589.70	15894.10	9123.05
5808.70	11556.10	2367.40	12057.35	16030.85	7665.80
11790.45	15800.90	9816.33	8908.25	14928.20	9496.40
4880.40	7576.90	7166.20	6058.35	6476.75	2578.40
738.70	6352.90	4893.75	2061.95	2698.45	199.75
52.50	4.50	40.00	23.05	40.00	72.25
69.15	107.00	80.15	32.80	35.70	98.55
539.60	84.20	607.95	160.20	4099.15	1732.25
1746.70	3827.00	2723.60	1415.60	1279.60	3837.60
1219.00	3004.50	2116.10	844.75	1057.50	2407.70
527.70	822.50	607.50	570.85	222.10	1429.90
6536.05	6070.05	8170.50	5975.80	6831.00	8267.50
2.65	16.90	7.65	9.20	20.40	8.85
	83.10	90.00	30.05	111.80	374.05
3898.40	5869.45	8560.55	6525.95	4402.19	4802.35
2440.50	2657.20	6268.15	4392.84	2996.05	3375.15
132.50	120.25	78.30	262.95	87.40	311.15
30.60	535.20	11.60	26.00	35.00	43.25
1150.90	2266.00	1916.00	1552.96	1117.24	927.20
143.90	290.80	286.50	291.20	166.50	145.60
3567.85	2434.80	3278.45	4203.85	4283.85	2186.15
186.50	163.75	113.00	664.80	506.90	578.00
1019.55	962.80	1388.95	936.72	730.96	1085.65
952.65	927.55	1300.50	831.00	637.16	956.75
12.05	8.30	13.00	27.90	37.20	27.30
27.35	25.50	20.45	35.95	20.10	14.00
27.50	1.45	55.00	41.87	36.50	87.60
282.30	205.10	357.15	241.55	940.50	247.30
6442.80	4004.70	4641.55	4462.32	3629.20	6042.80
2634.30	2085.25	1454.35	1704.05	1519.00	1417.80
3791.00	1917.45	3170.70	2751.27	2048.20	4603.00
17.50	2.00	14.00	6.00	47.50	16.00

7－11 农村现金收、支、存

单位:元

（农村住户抽样调查资料）

		合 计 Total
一、年内现金收入合计	Total income	9581573.09
（一）工资性收入	Wages	2151354.67
1.在非企业组织中劳动得到的收入	From Non－enterprises	282700.40
2.在本乡地域内中劳动得到的收入	From enterprises	443953.00
3.外出从业得到的收入	From outside	1424701.27
（二）家庭经营现金收入	Income from household business	6806176.17
1.农产品的现金	Sale products	3748726.48
2.工业现金收入	Processing	9805.00
3.建筑业现金收入	Construction	85601.96
4.交通运输、邮电业收入	Transportation	98581.60
5.批发和零售贸易、餐饮业收入	Wholesale retail trade and catering	29158.22
6.社会服务业收入	Social service	31280.00
7.文教卫生业收入	Education,culture and health care	
8.其他行业收入	Others	31692.00
（二）转移性收入	Transfer income	489709.74
（三）财产性收入	Property income	134332.50
（四）非收入所得	Non income	1778008.81
二、年内现金支出合计	Total of expenditures	8139426.78
（一）生产费用现金	Expenses of production	3550446.51
1.家庭经营费用现金支出	Household business	3019643.71
2.购置生产性固定资产现金支出	Purchased fixed assets	529462.80
（二）税费支出	Tax expenditures	67503.00
（三）生活消费现金支出	Living expenditure	4102132.37
1.食品	Food	1576258.56
2.衣着	Clothing	290432.60
3.居住	Residence	544204.42
4.家庭设备、用品及服务	Articles and services of household	137925.50
5.医疗保健	Health care	402879.58
6.交通和通讯	Transportation and telecommunication	527293.51
7.文教娱乐用品及服务	Education culture goods and services	552073.26
8.其他商品和服务	Other goods and serices	71064.95
（四）转移性支出	Transfer expenditure	326026.40
（五）财产性支出	Property in come	93318.50
三、非消费性现金支出	Non consumer expenditure	2363310.28
四、年末手存现金	Cash in hand at year end	2228820.20
五、年末存款余额	Deposits	1427657.61

RURAL CASH INCOME EXPENIDTURE AND SAVING

Data are obtained from the sample surveys on rural households　　unit: yuan

榆树市 Yu shu	农安县 Nongan	德惠市 Dehui	九台市 Jiutai	双阳区 Shuangyang	城　区 District
1484344.56	660658.49	1235307.20	1517406.50	1395945.14	3287911.20
231087.00	61099.59	125554.50	263816.00	144457.53	1325340.05
23331.00	300.00	34764.00	44758.00	21777.00	157770.40
72426.00	2136.00	26584.50	92436.00	48454.50	201916.00
135330.00	58663.59	64206.00	126622.00	74226.03	965653.65
1152211.20	543222.20	1043932.30	1106638.50	1139110.20	1821061.77
445301.10	349422.00	811458.38	655744.50	800458.60	686341.90
300.00	1600.00	4540.00	1380.00		1985.00
3000.00	570.00	8180.00		5300.00	68551.96
550.00		7712.60	9664.00	15450.00	65205.00
2940.00		3783.52	14089.70	4445.00	3900.00
		5400.00	80.00		25800.00
1000.00	9687.00	548.00	62.00	7550.00	12845.00
87285.36	56336.70	59614.40	123922.50	100754.41	61796.37
13761.00		6206.00	23029.50	11623.00	79713.00
144771.90	228665.00	326520.00	475416.50	364179.21	238456.20
1678547.87	881335.33	1163767.39	1742965.35	1468098.35	1204712.49
952084.94	255043.60	485095.04	809432.10	739892.58	308898.26
828017.94	218291.60	393182.04	743824.10	602786.78	233541.26
124067.00	36752.00	91913.00	65608.00	137105.80	74017.00
34624.00	1052.00	324.00	17030.00	3936.00	10537.00
646149.43	582883.74	650473.85	839407.85	558049.28	825168.23
238934.05	238276.73	252882.85	323835.15	196055.90	326273.88
52306.00	30581.20	38882.00	45085.20	50456.00	73122.20
115160.60	50886.58	62728.65	110948.00	54528.90	149951.69
22018.10	17793.30	18074.40	36260.10	22466.30	21313.30
51276.90	45771.10	97636.40	78953.90	45993.00	83248.28
73028.65	100187.50	68192.80	122749.90	89791.18	73343.48
85503.93	93977.93	103931.70	100815.80	80697.80	87146.10
7921.20	5409.40	8145.05	20759.80	18060.20	10769.30
16568.50	3186.00	19877.00	65615.40	161590.50	59189.00
29121.00	39170.00	7997.50	11480.00	4630.00	920.00
221402.71	85497.00	358912.50	606433.75	316336.32	774728.00
157130.00	100039.00	510129.63	478428.00	20935.00	773743.57
		137293.61	219200.00	69000.00	1002164.00

7-12 农村购买生活消费品情况

单位:元 (农村住户抽样调查资料)

		单位		合 计 Total
一、购买生活消费品情况	Purchage food			
(一)食品类	Food	元	Yuan	1442055.47
1.购买谷物数量	Grain	公斤	kg	294635.85
购买谷物金额	Amount	元	Yuan	452961.20
其中:(1)购买小麦	Wheat	公斤	kg	1127.00
金额	Amount	元	Yuan	1109.00
(2)购买面粉	Flour	公斤	kg	53676.27
金额	Amount	元	Yuan	95080.20
(3)购买稻谷	Rice	公斤	kg	1587.50
金额	Amount	元	Yuan	1967.00
(4)购买大米	Rice	公斤	kg	173059.29
金额	Amount	元	Yuan	283664.20
(5)购买玉米	Corn	公斤	kg	53895.70
金额	Amount	元	Yuan	52907.80
(6)购买玉米面	Millet flour	公斤	kg	4425.50
金额	Amount	元	Yuan	5127.00
(7)购买高粱	Jowar	公斤	kg	80.00
金额	Amount	元	Yuan	61.00
(8)购买谷子	Millet	公斤	kg	864.70
金额	Amount	元	Yuan	1913.60
2.购买薯类	Tubers	公斤	kg	3152.30
金额	Amount	元	Yuan	17687.95
其中:(1)购买红薯	Ganshu	公斤	kg	57.08
金额	Amount	元	Yuan	299.30
(2)购买马铃薯	Potato	公斤	kg	2317.40
金额	Amount	元	Yuan	11900.30
3.购买豆类	Beans	公斤	kg	5025.85
金额	Amount	元	Yuan	16177.15
其中:购买大豆	Soybeans	公斤	kg	2218.50
金额	Amount	元	Yuan	6898.30
4.购买食用油	Fat and oil	公斤	kg	18470.30
金额	Amount	元	Yuan	136591.25
其中:(1)购买植物油	Beaniny oil	公斤	kg	18128.20
金额	Amount	元	Yuan	134291.55
(2)购买动物油	Fat	公斤	kg	342.10
金额	Amount	元	Yuan	2299.70
5.购买蔬菜及制品金额	Vegetable and its products	元	Yuan	107710.78
(1)购买蔬菜	Vegetable	公斤	kg	76980.91
金额	Amount	元	Yuan	104496.28
①购买叶菜类	Celery	公斤	kg	37184.28
金额	Amount	元	Yuan	32901.90
②购买瓜菜类	Cucumber	公斤	kg	7528.65
金额	Amount	元	Yuan	14524.02
③购买块根、块茎类	Root Vegetable	公斤	kg	9459.20
金额	Amount	元	Yuan	11351.05
④购买茄果类	Tomato	公斤	kg	8997.53
金额	Amount	元	Yuan	19218.61
⑤购买葱蒜类	Onion	公斤	kg	8200.00
金额	Amount	元	Yuan	10984.60
⑥购买菜用豆类	Beans	公斤	kg	2062.50
金额	Amount	元	Yuan	5184.90
⑦购买水生菜类	Vegetable in water	公斤	kg	232.30
金额	Amount	元	Yuan	430.00
⑧购买蘑菇和菌类	Mush room	公斤	kg	423.35
金额	Amount	元	Yuan	2931.90

BASIC STATISTICS ON RURAL PURCHASING GOODS

Data are obtained from thesample survegs on rural households unit:yuan

榆树市 Yu shu	农安县 Nongan	德惠市 Dehui	九台市 Jiutai	双阳区 Shuangyang	城 区 District
219730.05	222666.73	233602.85	287293.45	176014.50	302747.88
30026.43	76898.99	44186.68	78740.18	13615.43	51168.15
50644.50	111073.60	73859.10	109755.60	20996.00	86632.40
1.00		25.00	1050.00	1.00	50.00
2.00		60.00	918.00	1.00	128.00
7800.00	15496.00	9114.27	7385.33	3647.33	10233.33
13939.40	26460.00	16294.00	13572.00	6098.50	18716.30
	75.00	2.50		1510.00	
	138.00	5.00		1824.00	
21856.43	38994.29	32340.71	34032.14	8035.00	37800.71
35943.10	64409.50	53526.30	53937.30	12156.50	63691.50
	21194.00	1843.20	29077.00	25.00	1756.50
	17678.00	1867.50	31483.30	22.00	1857.00
	15.00		3545.50		865.00
	18.00		4060.00		1049.00
80.00					
61.00					
125.50	485.70	171.50	22.00	3.00	57.00
320.00	993.70	416.50	32.00	10.00	141.40
259.20	383.88	394.86	1431.26	85.68	597.42
752.00	2197.60	2337.80	8135.65	419.20	3845.70
	0.40	1.60	29.50	1.28	24.30
	5.00	16.00	161.00	12.80	104.50
	304.30	285.20	1237.80	82.40	407.70
	1421.00	1423.80	6789.40	399.40	1866.70
272.00	357.25	1011.75	1805.00	593.00	986.85
838.50	1161.10	3048.10	5446.60	1972.20	3710.65
243.00	60.00	684.50	469.00	541.00	221.00
730.00	187.00	1939.00	1465.90	1849.20	727.20
3601.90	2768.15	2626.35	3322.60	2076.90	4074.40
27131.35	19556.90	19761.50	24126.40	15258.00	30757.10
3485.65	2742.20	2596.35	3288.00	1989.40	4026.60
26319.85	19368.90	19518.50	23942.40	14730.30	30411.60
116.25	25.95	30.00	34.60	87.50	47.80
811.50	188.00	243.00	184.00	527.70	345.50
13938.90	14509.73	17146.72	21820.90	15346.60	24947.93
8647.20	15945.90	15222.23	10108.00	6903.70	20153.88
13162.40	14498.73	16618.52	21488.90	15140.60	23587.13
3985.75	9824.95	8079.10	5203.85	1825.55	8265.08
4776.60	4045.60	4379.60	11760.00	3687.60	4252.50
1287.05	540.45	1110.30	1707.70	874.10	2009.05
2373.80	1067.60	2096.92	3666.60	1988.60	3330.50
898.70	686.10	1347.40	630.35	1415.85	4480.80
973.40	815.75	1894.10	887.00	2179.70	4601.10
1260.45	690.90	2081.33	1183.25	1513.20	2268.40
2712.80	1375.98	3569.20	2293.70	3862.00	5404.93
600.40	3066.90	1825.20	822.35	486.75	1398.40
914.60	3932.00	2165.30	1556.60	788.20	1627.90
208.70	942.90	148.75	458.95	103.45	199.75
768.00	2507.70	373.10	896.70	226.80	412.60
52.50	4.50	40.00	23.05	40.00	72.25
70.40	8.60	72.90	41.80	71.70	164.60
69.15	107.00	80.15	32.80	35.70	98.55
429.00	432.00	759.10	223.00	255.30	833.50

7-12续表1

		单位		合 计 Total
(2)干菜及蔬菜制品金额	Vegetable products	元	yuan	3214.50
其中:购买干菜	Dried vegetable	公斤	kg	170.80
金额	Amount	元	yuan	1941.00
6.购买肉、禽、蛋、奶及其制品金额	Meat, poultry, eggs and milk	元	yuan	248137.40
其中:(1)购买猪肉	Pork	公斤	kg	13944.89
金额	Amount	元	yuan	154368.85
(2)购买牛肉	Beef	公斤	kg	151.65
金额	Amount	元	yuan	2270.50
(3)购买羊肉	Mutton	公斤	kg	892.55
金额	Amount	元	yuan	12351.30
(4)购买鸡	Chicken	公斤	kg	2714.55
金额	Amount	元	yuan	22910.90
(5)购买鸭	Duck	公斤	kg	51.7
金额	Amount	元	yuan	487.50
(6)购买鹅	Goose	公斤	kg	113.55
金额	Amount	元	yuan	1148.00
(7)购买牲畜下水	Viscera of animal	公斤	kg	307.50
金额	Amount	元	yuan	2437.90
(8)购买禽下水	Viscera of poultry	公斤	kg	131.35
金额	Amount	元	yuan	1088.50
(9)购买鲜鸡蛋	Eggs of hen	公斤	kg	4561.20
金额	Amount	元	yuan	25587.70
(10)购买鲜鸭蛋	Eggs of duck	公斤	kg	586.75
金额	Amount	元	yuan	3442.50
(11)购买鲜奶	Milk	公斤	kg	1450.65
金额	Amount	元	yuan	3461.10
(12)购买酥油	Butter	公斤	kg	
金额	Amount	元	yuan	
7.购买水产品及制品金额	Aquatic	元	yuan	43541.15
其中:(1)购买海水鱼类	Freezed fish	公斤	kg	900.06
金额	Amount	元	yuan	5660.80
(2)购买海水虾类	Shrimps	公斤	kg	74.05
金额	Amount	元	yuan	948.50
(3)购买海水贝类	Shellfish	公斤	kg	10.70
金额	Amount	元	yuan	205.00
(4)购买海水蟹类	Crab	公斤	kg	2.30
金额	Amount	元	yuan	7.00
(5)购买海水藻类	Marine alga	公斤	kg	143.35
金额	Amount	元	yuan	623.50
(6)购买淡水鱼类	Fish	公斤	kg	4705.55
金额	Amount	元	yuan	34273.05
(7)购买淡水虾类	Shrimps	公斤	kg	37.20
金额	Amount	元	yuan	345.80
(8)购买淡水贝类	Shellfish	公斤	kg	1.50
金额	Amount	元	yuan	5.00
(9)购买淡水蟹类	Crab	公斤	kg	
金额	Amount	元	yuan	
8.购买烟、酒金额	Tobacco liquor	元	yuan	168078.45
其中:(1)购买卷烟	Cigarette	盒	case	42807.75
金额	Amount	元	yuan	89232.80
(2)购买烟丝、烟叶	Tobacco	公斤	kg	572.00
金额	Amount	元	yuan	3679.80
(3)购买啤酒	Beer	公斤	kg	18281.62
金额	Amount	元	yuan	38714.65

continued1

榆树市 Yushu	农安县 Nongan	德惠市 Dehui	九台市 Jiutai	双阳区 Shuangyang	城　区 District
776.50	11.00	528.20	332.00	206.00	1360.80
8.00	1.00	12.45	26.00	7.50	115.85
89.00	4.00	389.50	162.50	39.00	1257.00
40574.30	19509.80	37058.50	48740.60	38916.90	63337.30
2440.50	1157.20	2178.15	2661.84	2404.05	3103.15
27241.30	11519.10	24167.10	29199.40	25847.40	36394.55
132.50	20.25	78.30	262.95	87.40	311.15
1718.00	235.00	1050.80	3525.50	1220.50	4601.50
30.60	5.20	11.60	26.00	35.00	43.25
472.00	78.50	135.00	451.00	485.00	649.00
363.40	282.50	357.20	371.01	513.24	827.20
3177.80	2192.90	3081.70	2925.40	4403.10	7130.00
	1.00		42.70	6.50	1.50
	15.00		397.00	52.50	23.00
5.00	22.50	23.30	31.25	3.00	28.50
40.00	205.00	229.50	385.50	41.00	247.00
46.90	57.45	33.65	89.40	51.60	28.50
342.00	461.80	272.00	592.30	522.00	247.80
34.75	4.70	50.90	10.50	22.50	8.00
348.00	27.30	400.70	68.00	172.00	72.50
714.35	462.80	769.05	920.00	529.35	1165.65
3793.20	2721.80	4299.10	4993.90	3032.50	6747.20
56.00	17.00	37.80	248.45	32.50	195.00
358.00	136.00	336.50	1399.80	195.00	1017.20
28.50	142.25	47.20	439.50	379.20	414.00
87.00	300.90	174.00	1008.10	1015.10	876.00
7560.60	6016.65	9568.00	6606.70	5404.50	8384.70
125.50	30.25	105.75	152.70	176.96	308.90
631.00	193.20	651.50	901.50	1194.50	2089.10
11.55		8.45	7.85	28.70	17.50
135.00		86.50	73.00	325.00	329.00
			10.70		
			205.00		
	1.30				1.00
	4.00				3.00
27.35	25.50	20.45	35.95	20.10	14.00
169.50	87.50	93.50	138.00	89.00	46.00
827.15	897.30	1194.75	678.30	460.20	647.85
6469.60	5650.45	8448.50	5004.20	3487.00	5213.30
0.50	7.00	4.55	7.85	8.50	8.80
3.00	69.00	20.00	72.00	96.00	85.80
			1.50		
			5.00		
33285.00	20405.70	26552.05	24901.60	30552.90	32381.20
9162.50	4830.50	7431.10	6556.45	8063.00	6764.20
17135.70	9345.90	14807.20	14363.50	18402.30	15178.20
76.20	52.10	84.00	131.80	61.80	166.10
587.50	249.30	578.50	639.40	434.00	1191.10
3791.00	1917.45	3170.70	2751.27	2048.20	4603.00
8211.60	3990.60	6703.55	4701.80	5226.90	9880.20

7-12续表2

		单位 Unit		合 计 Total
(4)购买白酒	Liquor	公斤	kg	10814.75
金额	Amount	元	yuan	35159.50
(5)购买果酒	Wine	公斤	kg	103.00
金额	Amount	元	yuan	401.00
9.购买茶叶、饮料金额	Tea, beverage	元	yuan	13822.10
其中:(1)购买茶叶	Tea	公斤	kg	65.65
金额	Amount	元	yuan	960.80
(2)购买冷饮金额	Beverage	元	yuan	5225.50
(3)购买碳酸类饮料金额	Beverage	元	yuan	2978.70
(4)购买果汁类饮料金额	Juice	元	yuan	1862.50
(5)购买瓶(桶)装水金额	Water bottled	元	yuan	194.50
10.购买其他种类食品金额	Other food	元	yuan	237348.03
其中:(1)购买豆制品	Products of bean	元	yuan	24389.00
(2)购买调味	Flavouring	元	yuan	36225.83
(3)购买食糖	Sugar	公斤	kg	2273.90
金额	Amount	元	yuan	9017.60
(4)购买西瓜	Melon	公斤	kg	9849.55
金额	Amount	元	yuan	8902.40
(5)购买其他果用瓜	Other melon	公斤	kg	2220.55
金额	Amount	元	yuan	4095.60
(6)购买水果	Fruits	公斤	kg	39629.75
金额	Amount	元	yuan	80737.60
(7)购买坚果、果仁及制品	Nuts and its products	公斤	kg	3105.70
(8)购买糖果	Sweets	元	yuan	3778.20
(9)购买糕点	Cake	元	yuan	10971.20
(10)购买营养滋补品	Nourishing food	元	yuan	2041.60
(二)衣着类	Clothing			
其中:1.购买服装	Garments	件	piece	2770.50
金额	Amount	元	yuan	65308.50
2.购买鞋类	Shoes	双	pair	
金额	Amount	元	yuan	
(三)居住类	House			
1.购买建筑生活用房材料支出	Material of construction	元	yuan	235952.00
其中:(1)购买水泥	Cement	公斤	kg	69665.00
金额	Amount	元	yuan	23386.00
(2)购买木材	Timber	立方米	cu. m	46.71
金额	Amount	元	yuan	33363.90
(3)购买钢材	Steel	公斤	kg	11807.95
金额	Amount	元	yuan	33560.50
(4)购买水泥预制件	Cement products	件	piece	21.50
金额	Amount	元	yuan	199.10
(5)购买玻璃	Glass	平方米	sq. m	123.90
金额	Amount	元	yuan	1270.00
(6)购买砖	Brick	块	piece	623360.00
金额	Amount	元	yuan	87253.00
(7)购买瓦	Tile	块	piece	25461.00
金额	Amount	元	yuan	14468.00
(8)购买沙石	Sand and stone	立方米	cu. m	535.50
金额	Amount	元	yuan	8856.00

continued2

榆树市 Yushu	农安县 Nongan	德惠市 Dehui	九台市 Jiutai	双阳区 Shuangyang	城 区 District
2634.30	2085.25	1454.35	1704.05	1519.00	1417.80
7244.20	6101.70	4390.80	5130.90	6305.20	5986.70
17.50	2.00	14.00	6.00	47.50	16.00
74.00	20.00	58.00	25.00	122.00	102.00
2760.00	1129.50	2976.50	1618.20	2424.70	2913.20
2.65	16.90	7.65	9.20	20.40	8.85
111.00	95.00	192.00	106.00	227.30	229.50
686.40	611.20	1405.30	762.20	983.90	776.50
1063.50	76.50	342.00	336.50	464.00	696.20
19.50	67.50	402.00	207.50	67.00	1099.00
17.00	5.00	103.00	12.00	31.00	26.50
42244.90	27106.15	41294.58	36141.20	44723.50	45837.70
8982.20	179.40	1586.00	2084.20	6292.30	5264.90
5137.40	6316.85	6312.88	6036.10	4509.90	7912.70
282.30	205.10	357.15	241.55	940.50	247.30
1186.00	823.40	1418.60	958.10	3571.90	1059.60
1219.00	2604.50	2116.10	844.75	1057.50	2007.70
1075.40	1908.30	1887.00	829.40	1085.30	2117.00
527.70	222.50	497.50	370.85	122.10	479.90
799.50	376.50	761.40	712.80	368.00	1077.40
6525.30	6049.55	8132.30	5665.85	5533.50	7723.25
12642.20	11179.50	15482.40	11874.70	12802.80	16756.00
	456.40	409.80	130.50	52.00	2057.00
951.00	442.40	933.70	532.60	261.50	657.00
2834.00	101.50	1363.30	580.30	3727.40	2364.70
	289.00	656.00	316.60	551.00	229.00
326.50	221.00	630.00	431.00	461.00	701.00
11404.50	4809.00	7762.00	7682.20	11493.10	22157.70
55186.90	16566.50	25181.50	66892.10	13021.00	59104.00
24100.00	6990.00	7200.00	17450.00	3020.00	10905.00
9184.00	2600.00	2438.00	5902.00	890.00	2372.00
6.40	1.00	6.90	19.71	2.50	10.20
9493.90	300.00	3080.00	13516.00	1800.00	5174.00
4830.00		296.00	1769.95	342.00	4570.00
11070.00		585.00	5116.50	1245.00	15544.00
			20.50	1.00	
			193.10	6.00	
	11.00	5.50	106.40	1.00	
	114.00	37.00	1111.00	8.00	
86500.00	39000.00	84100.00	191600.00	38660.00	183500.00
12898.00	5440.00	11770.00	26039.00	6026.00	25080.00
1350.00	11864.00	2521.00	9591.00	80.00	55.00
740.00	1717.00	4414.00	6485.00	798.00	314.00
12.00	28.00	7.50	196.00	124.00	168.00
610.00	216.00	290.00	2970.00	1400.00	3370.00

7-12续表3

		单位 Unit		合计 Total
2. 购买生活用房支出	House	元	yuan	12400.00
其中:(1)购买砖木结构房屋间数	Rooms of house	间	room	5.50
面积	Floor space	平方米	sq. m	150.00
金额	Amount	元	yuan	9400.00
(2)购买钢筋混凝土房屋间数	Rooms of building	间	room	
面积	Floor space	平方米	sq. m	
金额	Amount	元	yuan	
(3)购买其他结构房屋间数	Other house	间	room	3.00
面积	Floor space	平方米	sq. m	45.00
金额	Amount	元	yuan	3000.00
3. 购买生活用燃料	Fuel	元	yuan	65039.70
其中:(1)购买柴	Firewood	公担	quintal	460.00
金额	Amount	元	yuan	4125.00
(2)购买草	Faggot	公担	quintal	27.50
金额	Amount	元	yuan	300.00
(3)购买煤	Coal	公斤	kg	150630.00
金额	Amount	元	yuan	45475.00
(4)液化气	Gas	元	yuan	13590.00
4. 购买生活用水	Water	吨	ton	1720.50
金额	Amount	元	yuan	1935.00
5. 购买生活用电	Electricity	度	degree	182210.20
金额	Amount	元	yuan	98815.42
(四)家用设备和日用品	Daily cosumer goods			
其中:1. 购买洗涤及卫生用品	Detergent	元	yuan	30923.30
2. 购买厨具、餐具、茶具	Household articles	元	yuan	9443.00
3. 购买家具及做家具材料	Furnitures	元	yuan	13946.00
4. 购买洗衣机	Washing machine	台	unit	15.00
金额	Amount	元	yuan	7995.00
5. 购买缝纫机	Sewing machine	台	unit	1.00
金额	Amount	元	yuan	200.00
6. 购买电风扇	Electric fan	台	unit	3.00
金额	Amount	元	yuan	215.00
7. 购买电冰箱	Refrigerator	台	unit	7.00
金额	Amount	元	yuan	12729.00
8. 购买空调机	Air conditioner	台	unit	
金额	Amount	元	yuan	
9. 购买吸尘器	Dust catcher	台	unit	
金额	Amount	元	yuan	
10. 购买抽油烟机	Smoke absorber	台	unit	
金额	Amount	元	yuan	
11. 购买热水器	Shower	台	unit	2.00
金额	Amount	元	yuan	280.00
12. 购买微波炉	Oven	台	unit	
金额	Amount	元	yuan	
13. 购买电饭锅	Electric rice cooker	个	unit	22.00
金额	Amount	元	yuan	1706.00
14. 购买液化气炉具	Cooking rang	套	set	29.00
金额	Amount	元	yuan	1746.00

continued3

榆树市 Yushu	农安县 Nongan	德惠市 Dehui	九台市 Jiutai	双阳区 Shuangyang	城 区 District
			9400.00		3000.00
			2.50		3.00
			50.00		100.00
			6400.00		3000.00
			3.00		
			45.00		
			3000.00		
6425.00	2367.00	10838.70	9192.00	5170.00	31047.00
	45.00		10.00		405.00
	205.00		80.00		3840.00
			2.50	20.00	5.00
			50.00	150.00	100.00
15980.00	4100.00	22500.00	26950.00	14000.00	67100.00
5592.00	1575.00	9078.00	6846.00	3250.00	19134.00
833.00	387.00	1612.00	2186.00	1383.00	7189.00
1013.00	240.00		62.50	166.00	239.00
720.00	480.00		68.00	100.00	567.00
22189.00	31568.80	24750.00	29344.00	27669.00	46689.40
12859.20	17158.18	13353.45	16016.40	14391.00	25037.19
4744.30	4412.60	4520.40	4365.80	5117.20	7763.00
1874.30	1361.40	2073.90	1075.50	1759.60	1298.30
3544.00	922.00	81.00	7445.00	1910.00	44.00
5.00	1.00		6.00	2.00	1.00
2550.00	500.00		3245.00	1300.00	400.00
	1.00				
	200.00				
		1.00		2.00	
		100.00		115.00	
1.00	1.00	1.00	1.00	2.00	1.00
1820.00	1350.00	1600.00	2360.00	4300.00	1299.00
	2.00				
	280.00				
4.00	3.00	5.00	6.00	1.00	3.00
310.00	198.00	425.00	465.00	80.00	228.00
4.00		2.00	17.00	2.00	4.00
805.00		95.00	462.00	200.00	184.00

7-12续表4

		单位 Unit		合 计 Total
(五)交通、通讯工具和用品	Transport and telecommunication	台	unit	
其中:1.购买自行车	Bicycles	辆	sets	45.00
金额	Amount	元	yuan	10940.00
2.购买电动自行车	Power-bicycle	辆	sets	2.00
金额	Amount	元	yuan	1140.00
3.购买摩托车	Motorcycle	辆	sets	30.00
金额	Amount	元	yuan	108300.00
4.购买汽车(生活用)	Motorcycle	辆	sets	
金额	Amount	元	yuan	
5.购买电话	Telephone	部	unit	16.00
金额	Amount	元	yuan	1962.00
6.购买手机	Mobile telephone	部	unit	84.00
金额	Amount	元	yuan	77337.00
7.购买寻呼机	Pager	台	unit	
金额	Amount	元	yuan	
(六)文化、教育、体育、娱乐用品	Culture, education, sports			
其中:1.购买收录机	Recorder	台	unit	10.00
金额	Amount	元	yuan	568.00
2.购买组合音响	Hi-Fi stereo component players	台	unit	3.00
金额	Amount	元	yuan	2500.00
3.购买电子游戏机	Video game player	台	unit	1.00
金额	Amount	元	yuan	120.00
4.购买黑白电视机	Tv sets	台	unit	1.00
金额	Amount	元	yuan	100.00
5.购买彩色电视机	Colour TV sets	台	unit	31.00
金额	Amount	元	yuan	33965.00
6.购买录放像机	Video recorders	台	unit	1.00
金额	Amount	元	yuan	690.00
7.购买影碟机	Video disc player	台	unit	25.00
金额	Amount	元	yuan	7256.00
8.购买摄像机	Video recorders	台	unit	
金额	Amount	元	yuan	
9.购买照相机	Camera	只	unit	2.00
金额	Amount	元	yuan	249.00
10.购买家用计算机(电脑)	Computer	台	unit	1.00
金额	Amount	元	yuan	4225.00
11.购买家用计算机外部设备	Supplementary instruments	元	yuan	200.00
12.购买中高档乐器	High-grade musical instrument	元	yuan	
13.购买体育健身器材	Sport instruments	元	yuan	
金额	Amount	元	yuan	
14.购买观赏盆栽植物	Planting in pots	盆	pot	3.00
金额	Amount	元	yuan	26.00
15.购买宠物	Pot	只	head	1.00
金额	Amount	元	yuan	240.00
(七)医疗卫生、保健用品	Medical and medical articles			
其中:1.购买药品	Medicine	元	yuan	198593.78
2.购买医疗卫生器械	Medical articles	元	yuan	2767.90
3.购买药品类保健品	Nourishing medicine	元	yuan	1663.00
4.购买保健器材	Sports instrument	元	yuan	500.00
(八)其他杂项商品	Articles			
其中:1.购买首饰	Jewels	元	yuan	8708.10
2.购买手表	Watch	只	piece	29.00
金额	Amount	元	yuan	480.00
3.购买化妆品	Cosmetics	元	yuan	5051.10
4.购买迷信、宗教用品	Religious articles	元	yuan	4038.90

continued4

榆树市 Yushu	农安县 Nongan	德惠市 Dehui	九台市 Jiutai	双阳区 Shuangyang	城　区 District
9.00	4.00	9.00	11.00	9.00	3.00
2740.00	655.00	2060.00	2500.00	2265.00	720.00
	1.00				1.00
	800.00				340.00
3.00	5.00	2.00	10.00	6.00	4.00
11980.00	19900.00	9700.00	34470.00	21650.00	10600.00
2.00	2.00	5.00	7.00		
60.00	525.00	577.00	800.00		
19.00	8.00	17.00	11.00	17.00	12.00
21075.00	9300.00	13656.00	9489.00	15880.00	7937.00
4.00		2.00	1.00	2.00	1.00
200.00		110.00	55.00	58.00	145.00
				3.00	
				2500.00	
	1.00				
	120.00				
1.00					
100.00					
8.00	3.00	5.00	7.00	5.00	3.00
8425.00	2960.00	6520.00	7140.00	5314.00	3606.00
				1.00	
				690.00	
4.00	6.00	2.00	1.00	9.00	3.00
1460.00	2018.00	600.00	205.00	2218.00	755.00
		1.00		1.00	
		150.00		99.00	
				1.00	
				4225.00	
				200.00	
		1.00			2.00
		2.00			24.00
				1.00	
				240.00	
41036.40	15304.10	41733.90	34730.50	37750.50	28038.38
27.00	1736.00	19.00	819.90	151.50	14.50
	37.00	293.00	1082.00	39.00	212.00
			500.00		
252.00		10.00	615.00	3350.50	4480.60
1.00	4.00	7.00	2.00	8.00	7.00
10.00	47.00	160.00	39.00	107.00	117.00
639.00	223.00	186.00	305.80	2515.30	1182.00
924.50	264.40	1091.50	434.50	591.00	733.00

7-12续表5

		单位 Unit		合 计 Total
二、购买生产资料	Products materials	元	yuan	2694999.00
(一)购买农业用种籽	Seed	公斤	kg	57596.81
金额	Amount	元	yuan	320617.75
其中:1. 购买小麦种籽	Wheat seed	公斤	kg	200.00
金额	Amount	元	yuan	568.00
2. 购买稻谷种籽	Rice seed	公斤	kg	6572.00
金额	Amount	元	yuan	25628.00
3. 购买玉米种籽	Corn seed	公斤	kg	41873.25
金额	Amount	元	yuan	237395.80
4. 购买其他粮食种籽	Other grain seed	公斤	kg	5345.55
金额	Amount	元	yuan	28548.70
5. 购买其他种籽	Other seed	公斤	kg	3606.01
金额	Amount	元	yuan	28477.25
(二)购买农业用饲料	Forage	公斤	kg	75426.90
金额	Amount	元	yuan	93944.10
其中:1. 购买小麦饲料	Wheat forage	公斤	kg	1340.00
金额	Amount	元	yuan	1729.00
2. 购买稻谷饲料	Rice forage	公斤	kg	
金额	Amount	元	yuan	
3. 购买玉米饲料	Corn forage	公斤	kg	23692.40
金额	Amount	元	yuan	23077.00
4. 购买其他生产饲料	Other forage	公斤	kg	50394.50
金额	Amount	元	yuan	69138.10
(三)购买农业用其他生产资料	Material in planting	元	yuan	1226934.15
其中:1. 购买化肥	Chemical fertilizer	公斤	kg	537519.75
金额	Amount	元	yuan	870893.50
2. 购买微量元素肥	Chemical fertilizer	克	g	5716.00
金额	Amount	元	yuan	7647.00
3. 购买饼肥	Cake fertilizer	公斤	kg	2410.00
金额	Amount	元	yuan	2148.50
4. 购买农药	Agricurltural medicine	元	yuan	103701.95
5. 购买薄膜	Plastic	公斤	kg	1975.17
金额	Amount	元	yuan	20028.02
6. 购买燃料	Diesel oil	公斤	kg	30001.40
金额	Amount	元	yuan	98910.28
(四)购买林业用饲料	Forestery forage	公斤	kg	
金额	Amount	元	yuan	
其中:1. 购买小麦饲料	Wheat forage	公斤	kg	
金额	Amount	元	yuan	
2. 购买稻谷饲料	Rice forage	公斤	kg	
金额	Rice forage	元	yuan	
3. 购买玉米饲料	Corn forage	公斤	kg	
金额	Amount	元	yuan	
4. 购买其他生产饲料	Other forage	公斤	kg	
金额	Amount	元	yuan	
(五)购买林业用其他生产资料	Other forestery forage	元	yuan	5378.50
其中:1. 购买树种	Tree seed	公斤	kg	
金额	Amount	元	yuan	
2. 购买树苗	Tree seed	株	plant	1282.00
金额	Amount	元	yuan	1277.50
3. 购买化肥	Chemical fertilizer	公斤	kg	
金额	Amount	元	yuan	
4. 购买微量元素肥	Traceelement chemical fertilizer	克	g	
金额	Amount	元	yuan	
5. 购买农药	Agricurltural medicine	元	yuan	4075.50

continued5

榆树市 Yushu	农安县 Nongan	德惠市 Dehui	九台市 Jiutai	双阳区 Shuangyang	城　区 District
771978.20	206906.90	338088.69	706648.30	474875.83	196500.88
8362.50	4882.10	5319.04	27235.50	7665.57	4132.10
55879.20	40005.80	40200.15	117523.90	38667.30	28341.40
		10.00		190.00	
		88.00		480.00	
367.50		1085.50	3510.00	1527.00	82.00
1328.00		4199.00	13686.00	6203.50	211.50
4003.10	3454.00	3216.60	23555.45	4704.80	2939.30
34361.50	27662.30	29073.20	102038.30	25452.10	18808.40
2394.00	1082.00	599.65	7.00	946.90	316.00
11122.50	8239.00	3653.20	42.00	4426.00	1012.00
1597.90	346.10	407.29	163.05	296.87	794.80
9067.20	4050.50	3186.75	1757.60	2105.70	8309.50
6626.00	9949.00	2242.00	46335.90	7821.00	2453.00
5070.00	15954.60	1649.00	63357.50	6113.00	1800.00
40.00		1000.00	300.00		
132.00		1000.00	597.00		
3506.00			11432.40	7025.00	1729.00
3944.00			12411.00	5196.00	1526.00
3080.00	9949.00	1242.00	34603.50	796.00	724.00
994.00	15954.60	649.00	50349.50	917.00	274.00
239386.50	136512.300	192819.24	317403.70	218805.73	122006.68
110674.00	7448.00	82115.50	118912.25	99145.00	52225.00
177385.40	109753.30	137129.40	201378.90	160353.50	84893.00
	4307.00	10.00	1000.00	399.00	
	6864.00	30.00	402.00	351.00	
			1600.00	10.00	800.00
			1458.00	7.50	683.00
15663.60	10556.30	19129.70	23986.50	24610.35	9755.50
220.05	87.20	261.47	365.80	277.45	763.20
2538.50	643.00	2806.04	2538.00	2329.50	9172.98
9755.10	8.00	6913.30	5673.00	6332.70	1319.30
31843.00	45.00	22992.50	18266.30	20671.28	5092.20
2.00	81.50	282.00	504.00		4509.00
	111.00	210.00	333.00		628.00
	51.50	270.00	498.00		458.00
2.00	30.00	12.00	6.00		4025.50

7-12 续表 6

		单位 Unit		合 计 Total
6. 购买燃料	Diesel oil	公斤	kg	2.50
金额	Amount	元	yuan	15.00
(六)购买牧业用饲料	Animal husbandry forage	公斤	kg	519456.15
金额	Amount	元	yuan	480894.90
其中:1. 购买小麦	Wheat	公斤	kg	2110.00
金额	Amount	元	yuan	2687.00
2. 购买稻谷	Rice	公斤	kg	
金额	Amount	元	yuan	
3. 购买玉米	Corn	公斤	kg	66902.00
金额	Amount	元	yuan	68680.20
4. 购买其他生产饲料	Other forage	公斤	kg	450444.15
金额	Amount	元	yuan	409527.70
(七)购买牧业用其他生产资料	Other materiol	元	yuan	549933.10
其中:1. 购买仔、幼畜	Young animal	头	head	869.50
金额	Amount	元	yuan	150396.00
2. 购买育肥周转畜	Livestock	头	head	302.00
金额	Amount	元	yuan	309444.00
3. 仔、幼畜	Young animal	元	yuan	9326.30
4. 仔、幼小动物	Young animal	元	yuan	40050.00
5. 购买种蛋	Eggs	公斤	kg	3.00
金额	Amount	元	yuan	41.00
6. 兽药	Beast medincine	元	yuan	31546.80
7. 燃料	fuel	元	yuan	434.00
(八)购买渔业用生产饲料	Fishing forage	公斤	kg	92.00
金额	Amount	元	yuan	99.00
其中:1. 购买小麦饲料	Wheat forage	公斤	kg	
金额	Amount	元	yuan	
2. 购买稻谷饲料	Rice forage	公斤	kg	
金额	Amount	元	yuan	
3. 购买玉米饲料	Corn forage	公斤	kg	
金额	Amount	元	yuan	
4. 购买其他生产饲料	Other forage	公斤	kg	92.00
金额	Amount	元	yuan	99.00
(九)购买渔业用生产资料	Fishing material	元	yuan	258.00
其中:1. 购买种苗	Fish seed	元	yuan	50.00
2. 购买渔用药	Fishing medincine	元	yuan	
3. 购买燃料	Fuel	元	yuan	80.00
(十)购买工业生产用原料	Industry material	元	yuan	3000.00
(十一)购买工业用燃料	Fuel	公斤	kg	7.50
金额	Amount	元	yuan	40.00
(十二)购买建筑业生产用原料	Construction material	元	yuan	10.00
(十三)购买建筑业生产用燃料	Constructional fuel	公斤	kg	
金额	Amount	元	yuan	
(十四)购买交通运输业邮电业燃料	Transport fuel	公斤	kg	2538.20
金额	Amount	元	yuan	8099.00
(十五)购买批零贸易业用原料	Wholesale and retail trade material	元	yuan	
(十六)购买批零贸易业用燃料	Whoesale and retail trade fuel	元	yuan	97.50
金额	Amount	元	yuan	160.00
(十七)购买社会服务业用原料	Social services material	元	yuan	43.00
(十八)购买社会服务业用燃料	Social services fuel	公斤	kg	
金额	Amount	元	yuan	
(十九)购买文教卫生业用原料	Clture, education materlaie	元	yuan	
(二十)购买文教卫生业用燃料	Clture, education fuel	元	yuan	
金额	Amount	元	yuan	
(二十一)购买其他行业用原料	Other industry material	元	yuan	281.50

continued6

榆树市 Yushu	农安县 Nongan	德惠市 Dehui	九台市 Jiutai	双阳区 Shuangyang	城 区 District
					2.50
					15.00
249370.80	2390.00	69797.75	64854.10	110343.40	22700.10
174121.20	1877.30	48959.70	96193.00	128317.40	31426.30
				1850.00	
				2336.00	351.00
13965.00		6880.00	7765.00	29662.00	8630.00
15147.00		7319.00	11955.00	24254.00	10005.00
235405.80	2390.00	62917.75	57089.10	78831.40	13810.00
158974.20	1877.30	41640.70	84238.00	101727.40	21070.10
293512.30	12355.40	46044.80	111606.20	80429.90	5984.50
232.00	56.00	138.50	271.00	118.00	54.00
40794.00	5555.00	19467.00	48177.00	35310.00	1093.00
111.00	13.00	21.00	157.00		
241690.00	2880.00	19271.00	45603.00		
1337.30	802.00	2775.00	1914.00	1960.50	537.50
1080.00	573.60	170.00	1648.40	36000.00	578.00
			3.00		
			41.00		
5103.30	2312.30	3884.50	14099.80	4144.90	2002.00
			32.00	202.00	200.00
		2.50		10.00	79.50
		10.00		10.00	79.00
		2.50		10.00	79.50
		10.00		10.00	79.00
		204.00			54.00
					50.00
		80.00			
3000.00					
			7.50		
			40.00		
			10.00		
		1151.20		925.00	462.00
		4511.00		2040.00	1548.00
	80.00	17.50			
	120.00	40.00			
				43.00	
		50.00	10.00	221.50	

7-12续表7

		单位		合 计 Total
(二十二)购买其他行业用燃料	Other industrios fuel	公斤	kg	720.00
金额	Amount	元	yuan	2545.00
三、购买生产用电	Electricity in production	元	yuan	17749.00
金额	Degree	元	yuan	9459.90
(1)农业生产用电	Framing production	度	degree	17639.00
金额	Amount	元	yuan	9400.70
(2)林业生产用电	Forestry	度	degree	
金额	Amount	元	yuan	
(3)牧业生产用电	Animal husbandry	度	degree	60.00
金额	Amount	元	yuan	29.20
(4)渔业生产用电	Fishery	度	degree	50.00
金额	Amount	元	yuan	30.00
(5)工业生产用电	Industry	度	degree	
金额	Amount	元	yuan	
(6)建筑业生产用电	Construction	度	degree	
金额	Amount	元	yuan	
(7)交通运输邮电业生产用电	Transport, postand teleconmuncation	度	degree	
金额	Amount	元	yuan	
(8)批零贸易生产用电	Wholesale and retail trade	度	degree	
金额	Amount	元	yuan	
(9)社会服务业生产用电	Social services	度	degree	
金额	Amount	元	yuan	
(10)文教卫生业生产用电	Culture education	度	degree	
金额	Amount	元	yuan	
(11)其他行业生产用电	Other in dustries	度	degree	
金额	Amount	元	yuan	
四、购买生产性固定资产情况	Fixed assets			529462.80
(一)购买建筑生产用建筑物材料	Constraction	元	yuan	76499.00
其中:1.购买水泥	Cement	公斤	kg	37100.00
金额	Amount	元	yuan	11512.00
2.购买木材	Timber	立方米	cu·m	10.83
金额	Amount	元	yuan	8134.00
3.购买钢材	Steel	立方米	cu·m	2262.50
金额	Amount	元	yuan	5395.00
4.购买水泥预制件	Cement products	件	piece	
金额	Amount	元	yuan	
5.购买玻璃	Glass	平方米	sq·m	0.50
金额	Amount	元	yuan	18.00

continued7

榆树市 Yu shu	农安县 Nongan	德惠市 Dehui	九台市 Jiutai	双阳区 Shuangyang	城 区 District
		720.00			
		2545.00			
3360.00		95.00		13884.00	410.00
2200.00		58.50		6942.20	259.00
3360.00		95.00		13884.00	300.00
2200.00		58.50		6942.20	200.00
					60.00
					29.20
					50.00
					30.00
124067.00	36752.00	91913.00	65608.00	137105.80	74017.00
35351.00		9471.00	13.00	16293.00	15371.00
26700.00		6000.00		3650.00	750.00
8754.00		1386.00		1138.00	234.00
4.31		2.60		3.50	0.42
3866.00		2526.00		1592.00	150.00
1169.50		105.00		903.00	85.00
3232.00		243.00		1750.00	170.00
		0.50			
		18.00			

7-12续表8

		单位 Unit		合 计 Total
6.购买砖瓦	Brick	块	piece	162584.00
金额	Amount	元	yuan	31232.00
7.购买沙石	Sand and store	立方米	cu·m	191.50
金额	Amount	元	Yuan	4802.00
(二)购买生产用房间数	Room of building	间	room	
面积	Floor space	平方米	sq·m	
金额	Amount	元	yuan	
(三)购买役畜	Livestock	头	head	36.00
金额	Amount	元	yuan	43072.00
(四)购买产品畜	Livestock products	头	head	27.00
金额	Amount	元	yuan	93420.00
(五)购买农林牧渔业机械支出	Expenditure of agriculture	元	yuan	212084.80
其中:1.购买大中型铁木家具	Furniture	元	yuan	4150.00
2.购买小型拖拉机	Small tractors	台	unit	9.00
金额	Amount	元	yuan	70839.00
3.购买大中型拖拉机	Large tractors	台	unit	4.00
金额	Amount	元	yuan	44000.00
4.购买机动脱粒机	Sheller	台	unit	7.00
金额	Amount	元	yuan	6660.00
5.购买收割机	Harvester	台	unit	
金额	Amount	元	yuan	
6.购买动力机	Electric power	台	unit	13.00
金额	Amount	元	yuan	15876.00
7.购买胶轮大车	Chariot	辆	catch	3.00
金额	Amount	元	yuan	1835.00
8.购买水泵	Waterpump	台	unit	15.30
金额	Amount	元	yuan	4054.00
9.购买风力发电机	Wind-mill-generator	台	unit	1.00
金额	Amount	元	yuan	70.00
(六)购买工业机械支出	Machines	元	yuan	3130.00
(七)购买运输机械支出	Transport instrument	元	yuan	91075.00
其中:1.购买大中型拖拉机	Large tractor	辆	catch	
金额	Amount	元	yuan	
2.购买小型拖拉机	Small tractor	辆	catch	1.00
金额	Amount	元	yuan	8700.00
3.购买汽车	Vehicle	辆	catch	1.00
金额	Amount	元	yuan	38000.00
4.购买胶轮大车	Chariot	辆	catch	
金额	Amount	元	yuan	
5.购买机动船	Steam ship	艘	unit	
金额	Amount	元	yuan	

continued8

榆树市 Yushu	农安县 Nongan	德惠市 Dehui	九台市 Jiutai	双阳区 Shuangyang	城 区 District
94852.00		30612.00		26720.00	10400.00
16061.00		4460.00		9271.00	1440.00
52.50		5.00		119.00	15.00
2030.00		170.00		1647.00	955.00
6.00	20.00	3.00	1.00	2.00	4.00
8650.00	8472.00	8750.00	1000.00	6950.00	9250.00
5.00	1.00	2.00	7.00	12.00	
7625.00	1900.00	4000.00	17745.00	62150.00	
59173.00	24580.00	55772.00	44197.00	12706.80	15656.00
850.00	150.00	2090.00		490.00	570.00
2.00	1.00	3.00	3.00		
16250.00	8300.00	21500.00	24789.00		
1.00	1.00	1.00	1.00		
20300.00	8300.00	7600.00	7800.00		
3.00	3.00		1.00		
1260.00		300.00			5100.00
3.00		2.00	3.00	2.00	3.00
6120.00		1446.00	3080.00	820.00	4410.00
		2.00	1.00		
		1435.00			400.00
5.00	3.00	4.00		3.30	
948.00	1000.00	1278.00		828.00	
	1.00				
	70.00				
	1800.00		1000.00	330.00	
5335.00		13550.00	450.00	38000.00	33740.00
		1.00			
		8700.00			
				1.00	
				38000.00	

7－13　农村主要耐用物品拥有量

DURABLE CONSUMER GOODS OWNED INRURAL HOOSEHOLDS

（农村住户抽样调查资料）　Data are obtained from the sample surveys on rural households

	单位 Unit	合计 Total	榆树市 Yushu	农安县 Nongan	德惠市 Dehui	九台市 Jiutai	双阳区 Shuangyang	城区 District
1. 大型家具	件　piece	424.00	178.00	23.00	98.00	2.00	56.00	67.00
2. 洗衣机　Washing machine	台　unit	433.00	73.00	68.00	48.00	67.00	73.00	104.00
3. 电风扇　Electric fan	台　unit	161.00	8.00	27.00	22.00	18.00	34.00	52.00
4. 电冰箱　Refrigerator	台　unit	89.00	4.00	11.00	6.00	12.00	12.00	44.00
5. 空调机　Air conditioner	台　unit	5.00		1.00		1.00		3.00
6. 抽油烟机　Smoke absorber	台　unit	11.00			1.00	7.00		3.00
7. 吸尘器　Refrigerator	台　unit	3.00				2.00		1.00
8. 微波炉　Oven	台　unit	4.00	1.00		1.00			2.00
9. 热水器　Shower	台　unit	6.00		3.00		2.00	1.00	
10. 自行车　Bicycle	辆　unit	566.00	112.00	75.00	70.00	86.00	98.00	125.00
11. 摩托车　Motorcycle	台　unit	219.00	35.00	49.00	35.00	22.00	37.00	41.00
12. 汽车(生活用)　Automobile	台　unit	9.00		3.00		3.00	1.00	2.00
13. 电话机　Telephone	部　sub	273.00	45.00	46.00	28.00	45.00	44.00	65.00
14. 移动电话　Mobile telephone	部　sub	330.00	50.00	43.00	64.00	41.00	49.00	83.00
15. 寻呼机　Pager	台　unit	9.00		8.00				1.00
16. 彩色电视机　Colour TV set	台　unit	531.00	97.00	82.00	78.00	83.00	81.00	110.00
17. 黑白电视机　TV set	台　unit	160.00	34.00	24.00	24.00	21.00	40.00	17.00
18. 录放像机　Video recorders	台　unit	32.00		4.00	1.00	7.00	1.00	19.00
19. 摄像机　Video recording	台　unit	13.00	1.00			3.00		9.00
20. 影碟机　Video disc player	台　unit	232.00	46.00	46.00	26.00	310.00	50.00	34.00
21. 组合音响　Hi－Fi stereo component system	台　unit	53.00	7.00	2.00	5.00	3.00	18.00	18.00
22. 收录机　Recorder	台　unit	84.00	21.00	11.00	8.00	8.00	9.00	27.00
23. 照相机　Camera	架　unit	26.00			7.00	3.00	8.00	8.00
24. 家用计算机　Computer	台　unit	13.00		5.00		2.00	1.000	5.00
25. 中高档乐器　High－degrr music	件　sets							

7-14 主要年份农民家庭生活基本情况
BASIC CONDITIONS OF RURAL HOUSEHOLDS

		2001	2002	2003	2004
调查户数(户)	Households surveyed	600	600	630	630
平均每户人口(人)	Residents per household(person)	3.85	3.83	3.72	3.76
平均每户劳动力(人)	Laborers per household(person)	2.68	2.67	2.71	2.74
#务工劳动力	Laborers				
平均每一劳动力赡养人口(人)	Persons supported by a laborer(person)	1.44	1.43	1.38	1.37
平均每人年总收入(元)	Per capita annual income(yuan)	3787.66	4386.61	4708.21	5496.10
平均每人年纯收入(元)	Per capita annual net income(yuan)	2785.01	3147.20	3411.15	3906.18
按年纯收入分组的户数构成(%)	Percentage of households by net income(%)				
平均每一劳动力年纯收入(元)	Net income for a laborer(yuan)	4004.32	4513.68	4690.83	5358.27
平均每人年总支出(元)	Per capita annual expenditure(yuan)	2723.24	2937.16	3234.03	3829.12
一、人均年生活消费支出(元)	Per capita living expenditures(yuan)	1458.50	1539.18	1774.28	2003.17
1.食品	Food	661.70	732.71	820.33	924.00
#食品消费支出	Food consume			779.24	867.35
食品消费服务性支出	Cuter services			41.90	56.65
2.衣着	Garments	90.13	91.89	109.87	122.67
3.生活用品及其他	Daily consumer goods	53.36	52.17	53.16	58.22
4.住房	House	144.34	159.11	239.48	242.60
5.文化、生活服务支出	Expenditure for culture living ser8vices	159.83	175.76	245.79	233.04
二、人均年家庭经营支出和纳税(元)	Taxes and expenditures (yuan)	763.82	957.61	1127.76	1424.87
#牧业生产费用	Costs for animal husbandry	201.79	339.28	340.47	556.72
农业生产费用	Costs for farming	536.05	598.89	625.68	822.87
三、人均年购置生产性固定资产(元)	Per capita purchase fixed assets(yuan)	143.79	90.21	202.37	223.50
四、人均年上交集体的承包任务(元)	Per capita payments to collective(yuan)				
五、人均年其他非借贷性支出(元)	Per capita other expenditures(yuan)	220.37	212.47	160.54	215.55
平均每户年内新建房屋面积(平方米)	Rooms of new building per household(sq·m)	2.03	2.72	0.99	1.47
平均每户年末居住房屋面积(平方米)	Rooms of living per household(sq·m)	70.46	71.34	81.38	80.40
平均每人年末居住房屋面积(平方米)	Area of living per household(sq·m)	18.29	18.62	21.85	21.38

7－15 主要年份平均每百户农民家庭年末耐用消费品拥有量
NUMBER OF DURABLE CONSUMER GOODS OWNED PER 100 RURAL HOUSEHOLDS AT YEAR END

		2001	2002	2003	2004
自行车(辆)	Bicycle(unit)	103	108	90	90
收录机(台)	Record(unit)	20	32	14	13
黑白电视机(台)	TV set(unit)	51	47	28	25
彩色电视机(台)	Colour TV set(unit)	56	62	77	84
电风扇(台)	Electric fan(unit)	20	23	25	26
电冰箱(台)	Refrigerator(unit)	9	9	11	14
洗衣机(台)	Washing machine(unit)	63	64	70	69
影碟机(台)	Video disc player(unit)	12	17	31	37
照相机(架)	Camera(unit)	3	2	4	4
空调机(件)	Air conditioner(unit)				1

统计资料

STATISTICS

城市建设

GENERAL SURVEY OF CITY

8－1 长春市城区用气情况
BASIC STATISTICS ON GAS IN CITY

		单位 Unit	2002	2003	2004
一、人工煤气	Gas				
生产能力	Production capcity of coal gas	万立方米/日 10000cu·m·day	60	60	75
储气能力	Storeroom capcity	万立方米、吨 10000cu·m·ton	25	25	20
供气管道长度	Length of gas pipeline(km)	公里 km	1623	1623	1732
供气总量	Total gas supply(10000cu·m)	万立方米、吨 10000cu·m·ton	11568	18831	10427
其中:家庭用量	Households(10000cu·m)	万立方米、吨 10000cu·m·ton	7825	7159	7075
用气户数	Households with access to gas	户 Household	360595	378606	398448
其中:家庭用户	Households	户 Household	358624	385847	396618
用气人口	Population	万人 10000 persen	122.8	129.9	124
二、天然气	Natural gas				
储气能力	Storeroom capcity	万立方米、吨 10000cu·m·ton	10	12	12
供气管道长度	Length of gas supply	公里 km	604	1207	1241
供气总量	Total gas supply	万立方米、吨 10000cu·m·ton	14826	14100	15548
其中:家庭用量	Households	万立方米、吨 10000cu·m·ton	2168	1930	1459
用户总数	Households with access to gas	户 Household	125189	175528	232035
用气人口	Population	万人 10000 person	44.5	57.4	745
三、液化石油气	Liquefied Petroleum gas				
储气能力	Storeroom capcity	万立方米、吨 10000cu·m·ton	4087	4387	4387
供气管道长度	Length of gas pipeline	公里 km	37	37	37
供气总量	Total gas supply	万立方米、吨 10000cu·m·ton	39840	67870	60370
其中:家庭用量	Howseholds	万立方米、吨 10000cu·m·ton	13125	11252	10034
用气户数	Howseholds	户 Household	200146	258264	235877
用气人口	Population	万人 10000person	71.02	58.8	56.9
四、燃气普及率	Percentage of population with sccess to gas	%	78.41	79.38	81.15

8－2 市政设施情况
BASIC STATISTICS ON MONICIPAL ENGINEEING

		单 位 unit		2002	2003	2004
道路长度	Length of paved roads	公里	km	1127.6	1139.23	1156.31
道路面积	Area of paved roads	万平方米	10000sq·m	1659.5	2179.7	2230.5
桥梁数	Bridges	座	set	92	92	68
路灯数	Street lights	盏	unit	39539	42950	51589
排水管道长度	Lengtn of pipeline water discharged	公里	km	1857.9	1966.73	1992.5
污水排放量	Volume of waste water discharged	万立方米	10000cu·m	22320	22995	21431.8
污水处理厂座数	Number of factory for waste water discharged	座	set	3	3	4
污水处理厂污水处理能力	Capacity of wasted water discharged	万立方米/日	10000cu·m/day	56.5	59	59
污水处理总量	Volume of waste water treatment	万立方米	10000cu·m	16120	18432.5	9534

8－3 园林绿化情况
BASIC STATISTICS ON PARKS,GARDENS AND GREEN AREAS

		单位 unit	2002	2003	2004
绿化覆盖面积	Total area of green land	公顷 ha	6575.4	6669	7083.1
其中:建成区	Finished area	公顷 ha	6575.4	6669	7083.1
园林绿地面积	Total area of parks and gardens	公顷 ha	5732.3	5814	6117.82
其中:建成区	Finished area	公顷 ha	5732.3	5814	6117.82
公共绿地面积	Public green areas	公顷 ha	1667.2	1622.9	1836.69
公园个数	Parks	个 unit	12	12	13
公园面积	Area of parks	公顷 ha	539.56	554.98	603

8－4 集中供热情况
BASIC STATISTICS ON HEATING IN CITY

		单位 unit	2002	2003	2004
供热能力(热水)	Heating capacity (water)	兆瓦 1 billion kw	3638	6399	6249
供热能力(蒸气)	Heating capacity (steam)	吨/小时 ton/hour	1258	1765	3173
供热总量(热水)	Volume supplied(water)	万吉焦 10000gigajoules	2229	4211	4181
供热总量(蒸气)	Volume supplied(steam)	吨/小时 ton/hour	892	776	976
管道长度(热水)	Lengtn of pipeline(water)	公 里 km	1017	1656	1785
管道长度(蒸气)	Lengtn of pipeline (steam)	公 里 km	81	167	188
供热面积	Heated area	万平方米 10000sq·m	4025.4	5894.9	6811.7

8－5　城区自来水供应情况

BASIC STATISTICS ON TAP WATER SUPPLY

		单　位 unit	2002	2003	2004
年底自来水生产能力	Production capacity of tap water	万立方米/日 10000cu·m/day	115.6	115.6	103
年末供水管道长度	Length of water supply pipeline	公里 km	1242.4	1316	1360
供水总量	Volume of water supply	万立方米 10000 cu·m	30299	32307	28339
生产运营用水	For productive use	万立方米 10000 cu·m	5668	6780	7349
居民家庭用水	For residential use	万立方米 10000 cu·m	1065	11150	11749
售水量	Volume of sale	万立方米 10000 cu·m	18981	19884	18153
用水户数	House holds with access to tap water	户　Household	657420	736836	755907
其中:家庭用户	Households	户　Household	637700	712395	729149
用水人口	Population with access to tapwater	万人 10000person	230.2	239.2	242.71
人均日生活用水量	Per capita comsumption of tapwater	升 liter	199.04	224.87	226.43

8－6　公共交通情况

BASIC STATISTICS ON PUBLIC TRANSPORTATION

		单位 unit	2002	2003	2004
一、汽车	Buses				
运营车数	Buses operating	辆　unit	3255	3681	3648
公共汽车	Buses	辆　unit	3255	3681	3648
标准运营车数	Buses numbered	标台　unit	3255	3447	3456
运营线路网长度	Length of road	公里　km	739	770	1164
客运总量	Passengers	万人次　10000person－times	54898.2	57799	54750
公共汽车	Buses	万人次　10000person－times	54898.2	57799	54750
其中:小公共汽车	Small buses	万人次　10000person－times	13009	13919	21900
从业人数	Employment	人　person	9873	9688	9304
二、出租汽车	Taxi				
出租车数量	Number of taxi	辆　unit	12575	12528	16303
从业人数	Employment	人　person	18159	18074	21815
三、轨道交通	Orbital transport				
运营车数	Trolley operating	辆　unit	25	37	37
轻轨	Light trolley	辆　unit	10	12	12
有轨电车	Trolley	辆　unit	15	25	25
标准运营车数	Trolley numbered	标台　unit	60	86	86
运营线路网长度	Length of road	公里　km	36	21	22
客运总量	Passengers	万人次　10000person－time	1052.71	1231.85	1389
轻轨	Litht trolley	万人次　10000person－time	70.21	432.85	584

8－7 主要年份市区房屋情况

BASIC STATISTICS ON BUILDING CONSTRUCTION AND HOUSING

		1999	2000	2001	2002	2003	2004
实有房屋建筑面积(万平方米)	Floor space of building(10000sq·m)	6665	7180	7663.9	8169.5	8711.9	11269.4
#私房(万平方米)	Privat building (10000sq·m)	1571	2094	2426	2861.1	3240.8	5010.9
实有住宅建筑面积(万平方米)	Floor space of housing (10000sq·m)	3846	4181	4500.4	4839.8	5231.4	7172
#私房(万平方米)	Private housing (10000sq·m)	1504	2007	2319.7	2724.8	3071.7	4850
实有住宅使用面积(万平方米)	Use space of housing (10000sq·m)	2884.3	3119.8	3375	3484.7	3766.8	
市辖区人均住房建筑面积(平方米/人)	Percapita living level (sq·m/person)	18.2	19.26	20.24	21.22	22.31	23.07

8－8 主要年份全市供电情况

BASIC STATISTICS ON SUPPLY ELECTRICITY

		1999	2000	2001	2002	2003	2004
年底发电设备容量总计(千瓦)	Total of power station production(kw)	597600	647600	678600	681600	699600	704000
年底供电设备容量(千伏安)	Total available for supply(1000kwva)	6336798	7270582	8074118	8934946	6357300	6662150
全年供电量(万千瓦小时)	Annual supply electricity(10000kwh)	606177	647939	648079	665744	720432	777283
#自供(万千瓦小时)	By power station (10000kwh)	25923	22537	25944	37116	48667	54015
网供(万千瓦小时)	From electicity net (10000kwh)	580254	625402	622135	628628	720432	777283
全年用电量(万千瓦小时)	Total electricity consumption(10000kwh)	671093	711779	725705	784384	835825	919158
#工业用电(万千瓦小时)	Industry(10000kwh)	413254	461131	422861	443147	439624	489389
农业用电(万千瓦小时)	Agriculture (10000kwh)	10461	13698	17253	16873	20045	21656
城乡人民生活用电(万千瓦小时)	Residential consumption(10000kwh)	151049	129600	159446	160290	177646	183007
送配电线路长度(公里)	Length of electrici wire (km)	18030	20561	20833	21621	3119.9	3119.5
#输电线路(公里)	Electric wire (km)	25612	2642.9	3142.9	3145.35	3119.9	3119.5
配电线路(公里)	Distribution line (km)	15469	17918	17690	18475		

统计资料

STATISTICS

农业

AGRICULTURE

长春统计年鉴

CHANGCHUN STATISTICAL YEARBOOK

2005

第九篇 农 业

2004年我市农业经济以结构调整为主线，积极推进农业产业化经营，促进农业由传统向现代，由数量型向效益型的转变。全年实现农林牧渔业增加值169亿元，增长7.4%。其中，种植业增加值83.7亿元，增长12.7 %，畜牧业增加值83.7亿元，增长3.3 %。

粮食生产创历史上第二个高产年。2004年伊始，中央就下发了1号文件，我省出台了“一免三补”的惠农政策，极大地调动了农民粮食生产积极性。2004年，我市粮食播种面积为1012244公顷，比上年增长10.1 %。粮食总产量达801.1万吨，同比增长19.5%。这一产量是我市历史上即98年的第二个高产年。与此同时，我市无公害农产品和绿色食品生产快速发展。2004年是我市农业标准化建设全面推进的第一年，实施了蔬菜、肉类等农产品选题检测和市场住入管理，全市新建无公害农产品基地73个，面积400万亩。新认定无公害蔬菜基地18个，面积23万亩，新认定元公害产品72个。全市已认定无公害蔬菜基地达到26个，面积43万亩，已认定无公害产品104个。

畜牧业生产继续保持发展势头。2004年我市把农业结构调整的重点放在突出发展畜牧业上来，开始全面实施“粮转牧”工程，畜牧业的主体地位日益突出。随着皓月肉牛、德大肉鸡、东旭肉猪、广泽乳业等畜牧业龙头企业加工和带动能力的进一步增强，粮食转化增值能力不断提高，主要畜产品产量也全面增长，2004年全市肉类总产量157.8万吨，禽蛋36.7吨，奶类产量9.99万吨，分别增长6.4 %、4.6 %和31.1%。

9－1 1991－2004年农林牧渔业总产值(现价)
GROSS OUTPUT VALUE OF AGRICULTURE (1991－2004)

单位:亿元 unit:100million yuan

年份 Year	农林牧渔业总产值 Total	农业产值 Farming	林业产值 Forestry	牧业产值 Animal husbandry	渔业产值 Fishery
1991	46.5	32.5	0.3	13.3	0.4
1992	52.2	36.9	0.3	14.6	0.4
1993	64.5	46.1	0.3	17.6	0.5
1994	108.2	71.9	0.5	35.2	0.6
1995	144.5	89	0.7	53.7	1.1
1996	172.9	99.3	0.5	71.9	1.2
1997	176.8	94	0.7	80.8	1.3
1998	198.9	108.2	0.6	88.6	1.5
1999	200.9	92.9	0.5	105.8	1.7
2000	197.6	83.8	1.0	111.7	1.1
2001	223.9	108.0	0.5	114.4	1.0
2002	242.1	115.9	0.6	124.8	0.8
2003	259.2	116.7	1.1	139.2	1.0
2004	281.5	126.6	0.8	152.2	0.7

9－2 1991－2004年农作物播种面积
TOTAL SOWN AREAS OF FARM CROPS (1991－2004)

单位:公顷 unit:ha

年份 Year	农作物总播种面积 Total sown area	粮食作物 Grain crops		经济作物 Industrial crops		其他作物 Other crops	
		播种面积 Area	占总播种面积(%) Percentage	播种面积 Area	占总播种面积(%) Percentage	播种面积 Area	占总播种面积(%) Percentage
1991	1117924	996342	89.1	40796	3.6	80786	7.3
1992	1121033	978510	87.3	42761	3.8	99762	8.9
1993	1120226	969586	86.6	43151	3.9	107489	9.5
1994	1115798	969219	86.9	36343	3.3	110236	9.8
1995	1120203	977304	87.2	31446	2.8	111453	10
1996	1124429	979061	87.1	32938	2.9	112430	10
1997	1122817	986045	87.8	27594	2.5	109178	9.7
1998	1122996	984485	87.7	21828	1.9	116683	10.4
1999	1121587	965869	86.1	26567	2.3	129151	11.6
2000	1121046	951131	84.8	38134	3.4	131781	11.8
2001	1114286	935373	84.0	42796	3.8	136117	12.2
2002	1109100	914514	82.5	41467	3.7	153119	13.8
2003	1106395	919045	83.1	169589	15.3	17761	1.6
2004	1139211	1012244	88.9	121564	10.7	5403	0.4

注:从2003年起经济作物包括:油料、麻类、甜菜、烟叶、药材、蔬菜,2003年以前经济作物不包括蔬菜。
Note: Industrial crop: Oil－bearing, fiber, beetrtoots, tobacco, medicinal materials. Other crop: Vegetable and other farm crops

9-3 农村基本情况及农业生产条件

		单位 Unit		全市 Total
一、农村基层组织情况	Rural grassroots units			
乡(镇)个数	Township governments	个	unit	112
其中:镇个数	Town governnments	个	unit	73
村民委员会个数	Villagers′committees	个	unit	1692
二、农村社会基础设施	Rural social condition			
自来水受益村数	Village for tapwattr	个	unit	211
通汽车村数	Villages opening traffic	个	unit	1630
通电话村数	Villages with telephone	个	unit	1629
三、乡村人口、从业人员	Number of rural laborers			
乡村户数	Number of rural households	户	household	1092882
乡村人口数	Population of rural	人	person	4253793
乡村劳动力资源数	Rural labourers	人	person	2234329
其中:劳动年龄内	Above 18～60 ages	人	person	2003600
乡村从业人员	Rural labourer	人	person	1911084
其中:劳动年龄内	Above 18～60 ages	个	unit	1719349
(一)按性别分	Bysex			
1. 男	Male labourer	人	person	1058634
2. 女	Female labourer	人	person	852450
(二)按国民经济行业分	By sector	个	unit	
农业从业人员	Agriculture	人	person	1322669
工业从业人员	Industry	人	person	101149
建筑业从业人员	Construction	人	person	157480
交通运输、仓储及邮政业从业人员	Transportation, storage, post and telecommunicaton	人	person	64828
信息传输、计算机服务和软件业	Information, computer services	人	person	5829
批发、零售业从业人员	Whatesale, retail and catering trade	人	person	71562
住宿和餐饮业从业人员	Hotal and restaurants	人	person	41030
其他从业人员	Others	人	person	146537
四、农业主要能源及物耗	Energy and material consumption			
1. 农村用电量	Electricity consumption	千瓦小时	kwh	608622
2. 农用化肥施用量(实物量)	Consumptin of chemical fertilizers	吨	ton	919270
氮肥	Nitrogenous fertilizer	吨	ton	503423
(1)硫酸铵	Sulphuric acid ammonia	吨	ton	28174
(2)硝酸铵	Nitric acid ammonia	吨	ton	127331
(3)尿素	Urea	吨	ton	263968
(4)碳酸氢铵	Carbonic acid hyorrogtn ammonia	吨	ton	64059
(5)氨水	Ammonia water	吨	ton	65
(6)其他	Others	吨	ton	19826
磷肥	Phosphate fertilizer	吨	ton	173578
钾肥	Potash fertilizer	吨	ton	32667
复合肥	Compound fertilizer	吨	ton	209602
3. 农用塑料薄膜使用量	Volume of use of plastic	吨	ton	10129
其中:地膜使用量	Volume of use of plastic	吨	ton	6502
地膜覆盖面积	Area of use of plastic	公顷	ha	35074
4. 农用柴油使用量	Volume of diesel	吨	ton	93832
5. 农药使用量	Volume of pseticide	吨	ton	5734

BASIC CONDITIONS OF RURAL GRASSROOTS UNITS

市辖区 District 合计 Total	市辖区 District #双阳区 Shuanhgang	榆树市 Yushu	农安县 Nongan	九台市 Jiutai	德惠市 Dehui
22	4	30	26	15	19
17	3	16	13	13	14
310	134	388	376	310	308
53	14	92	29	27	10
303	134	383	334	305	305
308	133	359	357	307	298
200729	71116	280409	243101	174567	194076
744719	279169	1092357	975432	640991	800276
439255	163491	507234	544694	325890	417256
381703	140177	445187	510479	301120	365111
365061	134970	445187	452939	299645	348252
352444	134970	402995	413682	249814	300414
201077	76655	243621	258576	167356	188004
163984	58315	201566	194363	132289	160248
229358	101018	297494	322728	232233	240856
36369	7363	13857	24718	6926	19279
26869	6927	47677	25801	23283	33850
14528	2909	15556	14385	8228	12131
657	66	884	1925	801	1562
13677	3635	14068	19488	8601	15728
11732	2048	10682	6665	2551	9400
31871	11004	44969	37229	17022	15446
150113	44722	115642	136270	66741	134254
117264	55292	209130	294422	142278	156176
59363	27453	127432	130136	81321	105171
6449	394	6049	5789	2896	6991
15160	4749	19703	40955	22634	28879
23309	12346	79514	76932	38772	45441
9086	7986	21413	1241	13814	18505
		60			5
5359	1978	693	5219	3205	5350
9735	5125	28765	103665	15841	15572
3651	1455	8013	10969	5517	4517
44515	21259	44920	49652	39599	30916
3872	763	2041	1484	969	1763
2249	411	1251	1287	874	841
5977	1318	4407	13452	2541	8697
19630	4931	20315	28772	10923	14192
1359	597	1371	877	1384	743

9-3续表1

		单 位 Unit	全 市 Total
五、耕地情况	Land		
(一)年初耕地总资源	Area of land at year begining	公顷 ha	1083092
(二)年内增加耕地面积	Area of increasing land	公顷 ha	38763
其中:新开荒地	Newly open up wasteland	公顷 ha	5147
园地改为耕地	Garden to land	公顷 ha	1659
(三)年内减少耕地面积	Area of decreasing land	公顷 ha	17947
其中:国家基建占地	Copital construction	公顷 ha	115
其他基建占地	Village collective construction	公顷 ha	1025
退耕还林还草占地	Peasant housing	公顷 ha	741
耕地改为园地	Land to garden	公顷 ha	3
(四)年末耕地总资源	Area of land at year end	公顷 ha	1103908
1.常用耕地面积	Area of land	公顷 ha	1097041
其中:水田	Paddy fields	公顷 ha	135658
水浇地	Irrigated fields	公顷 ha	6372
2.临时性耕地	Temporary land	公顷 ha	6867
其中:25度以上陡坡耕地	Above 25℃ land	公顷 ha	5193
六、农业机械化情况	Agricultural machinery		
农业机械总动力	Power of agricultural machinery	千瓦 kw	2416608
1.柴油发动机动力	Diesel power	千瓦 kw	2124030
2.汽油发动机动力	Gasoline power	千瓦 kw	45360
3.电动机动力	Electric power	千瓦 kw	247218
4.其它机械动力	Other power		
(一)耕作机械	Machinery cultivated		
其中:大中型拖拉机	Lange and medium tractors	台/千瓦 unit/kw	7432/218676
小型拖拉机	Mini tractors	台/千瓦 unit/kw	80721/884969
大中型拖拉机配套农具	Tractor towing farming machinery	部 set	16180
小型拖拉机配套农具	Mini tractor towing farm machinery	部 set	210762
(二)农用排灌动力机械	Machinery irrigating	台/千瓦 unit/kw	107720/551539
其中:柴油机	Diesel machinery	台/千瓦 unit/kw	91254/551539
电动机	Electric machinery	台/千瓦 unit/kw	16466/93026
农用水泵	Pump	台 unit	95119
机动喷雾(粉)机	Sprayer	台/千瓦 unit/kw	255/1624
(三)收获机械	Gathering machinery		
其中:联合收割机	Combine harvesters	台/千瓦 unit/kw	37/1768
机动割晒机	Motoried harvesters	台/千瓦 unit/kw	11/451
机动脱粒机	Thresher sheller	台 unit	36253
(四)农副产品加工作业机械	Favming products proessing machinery	台 unit	
粮食加工机械	Thresher sheller	台 unit	22132
油料加工机械	Extract oil	台 unit	326
(五)畜牧机械	Animal husbandry mechinery	台 unit	15958
其中:饲料粉碎机	Pulverizer	台 unit	13803
铡草机	Hay cutter	台 unit	
(六)渔业机械	Fishery machinery		
其中:渔用机动船	Ship for rishery	艘/吨/千瓦 tank/ton/kw	1/10/17
(七)运输机械	Transportation		
其中:农用载重汽车	Truck	辆/千瓦 coach/kw	1593/169484
农用运输车	Truck	辆/千瓦 coach/kw	31082/368035
(八)其它农业机械	Other agricultural maehinery		
其中:推土机	Bulldozer	辆/千瓦 coach/kw	150/8215
附记:国有农林牧渔场全部从业人员	Appendix Laborers of farms	人 person	7703
其中:农林牧渔业从业人员	Laborers of agricualture	人 person	5867

continued1

市辖区 District		榆树市 Yushu	农安县 Nongan	九台市 Jiutai	德惠市 Dehui
合计 Total	#双阳区 Shuanhgang				
137319	70161	288963	287271	158164	211375
15264	14	17554	2085	861	2999
14	14	805	949	524	2855
		72	1136	307	144
16725	481	916	55	217	34
55	14	1		42	17
24		905	4	79	13
678	467	10	51		2
				1	2
135858	69694	305601	289301	158808	214340
132082	67615	305162	289301	157440	213056
16799	12290	57198	5506	12996	43159
4125	490		650	91	1506
3776	2079	439		1368	1284
2975	2079			1368	850
362108	130218	591895	592660	300446	569499
290640	95372	525431	538400	250925	518634
13605	2816	6248	7410	14692	3405
57863	32030	60216	46850	34829	47460
733/23156	219/7813	1862/75670	1434/39349	2066/45487	1337/35014
10125/100671	5490/50197	17301/173686	22292/275991	9310/88789	21693/245832
871	345	5160	3471	1932	4746
17880	11581	36038	61320	15150	80374
18915/87618	8165/27978	30856/147848	8166/80670	9983/55310	39800/180093
10600/148687	4899/15148	29142/134213	6316/62280	7896/41866	37300/164493
8135/31957	3266/12830	1714/13635	1850/18390	2087/13444	2500/15600
16120	8163	30831	7325	9983	30860
9/153			246/1471		
0					
4/294	4/294	7/330	4/309	4/48	18/787
0				11/451	
3102	2268	7651	6000	5033	14467
0					
2036	1227	4562	5628	4210	5696
85	52	8	203	18	12
2006	1298	4093	4220	2918	2721
1997	1296	3432	4220	1433	2721
0					
0					
					1/10/17
0					
445/32241	88/6046	600/66540	273/47530	250/21200	25/1973
6932/82207	1480/16743	5205/73309	7432/93889	5218/51735	6295/66895
0					
98/5232	27/1443	46/2648	4/232		2/103
93	93		3927	3601	82
67	67		2968	2750	82

9-4 农作物播种面积
TOTAL SOWN AREAS OF FARM CROPS

单位:公顷 unit:ha

		全 市 Total	市辖区 District		榆树市 Yushu	农安县 Nongan	九台市 Jiutai	德惠市 Dehui
			合 计 Total	#双阳区 Shuangyang				
农作物总播种面积	Sownarea	1139211	141752	70947	307433	300201	161848	227977
一、粮食作物	Grain crops	1012244	118814	64704	289229	270212	144894	189095
(一)谷物	Cereal	843435	101288	51414	217976	240616	123669	159886
1.稻谷	Rice	138808	17178	12239	57198	5506	15767	43159
其中:粳稻	Rice	138808	17178	12239	57198	5506	15767	43159
2.小麦	Wheat	1523			193	476	294	560
其中:硬粒小麦	Wheat	1523			193	476	294	560
3.玉米	Corn	695705	83091	39000	160064	231528	106899	114123
其中:杂交玉米	Hybrid maize	679259	69726	39000	160064	231528	103818	114123
4.谷子	Millet	1365	110	8	117	545	130	463
5.高粱	Sorghum	4039	342	52	276	1915	318	1188
6.其它谷物	Others	1995	567	115	128	646	261	393
(二)豆类	Beans	139107	16228	12302	61879	20042	17302	23656
其中:大豆	Soybean	132961	16134	12302	61646	18179	15812	21190
绿豆	Mung beans	1130	5			515	157	453
红小豆	Red beans	4170	58			1348	1280	1484
(三)薯类	Tubers	29702	1298	988	9374	9554	3923	5553
其中:马铃薯	Potato	29304	1219	979	9374	9404	3909	5398
二、油料作物	Oilbearing crops	17946	993	945	1854	9304	134	5661
1.花生	Peanuts	1610	4		176	1280	9	141
2.芝麻	Sesame	1022	1		101	382	6	532
3.葵花子	Sunflower	8761			9	7236	10	1506
4.线麻子	Line fiber seed	454	5		145		25	279
5.蓖麻子	Castor bean	10						10
6.苏子	Perillaseed	6089	983	945	1423	406	84	3193
三、麻类作物	Fiber cropps	46			46			
1.线麻	Line fiber	46			46			
四、烟叶合计	Tobacco	7166	2		738	4320	1386	720
1.烤烟叶	Fluecured tobacco	1016			381			635
2.晒烟	Tobacco	6150	2		357	4320	1386	85
五、药材类合计	Crude drugs	1834	68	48	1101	624	9	32
六、蔬菜(含菜用瓜)	Vegetable and melon	74777	18751	4291	13389	8749	9920	23968
七、瓜果类	Melon	19795	2171	640	1076	5688	2521	8339
其中:西瓜	Watermelon	9317	897	320	464	2647	891	4418
甜瓜	Muskmelon	10211	1107	320	612	3041	1548	3903
草莓	Strawberry	5					5	
八、其它农作物	Other crop	5403	953	319		1304	2984	162
其中:青饲料	Forage	920	658	319		10	208	44

9－5 农作物总产量
YIELD OF MAJOR FARM CROPS

单位:吨 unit:ton

		全 市 Total	市辖区 District 合 计 Total	#双阳区 Shuangyang	榆树市 Yushu	农安县 Nongan	九台市 Jiutan	德惠市 Dehui
一、粮食作物	Grain	8010764	910072	500455	2325000	2175046	1031619	1569027
(一)谷物	Cereal	7385566	851105	459951	2058055	2068573	960446	1447387
1.稻谷	Rice	1296844	152094	113632	553128	50294	118978	422350
粳稻	Rice	1296844	152094	113632	553128	50294	118978	422350
2.小麦	Wheat	4212			632	1125	882	1573
其中:硬粒小麦	Wheat	4212			632	1125	882	1573
3.玉米	Corn	6046429	695111	345417	1501009	1998965	838525	1012819
其中:杂交玉米	Hybrid maize	5930237	596777	345417	1497607	1998965	824069	1012819
4.谷子	Willet	4596	439	56	405	1788	299	1665
5.高粱	Sorghum	27387	1663	362	2484	14737	1307	7196
6.其它谷物	Others	6098	1798	484	397	1664	455	1784
(二)豆类合计	Beans	417362	47935	32678	196177	53330	45758	74162
大豆	Soybean	399505	42887	32678	196177	49120	42923	68398
绿豆	Mung beans	2582	10			801	565	1206
红小豆	Red beans	9480	116			3409	2203	3752
(三)薯类	Tubers	207836	11032	7826	70768	53143	25415	47478
其中:马铃薯	Potato	205616	10688	7963	70768	52528	25360	46272
二、油料作物	Oil beaning crop	33146	2104	1985	3753	18028	301	8960
1.花生	Peanuts	4596	12		827	3387	18	352
2.芝麻	Sesame	1287	6		187	425	12	657
3.葵花子	Sunflower	15935			15	13588	33	2299
4.线麻子	Line frber seeds	977	5		305		75	592
5.蓖麻子	Castor seeds							
6.苏子	Perillaseeds	10351	2081	1985	2419	628	163	5060
三、麻类作物	Fiber crops	78			78			
线麻	Line fiber	78			78			
四、烟叶合计	Tobacco	24760	4		1752	19040	2597	1367
1.烤烟叶	Flue cured	2139			914			1225
2.晒烟	Tobacco	22621	4		838	19040	2597	142
五、药材类合计	Crude drugs							
六、蔬菜(含菜用瓜)	Vegetable and melon	2302066	641774	158000	535560	228057	280025	698896
七、瓜果类	Melon	511428	56971	19200	29704	129484	36367	258902
其中:西瓜	Watermelon	288553	29650	12800	16240	78743	15183	148737
甜瓜	Muskmelon	217599	22250	6400	13464	50541	21179	110165
草莓	Strawberry	5					5	

9－6 农作物每公顷产量
YIELD OF MAJOR FARM CROPS

单位:公顷 unit:ton

		全市 Total	市辖区 District 合计 Total	 #双阳区 Shuangyang	榆树市 Yushu	农安县 Nongan	九台市 Jiutan	德惠市 Dehui
一、粮食作物合计	Grain	7914	7660	7735	8039	8049	7120	8298
(一)谷物	Cereal	8757	8403	8946	9442	8597	7766	9053
1.稻谷	Rice	9343	8854	9284	9670	9134	7546	9786
其中:粳稻	Rice	9343	8854	9284	9670	9134	7546	9786
2.小麦	Wheat	2766			3275	2363	3000	2809
其中:硬粒小麦	Wheat	2766			3275	2363	3000	2809
3.玉米	Corn	8691	8336	8857	9378	8634	7844	8875
其中:杂交玉米	Hybrid maize	8730	8559	8857	9356	8634	7938	8875
4.谷子	Willet	3367	3991	7000	3462	3281	2300	3596
5.高粱	Sorghum	6781	4863	6962	9000	7696	4110	6057
6.其它谷物	Others	3057	3171	4209	3102	2576	1743	4539
(二)豆类合计	Beans	3000	2954	2656	3170	2661	2645	3135
其中:大豆	Soybean	3005	2658	2656	3182	2702	2715	3228
绿豆	Mung beans	2285	2000			1555	3599	2662
红小豆	Red beans	2273	2000			2529	1721	2528
(三)薯类	Tubers	6997	8499	7291	7549	5562	6478	8550
其中:马铃薯	Potato	7017	8768	7858	7549	5586	6488	8572
二、油料合计	Oil beaning crop	1847	2119	2101	2024	1938	2246	1583
1.花生	Peanuts	2855	3000		4699	2646	2000	2496
2.芝麻	Sesame	1259	6000		1851	1113	2000	1235
3.葵花子	Sunflower	1819			1667	1878	3300	1527
4.线麻子	Line frber seeds	2152	1000		2103		3000	2122
5.蓖麻子	Castor seeds							
6.苏子	Perillaseeds	1700	2117	2101	1700	1547	1940	1585
三、麻类合计	Fiber crops	1696			1696			
线麻	Line fiber	1696			1696			
四、烟叶合计	Tobacco	3455	2000		2374	4407	1874	1899
1.烤烟叶	Flue cured	2105			2399			1929
2.晒烟	Tobacco	3678	2000		2347	4407	1874	1671
五、药材类合计	Crude druge							
六、蔬菜(含菜用瓜)	Vegetable and melon	31570	34226	36821	40000	26067	28228	29160
七、瓜果类	Melon	25836	26242	30000	27606	22764	14426	31047
其中:西瓜	Watermelon	30971	33055	40000	35000	29748	17040	33666
甜瓜	Muskmelon	21310	20099	20000	22000	16620	13682	28226
草莓	Strawberry	1000					1000	

9-7林业生产情况
BASIC STATISTICS ON FORESTRY

	单位 Unit	全市 Total	市辖区 District		榆树市 Yushu	农安县 Nongan	九台市 Jiutan	德惠市 Dehui
			合计 Total	#双阳区 Shuangyang				
1.当年造林面积 Areas of afforestation	公顷 ha	5254	1642	800	850	1042	887	833
2.迹地更新面积 Areas of renewly cutover	公顷 ha	315	55	44		50	200	10
3.封山育林面积 Areas of closing hillsides to facilitate afforeststion	公顷 ha							
4.零星(四旁)植树 Odd pieces of planting	万株 10000trees	165	65	50			100	
5.育苗面积 Areas of grow seedlings	公顷 ha	951	400		40	391	100	20
6.幼林抚育作业面积 Areas of young trees	公顷 ha	13082	4856	2400	2400	2826	1000	2000
7.成林抚育面积 Areas of forcestery	公顷 ha	6204	2264	560	720	2160	600	460
8.低产林改造面积 Areas of renew sparse woods	公顷 ha							
9.木材产量	万立方米 10000cu·m	19.22	2.73	0.4	1.2	9.19	1.6	4.5
10.村及村以下生产的木材 Volume of cut	万立方米 10000cu·m	9.89	1.06	0.1		8.03	0.8	

9-8畜牧业主要产品生产及存栏情况

		单位 Unit	全市 Total
一、畜牧出栏数量	Livestock		
1. 出栏肉猪	Shanghtered faittend hogs	头 head	8029759
(1)集市上出售	Sale to market	头 head	7202229
(2)自宰自食	For themselve	头 head	827530
2. 出售和自宰的肉用牛	Ssle cattle and buffaloes	头 head	1897279
(1)集市上出售	Sale to market	头 head	1860369
(2)自宰自食	For themselve	头 head	36910
3. 出售和自宰的肉用羊	Sale sheep and coats	只 head	613139
(1)集市上出售	Sale to market	只 head	578200
(2)自宰自食	For themselve	只 head	34939
4. 驴	Sale donkeys	匹 head	13444
5. 骡	Sale mules	匹 head	14415
6. 马	Sale horses	匹 head	44526
7. 家禽	Shanghtered poultry	千只 1000head	237892
其中:肉食鸡	Chicken	千只 1000head	187530
鹅	Goose	千只 1000head	15910
8. 家兔	Shanghtered cats	只 head	475978
9. 其它	Others	只 head	24663
二、畜牧产量	Lives to products		
1. 出栏肉猪	Shanghtered faittend hogs	吨 head	726288
(1)集市上出售	Sale to market	吨 ton	648869
(2)自宰自食	For themselve	吨 ton	77419
2. 出售和自宰的肉用牛	Ssle cattle and buffaloes	吨 ton	288629
(1)集市上出售	Sale to market	吨 ton	282784
(2)自宰自食	For themselve	吨 ton	5845
3. 出售和自宰的肉用羊	Sale sheep and coats	吨 ton	9271
(1)集市上出售	Sale to market	吨 ton	8680
(2)自宰自食	For themselve	吨 ton	591
4. 驴	Sale donkeys	吨 ton	971
5. 骡	Sale mules	吨 ton	1484
6. 马	Sale horses	吨 ton	4917
7. 家禽	Shanghtered poultry	吨 ton	513986
其中:肉食鸡	Chicken	吨 ton	423748
鹅	Goose	吨 ton	44554
8. 家兔	Shanghtered cats	吨 ton	940
9. 其它	Others	吨 ton	693
10. 奶类产量	Milk	吨 ton	99887

BASIC STATISTICS ON ANIMAL HUSBANDRY

市辖区 District		榆树市 Yushu	农安县 Nongan	九台市 Jiutai	德惠市 Dehui
合计 Total	#双阳区 Shuangyang				
1112888	390616	2103770	2211947	962422	1638732
952657	279730	1892043	2047408	888829	1421292
160231	110886	211727	164539	73593	217440
298760	157601	510495	465382	207406	415236
292713	157601	480638	465382	206400	415236
6047		29857		1006	
42134	4299	85233	379355	25674	80743
38749	4130	76531	359621	23174	80125
3385	169	8702	19734	2500	618
810	130	2035	7917	339	2343
1238	200	4522	4480	597	3578
3037	1082	14864	14457	809	11359
20385	4635	23574	74913	14322	104698
10615	208	6620	68484	8710	93101
1109	785	4082	5203	1128	4388
15296	1500	3137	407796	21953	27823
2025	640		22638		
108197	39058	189876	199074	85711	143430
91208	27970	170821	184266	79156	123418
16989	11088	19055	14808	6555	20012
48145	25211	73659	83767	22915	60143
46719	25211	69351	83767	22804	60143
1426		4308		111	
745	64	1276	5690	385	1175
627	61	1146	5394	347	1166
118	3	130	296	38	9
60	7	147	633	13	118
155	20	513	403	60	353
373	151	1757	1445	97	1245
38614	9300	47138	155030	28616	244588
26251	518	16550	136967	17420	226560
3799	2747	9949	15610	2709	12487
37	3	6	812	44	41
37	10	319	337		
66927	316	12247	3925	2759	14029

9－8续表1

		单位 Unit		全市 Total
其中:出售量	Sale	吨	ton	89314
(1)羊奶产量	Milk	吨	ton	1015
其中:出售量	Sale	吨	ton	799
(2)牛奶产量	Milk	吨	ton	98872
其中:出售量	Sale	吨	ton	88515
11. 山羊毛产量	Wool	公斤	kg	51049
其中:出售量	Sale	公斤	kg	51049
12. 绵羊毛产量	Wool	公斤	kg	710782
其中:细羊毛	Fine wool	公斤	kg	255535
半细羊毛	Semi－fine wool	公斤	kg	451648
在绵羊毛产量中出售数量	Sale	公斤	kg	543285
13. 羊绒产量	Cashmere	公斤	kg	4820
14. 蜂密产量	Honey	吨	ton	278
15. 禽蛋产量	Eggs	吨	ton	366704
16. 鹿茸产量	Pilose antler	公斤	kg	66556
17. 貂皮产量	Marten	张	piece	1800
附记:肉类总产量	Meat	吨	ton	1578181
猪牛羊肉产量	Pork	吨	ton	1054188
三、畜牧存栏	Live stock			
(一)大牲畜总头数	Large animals	头	head	2700691
其中:从事农事劳役的	In planting	头	head	699794
1. 牛	Cattle and buffaloes	头	head	2441849
其中:良种及改良奶牛	Improve cow	头	head	47569
2. 马	Horse	匹	head	164508
3. 驴	Donkey	匹	head	34988
4. 骡	Mule	匹	head	59346
(二)猪	Pig	头	head	4293491
(三)羊	Sheep	只	head	4922832
1. 山羊	Goat	只	head	178775
其中:奶山羊	Goat	只	head	63634
2. 绵羊	Sheep	只	head	744057
其中:细毛羊及改良羊	Fine sheep	只	head	184971
半细毛羊及改良羊	Semi－fine sheep	只	head	511491
(四)鹿	Deer	只	head	177363
(五)养蜂箱数	Bee	箱	case	7418
(六)家禽	Poultry	千只	1000head	108598
1. 鸡	Chicken	千只	1000head	92303
其中:蛋鸡	Eggs	千只	1000head	42953
2. 鸭	Duck	千只	1000head	6200

continued1

市辖区 District		榆树市 Yushu	农安县 Nongan	九台市 Jiutai	德惠市 Dehui
合计 Total	#双阳区 Shuangyang				
58717	316	12225	3845	2477	12050
392	5	231	4	59	329
392	5	230		47	130
66535	311	12016	3921	2700	13700
58325	311	11995	3845	2430	11920
40			9		51000
40			9		51000
15526	59	145100	1556	72000	476600
1			304	8330	246900
15026		145100	1252	63670	226600
1459	59		1556	63670	476600
140				4680	
84	43	23	118	20	33
122002	38478	90307	51386	39389	63620
64866	62033	306	444	937	3
		1800			
196365	73824	314691	447191	137841	482093
157087	64333	264811	288531	109011	234748
312685	194883	658586	688560	337023	703837
88626	65466	269072	171777		170319
294315	188785	598126	598629	314580	636199
24847	1072	16863	1449	1044	3366
11453	4538	42206	54396	10514	45939
2923	1118	5734	19127	2486	4718
3994	442	12520	16408	9443	16981
553031	310317	1086524	1096229	752570	805137
42951	17112	117814	570933	46955	144179
10459	4694	56024	52724	22304	37264
2767		56024	477	1156	3210
32492	12418	61790	518209	24651	106915
52			120915	2785	61219
5809		41540	397294	21152	45696
160771	125338	3676	1890	9306	1720
2090	890	458	3408	536	926
27757	5861	14594	26376	11216	28655
19670	4319	11498	24334	9983	26818
10158	4202	10537	6710	4221	11327
2639	381	1271	1046	412	832

9-9 水 果 生 产 情 况
BASIC STATISTICS ON FRUITS

		单位 Unit	全市 Total	市辖区 District 合计 Total	市辖区 District #双阳区 Shuangyang	榆树市 Yushu	农安县 Nongan	九台市 Jiutai	德惠市 Dehui
一、水果面积	Area of fruit trees	公顷 ha	6318	679	182	2018	1544	1243	834
1.苹果	Apple	公顷 ha	809	41	8	296	16	373	83
其中:红富士苹果	Red apple	公顷 ha	16	16	0	0	0	0	0
国光苹果	Guoguang apple	公顷 ha	26	0		0	10	0	0
2.梨	Pear	公顷 ha	978	75	34	612	14	221	56
其中:苹果梨	Pear	公顷 ha	109	9	9	0	9	54	37
雪花梨	Pear	公顷 ha	48	25	25	0	0	23	0
鸭　梨	Pear	公顷 ha	36	17	0	0	0	0	19
3.葡萄	Grops	公顷 ha	2135	300	30	370	907	46	512
4.山楂	Haw	公顷 ha	97	1	1	8	7	81	0
5.桃	Peacth	公顷 ha	17	0	0	9	8	0	0
6.其它	Others	公顷 ha	2282	262	109	723	592	522	183
二、水果产量合计	Output of fruits	吨 ton	51522	10515	1256	13019	18752	3186	6050
1.苹果	Apple	吨 ton	3463	174	47	1415	220	1243	411
其中:红富士苹果	Red apple	吨 ton	50	50		0	0	0	0
国光苹果	Guoguang apple	吨 ton	200	0		0	200	0	0
2.梨	Pear	吨 ton	2019	458	261	753	58	482	268
其中:苹果梨	Pear	吨 ton	387	53	53	0	0	181	153
雪花梨	Pear	吨 ton	126	56	56	0	0	70	0
鸭　梨	Pear	吨 ton	186	71		0	0	0	115
3.葡萄	Grops	吨 ton	30590	7907	402	5684	13232	164	3603
4.山楂	Haw	吨 ton	140	5	5	6	42	87	0
5.桃	Peach	吨 ton	46	16	16	10	20	0	0
6.其它	Others	吨 ton	15264	1955	525	5151	5180	1210	1768

9-10 渔 业 生 产 情 况
BASIC STATISTICS ON FISHERY

		单位 Unit	全市 Total	市辖区 District 合计 Total	市辖区 District #双阳区 Shuangyang	榆树市 Yushu	农安县 Nongan	九台市 Jiutai	德惠市 Dehui
一、水产品产量	Output of aquatic	吨 ton	18229	4121	1320	2900	3500	3803	3905
#国营	State owned	吨 ton	5066	1874	80	680	1900	532	80
1.养殖产量	Artificially cultured	吨 ton	15822	4116	1320	1546	3200	3425	3535
2.捕捞产量	Naturally grown	吨 ton	2407	5		1354	300	378	370
二、养殖面积	Areas of artificially	公顷 ha	18701	6103	2086	3682	4865	2124	1927
#国营	State owned	公顷 ha	11840	4344	766	1980	4550	765	201

9－11 农林牧渔业总产值(90 年不变价格)

GROSS OUTPUT VALUE OF AGRICULTURE(at1990price)

单位:万元　　　　unit:10000yuan

		全市 Total	市辖区 Distict		榆树市 Yushu	农安县 Nongan	九台市 Jiutai	德惠市 Dehui
			合计 Total	#双阳区 Shuangyang				
农林牧渔业总产值	Total	1641469	283340	102507	425386	407943	160118	392419
一、农业产值	Farming	651335	98563	38287	186114	140399	69775	157639
1.谷物及其他作物	Cereals and others	467576	51328	29789	144259	119770	57675	94544
(1)谷物	Cereal	393506	45311	25215	113963	103225	50005	81002
(2)薯类	Tubers	11816	625	445	4032	3021	1447	2691
(3)油料	Oilbean	4578	320	291	561	2355	44	1298
(4)豆类	Beans	49325	5038	3822	23054	6549	5548	9136
(5)棉花	Cotton							
(6)麻类	Fiber crop	17			17			
(7)糖类	Sugar							
(8)烟草	Tobacco	5991	1		482	4482	611	415
(9)其他农作物	Others	2343	33	16	2150	138	20	2
其中:饲料作物	Forage	45	33	16			10	2
2.蔬菜园艺作物	Vegetables	156526	44336	7497	37239	12551	10239	52161
(1)蔬菜(含菜用瓜)	vegetables melon	156491	44312	7497	37229	12551	10239	52160
3.水果、坚果、饮料作物	Fruits and nuts	24876	2854	956	2784	7600	1861	10932
4.中药材	Medicinal herbs	2357	45	45	1832	478		2
二、林业产值	Forestry	8422	1749	354	739	4612	988	334
(一)林木的培育和种植	Plants	1633	600	142	158	476	268	131
(二)竹木采运	Wood cutting and transport	6716	1117	180	540	4136	720	203
其中:村及村以下	Below village	6716	1117	180	540	4136	720	203
(三)林产品	Forest products	73	32	32	41			
三、牧业产值	Animal husbandry	968757	180446	63006	236197	259804	87283	231609
(一)牲畜饲养	Animals	227127	39230	12821	59713	70345	17078	40761
1.牛的饲养	Cattle	196797	33494	12616	56129	53584	16339	37251
2.羊的饲养	Sheep and coats	8124	652	56	1118	4987	337	1030
3.其他牲畜饲养	Others	2984	171	84	1120	931		762
4.奶产品	Milk	7129	4782	22	872	281	196	998
5.毛绒产品	Wool	1485	32		474	104	155	720
6.其他牲畜副产品	Other livestock products	10608	99	43		10458	51	
(二)猪的饲养	Hogs	295429	44230	5321	106330	83611	35999	51841
(三)家禽饲养	Pourltry	413475	66634	19043	68942	105525	33915	138459
(四)狩猎和捕捉动物	Hurts							
(五)其他畜牧业	Other livestoclk	32726	30352	25821	1212	323	291	548
四、渔业产值	Fishery	6443	1561	472	603	1430	1459	1390
其中:养殖	Artificially cultured	6443	1561	472	603	1430	1459	1390
五、农林牧渔服务业	Services	6512	1021	388	1733	1698	613	1447

9－12 农林牧渔业总产值(现价)
GROSS OUTPUT VALUE OF AGRICULTURE(at current price)

单位:万元　　　　unit:10000yuan

		全市 Total	市辖区 Distict 合计 Total	市辖区 Distict #双阳区 Shuangyang	榆树市 Yushu	农安县 Nongan	九台市 Jiutai	德惠市 Dehui
农林牧渔业总产值	Total	2814596	451358	159556	713692	716145	292094	660025
一、农业产值	Farming	1265609	161458	75325	341293	300291	144052	300764
1.谷物及其他作物	Cereals and others	1025159	110405	64450	293545	265371	126381	207332
(1)谷物	Cereal	825398	95105	52832	216473	217269	105177	169249
(2)薯类	Tubers	57514	3069	2169	19532	14709	7018	13186
(3)油料	Oilbean	12338	1065	995	1721	5525	133	3894
(4)豆类	Beans	108396	11130	8438	50765	14411	12217	19873
(5)棉花	Cotton							
(6)麻类	Fiber crop	17			17			
(7)糖类	Sugar							
(8)烟草	Tobacco	17620	3		1354	13319	1816	1128
(9)其他农作物	Others	3876	33	16	3683	138	20	2
其中:饲料作物	Forage	45	33	16			10	2
2.蔬菜园艺作物	Vegetables	165378	46031	8107	39231	13511	11196	55409
(1)蔬菜(含菜用瓜)	vegetables melon	165343	46007	8107	39221	13511	11196	55408
3.水果、坚果、饮料作物	Fruits and nuts	71724	4977	2723	6035	20592	6475	38019
4.中药材	Medicinal herbs	3348	45	45	2482	817		4
二、林业产值	Forestry	8439	1749	354	756	4612	988	334
(一)林木的培育和种植	Plants	1633	600	142	158	476	268	131
(二)竹木采运	Wood cutting and transport	6716	1117	180	540	4136	720	203
其中:村及村以下	Below village	6716	1117	180	540	4136	720	203
(三)林产品	Forest products	90	32	32	58			
三、牧业产值	Animal husbandry	1522484	284869	82790	368065	406621	144482	354916
(一)牲畜饲养	Animals	337640	66217	17706	85050	99292	27953	59128
1.牛的饲养	Cattle	288496	49437	17418	79190	80102	26693	53074
2.羊的饲养	Sheep and coats	10956	881	75	1508	6724	454	1389
3.其他牲畜的饲养	Others	3349	191	97	1258	1049		851
4.奶产品	Milk	23181	15584	73	2823	917	635	3222
5.毛绒产品	Wool	1050	25		271	42	120	592
6.其他牲畜副产品	Other livestock products	10608	99	43		10458	51	
(二)猪的饲养	Hogs	550479	82414	9915	185066	155795	67077	96596
(三)家禽饲养	Pourltry	600144	104710	29317	96717	151013	49121	198583
(四)狩猎和捕捉动物	Hurts							
(五)其他畜牧业	Other livestock	34221	31528	25852	1232	521	331	609
四、渔业产值	Fishery	6892	1621	485	632	1638	1479	1522
其中:养殖	Artificially cultured	6892	1621	485	632	1638	1479	1522
五、农林牧渔服务业	Services	11172	1661	602	2946	2983	1093	2489

9－13 农林牧渔业增加值(现价)
ADDED VALUE OF AGRICULTURE (at current price)

单位:万元 unit:10000 yuan

		全市 Total	市辖区 District		榆树市 Yushu	农安县 Nongan	九台市 Jiutai	德惠市 Dehui
			合计 Total	#双阳区 Shuangyang				
一、农林牧渔业总产值	Gross output value of agriculture	2814596	451358	159556	713692	716145	292094	660025
二、中间消耗	Imtermediate comsumer	1124874	204054	70843	249266	296822	120473	251163
1.农业	Farming	428504	87179	28762	108991	102074	49472	80897
2.林业	Forsetry	4629	702	236	308	159	29	245
3.牧业	Animal husbandry	685205	114135	41193	139312	193199	70462	168079
4.渔业	Fishery	1980	667	257	297	90	183	742
在中间消耗中:	In intermediate consumer							
1.中间物质消耗	Material consumer	1111182	199855	70195	248047	294328	118964	246892
2.对非物质生产部门的劳务支出	Services	13692	4199	648	1219	2494	1509	4271
三、农林牧渔业增加值	Added value of agriculture	1689722	247304	88713	464426	419323	171621	408862
1.农业	Farming	837105	74279	46563	232302	198217	94580	219867
2.林业	Forestry	3810	1047	118	448	4453	959	89
3.牧业	Animal husbandry	837279	170734	41597	228753	213422	74020	186837
4.渔业	Fishery	4912	954	228	335	1548	1296	780

统计资料
STATISTICS

工业
INDUSTRY

第十篇　工　　业

2004年，全市规模以上工业经济运行保持了良好发展态势。工业生产保持了快速增长，经济总量进一步扩大。受汽车制造业影响，整体经济效益下滑。主要情况及特点如下：

1、工业生产快速增长，经济总量进一步扩大。2004年全市规模以上工业企业累计完成工业总产值1712.7亿元，比上年增长13.9%。实现工业增加值452.0亿元，比上年增长11.7%。在全国15个副省级城市中，我市工业总产值总量居第9位，在东北四市中居第2位。

2004年，全市30种重点产品有17种比上年增长，有13种下降。增长幅度较大的有：载货汽车23.0万辆，增长25.8%；摩托车12.7万辆，增长260.3%；内燃机3728万千瓦，增长25.3%；子午线轮胎125.8万条，增长39.7%；发电量82.3亿千瓦时，增长15.0%；水泥444.2万吨，增长39.8%；原煤194.7万吨，增长12.6%；成品钢材12.3万吨，增长39.7%；淀粉98.1万吨，增长305.1%；配混合饲料108.3万吨，增长28.8%；食用植物油7.6万吨，增长44.3%；无酒精饮料24.9万吨，增长34.6%；农用塑料薄膜124.0吨，增长102.0%。下降幅度较大的有：公路客车7.9万辆，下降26.2%；电动工具5.3万台，下降31.9%；数字程控交换机1.2万线，下降63.7%；液晶显示快46.6万块，下降32.6%；自动化仪表570台，下降51.2%；房间空气调节器0.5万台，下降68.7%；焦炭62.1万吨，下降43.0%；味精3918吨，下降29.7%。

2、新产品产值率大幅度提高。全市规模以上工业企业完成新产品产值913.6亿元，增长13.1%，新产品产值占工业总产值的比重由上年同期的36.8%上升到53.3%，提高16.5个百分点。新产品净增产值105.8亿元，占全市规模以上工业净增产值的50.5%。

3、四大重点行业继续保持快速增长。四大重点行业完成产值1530.1亿元，比上年增长12.6%。其中，汽车制造业完成产值1321.6亿元，增长10.5%；累计生产汽车64.6万辆，增长0.8%。食品工业完成产值152.3亿元，增长23.7%。医药工业完成产值28.4亿元，增长37.1%。光电子工业完成产值27.7亿元，增长44.5%。

4、工业品出口快速增长。全市规模以上工业企业完成工业品出口交货值32.9亿元，增长56.9%。

5、受汽车制造业影响，规模以上工业整体经济效益大幅度下滑。全市规模以上工业企业实现利润72.2亿元，下降31.6%。全市规模以上工业经济效益综合指数为176.8%，比上年下降0.1个百分点。实现产品销售收入1655.9亿元，增长11.5%。

10－1 工业企业主要产品产量
OUTPUT OF INDUSTRIAL PRODUCTS

产品名称	Item	计量单位	Unit	本年实际 Output	同比增长(%) Growth rate
原煤	Coal	吨	ton	1946795.00	12.6
发电量	Electricity	万千瓦小时	10000kwh	822776.00	15.0
火电	Thermal power	万千瓦小时	10000kwh	822776.00	15.0
大米	Rice	吨	ton	22962.00	－21.0
小麦粉	Wheat flour	万吨	10000ton		
食用植物油	Oil－bearing	吨	ton	75683.00	44.3
配混合饲料	Forage	吨	ton	1082877.00	28.8
糕点	Cake	吨	ton	286.00	12.2
方便主食品	Convenience food	吨	ton	38890.00	6.0
方便面	Instant noodles	吨	ton	38721.00	6.3
味精	Gourmet powder	吨	ton	3918.00	－29.7
酱油	Soy	吨	ton	9732.00	－12.3
发酵酒精(折96度,商品量)	Alcohol	千升	kl	9047.00	－17.7
饮料酒	Liquor	千升	kl	325216.00	－0.9
白酒(折65度,商品量)	Wine	千升	kl	98737.00	1.8
啤酒	Beer	千升	kl	226479.00	－2.1
软饮料	Soft drink	吨	ton	248857.00	34.6
碳酸饮料	Carbonic acid drink	吨	ton	183363.00	52.3
冷冻饮品	Freeze drink	吨	ton	4476.00	558.2
瓶(罐)装饮用水	Drink bottled	吨	ton	65494.00	3.3
卷烟	Cigarettes	万支	10000	925000.00	－0.1
纱	Yarh	吨	ton	3839.00	－55.9
布	Cloth	万米	10000m	1203.40	－43.0
棉布	Cotton cloth	万米	10000m	367.00	－56.5
混纺交织布	Blend cloth	万米	10000m	689.40	－35.2
纯化纤布	Blend fibre	万米	10000m	147.00	－28.3
印染布	Printing cloth	万米	10000m	192.00	55.3
服装	Clothing	万件	10000P	548.90	10.5
梭织服装	Clothing	万件	10000P	516.10	10.0
西服及西服套装	Suit	万件	10000P	20.70	73.9
衬衫	Shirt	万件	10000P	177.60	－3.7
针织服装	Clothing	万件	10000P	2.80	460.0

10－1续表1 continued1

产 品 名 称	Item	计量单位	Unit	本年实际 Output	同比增长(%) Growth rate
人造板	Artificial board	立方米	cu·m	30941.00	－20.0
胶合板	Veneer board	立方米	cu·m	9844.00	13.2
木地板	Floor board	平方米	sq·m	44203.00	－22.3
家具	Furniture	件	piece	19768.00	203.7
木制家具	Plank－furniture	件	piece	19348.00	234.3
软件家具(包括床垫、沙发)	Sofa	件	piece	420.00	－41.7
机制纸	Machine made paper	吨	ton	25533.00	26.5
机制纸板	Paper board	吨	ton	7640.00	5.6
纸制品	Paper products	吨	ton	13923.00	－22.3
纸箱	Paper cast	吨	ton	11446.00	－27.6
原油加工量	Crude oil	吨	ton	190976.00	－14.0
汽油	Gasoline	吨	ton	67480.00	－4.8
柴油	Diesel oil	吨	ton	79348.00	－14.2
润滑油	Lubricating oil	吨	ton		
液化石油气	Gas	吨	ton	19692.00	－2.4
焦炭	Coke	吨	ton	620440.0	－43.0
机械化焦炉生产的焦炭	Coke	吨	ton	620440.0	－43.0
煤气	Gas	万立方米	10000cu·m	23064	－56.5
合成氨	Synthetic Aammonia	吨	ton	3371.00	－37.9
农用氮、磷、钾化学肥料总计(折纯)	Chemical fertilizer	吨	ton	1716.00	－2.8
氮肥(折含N100%)	Nitrogen fertilizer	吨	ton	1716.00	－2.8
油漆	Paint	吨	ton	6640.00	18.2
中成药	Tranitional chinese medicine	吨	ton	1288.00	90.5
轮胎外胎	Tires	条	cover	1613468.00	17.1
子午线轮胎外胎	Meridian tires	条	cover	1257783.00	39.7
胶鞋	Rubber shoes	万双	10000pair	33.70	－49.5
塑料制品	Plastic products	吨	ton	4599.00	4.1
塑料薄膜	Plastic film	吨	ton	124.00	
农用薄膜	Agricultural plastic	吨	ton	124.00	
塑料型材(含板用材)	Plastic shape	吨	ton	406.00	
塑料编织袋	Plastic knit	吨	ton	235.00	－31.5
泡沫塑料制品	Foam plastic	吨	ton	212.00	

10－1续表2 continued2

产品名称	Item	计量单位	Unit	本年实际 Output	同比增长(%) Growthrate
塑料包装箱及容器	Foam case	吨	ton	3071.00	－24.7
日用塑料制品	Plastic products	吨	ton	451.00	
水泥熟料	Cement	万吨	10000ton	545.10	38.8
预分解窑熟料	Cement	万吨	10000ton	76.70	0.7
水泥	Cement	万吨	10000ton	444.20	39.8
水泥排水管	Cement pipe	千米	km	3837.00	－79.5
水泥预制管柱	Cement pipe	米	m	104625.00	71.0
砖(折标准砖)	Brick	万块	10000piece	10063.00	－46.7
瓦	Tile	万片	10000piece	5.00	－68.8
大理石板材	Marble board	平方米	sq·m		
花岗石板材	Granite board	平方米	sq·m	14097.00	－22.0
日用玻璃制品	Nylon products	吨	ton	5528.00	8.6
生铁	Pig iron	吨	ton	14937.00	－22.2
粗钢	Steel	吨	ton	123235.00	21.5
钢材	Steel products	吨	ton	122645.00	39.7
中小型型钢	Small rolled steel	吨	ton	122645.00	39.7
铝合金	Aluminium alloy	吨	ton	1938.00	－11.9
金属切削工具	Metal cutting machine tools	万件	10000piece	89.00	－19.2
模具	Stand ard tools	套	set	65.00	－81.8
电动工具	Electric tools	台	unit	53015.00	－31.9
工业锅炉	Industrial boiler	蒸发量吨	ton	576.00	39.7
内燃机	Internal combustion engins	万千瓦	10000kw	3728.00	25.3
金属切削机床	Metal cutting machine	台	unit	274.00	－19.2
数控机床	Numerical control machine	台	unit	19.00	－59.6
大型机床	Large machine	台	unit	1.00	
起重设备	Derrick equipment	吨	ton	139.00	－29.8
泵	Spring	台	unit	623.00	5.4
阀门	Valve	吨	ton	218.00	－53.7
粉末冶金制品	Metal products	吨	ton	40.00	－7.0
矿用设备	Mining equipment	吨	ton	419.00	－56.3
印刷机	Pring equipment	吨	ton	1321.00	－21.9
环境保护专用设备	Environment equipment	台(盒)	unit(case)		

10－1续表3　　　　continued3

产 品 名 称	Itern	计量单位	Unit	本年实际 Output	同比增长(%) Growth rate
大气污染防治设备	Airpollution harnessing	台(套)	unit		
铁路客车	railway passenger	辆	coach	780.00	1.3
汽车	Vehicles	辆	coach	645754.00	0.8
载货汽车	Truck	辆	coach	229909.00	25.8
公路客车	Buses	辆	coach	79070.00	－26.2
中型(20－40座)	Medium buses	辆	coach	9193.00	2.3
小型(9－20座)	Small buses	辆	coach	69877.00	－28.8
其中:越野汽车	Motor vericles	辆	coach	303.00	
轿车	Cars	辆	coach	336775.00	－4.0
排气量1.0－1.6升(含1.6升)	1.0～1.62	辆	coach	178688.00	－3.4
排气量1.6－2.5升(含2.5升)	1.6～2.52	辆	coach	149389.00	－2.1
排气量2.5升以上	above 2.52	辆	coach	8698.00	－33.3
改装汽车	Refit vehicles	辆	coach	26911.00	10.0
摩托车	Motor bicycles	辆	coach	127108.00	260.3
变压器	Trans former	千伏安	kva	254150.00	－70.5
高压开关板	High－pressure switch	面	piece	48.00	－31.4
低压开关板	Low－pressure switch	面	piece	219.00	28.8
电光源(灯泡)	Bulb	万只	10000unit	1963.00	－12.4
家用洗衣机	Washing machine	台	unit	11818.00	－69.9
房间空调器	Air conditioners	台	unit	5035.00	－68.6
电焊机	Electric welder	台	unit	26.00	－16.1
工业用电炉	Industrial boiler	台	unit	15.00	－37.5
程控交换机	Programming exchanges	线	line	12120.00	63.7
数字程控交换机		线	line	12120.00	－63.7
电话单机	Telephont	部	set	56075.00	256.6
彩色电视机	Colour TV	部	set	823070.00	5.4
录放音机	Record	部	set	17380.00	－31.3
自动化仪表及系统	Instrument	台(套)	unit	570.00	－55.8
电子仪器仪表	Electronic instrument	台	unit	8300.00	59.0
试验机	Experimental machine	台	unit	52.00	－60.3

10－2 工业总产值和增加值

INDUSTRIAL OUTPUT VALUE AND ADDED VALUE

单位:万元 unit:10000yuan

		工业总产值(现行价格) Gross industrial output value (current price)	工业增加值(现行价格) Added value (current price)	工业增加值速度(可比价格)(%) Growth rate
总　计	Total	17126789	4519844	11.68
在总计中:1. 国有企业	State owned	6591705	1664975	16.67
2. 集体企业	Collective owned	513065	145514	48.83
3. 股份合作企业	Share holding cooperative	32643	9703	－12.48
4. 股份制企业	Share－holding company	2218877	525673	－8.44
5. 外商和港澳台商投资企业	Funded from HongKong, Macao and Taiwan	7676293	2154887	11.74
6. 其他	Others	94206	19093	－11.5
在总计中:国有控股企业	State share holding	13852052	3670417	16.14
其中:国有控股大型企业	Large size	12005200	3180256	21.82
国有控股中型企业	Medium size	1415069	370177	－20.72
国有控股小型企业	Small size	431783	119984	7.20
在总计中:1. 轻工业	Light industry	2171195	588820	－17.29
2. 重工业	Heavy industry	14955595	3931025	16.64
在总计中:大中型企业	Large and medium enterprises	15518775	4042906	11.81
其中:国有大中型企业	State owned	6459466	1636667	21.65
其中:大型企业	Large enterprises	12456191	3215041	17.32
中型企业	Mudium enterprises	3062584	827865	－8.41
小型企业	Small enterprises	1608014	476939	10.52
在总计中:中央企业	Centre enterprises	6292562	1540997	21.12
省及省以下属企业	Provincial and below	10834228	2978848	7.11
省属企业	Provincial enterprises	460168	118279	32.38
地区及地区以下属企业	Prefectural ctural and below	10374060	2860569	6.31
地区属企业	Prefectural enterprises	1969220	567563	4.19
县及县以下企业	County and below	8404840	2293006	6.80
县属企业	County enterprises	291858	84555	－6.06
街道属企业	Street enterprises	.11800	3528	－0.77
镇属企业	Town enterprises	58878	18635	－9.63
乡属企业	Town ship enterprises	10668	2860	－22.11
居委会办企业	Neighbourhood committee enterprises	9067	0	
村委会办企业	Village committee enterprises	47144	14329	2.56
其他属企业	Others	7975427	2169099	7.59
在总计中:农村工业	Rural industry	57812	17373	－15.81

10-2续表1 continued1

单位:万元 unit:10000yuan

		工业总产值（现行价格）Gross industrial output value (current price)	工业增加值（现行价格）Added value (current price)	工业增加值速度（可比价格）(%) Growth rate
B、采矿业	Mining and quarrying	33994	9243	-9.90
煤炭开采和洗选业	Coal mining and dressing	33994	9243	-9.90
C、制造业	Manfacturing	16581726	4336561	12.02
农副食品加工业	Food processing	1231781	296959	-16.32
食品制造业	Food manufacturing	65590	17970	1.45
饮料制造业	Beverage manufacturing	134623	54737	-40.04
烟草制品业	Tobacco processing	91370	30216	-26.15
纺织业	Textile industry	18977	951	-89.32
纺织服装、鞋、帽制造业	Garments shoes and hots	35321	10088	81.17
木材加工及木、竹、藤、棕、草制品业	Timber, bamboo, cane, palm and straw products	26202	6506	26.98
家具制造业	Funiture	3759	1049	-11.56
造纸及纸制品业	Paper making and paper products	16610	6968	34.81
印刷业和记录媒介的复制	Printing and record medium reproduction	23037	8137	11.35
石油加工、炼焦及核燃料加工业	Petroleum processing and coking	119226	12485	-58.76
化学原料及化学制品制造业	Raw chemical material and chemical products	74774	21973	0.34
医药制造业	Medical and pharmacutical products	284087	107932	-1.61
橡胶制品业	Rubber products	42578	16258	4.80
塑料制品业	Plastic products	55658	20204	74.07
非金属矿物制品业	Nonmetal mineral products	221801	98149	92.01
黑色金属冶炼及压延加工业	Smelting and pressing of ferrous metals	72268	21008	-94.37
有色金属冶炼及压延加工业	Smelting and pressing of Non-ferrous metals	6971	2289	-73.57
金属制品业	Metal products	34205	9503	-10.97
通用设备制造业	Ordinery machinery	317046	101578	27.08
专用设备制造业	Special purpose equipment	27285	9035	17.87
交通运输设备制造业	Transport equipment	13409618	3406982	17.30
电气机械及器材制造业	Electric equipmert and machinery	39758	8597	-100.0
通信设备、计算机及其他电子设备制造业	Electronic and telecommunication equipment	149696	42877	-26.01
仪器仪表及文化、办公用机械制造业	Instruments, meters, culturae and office	59173	18370	-5.28
工艺品及其他制造业	Art and other manufacture	20311	5741	-78.66
D、电力、燃气及水的生产和供应业	Production and supply of electric power, steam and hot water	511070	174041	4.51
电力、热力的生产和供应业	Production and supply electric power heat power	421045	141992	9.39
燃气生产和供应业	Production and supply of gas	37377	16102	57.86
水的生产和供应业	Production and supply of tap water	52647	15947	-38.58

10－3 工业企业主要经济指标(一)
MAIN ECONOMIC INDICATORS OF INDUSTRIAL ENTERPRISES(Ⅰ)

单位:万元 unit:10000yuan

		企业单位数 Enterprises	亏损企业 Making loss enterprises	应收帐款净额 Account receiveabre	产成品 Products	流动资产平均余额 Annual average balance of circulating
总计	Total	580	169	2218057	747051	8618446
在总计中:1.国有企业	State owned	94	48	843827	305206	4325008
2.集体企业	Collective owned	94	16	96020	54256	215138
3.股份合作企业	Share holding cooperative	21	7	5219	5702	26621
4.股份制企业	Share－holding company	235	72	356852	178051	1486640
5.外商和港澳台商投资企业	Funded from HongKong, Macao and Taiwan	88	20	905856	198104	2536526
6.其他	Others	48	6	10283	5731	28513
在总计中:国有控股企业	State share holding	200	95	1819854	503706	7264559
其中:国有控股大型企业	Large size	11	2	1492556	313185	5809412
国有控股中型企业	Medium size	54	22	211007	117388	1092042
国有控股小型企业	Small size	135	71	116291	73133	363105
在总计中:1.轻工业	Light industry	218	77	242187	203815	1026415
2.重工业	Heavy industry	362	92	1975870	543236	7592031
在总计中:大中型企业	Large and medium enterprises	111	35	1894943	564884	7589023
其中:国有大中型企业	State owned	26	10	802969	283993	4195697
其中:大型企业	Large enterprises	14	2	1525906	336906	5985874
中型企业	Mudium enterprises	97	33	369036	227978	1603149
小型企业	Small enterprises	469	134	323115	182168	1029423
在总计中:中央企业	Centre enterprises	18	8	813328	263748	4093544
地方企业	Local enterprises	562	161	1404729	483304	4524902
省属企业	Provincial enterprises	32	11	47522	40108	219917
地区及地区以下企业	Prefectural and below	530	150	1357207	443195	4304985
地区属企业	Prefectural enterprises	162	72	330415	214974	1404372
县及县以下属企业	County and below	368	78	1026792	228221	2900613
县属企业	County enterprises	59	22	20532	12634	82093
街道属企业	Street enterprises	8	1	3315	657	6142
镇属企业	Town enterprises	16		23657	10054	32422
乡属企业	Town ship enterprises	5		1180	1719	8136
居委会办企业	Neighbourhood committee enterprises	4		2835	3172	10018
村委会办企业	Village committee enterprises	22	1	6760	5645	18287
其他属企业	Others	254	54	968513	194341	2743515
在总计中:亏损企业	Making loss enterprises	140	107	148191	89427	891328
在总计中:农村工业	Rural industry	27	1	7940	7364	26423

10－3续表1 continued1

单位:万元 unit:10000yuan

		企业单位数 Enter－prises	亏损企业 Making loss enterprises	应收帐款净额 Account receiveabre	产成品 Products	流动资产平均余额 Annual average balance of circulating
B、采矿业	Mining and quarrying	7		2796	1457	10939
煤炭开采和洗选业	Coal mining and dressing	7		2796	1457	10939
C、制造业	Manfacturing	543	153	2108916	731214	8276501
农副食品加工业	Food processing	42	13	58910	88851	321890
食品制造业	Food manufacturing	17	7	5076	1994	31392
饮料制造业	Beverage manufacturing	21	7	11060	7270	71261
烟草制品业	Tobacco processing	1	1	8259	293	74358
纺织业	Textile industry	6	3	5976	30542	75742
纺织服装、鞋、帽制造业	Garments shoes and hots	20	5	3422	9175	24587
木材加工及木、竹、藤、棕、草制品业	Timber, bamboo, cane, palm and straw products	12	2	3977	2636	15546
家具制造业	Funiture	2	1	320	2531	7610
造纸及纸制品业	Paper making and paper products	4	2	685	323	1407
印刷业和记录媒介的复制	Printing and record medium reproduction	15	4	2945	4789	16880
石油加工、炼焦及核燃料加工业	Petroleum processing and coking	4	1	2064	2069	8235
化学原料及化学制品制造业	Raw chemical material and chemical products	19	3	17161	10925	55050
医药制造业	Medical and pharmacutical products	48	17	88900	34103	223427
橡胶制品业	Rubber products	5	2	13460	3113	70880
塑料制品业	Plastic products	21	3	14817	5957	37334
非金属矿物制品业	Nonmetal mineral products	42	12	40187	13137	140374
黑色金属冶炼及压延加工业	Smelting and pressing of ferrous metals	7	2	6835	7205	27847
有色金属冶炼及压延加工业	Smelting and pressing of Non－ferrous metals	4	1	1547	213	2405
金属制品业	Metal products	16	6	9148	10527	29909
通用设备制造业	Ordinery machinery	32	8	32943	6848	139436
专用设备制造业	Special purpose equipment	14	3	11894	6423	31899
交通运输设备制造业	Transport equipment	147	33	1706728	429147	6593287
电气机械及器材制造业	Electric equipmert and machinery	17	7	7737	8944	42071
通信设备、计算机及其他电子设备制造业	Electronic and telecommunication equipment	11	8	22619	31332	139864
仪器仪表及文化、办公用机械制造业	Instruments, meters, culturae and office	10	1	30579	12386	90608
工艺品及其他制造业	Art and other manufacture	6	1	1669	481	3204
D、电力、燃气及水的生产和供应业	Production and supply of electric power, steam and hot water	30	16	106346	14380	331005
电力、热力的生产和供应业	Production and supply electric power heat power	19	8	66998	14309	220562
燃气生产和供应业	Production and supply of gas	4	2	18467	71	60600
水的生产和供应业	Production and supply of tap water	7	6	20881	0	49843

10－4 工业企业主要经济指标(二)
MAIN ECONOMIC INDICATORS OF INDUSTRIAL ENTERPRISES(Ⅱ)

单位:万元 unit:10000yuan

		固定资产净值平均余额 Annual average balance	资产合计 Total assets	负债合计 Liabilities	产品销售收入 Sales revenue
总　计	Total	4797957	17453523	10647315	16559128
在总计中:1. 国有企业	State owned	1959105	9144248	6279712	7196597
2. 集体企业	Collective owned	112509	371916	245827	488187
3. 股份合作企业	Share holding cooperative	20623	57651	39832	46804
4. 股份制企业	Share－holding company	1425480	3543829	2117303	2086870
5. 外商和港澳台商投资企业	Funded from HongKong, Macao and Taiwan	1251382	4270545	1926751	6648363
6. 其他	Others	28858	65335	37890	92306
在总计中:国有控股企业	State share holding	3786853	14777054	9119443	13467925
其中:国有控股大型企业	Large size	2237193	11143950	6688969	11846909
国有控股中型企业	Medium size	1245783	2841577	1936713	1238723
国有控股小型企业	Small size	303877	791527	493760	382293
在总计中:1. 轻工业	Light industry	985763	2260877	1293370	2014484
2. 重工业	Heavy industry	3812194	15192646	9353945	14544644
在总计中:大中型企业	Large and medium enterprises	4113398	15474334	9522026	15043227
其中:国有大中型企业	State owned	1836275	8820651	6040549	7065342
其中:大型企业	Large enterprises	2488169	11620066	7038468	12333161
中型企业	Mudium enterprises	1625229	3854268	2483559	2710066
小型企业	Small enterprises	684559	1979189	1125289	1515902
在总计中:中央企业	Centre enterprises	1416559	8264984	5583184	6946402
地方企业	Local enterprises	3381398	9188539	5064131	9612727
省属企业	Provincial enterprises	167015	450215	320052	462476
地区及地区以下属企业	Prefectural and below	3214384	8738324	4744079	9150250
地区属企业	Prefectural enterprises	1681868	3780941	2413287	1834460
县及县以下企业	County and below	1532516	4957383	2330792	7315790
县属企业	County enterprises	97697	214364	158427	288153
街道属企业	Street enterprises	4838	11266	5026	11770
镇属企业	Town enterprises	21973	56308	20820	55667
乡属企业	Town ship enterprises	3250	12547	5172	8344
居委会办企业	Neighbourhood committee enterprises	2922	15723	9764	8608
村委会办企业	Village committee enterprises	12276	36169	18853	42837
其他属企业	Others	1389560	4611006	2112730	6900411
在总计中:亏损企业	Making loss enterprises	1107746	2408780	1781531	797632
在总计中:农村工业	Rural industry	15526	48716	24025	51181

10－4续表1　continued1

单位:万元　unit:10000yuan

		固定资产净值平均余额 Annual average balance	资产合计 Total assets	负债合计 Liabilities	产品销售收入 Sales revenus
B、采矿业	Mining and quarrying	25173	39173	24582	27848
煤炭开采和洗选业	Coal mining and dressing	25173	39173	24582	27848
C、制造业	Manfacturing	3722134	15808635	9564545	15791301
农副食品加工业	Food processing	276704	677732	402092	1227485
食品制造业	Food manufacturing	25158	70592	51066	60447
饮料制造业	Beverage manufacturing	71804	159748	110903	121996
烟草制品业	Tobacco processing	43563	108174	98192	92121
纺织业	Textile industry	28677	124101	77020	17756
纺织服装、鞋、帽制造业	Garments shoes and hots	18013	52625	31975	39552
木材加工及木、竹、藤、棕、草制品业	Timber, bamboo, cane, palm and straw products	32453	53841	28543	27273
家具制造业	Funiture	1540	9541	10926	4237
造纸及纸制品业	Paper making and paper products	410	2579	2295	15780
印刷业和记录媒介的复制	Printing and record medium reproduction	18389	39799	31605	22337
石油加工、炼焦及核燃料加工业	Petroleum processing and coking	5793	18256	9153	71747
化学原料及化学制品制造业	Raw chemical material and chemical products	29656	107145	68931	70568
医药制造业	Medical and pharmacutical products	150749	445264	224314	173949
橡胶制品业	Rubber products	17329	93914	72627	45785
塑料制品业	Plastic products	25279	71020	29655	38974
非金属矿物制品业	Nonmetal mineral products	239132	458096	274221	227629
黑色金属冶炼及压延加工业	Smelting and pressing of ferrous metals	23220	61338	66319	51579
有色金属冶炼及压延加工业	Smelting and pressing of Non－ferrous metals	433	3053	2299	6838
金属制品业	Metal products	17090	55168	36584	33741
通用设备制造业	Ordinery machinery	54504	246887	59008	60460
专用设备制造业	Special purpose equipment	19069	55315	30769	33129
交通运输设备制造业	Transport equipment	2308124	12217641	7391142	13094727
电气机械及器材制造业	Electric equipmert and machinery	28928	86458	68618	38809
通信设备、计算机及其他电子设备制造业	Electronic and telecommunication equipment	210202	414960	300566	103225
仪器仪表及文化、办公用机械制造业	Instruments, meters, culturae and office	73550	167641	81956	91666
工艺品及其他制造业	Art and other manufacture	2367	7749	3769	19494
D、电力、燃气及水的生产和供应业	Production and supply of electric power, steam and hot water	1050650	1605715	1058188	739979
电力、热力的生产和供应业	Production and supply electric power heat power	640684	1025770	848343	598098
燃气生产和供应业	Production and supply of gas	148518	257071	126976	91034
水的生产和供应业	Production and supply of tap water	261448	322874	82868	50847

10－5 工业企业主要经济指标(三)
MAIN ECONOMIC INDICATORS OF INDUSTRIAL ENTERPRISES(Ⅲ)

单位:万元 unit:10000yuan

		产品销售成本 Cost of sales	产品销售费用 Cost of sales	销售税金及附加 Coles tax and extra charge	管理费用 Cost of management
总计	Total	14199670	353683	405908	980409
在总计中:1.国有企业	State owned	6257200	140898	125009	594350
2.集体企业	Collective owned	455006	4047	1367	28443
3.股份合作企业	Share holding cooperative	42179	1053	171	3129
4.股份制企业	Share－holding company	1752845	62555	15679	178708
5.外商和港澳台商投资企业	Funded from HongKong, Macao and Taiwan	5610577	141970	262661	173397
6.其他	Others	81864	3161	1020	2380
在总计中:国有控股企业	State share holding	11605933	274363	394457	871727
其中:国有控股大型企业	Large size	10313845	227457	347234	683093
国有控股中型企业	Medium size	1000611	32155	45453	152321
国有控股小型企业	Small size	291478	14751	1769	36313
在总计中:1.轻工业	Light industry	1611649	79740	44100	95853
2.重工业	Heavy industry	12588021	273942	361807	884556
在总计中:大中型企业	Large and medium enterprises	12943838	310036	399705	894542
其中:国有大中型企业	State owned	6153672	135912	124212	573398
其中:大型企业	Large enterprises	10768348	235563	348772	697037
中型企业	Mudium enterprises	2175490	74473	50933	197505
小型企业	Small enterprises	1255833	43647	6203	85867
在总计中:中央企业	Centre enterprises	6033385	136428	119837	565823
地方企业	Local enterprises	8166285	217254	286070	414586
省属企业	Provincial enterprises	417896	16300	693	22094
地区及地区以下属企业	Prefectural and below	7748389	200955	285378	392492
地区属企业	Prefectural enterprises	1547883	57993	9602	192874
县及县以下企业	County and below	6200506	142961	275776	199618
县属企业	County enterprises	246483	11879	10508	13653
街道属企业	Street enterprises	10460	120	75	372
镇属企业	Town enterprises	55516	1114	367	3117
乡属企业	Town ship enterprises	5997	93	22	149
居委会办企业	Neighbourhood committee enterprises	7223	457	16	467
村委会办企业	Village committee enterprises	38312	300	60	1321
其他属企业	Others	5836536	128999	264728	180540
在总计中:亏损企业	Making loss enterprises	667850	25921	41189	129231
在总计中:农村工业	Rural industry	44289	392	83	1470

10－5续表1 continued1

单位:万元 unit:10000yuan

		产品销售成本 Cost of sales	产品销售费用 Cost of sales	销售税金及附加 Coles tax and extra charge	管理费用 Cost of management
B、采矿业	Mining and quarrying	19285	906	268	4761
煤炭开采和洗选业	Coal mining and dressing	19285	906	268	4761
C、制造业	Manfacturing	13585174	343838	402295	946847
农副食品加工业	Food processing	1054967	17524	1145	23962
食品制造业	Food manufacturing	51946	5174	349	3376
饮料制造业	Beverage manufacturing	90962	14731	7256	6780
烟草制品业	Tobacco processing	41338	2923	32512	10676
纺织业	Textile industry	18141	69	21	2215
纺织服装、鞋、帽制造业	Garments shoes and hots	31204	1395	173	3235
木材加工及木、竹、藤、棕、草制品业	Timber, bamboo, cane, palm and straw products	18197	1375	25	1895
家具制造业	Funiture	3749	168	0	157
造纸及纸制品业	Paper making and paper products	15552	82	17	189
印刷业和记录媒介的复制	Printing and record medium reproduction	14892	1100	169	2996
石油加工、炼焦及核燃料加工业	Petroleum processing and coking	65810	144	3301	2205
化学原料及化学制品制造业	Raw chemical material and chemical products	53897	3695	345	7038
医药制造业	Medical and pharmacutical products	83886	29029	743	19904
橡胶制品业	Rubber products	43682	341	2905	1573
塑料制品业	Plastic products	30005	989	206	1395
非金属矿物制品业	Nonmetal mineral products	163222	10798	2387	16342
黑色金属冶炼及压延加工业	Smelting and pressing of ferrous metals	49217	355	241	1725
有色金属冶炼及压延加工业	Smelting and pressing of Non－ferrous metals	6295	83	33	218
金属制品业	Metal products	29427	535	148	2775
通用设备制造业	Ordinery machinery	44397	2024	319	7308
专用设备制造业	Special purpose equipment	26352	1816	243	3287
交通运输设备制造业	Transport equipment	11434551	240106	348514	775039
电气机械及器材制造业	Electric equipmert and machinery	32221	1493	135	2900
通信设备、计算机及其他电子设备制造业	Electronic and telecommunication equipment	98232	3545	489	32991
仪器仪表及文化、办公用机械制造业	Instruments, meters, culturae and office	66301	4096	488	16003
工艺品及其他制造业	Art and other manufacture	16735	249	132	666
D、电力、燃气及水的生产和供应业	Production and supply of electric power, steam and hot water	595211	8939	3345	28801
电力、热力的生产和供应业	Production and supply electric power heat power	497284	168	2272	11008
燃气生产和供应业	Production and supply of gas	60007	5464	762	8907
水的生产和供应业	Production and supply of tap water	37921	3307	310	8886

10－6　工业企业主要经济指标(四)
MAIN ECONOMIC INDICATORS OF INDUSTRIAL ENTERPRISES(Ⅳ)

单位:万元　　unit:10000yuan

		财务费用 Financial expenses	利息支出 Interest expenditure	利润总额 After－tax profits	亏损企业亏损额 Total loss of loss－making enterprises
总　计	Total	150312	112826	721708	162617
在总计中:1.国有企业	State owned	49690	48395	223874	40635
2.集体企业	Collective owned	1858	1347	7717	3414
3.股份合作企业	Share holding cooperative	434	405	－180	1533
4.股份制企业	Share－holding company	32115	24099	42486	79964
5.外商和港澳台商投资企业	Funded from HongKong, Macao and Taiwan	65140	37765	445485	36575
6.其他	Others	1075	815	2326	495
在总计中:国有控股企业	State share holding	116960	88667	507888	145632
其中:国有控股大型企业	Large size	72192	47102	536189	5313
国有控股中型企业	Medium size	39345	36754	－43157	123584
国有控股小型企业	Small size	5423	4812	14856	16735
在总计中:1.轻工业	Light industry	27246	23799	117329	25085
2.重工业	Heavy industry	123066	89027	604380	137532
在总计中:大中型企业	Large and medium enterprises	137257	102390	639457	139347
其中:国有大中型企业	State owned	46556	45425	229789	30507
其中:大型企业	Large enterprises	82497	52875	541284	5313
中型企业	Mudium enterprises	54760	49515	98173	134035
小型企业	Small enterprises	13054	10436	82252	23269
在总计中:中央企业	Centre enterprises	33281	32790	248742	14445
地方企业	Local enterprises	117031	80036	472966	148172
省属企业	Provincial enterprises	8217	7479	6228	1235
地区及地区以下属企业	Prefectural and below	108814	72557	466738	146937
地区属企业	Prefectural enterprises	44197	40229	－20498	134496
县及县以下属企业	County enterprise and below	64617	32328	487236	12440
县属企业	County enterprises	3039	2644	2914	4594
街道属企业	Street enterprises	78	78	549	55
镇属企业	Town enterprises	206	61	3807	0
乡属企业	Town ship enterprises	－3	－5	1051	0
居委会办企业	Neighbourhood committee enterprises	8	7	355	0
村委会办企业	Village committee enterprises	146	72	2166	7
其他属企业	Others	61143	29471	476395	7784
在总计中:亏损企业	Making loss enterprises	32877	28973	－113985	122323
在总计中:农村工业	Rural industry	143	67	3217	7

10－6续表1 continued1

单位:万元 unit:10000yuan

		财务费用 Financial expenses	利息支出 Interest expenditure	利润总额 After－tax profits	亏损企业亏损额 Total loss of loss－making enterprises
B、采矿业	Mining and quarrying	69	58	2325	0
煤炭开采和洗选业	Coal mining and dressing	69	58	2325	0
C、制造业	Manfacturing	128561	95792	701309	142003
农副食品加工业	Food processing	15451	14520	91333	1576
食品制造业	Food manufacturing	865	640	255	1234
饮料制造业	Beverage manufacturing	1603	1304	357	4075
烟草制品业	Tobacco processing	－147	－147	－3434	3434
纺织业	Textile industry	80	58	－2872	3060
纺织服装、鞋、帽制造业	Garments shoes and hots	517	460	2711	167
木材加工及木、竹、藤、棕、草制品业	Timber,bamboo,cane,palm and straw products	189	3	1846	142
家具制造业	Funiture	148	0	29	35
造纸及纸制品业	Paper making and paper products	25	25	－95	123
印刷业和记录媒介的复制	Printing and record medium reproduction	421	424	666	199
石油加工、炼焦及核燃料加工业	Petroleum processing and coking	137	135	218	13
化学原料及化学制品制造业	Raw chemical material and chemical products	2410	863	1311	5566
医药制造业	Medical and pharmacutical products	4042	3485	30336	2922
橡胶制品业	Rubber products	1070	1070	－3581	3696
塑料制品业	Plastic products	424	304	3419	256
非金属矿物制品业	Nonmetal mineral products	7261	7005	22540	4819
黑色金属冶炼及压延加工业	Smelting and pressing of ferrous metals	190	177	－115	1103
有色金属冶炼及压延加工业	Smelting and pressing of Non－ferrous metals	70	70	123	16
金属制品业	Metal products	568	513	42	836
通用设备制造业	Ordinery machinery	586	551	157	1668
专用设备制造业	Special purpose equipment	675	616	1299	170
交通运输设备制造业	Transport equipment	83046	56976	586491	66634
电气机械及器材制造业	Electric equipmert and machinery	2080	488	－1106	1900
通信设备、计算机及其他电子设备制造业	Electronic and telecommunication equipment	6381	5729	－35565	37972
仪器仪表及文化、办公用机械制造业	Instruments, meters, culturae and office	359	495	3817	348
工艺品及其他制造业	Art and other manufacture	113	29	1130	44
D、电力、燃气及水的生产和供应业	Production and supply of electric power, steam and hot water	21681	16976	18075	20613
电力、热力的生产和供应业	Production and supply electric power heat power	17638	12933	－2887	18683
燃气生产和供应业	Production and supply of gas	1842	1843	22164	587
水的生产和供应业	Production and supply of tap water	2200	2200	－1202	1344

10－7 工业企业主要经济指标(五)
MAIN ECONOMIC INDICATORS OF INDUSTRIAL ENTERPRISES(Ⅴ)

单位:万元　　unit:10000yuan

		利税总额 Pre－tax profits	应交增值税 Vaue added tax payable	工业中间投入 Middle imput	全部从业人员平均人数(人) Employees (person)
总　计	Total	1662627	535011	12014491	300781
在总计中:1.国有企业	State owned	613382	264499	5235775	136198
2.集体企业	Collective owned	17410	8326	428631	26567
3.股份合作企业	Share holding cooperative	1329	1338	23234	2853
4.股份制企业	Share－holding company	123887	65721	1547590	86599
5.外商和港澳台商投资企业	Funded from HongKong, Macao and Taiwan	901827	193681	4718263	42728
6.其他	Others	4792	1446	60999	5836
在总计中:国有控股企业	State share holding	1387080	484736	9683090	213008
其中:国有控股大型企业	Large size	1297911	414488	8471694	119379
国有控股中型企业	Medium size	60811	58515	943234	56224
国有控股小型企业	Small size	28358	11733	268162	37405
在总计中:1.轻工业	Light industry	199892	38463	1562071	68987
2.重工业	Heavy industry	1462735	496548	10452420	231794
在总计中:大中型企业	Large and medium enterprises	1537832	498670	11104596	218930
其中:国有大中型企业	State owned	614936	260934	5150543	114064
其中:大型企业	Large enterprises	1307706	417651	8849247	138435
中型企业	Mudium enterprises	230126	81019	2255349	80495
小型企业	Small enterprises	124795	36340	909895	81851
在总计中:中央企业	Centre enterprises	622504	253924	5038869	100586
地方企业	Local enterprises	1040123	281086	6975622	200195
省属企业	Provincial enterprises	13277	6356	357458	26047
地区及地区以下属企业	Prefectural and below	1026846	274730	6618164	174148
地区属企业	Prefectural enterprises	54428	65325	1404151	89230
县及县以下企业	County and below	972418	209406	5214013	84918
县属企业	County enterprises	21698	8277	198512	17057
街道属企业	Street enterprises	841	218	4715	877
镇属企业	Town enterprises	5161	988	31862	3605
乡属企业	Town ship enterprises	1203	130	5719	618
居委会办企业	Neighbourhood committee enterprises	893	522	6457	393
村委会办企业	Village committee enterprises	2896	669	27637	2193
其他属企业	Others	939726	198603	4939110	60175
在总计中:亏损企业	Making loss enterprises	－46455	26342	516892	63217
在总计中:农村工业	Rural industry	4099	799	33356	2811

10－7续表1 continued1　　　　单位:万元 unit:10000yuan

		利税总额 Pre－tax profits	应交增值税 Value added Tax payable	工业中间投入 Middle imput	全部从业人员平均人数(人) Employees (person)
B、采矿业	Mining and quarrying	4826	2234	13485	7034
煤炭开采和洗选业	Coal mining and dressing	4826	2234	13485	7034
C、制造业	Manfacturing	1609676	506072	11713110	266332
农副食品加工业	Food processing	94222	1743	1066728	22276
食品制造业	Food manufacturing	1882	1278	35562	4060
饮料制造业	Beverage manufacturing	12928	5315	87002	5882
烟草制品业	Tobacco processing	38381	9303	41037	1262
纺织业	Textile industry	－2627	224	14143	4825
纺织服装、鞋、帽制造业	Garments shoes and hots	3366	482	26548	5013
木材加工及木、竹、藤、棕、草制品业	Timber, bamboo, cane, palm and straw products	2083	212	14902	2704
家具制造业	Funiture	33	4	3163	388
造纸及纸制品业	Paper making and paper products	45	122	7255	350
印刷业和记录媒介的复制	Printing and record medium reproduction	1930	1096	11054	2590
石油加工、炼焦及核燃料加工业	Petroleum processing and coking	4988	1469	46458	1024
化学原料及化学制品制造业	Raw chemical material and chemical products	4083	2427	69265	3432
医药制造业	Medical and pharmacutical products	44335	13256	104518	9647
橡胶制品业	Rubber products	1069	1745	29704	2409
塑料制品业	Plastic products	4729	1104	34277	1251
非金属矿物制品业	Nonmetal mineral products	40287	15360	145553	9979
黑色金属冶炼及压延加工业	Smelting and pressing of ferrous metals	1217	1091	43146	1860
有色金属冶炼及压延加工业	Smelting and pressing of Non－ferrous metals	425	269	5026	409
金属制品业	Metal products	998	808	21475	2514
通用设备制造业	Ordinery machinery	1663	1187	54271	8129
专用设备制造业	Special purpose equipment	3166	1625	18114	3299
交通运输设备制造业	Transport equipment	1374401	439397	9627115	153374
电气机械及器材制造业	Electric equipmert and machinery	173	1144	25422	6100
通信设备、计算机及其他电子设备制造业	Electronic and telecommunication equipment	－34728	348	108722	6962
仪器仪表及文化、办公用机械制造业	Instruments, meters, culturae and office	9167	4863	58101	5734
工艺品及其他制造业	Art and other manufacture	1461	199	14551	859
D、电力、燃气及水的生产和供应业	Production and supply of electric power, steam and hot water	48124	26705	287896	27415
电力、热力的生产和供应业	Production and supply electric power heat power	15536	16150	211138	16176
燃气生产和供应业	Production and supply of gas	30224	7298	49054	5969
水的生产和供应业	Production and supply of tap water	2365	3256	27704	5270

10－8 工业产销总值及企业用电量汇总表(一)
MAIN INDICATORS OF INDUSTRIAL OUTPUT, SALES AND CONSUMPTION ELECTRCITY(Ⅰ)

单位:万元　　unit:10000yuan

		工业总产值(现行价格) Gross industrial output value (current price)	其中:新产品产值 New products	工业销售产值(现行价格) Sale revenue (current price)
总　计	Total	17126789	9136382	17226731
在总计中:1.国有企业	State owned	6591705	3238330	6707344
2.集体企业	Collective owned	513065	853	503969
3.股份合作企业	Share－holding cooperative	32643	0	33486
4.股份制企业	Share－holding company	2218877	256854	2193736
5.外商和港澳台商投资企业	Funded from Hongkong, Macao and Taiwan	7676293	5640345	7696137
6.其他	Others	94206	0	92059
在总计中:国有控股企业	State share holding	13852052	8843773	14067084
其中:国有控股大型企业	Large size	12005200	8754623	12288041
国有控股中型企业	Medium size	1415069	45985	1367353
国有控股小型企业	Small size	431783	43166	411691
在总计中:1.轻工业	Light industry	2171195	35241	2034923
2.重工业	Heavy industry	14955595	9101142	15191809
在总计中:大中型企业	Large and medium enterprises	15518775	8898469	15680747
其中:国有大中型企业	State owned	6459466	3222516	6583423
其中:大型企业	Large enterprises	12456191	8764058	12715049
中型企业	Mudium enterprises	3062584	134411	2965697
小型企业	Small enterprises	1608014	237913	1545985
在总计中:中央企业	Centre enterprises	6292562	3245492	6419853
省及省以下属企业	Provincial and below	10834228	5890890	10806878
省属企业	Provincial enterprises	460168	7704	420887
地区及地区以下属企业	Prefectural and below	10374060	5883186	10385992
地区属企业	Prefectural enterprises	1969220	116172	1965177
县及县以下企业	County and below	8404840	5767015	8420815
县属企业	County enterprises	291858	0	287401
街道属企业	Street enterprises	11800	0	11593
镇属企业	Town enterprises	58878	0	56653
乡属企业	Town shipenter prises	10668	0	8620
居委会办企业	Neighbourhood committee enterprises	9067	0	8177
村委会办企业	Village committee enterprises	47144	0	41453
其他属企业	Others	7975427	5767015	8006618
在总计中:农村工业	Rural industry	57812	0	50073

10－8续表1 continued1 单位:万元 unit:10000yuan

		工业总产值(现行价格) Gross industrial output value (current price)	其中:新产品产值 New products	工业销售产值(现行价格) Sale revenue (current price)
B、采矿业	Mining and quarrying	33994	641	34106
煤炭开采和洗选业	Coal mining and dressing	33994	641	34106
C、制造业	Manfacturing	16608869	9135742	16719205
农副食品加工业	Food processing	1231781	0	1171068
食品制造业	Food manufacturing	65590	0	66833
饮料制造业	Beverage manufacturing	134623	0	129852
烟草制品业	Tobacco processing	91370	3772	92486
纺织业	Textile industry	18977	3367	15522
纺织服装、鞋、帽制造业	Garments shoes and hots	35169	183	34466
木材加工及木、竹、藤、棕、草制品业	Timber, bamboo, cane, palm and straw products	26202	4721	28948
家具制造业	Funiture	3759	0	4142
造纸及纸制品业	Paper making and paper products	16403	0	16192
印刷业和记录媒介的复制	Printing and record medium reproduction	23244	0	22505
石油加工、炼焦及核燃料加工业	Petroleum processing and coking	54348	0	55910
化学原料及化学制品制造业	Raw chemical material and chemical products	72920	802	75446
医药制造业	Medical and pharmacutical products	284087	17874	212074
橡胶制品业	Rubber products	42390	0	46068
塑料制品业	Plastic products	55658	0	56404
非金属矿物制品业	Nonmetal mineral products	221801	0	217591
黑色金属冶炼及压延加工业	Smelting and pressing of ferrous metals	72268	0	71287
有色金属冶炼及压延加工业	Smelting and pressing of Non－ferrous metals	6971	0	6838
金属制品业	Metal products	34071	109	33703
通用设备制造业	Ordinery machinery	89643	2247	74310
专用设备制造业	Special purpose equipment	30038	3114	30151
交通运输设备制造业	Transport equipment	13729796	9072307	14007808
电气机械及器材制造业	Electric equipmert and machinery	38579	2089	35942
通信设备、计算机及其他电子设备制造业	Electronic and telecommunication equipment	149696	2652	140303
仪器仪表及文化、办公用机械制造业	Instruments, meters, culturae and office	59173	22505	54950
工艺品及其他制造业	Art and other manufacture	20311	0	18406
D、电力、燃气及水的生产和供应业	Production and supply of electric power, steam and hot water	483927	0	473421
电力、热力的生产和供应业	Production and supply electric power heat power	327239	0	327060
燃气生产和供应业	Production and supply of gas	104041	0	94128
水的生产和供应业	Production and supply of tap water	52647	0	52234

10－9 工业产销总值及企业用电量汇总表(二)
MAIN INDICATORS OF INDUSTRIAL OUTPUT, SALES AND CONSUMPTION ELECTROTY(Ⅱ)

单位:万元 unit:10000yuan

		其中:出口交货值 Export	企业用电量(万千瓦小时) Electrlity consumption (10000kw/h)	产品销售率(%) Output to Sales
总　计	Total	328774	385493.01	100.58
在总计中:1.国有企业	State owned	74984	162749.62	101.75
2.集体企业	Collective owned	2968	7570.32	98.23
3.股份合作企业	Share holding cooperative	72	1181.40	102.58
4.股份制企业	Share－holding company	72828	138534.74	98.87
5.外商和港澳台商投资企业	Funded from HongKong, Macao and Taiwan	177921	72728.52	100.26
6.其他	Others	0	2728.41	97.72
在总计中:国有控股企业	State share holding	181248	293728.47	101.55
其中:国有控股大型企业	Large size	105025	151375.14	102.36
国有控股中型企业	Medium size	73180	124600.70	96.63
国有控股小型企业	Small size	3043	17752.63	95.35
在总计中:1.轻工业	Light industry	118588	46980.82	93.72
2.重工业	Heavy industry	210186	338512.19	101.58
在总计中:大中型企业	Large and medium enterprises	299306	346004.89	101.04
其中:国有大中型企业	State owned	74869	153996.84	101.92
其中:大型企业	Large enterprises	134740	181188.54	102.08
中型企业	Mudium enterprises	164566	164816.35	96.84
小型企业	Small enterprises	29468	39488.12	96.14
在总计中:中央企业	Centre enterprises	73362	145649.62	102.02
省及省以下属企业	Provincial and below	255412	239843.39	99.75
省属企业	Provincial enterprises	29853	15089.02	91.46
地区及地区以下属企业	Prefectural and below	225559	224754.37	100.12
地区属企业	Prefectural enterprises	54493	115751.05	99.79
县及县以下企业	County and below	171066	109003.32	100.19
县属企业	County enterprises	0	14721.91	98.47
街道属企业	Street enterprises	0	466.80	98.25
镇属企业	Town enterprises	0	735.03	96.22
乡属企业	Town ship enterprises	0	237.54	80.80
居委会办企业	Neighbourhood committee enterprises	0	121.90	93.49
村委会办企业	Village committee enterprises	2968	805.47	87.93
其他属企业	Others	168098	91914.67	100.39
在总计中:农村工业	Rural industry	2968	1043.01	86.61

10－9续表1　continued1　　　　单位:万元　unit:10000yuan

		其中:出口交货值 Export	企业用电量(万千瓦小时) Electrlity consumption (10000kw/h)	产品销售率(%) Output to sales
B、采矿业	Mining and quarrying	0	4343.74	100.33
煤炭开采和洗选业	Coal mining and dressing	0	4343.74	100.33
C、制造业	Manfacturing	316277	316301.49	100.66
农副食品加工业	Food processing	91738	29945.59	95.07
食品制造业	Food manufacturing	0	2358.91	101.90
饮料制造业	Beverage manufacturing	0	3455.59	96.46
烟草制品业	Tobacco processing	73	665.00	101.22
纺织业	Textile industry	3417	222.60	81.79
纺织服装、鞋、帽制造业	Garments shoes and hots	3971	660.16	98.00
木材加工及木、竹、藤、棕、草制品业	Timber, bamboo, cane, palm and straw products	6561	1655.38	110.48
家具制造业	Funiture	1775	121.90	110.17
造纸及纸制品业	Paper making and paper products	0	1278.60	98.72
印刷业和记录媒介的复制	Printing and record medium reproduction	0	677.41	96.82
石油加工、炼焦及核燃料加工业	Petroleum processing and coking	0	1722.70	102.87
化学原料及化学制品制造业	Raw chemical material and chemical products	534	1647.58	103.46
医药制造业	Medical and pharmacutical products	764	3500.67	74.56
橡胶制品业	Rubber products	0	3269.40	108.68
塑料制品业	Plastic products	0	1166.64	101.34
非金属矿物制品业	Nonmetal mineral products	2020	62595.26	98.10
黑色金属冶炼及压延加工业	Smelting and pressing of ferrous metals	0	9737.30	98.64
有色金属冶炼及压延加工业	Smelting and pressing of Non－ferrous metals	0	168.36	98.09
金属制品业	Metal products	76	1127.10	98.92
通用设备制造业	Ordinery machinery	731	2356.41	82.90
专用设备制造业	Special purpose equipment	407	1521.73	100.73
交通运输设备制造业	Transport equipment	140055	161554.93	102.02
电气机械及器材制造业	Electric equipmert and machinery	1823	1341.65	93.16
通信设备、计算机及其他电子设备制造业	Electronic and telecommunication equipment	59614	5198.06	93.73
仪器仪表及文化、办公用机械制造业	Instruments, meters, culturae and office	1934	17645.50	92.86
工艺品及其他制造业	Art and other manufacture	786	707.06	90.62
D、电力、燃气及水的生产和供应业	Production and supply of electric power, steam and hot water	12497	64847.78	97.83
电力、热力的生产和供应业	Production and supply electric power heat power	17	60453.58	99.95
燃气生产和供应业	Production and supply of gas	12480	3672.50	90.47
水的生产和供应业	Production and supply of tap water	0	721.70	99.21

统计资料

STATISTICS

交通运输、邮电通信业

TRANSPORTATION，POST AND TELECOMMUNICATION

第十一篇　交通运输邮电和通信业

2004年长春市全年各种方式完成货物周转量为432.8亿吨/公里，比上年增长18.74%。其中：铁路398亿吨/公里，比上年增长20.24%；公路34.8亿吨/公里，比上年增长4.82%。民航32060.7吨/公里，比上年增长6.2%。

2004年完成旅客周转量为132亿人/公里，比上年增长8.2%。其中：铁路106.8亿人/公里，比上年增长31.85%；公路25.2亿人/公里，比上年增长4.2%；民航210.3万人/公里，比上年增长18.8%。

2004全年完成邮电业务收入36.6亿元，比上年增长2.52%，其中邮政收入由于各方面的原因，有大幅度的下降，全年邮政收入完成28725万元，比上年下降-20.6%。邮政特快专递略有增长，完成118.5万件，比上年增长7.7%。市话、农话及移动电话增长比较明显，分别为24.8%、24.0%、24.8。由于ADSL宽带的高速增长，促使互联网比上年增长了52.1%。

11－1 主要年份全社会客货运输量
BASIC STATISTICS ON TRANSPORTATION

		2000	2001	2002	2003	2004
一、铁路	Railway					
1.货物发送量(万　　吨)	Freight traffic(10000ton)	903	1652	1762	2022	2207.0
2.货物周转量(万吨公里)	Freight ton－Kilometers(10000ton·km)	2090000	3153800	3076000	3310000	3980000.0
3.旅客发送量(万　　人)	Passenger traffic(10000person)	1937	2743	2076	2304	2681.0
4.旅客周转量(万人公里)	Passenger Kilometers(10000person·km)	820000	846900	852000	810000	1068000.0
二、公路	Highways					
1.货物运输量(万　　吨)	Freight traffic(10000ton)	8910	8693	9010	8869	9369.0
2.货物周转量(万吨公里)	Freight ton－Kilometers(10000ton)	327516	318422	336000	332000	348000.0
3.旅客运输量(万　　人)	Passenger traffic(10000person)	4622	4675	4935	4632	4846.0
4.旅客周转量(万人公里)	Passenger Kilometers(10000person·km)	240414	240521	257000	241000	252000.0
三、民航	Civil aviation					
1.货邮发送量(吨)	Freight traffic(ton)	5730.1	6674.8	8784.3	9766	13764.3
2.货邮吞吐量(吨)	Freight ton－Kilomefers(ton)	16864	18971.6	22090.6	23726	32060.7
3.旅客发送量(万　　人)	Passenger traffic(10000person)	48.6	54.6	61.1	63	104.2
4.旅客吞吐量(万　　人)	Passenger Kilometers(10000person)	96.7	109.3	122.5	127	210.3
四、管道	Pipelines					
1.天然气输送量(万立方米)	Petroleum and gas traffic(10000cu·m)	3871.1	3679	9720	10261	11379.0
2.天然气周转量(万立方米/公里)	Petroleum and gas Kilometers(10000cu·m/km)	1199233	1138580	823000	923000	1110000.0

11－2 全社会客货运输(吞吐)量
PASSENGERS AND FREIGHT TRAFFIC

		计量单位 Unit		铁路 Railway		公路 Highway	民航 Airway	管道 Pipeline
				国家铁路 Stateowner	地方铁路 Local			
客运量	Passengers	万人	10000person	2681.00		4846.0	104.2	
旅客周转量	Passengers kilomters	万人公里	10000person－km	1068000.0		252000.0	210.3	
货运量	Freight traffic	万吨	10000tons	2207.0		9369.0	1.4	
货物周转量	Freight turnover	万吨公里	10000ton－km	398.0		348000.0		11379.0(万米^3)
货物吞吐量	Freight traffic	万吨公里	10000ton－km				3.2	111.0(亿米^{3}公里)

11－3　2004年长春市民用车辆拥有量

单位:辆

		总　计 Total	营　运 Operating
合计	Total	605962	102853
一、汽车	Vehicles	221214	88469
1.载客汽车	Buses and cars	153540	25219
其中:大型	Large	6755	4927
中型	Mudium	2241	666
小型	Smaller	126506	18782
微型	Smaller	18038	844
其中:轿车	Cars	95629	17637
2.载货汽车	Truck	64796	60911
其中:重型	Heavy	8801	8697
中型	Mudium	10702	10180
轻型	Light	43790	40743
微型	Small	1503	1291
其中:普通载货	Ordinary truck	35981	34179
3.其他车辆	Others	2878	2339
二、电车	Trolley bus and tram car	25	25
1.无轨	Trolley bus		
2.有轨	Tram car	25	25
三、摩托车	Motorcycle	262038	10950
1.普通	Ordinary	237094	10188
2.轻便	Light	24944	762
四、农用运输车	Truck	31082	
1.三轮	Three wheels	23588	
2.四轮	Four wheels	7494	
五、拖拉机	Tractors	88153	
1.大型	Large	7432	
2.小型	Small	80721	
六、挂车	Trailer	3406	3375
七、其他类型车	Others	44	34

补充资料:机动车驾驶员721290人,其中:汽车驾驶员514549人。

Note: The driver of motor－driven vehicle are 721290, and the driver of car are 514549.

NUMBER OF CIVIL MOTOR VEHICLE OWNED IN 2004

unit: coach

		总计中: In which:			
非营运 Non-operating	特种 Special type	其中:进口 Import	其中:个人 Individual	其中:新注册 Newly register	报废 Worthless
502711	**398**	**14714**	**353760**	**66552**	**405**
132348	397	13153	99583	32736	334
128018	303	11647	87325	28725	198
1828		77	719	1302	56
1566	9	40	797	403	4
107442	282	11521	71245	22862	135
17182	12	9	14564	4158	3
77992		8237	58865	19830	15
3844	41	1506	12258	4011	119
103	1	106	2318	1161	10
520	2	313	2446	508	25
3011	36	1075	6735	2151	83
210	2	12	759	191	1
1793	9	1231	9846	2042	107
486	53				17
251088		1561	254169	33807	66
226906		1464	229555	31445	60
24182		97	24614	2362	6
31082					
23588					
7494					
88153					
7432					
80721					
30	1				5
10			8	9	

11－4 主要年份邮电业务总量及邮电能力

BASIC STATISTICS ON POST AND TELECOMMUNICATIONS

		2000	2001	2002	2003	2004
邮电业务收入(万元)	Volume of post and telecommunication(10000yuan)	433564	316487.5	328971	384478	365994.2
函件(万件)	Letters(10000pcs)	4216	5583	5577	7931	3541.5
包件(万件)	Parcels(10000pcs)	56.2	70	66	85	72.6
汇票(万张)	Bill of exchange(10000)	97.9	97	94	89	70
订销报纸期发数(万份)	Newspapers circulation(10000)	110.9	72	34	26	0.9
订销报纸累计数(万份)	Total newspapers(10000)	7528	6665	5991	5888	4472.3
订销杂志期发数(万份)	Magazines circulation(10000)	66	82	50	23	0.7
订销杂志累计数(万份)	Total magazines(10000)	711	580	528	483	438.1
市话年末到达户数(万户)	Telephone subscribers(10000)	86.9	95.2	104.6	116.9	145.9
#住宅电话(万户)	Residentialtelephone subscribers(10000)	76.3	80.9	82.8	91.6	113.8
农话年末到达户数(万户)	Ruraltelephone subscribers(10000)	15.3	20.1	21.8	26.7	33.1
#住宅电话(万户)	Residentialtelephone subscribers(10000)	14.4	19.1	20.9	25.9	31.2
无线寻呼(万户)	Subscribers of paging service(10000)	68.6	51.5	32	14	6
移动电话(万户)	Mobiletelephones subscribers(10000)	87.9	154.9	251	279.8	349.1
电报(万份)	Telegrams(10000)	5.8	3.2	1	0.7	9346
长途电话(万户)	Long distance calls(10000)	8923	11994	11634	10390	0.3
特快专递(万份)	Express mail services(10000)	72	83.3	95	110	118.5
邮政储蓄年末余额(万元)	Postal deposits balance(10000yuan)	305316	353678	409562	465557	548577.2
邮路总长度(公里)	Length of postal routes(km)	87732	70294.3	84452	863025	864122
长途电路(路)	Long distance telephone lines(line)	70054	167866	222617	230220	240354
长途程控交换机容量(路端)	Capacity of telephone exchange(line)	58000	58000	58000	58000	58000
市话交换机总容量(万门)	Urban capacity(10000line)	137.1	151.6	185.6	188.7	190.2
农话交换机总容量(万门)	Rural capacity(10000line)	21.4	28.2	31	32.4	33.5
年末邮电局(所)数(处)	Post and telecommunication offices	559	566	575	580	574
年末电话机数(万部)	Telephones(10000)	110.6	129.8	131.7	133.7	135.2

统计资料

STATISTICS

建筑业

CONSTUCTION

长春统计年鉴

CHANGCHUN STATISTICAL YEARBOOK

2005

第十二篇　建筑业

2004年长春市建筑业发展状况良好,其主要经济指标持增长态势。

建筑业产值稳步增长。2004年全年累计完成施工产值224.78亿元,比去年增长13.13%,装饰装修产值5.8亿元,增长3.2%;建筑工程产值完成198.93亿元,增长17.66%.

国有及国有控股建筑企业仍占主要份额.2004年国有及国有控股建筑企业全年累计完成施工产值177.98亿元,占全市的79.18%,增长14.18%;建筑工程产值完成161.13亿元,占全市的81%,增长15.02%.

12-1　2004年长春市建筑业企业生产情况(快报)
MAIN ECONOMIC INDICATORS ON CONSTRUCTION ENTERPRISES IN CHANGCHUN(2004)

项目	Item	计量单位	Unit	总计 Total	国有及国有控股企业 State owned
企业个数	Enterprises	个	unit	308	98
一、建筑业合同情况	Cotracts				
签订的合同额	Amount of cotracts	万元	10000yuan	4579988	3957407
1.上年结转合同额	Cotracts in pre-year	万元	10000yuan	1761858	1615144
2.本年新签合同额	Started cotracts	万元	10000yuan	2818130	2360263
二、承包工程完成情况	Completed projects				
1.直接从建设单位承揽工程完成的产值	Output value	万元	10000yuan	2231713	1764366
①自行完成施工产值	Completed by oneself	万元	10000yuan	2227420	1760679
②分包出去工程的产值	Contract output value	万元	10000yuan	4293	3687
2.从建设单位以外承揽工程完成的产值	Contract output value	万元	10000yuan	20381	19130
三、建筑业总产值	Gross output value	万元	10000yuan	2247801	1779809
其中:装饰装修产值	Decorate	万元	10000yuan	57958	12716
在外省完成的产值	Outside province	万元	10000yuan	903891	884836
1.建筑工程产值	Construction	万元	10000yuan	1989322	1611263
2.安装工程产值	In stallment	万元	10000yuan	216487	140933
3.其他产值	Others	万元	10000yuan	41992	27613
四、竣工产值	Output value of completed	万元	10000yuan	1176192	796546
五、房屋建筑施工面积	Floor space under construction	平方米	sq·m	12934253	10006587
其中:新开工面积	Started project	平方米	sq·m	8681875	6425388
其中:实行投标承包面积	Floor space sf bid	平方米	sq·m	11248253	8777343
其中:新开工面积	Started project	平方米	sq·m	8590072	6361725
六、劳动人员情况	Employed persons				
计算劳动生产率的平均人数	Average persons	人	person	185128	123492
期末从业人数	Employed persons the end	人	person	157345	108925
其中:工程技术人员	Technical persons	人	person	24773	14730
持有一级资质证书的项目经理	Manager of project	人	person	1488	1180

12-2　2004年长春市建筑业房屋建筑完成情况(快报)
INDICATORS ON HOUSE COMPLETED OF CONSTRUCTION(2004)

项目	Item	自年初累计 Total 竣工面积(平方米) Floor space completed(sq·m)	自年初累计 Total 造价(万元) Output value(10000yuan)
房屋建筑竣工面积	Floor space of completed	6042399	451612
1.厂房、仓库	Storage	743924	57820
2.住宅	Houses	3605724	251234
3.办公用房	Office	474167	39409
4.批发和零售用房	Wholesale and tail trade	147639	12643
5.住宿和餐饮用房	Hotel and catering	60911	3487
6.居民服务业用房	Services	84598	6302
7.教育用房	Education	386473	45530
8.文化、体育和娱乐用房	Culture, sport and amuse	78275	5107
9.卫生医疗用房	Health care	71633	5818
10.科研用房	Science research	20060	1975
11.其他用房	Others	368995	22287

统计资料

STATISTICS

批发零售贸易和餐饮业

WHOLESALE RETAIL TRADES AND CATERING

长春统计年鉴

CHANGCHUN STATISTICAL YEARBOOK

2 0 0 5

第十三篇 批发零售贸易和餐饮业

2004年,我市实现社会消费品零售总额495.3亿元,比去年同期增长13.0%。

分行业看:批发零售贸易业仍占主体地位,全年实现零售额427.3亿元,占社会消费品零售总额的86.3%,比上年增长11.8%。其中:限额以上批发零售贸易业是带动社会消费品零售总额增长的主力军,全年实现零售额157.8亿元,比上年增长17.1%,增幅高于社会消费品零售总额4.1个百分点。限额以下及个体实现零售额269.5亿元,比上年增长8.9%;餐饮业拉动作用强劲,全年实现零售额67.6亿元,比上年增长21.6%;其他行业实现零售额0.4亿元,下降27.0%。

按经济类型划分:非公有经济发展较快,实现零售额433.6亿元,比上年增长17.2%。公有经济实现零售额61.7亿元,下降9.7%。非公有经济增幅高于公有经济增幅26.9个百分点。非公有经济在零售额中所占比重为87.5%,比上年上升了3.1个百分点。

从用途看:吃、穿、用零售额全面上升。在社会消费品零售总额中,食品类零售额实现150.2亿元,增长13.6%。穿着类零售额实现74.3亿元,增长11.3%。用品类零售额实现270.8亿元,增长13.1%。

13-1 社会消费品零售总额
TOTAL RETAIL SALES OF CONSUMER GOODS

单位:万元 unit:10000 yuan

		2004
社会消费品零售总额	**Total**	**4953383.6**
其中:市区	Urban district	4152873.6
(一)按销售单位所在地分组	Grouped by region	
(1)市的零售额	Total of district	4640647.4
(2)县的零售额	Total of county	100087.5
(3)县以下零售额	Below county	212648.7
(二)按经济类型分	Grouped by ownership	
国有经济	State owned	547983.1
非国有经济	No - state owned	4405400.5
公有经济	Public owned	617198.3
非公有经济	No - public owned	4336185.3
(三)按行业分组	Grouped by sector	
批发、零售贸易业	Wholesale and retair trade	4272575.0
限额以上	Above designated size	1578216.1
限额以下及个体	Under designated size	2694358.9
市场内	Inside market	1976170.1
市场外	Outside market	718188.8
餐饮业	Catering	675876.6
其他	Others	4932.0
(四)按用途分组	Grouped by use	
吃的商品	Food	1501692.7
穿的商品	Clothing	743122.9
用的商品	Daily consumer goods	2708568.0

统计资料

STATISTICS

对外经济贸易和旅游业

FOREIGN TRADE AND TOURISM

长春统计年鉴

CHANGCHUN STATISTICAL YEARBOOK

2005

第十四篇　对外经济贸易和旅游业

2004年长春市实现进出口总额53.2亿美元，比上年增长2.4%。其中，进口44.9亿美元，比上年增长24%；出口8.3亿美元，比上年下降47.5%。在出口中，国有企业出口5.3亿美元，比上年下降61.6%；外商投资企业出口2.3亿美元，比上年增长32.5%；一般贸易出口7亿美元，比上年下降52%。外贸依存度为28.8%，比上年下降3.6个百分点。

招商引资成效显著。全年新批三资项目132个，其中投资总额超千万美元项目46个。全年实际利用外资9亿美元，比上年增长20.1%。其中，直接利用外资3亿美元，比上年增长74.4%。

对外承包工程与劳务合作继续展开。全年新签对外承包和劳务合作合同金额2.5亿美元，完成营业额1.5亿美元，外派劳务人员1.4万人。

14－1 对外经济贸易指标
FOREIGN TRADE AND ECONOMIC COOPERATION

		单位 Unit	2003	2004
进出口总额(一)	Total imports and export	万美元 $ 10000	521826	531773
其中:进口	Imports	万美元 $ 10000	366643	449185
出口	Exports	万美元 $ 10000	155183	82588
1. 国有企业	State ownead	万美元 $ 10000	280964	211482
其中:进口	Imports	万美元 $ 10000	145321	158693
出口	Exports	万美元 $ 10000	135643	52789
2. 集体企业	Collective owned	万美元 $ 10000	458	895
其中:进口	Imports	万美元 $ 10000	18	11
出口	Exports	万美元 $ 10000	440	884
3. 三资企业	Foreign funds	万美元 $ 10000	236592	309030
其中:进口	Imports	万美元 $ 10000	219164	285933
出口	Exports	万美元 $ 10000	17428	23097
4. 私营企业	Private	万美元 $ 10000	3729	10494
其中:进口	Imports	万美元 $ 10000	2056	4544
出口	Exports	万美元 $ 10000	1673	5950
进出口总额(二)	Imports and exports	万美元 $ 10000	419949	498815
其中:进口	Imports	万美元 $ 10000	360519	441192
出口	Exports	万美元 $ 10000	59430	57623
新批项目(企业)数	Number of new registered enterprises	个 unit	118	132
投资总额	Total investment	万美元 $ 10000	67362	355851
合同利用外资额	Contract value	万美元 $ 10000	38898	131662
其中:直接利用外资额	Foreign direct investments	万美元 $ 10000	34242	129581
实际利用外资额	Total of foreign funds actually used	万美元 $ 10000	75101	90196
其中:直接利用外资额	Foreigh direct investment	万美元 $ 10000	17291	30162

注:进出口总额(一)中进出口总额是指在长春行政区域内工商注册、并在长春海关登记、赋予代码为“2201”的全部有外贸经营权的企业(公司)进出口总额。它是衡量我市有外贸经营权的企业(公司)经营规模和总体水平的标志。

进出口总额(二)中进出口总额是指在全国各地工商注册,并在当地海关登记的赋予相应代码的有外贸经营权的企业(公司),进口商品目的地为长春市、出口产品货源地产自长春市的进出口总额。它是衡量我市进口市场需求(包括项目)及出口生产质量、能力的标志。

*lmport－export value by changchun foreign trade managing units refer to actul value of imports and exports carried out by corporation which have been registered by changchun customhouse and vested with right to run import, export business

**lmport value of commodities by the places of their destination and export value of commodities by the place of their origin in china: The places of their consumption, unilization or the place of their final destinotion. The latter indicator refers to the value of export commodities of the places of their origin or the place of the commodities dispatched, changchun.

14-2 1995-2004 年旅游经济情况

		1995	1996	1997
海外旅游者(人次)	International tourists(person-time)	29732	33193	35346
外国人(人次)	Foreigners(person-time)	24494	27077	26562
华侨(人次)	Overseas chinese(person-time)	35	37	87
港澳同胞(人次)	Compatriots from Hongkongand Macao(person-time)	2553	3032	4440
台湾同胞(人次)	Compatriots from Taiwan(person-time)	2650	3049	4251
海外旅游者(人天)	International tourists(person-day)	98083	127370	92209
外国人(人天)	Foreigners(person-day)	86206	114178	77176
华侨(人天)	Overseas chinese(person-day)	91	88	213
港澳同胞(人天)	Compatriots from Hongkong and Macao(person-day)	6339	6639	78
台湾同胞(人天)	Compatriots from Taiwan(person-day)	5447	6465	7001
国内旅游者(万人次)	Domestic tourists(10000person-time)	560	570	590
旅游外汇收入(万美元)	Earnings from internotisnal tourism($10000)	1439	1501	1554
旅游业总收入(亿元)	Revenue of tourism(100 millon yuan)	3.9	6.5	10

DEVELOPMENT OF TOURISM(1995－2004)

1998	1999	2000	2001	2002	2003	2004
34323	44887	55734	66583	76146	68877	87201
28171	35874	38277	45720	55064	51523	70249
82	114					
3031	3892	6831	7280	5861	8546	8378
3039	5007	10626	13853	1522	8808	8574
89627	121242	135065	193350	246356	215277	258627
77465	106694	107131	153382	196813	178884	220862
106	242					
6747	6981	11296	17327	15691	18188	20187
5309	7314	16638	22641	33852	18205	17578
6980	674	819	1001	1085.51	1031	1100
1527	1992.7	2261	3072	4204	3671	4295
12	18	28.9	48	67	83	96.7

14－3 2004年新批外商项目(企业)分类表
NEW REGISTERED FOREIGN FUNDS(2004)

		户 数(个) Enterprises (unit)	外商投资(万美元) Investment ($10000)	比重(%) Percentage (%)
总 计	Toal	132	104387	100
1. 按行业类别分	Grouped by sector			
农林牧渔业	Farming forestry animal husbandry and fishery	1	120	0.1
制造业	Manufacturing	106	55398	53.1
建筑业	Construction	4	1321	1.3
批发零售贸易餐饮业	Wholesale, retail trade and catering services	8	368	0.4
房地产业	Real estate	3	5529	5.3
电信业	Telecommunication service	1	39596	37.9
租赁与商务服务业	Social services	4	1737	1.7
娱乐业	Recreating	5	318	0.3
社会服务业	Social service			
2. 按国别、地区分	Grouped by country orregion			
香 港	Hongkong	33	30038	28.8
韩 国	Korea	27	1626	1.6
维尔京群岛(英属)	Virgin islands	9	43113	41.3
台 湾	Taiwan	4	370	0.4
美 国	United states	14	6574	6.3
日 本	Japan	10	5418	5.2
德 国	Germany	11	9668	9.3
新 加 坡	Singapore	3	133	0.1
西 班 牙	Spain	2	1093	1.0
加 拿 大	Canada	7	1119	1.1
阿 联 酋	The united Arab Emirates	1	880	0.8
毛里求斯	Mauritius	1	620	0.6
朝 鲜	Korea	1	10	0.0
意 大 利	Italy	1	100	0.1
匈 牙 利	Hungary	1	36	0.0
澳大利亚	Australia	4	3191	3.1
百 慕 大	Bermuda	1	85	0.1
英 国	United kingdom	1	300	0.3
奥 地 利	Austria	1	13	0.0
3. 按经济类型分	Grouped by ownership			
外资企业	Foreign funds	56	66165	63.4
合资经营	Joint venture	62	23452	22.5
合作经营	Cooperative	14	14770	14.1

14－4 主要出口商品情况
MAIN EXPORT GOODS

商品名称	Item	出口金额（万美元）Export（$10000）	占出口额比重（%）Proportion（%）
合　计	Total	82588	100
其中：1. 玉米	Corn	19114	23.1
2. 服装及衣着附件	Garments	8378	10.1
3. 汽车及汽车底盘	Vehicles and its chassis	5050	6.1
4. 大米	Rice	1960	2.4
5. 汽车零件	Vehicle parts	1636	2.0
6. 电视和电缆	Wire and cable	1239	1.5
7. 纺织纱线、织物及制品	Textile	1194	1.4
8. 家具	Funiture	1170	1.4
9. 焦碳、半礁炭	Coke	1001	1.2
10. 锯材	Timeber	932	1.1
11. 干豆	Soybeans	862	1.0
12. 钢材	Steel	691	0.8
13. 塑料制品	Plastics products	686	0.8
14. 冻鸡	Poultry	602	0.7
15. 食用油籽	Beaning oil	544	0.7
16. 鲜、冻牛肉	Beef	506	0.6
17. 药材	Medicine materials	464	0.6
18. 家用或装饰用木制品	Funiture	439	0.5
19. 黏土及其他耐火矿物	Refractory clay and mineral	316	0.4
20. 蔬菜	Vegetable	142	0.2

14－5 主要进口商品情况
MAIN IMPORT GOODS

商品名称	Item	进口金额（万美元）Import（$10000）	占进口额比重（%）Proportion（%）
合　计	Total	449185	100
其中：1. 汽车零件	Vehicles parts	141267	31.4
2. 活塞式内燃机的零件	Parts of engine	29751	6.6
3. 计量检测分析自控仪器及器具	Instrument of test	26723	5.9
4. 汽车和汽车底盘	Vehicles and its chassis	23783	5.3
5. 金属加工机床	Metal－cutling machine tools	11004	2.4
6. 钢材	Steel products	7191	1.6
7. 机械提升搬运装卸设备及零件	Hoist and its parts	5729	1.3
8. 通断及保护电路装置及零件	Hardware	2911	0.6
9. 型模及金属铸造用型箱	Mould and box for metal casting	2501	0.6
10. 橡胶或塑料加工机械	Rubber plastics machine tools	2330	0.5
11. 液体及液体提升机	Pump	1942	0.4
12. 电线和电缆	Wire and cable	1909	0.4
13. 初级形状的塑料	Plastics	1773	0.4
14. 电动机和发电机	Electric motor	1691	0.4
15. 金属冶炼铸造设备及零件	Parts	1509	0.3
16. 集成电路及微电子组件	Integrated circuit	1265	0.3
17. 纺织机械	Texfile machine tools	1236	0.3
18. 自动数据处理设备及其部件	High－precision machine tools	1205	0.3
19. 电视、收音机及无线电设备的零件	TV set，recorders and parts	1200	0.3
20. 医疗仪器及器械	Health care machine tools	867	0.2

14－6 外贸进出口总值分国别(地区)出口情况
EXPORT MARKET

国家(地区)	Country or territory	出口额(万美元) Exports($10000) 2002	2003	2004
总值	Total	127250	155183	82588
1.日本	Japan	16971	22989	20973
2.韩国	Korea	46614	56058	17737
3.美国	United States	4270	4354	6238
4.马来西亚	Malaysia	17953	18517	3207
5.英国	United Kingdom	900	2058	2883
6.香港	HongKong	1387	1444	2588
7.荷兰	Netherland	397	928	1870
8.台湾省	Taiwan	579	657	1794
9.叙利亚	Syria	54	69	1731
10.德国	Germany	1231	1151	1472
11.越南	Vietnam	3559	3744	1359
12.加拿大	Canada	313	630	1046
13.尼日利亚	Nigeria	428	232	1043
14.南非	South Africa	2043	2931	999
15.俄罗斯联邦	Russian	1181	1317	962
16.挪威	Norway	323	543	919
17.柬埔寨	Cambodia	211	445	893
18.朝鲜民主主义人民共和国	Korea Rep	2093	1714	822
19.西班牙	Spain	575	777	794
20.意大利	Italy	619	512	729
21.新加坡	Singapore	260	322	643
22.阿拉伯联合酋长国	United Arab Emirates	865	531	637
23.法国	France	383	412	617
24.泰国	Thailand	156	199	581
25.比利时	France	346	296	534
26.哈萨克斯坦	Kazakhstan			517
27.埃塞俄比亚	Ethiopia			452
28.印度尼西亚	Indonesia	8992	10514	412
29.澳大利亚	Australia	119	204	402
30.墨西哥	Mexico	65	200	398
31.菲律宾	Philippines	1182	475	386
32.伊朗	Iran			379
33.科威特	Kuwait	135	253	372
34.丹麦	Denmark	208	182	327
35.印度	India			317
36.沙特阿拉伯	Saudi Arabia	834	571	311
37.苏丹	Sudan	39	63	300
38.委内瑞拉	Venezuela		48	271
39.波兰	Poland	259	462	262
40.加纳	Ghana			247
41.巴西	Brazil	48	346	242
42.智利	Chile	55	58	228
43.缅甸	Myanmar			211
44.也门共和国	Arab Repwblic of Yemen	205	403	199

14－6续表1 continuedl

国家(地区)	Country or territory	出口额(万美元) Exports($ 10000)		
		2002	2003	2004
45. 孟加拉国	Bangladesh	1353	318	160
46. 爱尔兰	Ireland	44	151	158
47. 立陶宛	Lithuania		65	150
48. 约旦	Jordan	103	105	135
49. 巴拿马	France	326	274	134
50. 以色列	Israel	68	76	131
51. 瑞典	Sweden	136	176	128
52. 埃及	Egypt	167	1227	125
53. 捷克	Czech	36	107	119
54. 希腊	Greece	104	79	118
55. 土耳其	France	349	376	116
56. 巴基斯坦	Pakistan	103	105	103
57. 克罗地亚	Croatia	36	107	88
58. 阿尔及利亚	Algeria	33	40	87
59. 哥伦比亚	Colombia			86
60. 拉脱维亚	Latvia		29	85
61. 阿根廷	Argentina			77
62. 葡萄牙	Portugal	76	93	76
63. 秘鲁	Peru	39	31	65
64. 新西兰	New zealand		31	61
65. 黎巴嫩	Lebanon	80	52	58
66. 保加利亚	Bulgaria		57	55
67. 特利尼达和多巴哥	Trinidad and Tobago			52
68. 毛里求斯	Mauritius			44
69. 伊拉克	Irag			39
70. 尼加拉瓜	Nicaragua			39
71. 厄瓜多尔	Ecudor	102	72	39
72. 芬兰	Finland			38
73. 塞浦路斯	Cyprus			36
74. 瑞士	Switzerland			35
75. 匈牙利	Hungary			34
76. 坦桑尼亚	Tanzania		37	33
77. 哥斯达黎加	Casta Rica			31
78. 利比亚	Libya		31	
79. 斯里兰卡	Srilanka			30
80. 摩纳哥	Morocco			30
81. 乌兹别克斯坦	Vzbekistan			22
82. 阿塞拜疆	Azerbaijan			19
83. 白俄罗斯	Belarus			18
84. 喀麦隆	Cameroon	37	47	18
85. 突尼斯	Tunisia			18
86. 赞比亚	Zanbia			17
87. 爱沙尼亚	Estonia			15
88. 乌克兰	Vkraine			15
89. 巴林	Bahrain			15
90. 冰岛	Iceland			15

14-6续表2 continued2

国家(地区)	Country or territory	出口额(万美元) Exports($10000)		
		2002	2003	2004
91.波多黎各	Puerto Rico	53	32	13
92.牙买加	Jamaica	51	29	13
93.肯尼亚	Kenya			13
94.马达加斯加	Madagascar			12
95.阿曼	Oman			12
96.斯洛文尼亚	Slovenia			10
97.危地马拉	Guatenala			9
98.南斯拉夫	Yugoslavia			9
99.多米尼加共和国	Dominica			8
100.库腊索岛	The cook island			7
101.安哥拉	Angola			7
102.多哥	Togo			7
103.奥地利	Austria			7
104.几内亚	Guinea			7
105.科特迪瓦共和国	Coted'loire			7
106.巴拉圭	Paraguay			7
107.萨尔瓦多	Salvador			6
108.赤道几内亚	Equatorial Guinea			6
109.贝宁	Benin			6
110.卡塔尔	Qatar			6
111.巴布亚新几内亚	Papua New Guinea			5
112.津巴布维	Zinbabwe			4
113.摩洛哥	Morocco	32	88	4
114.社会群岛	Social island			4
115.乌拉圭	Vruguay			4
116.圭亚那	Guyana			4
117.厄立特里亚	Eritrea			4
118.波斯尼亚-黑塞哥维娜	Bosnia-Herzegovena			3
119.巴巴多斯	Barbados			3
120.古巴	Cuba			3
121.罗马尼亚	Romania			2
122.洪都拉斯	Honduras			2
123.斐济	Fiji			2
124.刚果	The congo			2
125.荷属安第列斯群岛	Nether lands Antilles			2
126.马耳他	Malta			2
127.索马里	Somalia			2
128.阿尔巴尼亚	Albania			2
129.苏里南	Surinam			1
130.新喀里多尼亚	New caledonin			1
131.安提瓜和巴布达	Antigua and barbuda			1
132.汤加	Tonga			1
133.溜泥汪	Reunion			1
134.多米尼加	Dominica			1
135.萨摩亚	Samoa			1

14－7 外贸进出口总值分国别(地区)进口情况
IMPORT MARKET

国家(地区)	Country or territory	进口额(万美元) Total($10000)		
		2002	2003	2004
总　值	Total	161997	366643	449185
1.德　国	Germany	117854	249834	274920
2.日　本	Japan	13451	52899	101039
3.匈牙利	Hungary	260	10188	12524
4.韩　国	Korea	5418	7167	8265
5.巴　西	Brazil	47	93	6813
6.美　国	United States	4734	7547	6430
7.墨西哥	Mexico	4336	6441	5791
8.法　国	France	1271	2057	3907
9.意大利	Italy	2382	2524	3614
10.瑞　典	Sweden	359	1667	2548
11.英　国	United Kingdom	374	1529	2540
12.台湾省	Taiwan	1069	1654	2402
13.阿根廷	Argentina	74	194	2320
14.奥地利	Austra	1190	1328	1721
15.西班牙	Spain	341	649	1447
16.瑞　士	Switzerland	503	1294	1283
17.印度尼西亚	Indonesia	328	706	1077
18.南　非	South Africa	95	1221	954
19.捷　克	Czech	153	306	882
20.比利时	Belgium	236	4807	880
21.新加坡	Singapore	1105	342	837
22.波　兰	Poland			787
23.荷　兰	Netherlands	1044	1587	754
24.芬　兰	Finland			736
25.加　蓬	Caban	806	793	718
26.泰　国	Thailand	1810	1521	678
27.马来西亚	Malaysia	417	404	577
28.俄罗斯联邦	Russian	416	351	413
29.朝鲜民主主义人民共和国	Korea			354
30.葡萄牙	Portugal			337
31.菲律宾	Philippines		114	331
32.香　港	HongKong	407	361	329
33.加拿大	Canada	181	231	189
34.澳大利亚	Australia	357	356	139
35.挪　威	Norway		134	133
36.列支敦士登	Liechtenstein			71
37.丹　麦	Denmark	74	194	69
38.喀麦隆	Cameroom			63
39.刚　果	Gongo		40	58
40.斯洛文尼亚	Slovenia		97	54
41.以色列	Isreal			33
42.马尔他	Malta			25
43.印　度	India	45	290	20
44.新西兰	New zealand		42	13
45.乌克兰	Vkraine			13
46.斯洛伐克	Slovakla		1093	8
47.哈萨克斯坦	Kazaknstan			8
48.罗马尼亚	Romania			6
49.爱沙尼亚	Estonia			4
50.爱尔兰	Ireland			3
51.智　利	Chile			2
52.土耳其	Turkey	107	41	2
53.越　南	Viet Nan			2
54.摩洛哥	Monaco			2
55.坦桑尼亚	Tanznia			1

金融保险业
BANKING AND INSURANCE

第十五篇　金融、保险篇

2004年，全市金融运行平稳，保险事业进一步发展。

一、各项存款有所增加

2004年末，全市金融机构本外币各项存款余额1834.6亿元，比年初增加141.8亿元，增长8.4%，其中，人民币各项存款余额1766.3亿元，比年初增加151.2亿元，增长9.4%；储蓄存款、企业存款均稳步增长。2004年末全市金融机构人民币储蓄存款余额910.4亿元，比年初增加79.0亿元，增长9.5%；企业事业存款余额520.9亿元，比年初增加6.5亿元，增长1.3%。

二、各项贷款稳步增长，信贷结构进一步优化

2004年末，全市金融机构本外币各项贷款余额1889.8亿元，比年初增加250.9亿元，增长15.3%，其中人民币各项贷款余额1791.5亿元，比年初增加235.3亿元，增长15.1%，从人民币贷款投向上看，结构进一步优化。

1、农业贷款进一步大幅增长，有力支持了我市农业发展。今年以来，全市金融机构继续大力支持我市农业发展，与去年同期相比，对农业的金融支持力度进一步加大。2004年末，全市农业贷款余额为45.1亿元，比年初增长34%。

2、中长期贷款保持高速增长，重点支持了我市基础设施建设。2004年末，全市金融机构中长期贷款余额778.6亿元，比年初增加180.9亿元，增长30.3%，贷款资金继续向重点行业和支柱企业投放。重点支持了吉林大学、长春理工大学校区建设，长春热电厂扩建工程、引松入长工程、吉林省交通厅公路网、高速公路建设及长春土地储备中心等基本设施建设，有力地支持了经济发展。

三、保险事业进一步发展。2004年，全市各保险公司承保总额2679.4亿元，比上年增长8.6%，其中，财产险保额2527.5亿元，增长12.5%；人寿险保额151.9亿元，下降31.5%。保费收入32.1亿元，比上年增长11.9%，其中，财产险保费收入5.8亿元，增长17.5%，人寿险保费收入26.3亿元，增长10.7%。赔款支出总额5.8亿元，比上年增长3.1%，其中，财产险赔款支出3.1亿元，下降17.1%；人身险赔款支出2.7亿元，增长41.5%。

15-1 主要年份城乡居民储蓄存款
DEPOSITS OF URBAN AND RURAL RESIDENTS

单位:万元 unit:10000yuan

		1999	2000	2001	2002	2003	2004
年末储蓄存款余额	Balance of deposits	4803744	5336997	6080769	7138522	8313564	9103685
一、按对象分	Grouped by object						
城镇储蓄	Urban deposits		4956592	5664812	6654240	7773358	8530992
农户储蓄	Rural deposits		380405	415957	484282	540206	572693
二、按地区分	Grouped by region						
市辖区	District	3952629	4370015	5064461	6082025	7160952	7856406
榆树市	Yushu	190337	228764	249948	251187	282725	315601
农安县	Nongan	244990	256946	264189	268832	288796	304466
德惠市	Dehui	245462	284029	286622	302290	327308	352121
九台市	Jiutai	170326	197243	215549	234188	253783	275091

15-2 1991-2004年保险费收入和赔款支出
PREMIUM AND CLAIM OF INSURANCE(1991-2004)

单位:千元 unit:1000yuan

年份 Year	保险费收入 Premium	赔款支出 Claim	赔付率(%) Payment rate
1991	164200	103320	62.9
1992	226790	134070	59.1
1993	225929	130248	57.6
1994	208195	132679	63.7
1995	242880	156920	64.6
1996	243165	27898	11.5
1997	834330	216260	25.9
1998	467423	288599	61.7
1999	840370	234360	27.9
2000	897800	284490	31.7
2001	1203345	404926	33.7
2002	1870688	484611	25.9
2003	2871260	562650	19.6
2004	3212130	579940	18.1

15－3 全市金融机构信贷收支(人民币)
CREDIT FUNDS BALANCE SHEET OF BANKS (RMB)

单位:万元 unit:10000yuan

来源项目名称 Item of soures	金额 Amount	运用项目名称 Item of uses	金额 Amount
一、各项存款 Deposits	17663415	一、各项贷款 Loans	17915455
1. 企业存款 Deposits enterprises	5209238	1. 短期贷款 Short term loans	8509943
(1)活期存款 Current deposits	4618346	(1)工业贷款 Industrial loans	2053164
(2)定期存款 Fixed time deposits	590892	(2)商业贷款 Commercial loans	3456957
2. 财政存款 Treasury deposits	1080615	(3)建筑业贷款 Construction loans	107258
3. 机关团体存款 Government and organization	931972	(4)农业贷款 Agricultural loans	450734
4. 储蓄存款 Saving deposits	9103685	(5)乡镇企业贷款 Loans to township enterprises	79517
(1)活期储蓄 Current deposits	3060036	(6)三资企业贷款 Loans to foreign funded enterprise	104432
(2)定期储蓄 Fixed time deposits	6043649	(7)私营企业及个体贷款 Loans to individuals	97266
5. 农业存款 Agricultural deposits	137447	(8)其他短期贷款 Other short－term loans	2160615
6. 信托存款 Trusted deposits		2. 中期流动资金贷款 Medium－term currency	566410
7. 委托存款 Authorized deposits	441660	3. 中长期贷款 Medium and long－term loans	7785641
8. 其他存款 Others	758798	(1)基本建设贷款 Construction loans	5044431
二、金融债券 Ronds	－298328	(2)技术改造贷款 Innovation loans	360718
三、应付及暂收款 Payable	406338	(3)其他中长期贷款 Others	2380492
四、同业往来 Interbank loan	311296	其中:个人中长期消费贷款 Individual consumer loans	915102
五、流通中货币 Pooling currency		4. 信托贷款 Credit loans	
六、各项准备 Creditor's equity	159303	5. 融资租赁 Lease	75
七、所有者权益 Creditor's equity	353671	6. 委托贷款 Authorized loans	276236
八、其他 Others	1405501	7. 票据融资 Papecredie	746894
		8. 各项垫款 Delay loans	30256
		二、有价证券及投资 Portfolio loans	816868
		三、应收及预付款 Receivable and payable	640741
		四、同业往来 Interbank loan	13230
		五、人行对资产管理公司再贷款 Loan crowd	
		六、委托投资 Authorized investment	53437
		七、金银占款 Gold and silver	
		八、外汇占款 Purchase foreigh exchanges	6699
		九、固定资产 Fixed assets	454260
		十、库存现金 Stock of cash	100506
资金来源总计 Total	20001196	资金运用总计 Total	20001196

15-4 全市金融机构现金收支
CASH INCOME AND EXPENDITURES OF FINANCIAL INSTITUTIONS

单位:万元 unit:10000yuan

	金　额 Amount		金　额 Amount
一、商品销售收入 Commodity sales	4796953	一、工资性支出 Wages	1767113
二、服务业收入 Service revenue	1819249	二、农副产品采购支出 Purchases products	1424077
三、税款收入 Taxes	134552	三、工矿及其他产品采购支出 Purchases of industrail and mineral products	522054
四、城乡个体经营收入 Individual business	734696	四、行政企事业管理费支出 Expenditure for government and enterprises	3057277
五、储蓄存款收入 Saving depostes	33781025	五、城乡个体经营支出 Expenditure for individual business	972551
六、其他金融机构收入 Other financial instirutions	545923	六、储蓄存款支出 Expenditure for saving deposits	33162135
七、居民归还贷款收入 Repayment	742505	七、其他金融机构支出 Expenditure for other financial institurions	598237
八、汇兑收入 Remittances	347819	八、居民提取贷款支出 Expenditure for loans by residents	822047
九、有价证券收入 Securities	101599	九、汇兑支出 Expenditure for remittances	195965
十、其他收入 Others	4740420	十、有价证券支出 Expenditure for securities	89854
其中:兑换外币收入 Expenditure for exchange of foreign currencies	50709	十一、其他支出 Others expenditure	4406085
		其中:兑换外币支出 Expenditure for exchange of foreign currencies	53592
收入合计 Total	47744741	支出合计 Total	47017395
		投放(+)、回笼(-) Currency issuance(+), withdrawn(-)	-727346

15－5　2004年全市金融机构年末储蓄存款余额(人民币)
DEPOSITS BALANCE SHEET OF BANKS IN 2004(RMB)

单位:万元　　unit:10000yuan

		金　额 Amount
全市金融机构年末储蓄存款余额	**Total**	**9103685**
一、按期限划分	Grouped by objects	
活期储蓄	Demand	3060036
定期储蓄	Time	6043649
二、按对象划分	Grouped by institutions	
城镇居民储蓄	Urban depasits	8530992
农村居民储蓄	Rural deposits	572693
三、按地区划分	Grouped by region	
市辖区	District	7856406
榆　树	Yushu	315601
农　安	Nongan	304466
德　惠	Dehui	352121
九　台	Jutai	275091

15－6　2004年全市保险业务状况
BASIC STATISTIC ON INSURANCE (2004)

单位:万元　　unit:10000yuan

		保　额 Amount	保费收入 Premium	赔款支出 Claim
总　计	**Total**	**26793798**	**321213**	**57994**
一、财产险合计	Property	25275330	58072	30532
家财险	Family property insurance	2618373	2466	377
企财险	Enterprises property insurance	9717115	8321	3711
运输工具险	Motorvehicle in sruance	3228970	36196	21217
货物运输险	Freight stansport insurance	4509302	4870	1477
工程责任险	Construcion insurance	950246	2384	1451
农业险	Agriculture insurance	143218	346	278
航空航天险	Satellite insurance		163	70
其他财产险	Other property insurance	4108106	3326	1951
二、人寿险合计	Life insurance	1518468	263141	27462
健康险	Healty insurance	274561	13170	4091
人寿险	Life insurance	508259	198225	20914
养老年金险	Pension insurance	6013	48739	1274
意外短期险	Accidente insurance	729635	3007	1183

统计资料

STATISTICS

教育、科技及文化事业

EDUCATION, SCIENCE AND CULTURE

长春统计年鉴

CHANGCHUN STATISTICAL YEARBOOK

2 0 0 5

第十六篇　教育及文化事业

2004年,全市共有普通全日制高等院校27所,年底在校生26.1万人。各类成人高等学校10所,年底在校生8.1万人。年末成人中专14所,年底在校生0.8万人。普通中学377所,在校生46.6万人,其中初中300所,在校生33.0万人,小学1772所,年底在校生50.5万人,小学适龄儿童入学率达99.9%。

2004年,电影事业机构397个,其中电影放映队367个,文化事业机构196个。艺术表演团体14个,电影院场、影剧院15个,公共图书馆12个,总藏量552万册,其中少儿图书馆1个,藏量20万册。群众文化事业机构141个,其中文化站128个。文物事业机构12个,其中博物馆5个。

16-1 长春市各级各类学校基本情况
BASIC STATISTICS ON EDUCATION

		校　数 (所) Schools	在校学生数 (人) Student enrollment (person)	教职工数(人) Teacher and staff 合　计 Total	其中:专职教师 Full time teacher
普通高等学校	Institutions of higher education	27	261024	36018	17873
成人高校	Adult education schools	10	81318	3555	1930
中等专业学校	Specialized secondary schools	53	52783	5960	3798
其中:普通中专	Specialized secondary schools	15	27233	2409	1468
成人中专	Specialized secondary schools for adults	14	7678	2286	1550
职业高中	Specialized secondary schools for staff	24	17872	1265	780
普通中学	Regular secondary schools	377	466177	32525	24876
其中:初中	Junior secondary schools	300	329690		18863
高中	Senior secondary schools	77	136487		6013
职业中学	Specialized secondary schools for staff	4	2380	183	145
小学	Primary schools	1772	505095	44025	38483
工读学校	Spare time schools	1	80	54	41
特殊教育学校	Specialized education schools	10	1423	445	319
幼儿园	Kinder gartents	710	94854	5013	3731

16－2 平均每万人口中学生数
SECONDARY STUDENT ENROLLMENT PER 10000 POPULATION

单位:人 unit:person

		全 市 Total	市 区 District	九台市 Jiutai	榆树市 Yushu	农安县 Nongan	德惠市 Dehui
大　　学	University	360	829				
中等职业学校	Specializde secondany schools	73	131				
高　　中	Senior schools	188	190	193	147	279	124
初　　中	Junior schools	455	375	591	396	568	552
小　　学	Primary schools	698	624	620	695	850	852

16－3 中 学 概 况
BASIC STATISTICS ON SECONDARY SCHOOLS

		校 数 (所) Schools	在校学生数(人) Student enrollment (person)	教职工数(人) Teacher and staff (person) 合 计 Total	其中:专职教师 Full time teacher
长春市	Changchun	377	466177	32525	24876
城区	District	158	177720	14650	11350
市辖区	District	31	48616	3261	2481
南关区	Nanguan	14	10582	1202	1007
宽城区	Kuancheng	16	15544	1459	1102
朝阳区	Chaoyang	21	21789	1967	1556
二道区	Erdao	15	17682	1394	1019
绿园区	Luyuan	18	20035	1783	1468
双阳区	Shuangyang	29	21878	1843	1324
高新开发区	High－technical developing area	2	1057	85	77
经济开发区	Economic technical developing area	4	2587	284	237
净月开发区	Jingyue developing area	4	2101	234	188
省直	Directly under province	4	15849	1138	891
四县(市)区	Four counties(cities)	219	288457	17875	13526
农安县	Nongan	73	94884	5499	4063
九台市	Jiutai	37	65212	4525	3240
榆树市	Yushu	60	66450	4218	3265
德惠市	Dehui	49	61911	3633	2958

16－4 小学概况

BASIC STATISTICS ON PRIMARY SCHOOLS

		校数（所）Schools	在校学生数（人）Student enrollment (person)	教职工数（人）Teacher and staff	
				合计 Total	其中：专职教师 Full time teacher
长春市	Changchun	1772	505095	44025	38483
城　区	District	410	196330	16097	13819
市辖区	District	2	8314	349	295
南关区	Nanguan	32	22141	1832	1626
宽城区	Kuancheng	45	27278	2194	1864
朝阳区	Chaoyang	51	32289	2490	2205
二道区	Erdao	49	27059	1881	1587
绿园区	Luyuan	50	32615	2372	2138
双阳区	Shuangyang	131	20882	3116	2464
高新开发区	Economic technical developing area	4	925	81	68
经济开发区	Tourism developing area	16	8596	658	586
净月开发区	Jingyue developing area	27	6372	624	534
省直	Directly under province	3	9859	500	452
四县(市)区	Four counties(cities)	1362	308765	27928	24664
农安县	Nongan	386	95274	7242	6312
九台市	Jiutai	298	51568	7935	7032
榆树市	Yushu	381	83922	7074	6467
德惠市	Dehui	297	78001	5677	4853

16－5 幼儿园

BASIC STATISTICS ON KINDERGARTENS

		园数（所）Kindergartens	在园幼儿数（人）Children (person)	教职工数（人）Teacher and staff	
				合计 Total	其中：专职教师 Full time teacher
长春市	Changchun	710	94854	6318	3731
城　区	Distric	382	47064	4690	2602
市辖区	District	1	544	71	40
南关区	Nanguan	62	5774	685	386
宽城区	Kuancheng	69	6974	721	392
朝阳区	Chaoyang	67	8088	1012	573
二道区	Erdao	99	10235	592	344
绿园区	Luyuan	57	9302	1246	624
双阳区	Shuangyang	15	4346	223	175
高新开发区	Economic technical developing area				
经济开发区	Developing area	12	1286	140	68
净月开发区	Jingyue developing area		515		
四县(市)区	Four counties(cities)	328	47790	1628	1129
农安县	Nongan	31	12611	216	163
九台市	Jiutai	69	7646	389	274
榆树市	Yushu	132	19519	591	408
德惠市	Dehui	96	8014	432	284

16-6 小学学龄人口入学情况
PERCENT AGE OF SCHOOL-AGE CHILDREN ENROLLED

单位:人 unit:person

		校内外学龄人口 School-age children		在校学龄人口 School-age children enrolled		入学率(%) Enrollment rate	
		合计 Total	其中:女 Female	合计 Total	其中:女 Female	合计 Total	其中:女 Female
总计	Total	476920	226716	476821	226666	99.98	99.98
城市	Urban area	137016	66312	137016	66312	100.00	100.00
县镇	Town	85118	39945	81157	39920	95.35	99.94
农村	Rural area	254786	120459	254732	120434	99.98	99.98

16-7 初中学龄人口入学情况
PERCENT AGE OF MIDDLE SCHOOL STUDENTS ENROLLED

单位:人 unit:person

		校内外学龄人口 School-age children		在校学龄人口 School-age children enrolled		入学率(%) Enrollment rate	
		合计 Total	其中:女 Female	合计 Total	其中:女 Female	合计 Total	其中:女 Female
总计	Total	294449	144847	293638	144436	99.72	99.72
城市	Urban area	87311	42196	87100	42086	99.76	99.74
县镇	Town	102307	50078	102090	49972	99.79	99.79
农村	Rural area	104831	52573	104448	52378	99.63	99.63

16－8 文化事业基本情况
BASIC STATISTICS ON CULTURAL INSTITUTIONS

		单位 Unit	全市 Total	市区 District	县(市) County
一、座席个数	Seats	个 sets	15465	8520	4613
1.电影院、开放礼堂俱乐部	Cinema, music hall	个 unit	7436	6236	1200
2.艺术表演场所	Theater	个 unit	8029	2284	3413
二、演(映)出场次	Performances	场 shous	13721	12367	530
1.电影院、开放礼堂俱乐部	Cinema, music hall	场 shows	11415	11415	
2.艺术表演场所	Theater	场 shows	558	74	406
其中:艺术演出	Performancing	场 shows	105		35
3.艺术表演团体	Art performance group	场 shows	1678	878	124
三、观众人次	Spectators	千人次 1000person－time	704	294	175
1.电影院、开放礼堂俱乐部	Cinema, music hall	千人次 1000person－time	47	47	
2.艺术表演场所	Theater	千人次 1000person－time	220	55	50
其中:艺术演出	Performancing	千人次 1000person－time	125		22
3.艺术表演团体	Art performance group	千人次 1000person－time	1031	195	125
四、举办展览个数	Number of exhibition	个 unit	98	50	31
1.群众艺术馆	Mass art centres	个 unit	4		
2.文化馆(站)	Cultural centers	个 unit	73	42	31
3.博物馆	Museums	个 unit	21	8	
4.文物商店	Arts store	个 unit			
五、参观人次	Visitors	千人次 1000person－time	441	384	
1.文物保护管理机构	Agency of historical relics	千人次 1000person－time			
2.博物馆	Museums	千人次 1000person－time	441	384	
六、文物藏品	Number of collection	件 pcs	105839	10434	5202
1.文物保护管理机构	Agency of historical relics	件 pcs	783	301	482
2.博物馆	Museums	件 pcs	105056	10133	4720
七、总藏量	Number of collections	千册(件) 1000 pcs	5521	5162	358
1.群众艺术馆	Mass art centres	千册 1000 pcs	14	6	
2.文化馆(站)	Cultural centers	千册 1000 pcs	30	24	6
3.公共图书馆	Public libraries	千册 1000 pcs	5477	2132	352

16－9 文化事业机构、人数
INSTITUTIONS AND PERSONNEL IN CULTURE AND ART

		机构数（个）Institutions			职工数（人）Workers and staff members(person)		
		总计 Total	市区 District	县（市）County	总计 Total	市区 District	县（市）County
一、电影事业	Film	397	16	381	1486	345	1141
1.电影发行放映管理机构	Film renting units	8	2	6	347	39	242
2.电影制片厂	Film studios	1	1				
3.电影院、影剧院	Cinemas	15	6	9	519	178	341
4.开放礼堂、俱乐部	Music hall	6	6		118	118	
5.对内礼堂、俱乐部	Theatre	2	2		10	10	
6.电影队	Film team	367		367	677		677
二、艺术业	Art instifutions	35	12	23	2124	686	453
1.艺术表演团体	Art performance troups	14	4	10	1420	424	271
2.艺术表演场所	Theatre	13	6	7	623	246	147
3.艺术创作机构	Art creation institution	6	1	5	65	4	31
三、文化科技科研机构	Instifutions of S&R	4	2	2	86	34	
四、文物事业	Cultural relics	11	2	9	446	116	98
1.文物保护管理机构	Agency of historical relics	4		4	52		52
2.文物研究机构	Research historical relics agency	2	1	1	75	7	
3.博物馆	Museums	5	2	3	297	109	46
4.文物商店	Arts store	1		1	22		
五、图书馆	Public libraries	12	7	5	638	252	164
其中：少儿公共图书馆	Public libraries	1	1		22	22	
六、群众文化	Mass culture	141	45	96	821	333	424
1.群众艺术馆	Mass art centres	3	2	1	155	91	
2.文化馆	Culture centres	10	6	4	423	205	218
3.文化站	Culture department and stations	128	37	91	243	37	206
其中：乡镇文化站	Township cultural stations						

统计资料

STATISTICS

体育、卫生及其他事业

SPORTS，PUBLIC HEALTH AND OTHERS

第十七篇　体育、卫生及其他事业

2004年，卫生事业不断发展，医疗卫生体制改革取得实质性进展。全市拥有各类卫生机构1642个，各类卫生机构拥有床位2.3万张，卫生技术人员为4.4万人，每千人拥有医生2.15人。大力推进社区卫生服务，已建立社区服务站166个，社区卫生服务覆盖人口达到90%以上，建立家庭病床1383张。

体育事业蓬勃发展，群众体育取得新进展。2004年成功举办中小学中、日、韩体育交流大会，在交流大会上，我市代表队取得了优异的成功。全市行政区域内共有体育设施1772个。竞技体育成绩优异。全国年度比赛中，获得金牌54枚、银牌60枚、铜牌56枚。在全省比赛中，共获金牌341枚。

一年来，共承办国家、国际大型赛事18项次，省、市级赛事250余项次。成功地举办了全国男蓝甲A联赛，获得良好的社会效益和经济效益。

17－1 公共体育场
STADIUMS AND GYMNASIUMS

		实际数（个）Number			实际数（个）Number			实际数（个）Number
体育场	Stadium	20	体育馆	Gymnasiums	22	室内游泳池	Swimming pool	7
室外游泳池	Out door swimming pools	6	运动场	Stadiums	75	足球场	Standiums	45
室内游泳馆	Swimming pools	16	室内网球场	Tennis court	7	保龄球房	Bowling ball	5

17－2 2004年长春市大中小学校《国家体育锻炼标准》达标情况
PERSONS WHO HAVE COME UP TO THE STATE PHSICAL TRAINING STANDARDS (2004)

单位：人　　unit: person

		小　学 Primary schools			中　学 Middle schools			中专中技 Specilized middle schols		
		应参加达标学校数 Proper schools	应参加达标活动学生数 Proper students	达标学生数 Students standard	应参加达标学校数 Proper schools	应参加达标活动学生数 Proper students	达标学生数 Students standard	应参加达标学校数 Proper schools	应参加达标活动学生数 Proper students	达标学生数 Students standard
合　计	Total	1759	516860	501415	427	303971	288858	39	50967	47094
地区合计	Total	1759	516860	501415	427	303971	288858	39	50967	47094
南关区	Nanguan	39	14636	13564	17	12256	12020	3	3120	3027
宽城区	Kuancheng	51	31980	30789	17	15258	14302			
朝阳区	Chaoyuang	59	32274	31688	33	22858	21987	8	10641	9897
二道区	Erdao	21	14762	13985	12	13984	13251			
绿园区	Luyuan	52	35059	34516	18	14708	14262			
双阳区	Shuangyang	130	52836	51363	129	35461	33498	22	13564	12968
农安县	Nongan	389	68285	67486	61	55612	53129	2	18563	16597
九台市	Jiutai	298	72384	71268	37	30156	29123	4	5079	4605
榆树市	Yushu	411	116940	111084	57	41820	36562			
德惠市	Dehui	309	77704	75672	46	61858	60724			

17－3 卫生机构床位、人员数
BEDS AND PERSONNEL IN HEALTH INSTITUTION

		机构数（个） Institutions	床位数（张） Beds	人员数(人) Personnel				
				总计 Total	#卫生技术员 Medical technical personnel			
					合计 Total	执业医师 Doctors	执业助理医师 Ass－doctors	注册护士 Senior nurses
总 计	**Total**	**1642**	**23282**	**43842**	**34547**	**13611**	**1615**	**11783**
一、医院	Hospitals	153	20723	30788	23941	9270	703	9400
二、卫生院	Hopitals	141	1785	4537	3536	1060	419	784
三、疗养院	Sanatoriums	1	150	75	9	2	1	3
四、门诊部	Clinics	89	11	849	713	324	47	184
五、急救中心	First－aid centre	1		102	42	7	2	33
六、采供血机构	Blood bank	1		177	124	15	13	35
七、妇幼保健院(所、站)	Maternity and child care centers	10	204	1060	788	297	138	208
八、专科疾病防治院(所、站)	Specialized prevention & treatment centers or station	9	172	511	369	138	65	76
九、疾病预防控制中心(防疫站)	Sanitation and antiepidemic agencies	14	10	1943	1503	784	133	83
十、卫生监督所	Health care centre	6		445	362	295	19	12
十一、卫生监检验(监测、检测)所、站	Monitor and test office	1		82	60	10		
十二、医学科学研究机构	Researth institules of medical science	2	227	452	306	103	5	76
十三、健康教育所(站、中心)	Health training centre	1		32	13	7		
十四、其他卫生机构	Other institutions	5		77	69	42		13
十五、诊所、医务室、社区卫生服务站	Clinics	1208		2712	2712	1257	70	876

17－4 长春市县(区)村卫生室基本情况

BASIC STATISTIC ON HEALTH CARE OF TOWNSHIP IN CHANGCHUN

		单位 Unit		全市 Total	市区 District	县(市) County
一、机构数	Unit	个	unit	1926	331	1595
二、村办	Village	个	unit	1043	265	778
乡卫生院设点	Township	个	unit	23	17	6
联合办	Joint	个	unit	58	36	22
私人办	Private	个	unit	776	13	763
其他	Others	个	unit	26		26
三、乡村医生和卫生员人数	Rural doctors and nurese	人	person	3992	741	3251
乡村医生	Rural doctors	人	person	3844	596	3248
卫生员	Health workers	人	person	148	145	3
四、村民委员会数	Village committees	个	unit	1680	298	1382
其中:未设置卫生室的村数	Village where has not medicat station	个	unit			
实行合作医疗村数	Village for health care in surance	个	unit	310		310
实行大病统筹村数	Health care which plamed as whole	个	unit	310		310
农村接生员	Rural nurses	个	unit	4		4

17－5 计划生育情况
BASIC STATISTICS ON BIRTH CONTROL

	育龄妇女人数（人）Women birth aged (person)	其中：已婚 Married	20周岁以前结婚人数（人）Before 20 years old	23周岁以后结婚人数（人）After 23 years old	晚婚率（%）Rate of marry at mature age (%)	晚育（人）Later birth (person)	晚育率（%）Later birth rate (%)	计划内出生（人）Birth control (person)	计划生育率（%）Birth control rate (%)	领证数（人）Certificate of birth contral (person)
总计 Total	**1901560**	**1524643**	**300**	**15384**	**45.96**	**16363**	**50.32**	**44547**	**96.73**	**634668**
南关区 Nanguan	139801	105624		2653	82.8	1595	85.25	1965	98.99	78044
宽城区 Kuancheng	124907	97191		1747	51.23	1490	71.43	2407	99.79	64393
朝阳区 Chaoyang	198902	140063		4563	72.78	3086	87.47	3820	99.69	102836
二道区 Erdao	101585	84510	4	273	52.6	1053	75.05	1611	98.59	53616
绿园区 Luyuan	184040	142579		971	63.67	2474	77.8	3537	99.86	90755
榆树市 Yushu	302747	255012	157	1300	19.98	1319	26.76	8256	94.16	69714
农安县 Nongan	269185	215835	26	1012	24.04	951	22.51	6751	96.36	42348
德惠市 Dehui	210626	175859	27	1037	35.27	1207	31.5	5543	97.33	33781
九台市 Jiutai	209273	175068	52	767	29.59	1698	38.13	6461	94.53	55209
双阳区 Shuangyang	88486	74873	33	534	37.82	856	55.05	2417	94.27	22473
经开区 Developing area	37403	29721		321	63.06	259	33.21	881	100	10013
净旅区 Tourism area	26770	21772	1	140	60.87	271	56.58	648	100	9013
高新区 High-technical area	7835	6536		66	45.52	104	52	250	100	2473

17－6 节 育 情 况
BASIC CONDITION OF BRITH CONTROL

		避孕人数(人) Person of control aception (person)	避孕率(%) Control aception rate (%)	手术例数(个) Number of operating
总 计	**Total**	**1404351**	**92.11**	**44455**
南关区	Nanguan	92989	88.04	983
宽城区	Kuancheng	88660	91.22	1672
朝阳区	Chaoyang	126070	90.01	1316
二道区	Erdao	75651	89.52	1271
绿园区	Luyuan	126428	88.67	1881
榆树市	Yushu	234668	92.02	12706
农安县	Nongan	202915	94.01	7438
德惠市	Dehui	169046	96.13	6315
九台市	Jiutai	165969	94.80	5904
双阳区	Shuangyang	68739	91.81	3152
经开区	Developing area	26850	90.34	658
净旅区	Tourism area	20348	93.46	901
高新区	High－technical area	6018	92.07	258

17-7 火灾基本情况
BASIC STATISTICS ON FIRES

		全市 Total
次数(次)	Times	8403
死人(人)	Deaths(person)	21
伤人(人)	Injuries(person)	11
直接损失(元)	Losses (yuan)	6044955

17-8 交通事故情况
BASIC STATISTICS ON TRAFFIC ACCIDENTS

		次数 Times	死亡(人) Death(person)	伤人(人) Injuries(person)	直接折款(元) Loss(yuan)
合计	Total	4732	40	152	20047184
城市	Urban area	3538	14	101	14246557
农村	Ruralarea	1194	26	51	5800627

17-9 治安案件情况
BASIC STATISTICS ON PUBLIC ORDER

		实际 Number			实际 Number			实际 Number
发生(起)	Cases	37151	查处(起)	Windup(case)	28007	治安处罚(人)	Treated(person)	19143
城区	Districts	28363	城区	Districts	21833	警告	Warn	1039
郊区	Suburb	445	郊区	Suburb	411	罚款	Fine	10487
镇	Town	1280	镇	Town	805	拘留	Detain	7617
乡村	Township	6892	乡村	Township	4726			
其它	Other	171	其它	Other	232			

主 要 统 计 指 标 解 释

自然资源

森林覆盖率 通常是指森林面积占土地总面积之比,一般用百分数表示。但国家规定在计算森林覆盖率时,森林面积还包括灌木林面积、农田林网树占地面积以及四旁树木的覆盖面积。森林覆盖率,是反映一个国家或地区森林资源和绿化水平的重要指标。计算公式:

$$森林覆盖率(\%)=\frac{森林面积}{土地总面积}\times 100\%$$

本《年鉴》内所列森林覆盖率是按有林地面积计算的。

森林蓄积量 指森林面积上生长着的林木树干材积总量。它是反映一个国家或地区森林资源总规模和水平的重要指标。

矿产保有储量 指探明的矿产储量(包括工业储量和远景储量)扣除已开采部分和地下损失量后的年末实有储量。它反映国家矿产资源的现状。

综　　合

国内生产总值 是按市场价格计算的国内生产总值的简称。它是一个国家(地区)所有常住单位在一定时期内生产活动的最终成果。国内生产总值有三种表现形态,即价值形态、收入形态和产品形态。从价值形态看,它是所有常住单位在一定时期内所生产的全部货物和服务价值超过同期投入的全部非固定资产货物和服务价值的差额,即所有常住单位的增加值之和;从收入形态看,它是所有常住单位在一定时期内所创造并分配给常住单位和非常住单位的初次分配收入之和;从产品形态看,它是最终使用的货物和服务减去进口货物和服务。在实际核算中,国内生产总值的三种表现形态表现为三种计算方法,即生产法、收入法和支出法。三种方法分别从不同的方面反映国内生产总值及构成。

国民生产总值 是按市场价格计算的国民生产总值的简称。它是一个国家所有常住单位在一定时期内收入初次分配的最终成果。一国常住单位从事生产活动所创造的增加值在初次分配过程中主要分配给该国的常住单位,但也有一部分以劳动者报酬和财产收入等形式分配给该国的非常住单位,同时,国外生产所创造的增加值也有一部分以劳动者报酬和财产收入等形式分配给该国的常住单位。从而产生了国民生产总值概念,它等于国内生产总值加上来自国外的劳动者报酬和财产收入减去付给国外的劳动者报酬和财产收入。与国内生产总值不同,国内生产总值是一个生产概念,而国民生产总值则是个收入概念。

国民生产总值同社会总产值、国民收入的区别,从核算范围看,社会总产值和国民收入都只计算物质生产部门的劳动成果,而国民生产总值除计算物质生产部门劳动成果外,还计算非物质生产部门的劳动成果。从这三个指标的价值构成看,社会总产值计算了社会产品的全部价值;国民生产总值计算在生产产品和提供劳务过程中增加的价值,即增加值不计算中间产品和中间劳务投入的价值;而国民收入除了不计算中间产品价值外,还不包括固定资产折旧价值,即只计算净产值。

三次产业 根据社会生产活动历史发展的顺序对产业结构的划分,产品直接取自自然界的部门称为第一产业,对初级产品进行再加工的部门称为第二产业,为生产和消费提供各种服务的部门称为第三产业。它是世界上通用的产业结构分类,但各国的划分不尽一致。我国的三次产业划分是:

第一产业:农业(包括种植业、林业、牧业、副业和渔业)。

第二产业：工业（包括采掘工业、制造业、自来水、电力、蒸汽、热水、煤气）和建筑业。

第三产业：除第一、第二产业以外的其他各业。由于第三产业包括的行业多、范围广，根据我国的实际情况，第三产业可分为两大部分，一是流通部门，二是服务部门。具体又可分为四个层次：

第一层次：流通部门，包括交通运输业、邮电通讯业、商业、饮食业、物资供销和仓储业。

第二层次：为生产和生活服务的部门，包括金融、保险业，地质普查业，房地产、公用事业，居民服务业，咨询服务业和综合技术服务业，农、林、牧、渔、水利服务业和水利业，公路、内河（湖）航道养护业等。

第三层次：为提高科学文化水平和居民素质服务的部门，包括教育、文化、广播电视，科学研究、卫生、体育和社会福利事业等。

第四层次：为社会公共需要服务的部门，包括国家机关、政党机关、社会团体，以及军队和警察等。

支出法国内生产总值 指一个国家（或地区）所有常住单位在一定时期内用于最终消费、资本形成总额，以及货物和服务的净出口总额，它反映本期生产的国民生产总值的使用构成。

最终消费 指常住单位在一定时期内对于货物和服务的全部最终消费支出，也就是常住单位为满足物质、文化和精神生活的需要，从本国经济领土和国外购买的货物和服务的支出，它不包括非常住单位在本国经济领土内的消费支出。最终消费分为居民消费和政府消费。

（一）居民消费：指常住住户在一定时期内对于货物和服务的全部最终消费支出。居民关于货物的最终消费支出在货物的所有权发生变化时记录，关于服务的最终消费支出在服务提供的时候记录。居民消费支出按市场价格计算，即按居民支付的购买者价格计算，货物的购买者价格是购买者取得交货所支付的价格，它包括购买者支付的运输和商业费用。居民消费支出除了直接以货币形式购买的货物和服务的消费支出外，还包括以其他方式获得的货物和服务的消费支出，即所谓的虚拟消费支出。居民虚拟消费支出包括如下几种类型：单位以实物报酬及实物转移的形式提供给劳动者的货物和服务；住户生产并由本住户消费了的货物和服务，其中的服务仅指住户的自有住房服务；金融机构提供的金融媒介服务；保险公司提供的保险服务。

（二）政府消费：指政府部门为全社会提供的公共服务的消费支出和免费或以较低的价格向居民住户提供的货物和服务的净支出，前者等于政府服务的产出价值减去政府单位所获得的经营收入的价值，政府服务的产出价值等于它的经常性业务支出加上固定资产折旧；后者等于政府部门向居民住户提供的货物和服务的市场价值减去向居民住户收取的价值。

资本形成总额 指常住单位在一定时期内获得减去处置的固定资产和存货的净额，包括固定资产形成总额和存货增加两项。

（一）固定资产形成总额：指常住单位在一定时期内购置、转入和自产自用的固定资产价值，扣除固定资产的销售和转出后的价值。可分为有形固定资产形成总额和无形固定资产形成总额。有形固定资产形成总额包括一定时期内完成的建筑工程、安装工程和设备工器具购置（减处置）价值，以及土地改良、新增役、种、奶、毛、娱乐用牲畜和新增经济林木价值。无形固定资产形成总额包括矿藏的勘探、计算机软件、娱乐和文学艺术品原件等获得减处置。

（二）存货增加：指常住单位在一定时期内存货实物量变动的市场价值即期末价值减期初价值的差额。存货增加可以是正值，也可以是负值，正值表示存货上升，负值表示存货下降。它包括生产单位购进的原材料、燃料和储备物资等存货，以及生产单位生产的产成品、在制品和半成品等存货等。

人　口

人口数 指一定时点、一定地区范围内的有生命的个人的总和。年度统计的年末人口数是指每年12月31日24时的人口数。

出生率（又称粗出生率） 指在一定时期内（通常为一年）平均每千人所出生的人数的比率，一般用千分率表示。计算公式：

$$出生率=\frac{年出生人数}{年平均人数}\times 1000‰$$

出生人数是指活婴儿,即胎儿脱离母体时(不管怀孕月数),有过呼吸或其他生命现象。

年平均人数是年初、年底人口数的平均数,也可用年中人口数代替。

死亡率(又称粗死亡率) 指在一定时期内(通常为一年)一定地区的死亡人数与同期平均人数(或期中人数)之比,一般用千分率表示。计算公式为:

$$死亡率 = \frac{年死亡人数}{年平均人数} \times 1000‰$$

人口自然增长率 指在一定时期内(通常为一年)人口自然增加数(出生人数减死亡人数)与该时期内平均人数(或期中人数)之比,一般用千分率表示。计算公式:

$$人口自然增长率 = \frac{本年出生人数 - 本年死亡人数}{年平均人数} \times 1000‰$$

$$人口自然增长率 = 人口出生率 - 人口死亡率$$

从业人员和职工工资

从业人员 指从事一定社会劳动并取得劳动报酬或经营收入的人员。包括:

(1)全部职工

(2)再就业的离退休人员

(3)私营业主

(4)个体户主

(5)私营和个体从业人员

(6)乡镇企业从业人员

(7)农村从业人员

(8)其他从业人员(包括民办教师、宗教职业者、现役军人等)

这一指标反映了一定时期内全部劳动力资源的实际利用情况,是研究我国基本国情国力的重要指标。

各单位的从业人员是指在各级国家机关、政党机关、社会团体及企业、事业单位中工作,并取得劳动报酬的全部人员。包括职工、再就业的离退休人员、民办教师以及在各单位中工作的外方人员和港、澳、台方人员。

各单位的从业人员反映了各单位实际参加生产或工作的全部劳动力。

经济活动人口 指在16岁以上,有劳动能力,参加或要求参加社会经济活动的人口。包括:从业人员和失业人员。

城镇登记失业人员及失业率 指有非农业户口,在一定的劳动年龄内,有劳动能力,无业而要求就业,并在当地就业服务机构进行求职登记的人员。城镇登记失业率指城镇登记失业人数同城镇从业人数与城镇登记失业人数之和的比。计算公式为:

$$城镇登记失业率 = \frac{城镇登记失业人数}{(城镇从业人数 + 城镇登记失业人数)} \times 100\%$$

职工工资总额 指各单位在一定时期内直接支付给本单位全部职工的劳动报酬总额。

工资总额的计算原则应以直接支付给职工的全部劳动报酬为根据。各单位支付给职工的劳动报酬以及其他根据有关规定支付的工资,不论是计入成本的还是不计入成本的,不论是按国家规定列入计征奖金税项目的,还是未列入计征奖金税项目的,不论是以货币形式支付的还是以实物形式支付的,均包括在工资总额内。

职工平均工资 指企业、事业、机关单位的职工在一定时期内平均每人所得的货币工资额。它表明一定时期职工工资收入的高低程度,是反映职工工资水平的主要指标。计算公式为:

$$职工平均工资 = \frac{报告期实际支付的全部职工工资总额}{报告期全部职工平均人数}$$

职工平均实际工资 指扣除物价变动因素后的职工平均工资。计算公式为:

$$职工平均实际工资=\frac{报告期职工平均工资}{报告期城镇居民消费价格指数}$$

固定资产投资

全社会固定资产投资 固定资产投资是社会固定资产再生产的主要手段。通过建造和购置固定资产的活动,国民经济不断采用先进技术装备,建立新兴部门,进一步调整经济结构和生产力的地区分布,增强经济实力,为改善人民物质文化生活创造物质条件。这对我国的社会主义现代化建设具有重要意义。

固定资产投资额是以货币表现的建造和购置固定资产活动的工作量,它是反映固定资产投资规模、速度、比例关系和使用方向的综合性指标。全社会固定资产投资按经济类型可分为国有、集体、个体、联营、股份制、外商、港澳台商、其他等。按照管理渠道,全社会固定资产投资总额分为基本建设、更新改造、房地产开发投资和其他固定资产投资四个部分。

基本建设投资 基本建设是企业、事业、行政单位以扩大生产能力或工程效益为主要目的新建、扩建工程及有关工作。其综合范围为总投资50万元以上(含50万元,下同)的基本建设项目。具体包括:(1)列入中央和各级地方本年基本建设计划的建设项目,以及虽未列入本年基本建设计划,但使用以前年度基建计划内结转投资(包括利用基建设备材料)在本年继续施工的建设项目;(2)本年基本建设计划内投资与更新改造计划内投资结合安排的新建项目和新增生产能力(或工程效益)达到大中型项目标准的扩建项目,以及为改变生产力布局而进行的全厂性迁建项目;(3)国有单位既未列入基建计划,也未列入更新改造计划的总投资在50万元以上的新建、扩建、恢复项目和为改变生产力布局而进行的全厂性迁建项目,以及行政、事业单位增建业务用房和行政单位增建生活福利设施的项目。

更新改造投资 更新改造是指企业、事业单位对原有设施进行固定资产更新和技术改造,以及相应配套的工程和有关工作(不包括大修理和维护工程)。其综合范围为总投资50万元以上的更新改造项目。具体包括:(1)列入中央和各级地方本年更新改造计划的投资单位(项目)和虽未列入本年更新改造计划,但使用上年更新改造计划内结转的投资在本年继续施工的项目;(2)本年更新改造计划内投资与基本建设计划内投资结合安排的对企、事业单位原有设施进行技术改造或更新的项目和增建主要生产车间、分厂等其新增生产能力(或工程效益)未达到大中型项目标准的项目,以及由于城市环境保护和安全生产的需要而进行的迁建工作;(3)国有企、事业单位既未列入基建计划也未列入更新改造计划,总投资在50万元以上的属于改建或更新改造性质的项目,以及由于城市环境保护和安全生产的需要而进行的迁建工程。

房地产开发投资 指房地产开发公司、商品房建设公司及其他房地产开发法人单位和附属于其他法人单位实际从事房地产开发或经营的活动单位统一开发的包括统代建、拆迁还建的住宅、厂房、仓库、饭店、宾馆、度假村、写字楼、办公楼等房屋建筑物和配套的服务设施、土地开发工程(如道路、给水、排水、供电、供热、通讯、平整场地等基础设施工程)的投资。不包括单纯的土地交易活动。

其他固定资产投资 指全社会固定资产投资中未列入基本建设、更新改造和房地产开发投资的建造和购置固定资产的活动。具体包括:

(1)国有单位按规定不纳入基本建设计划和更新改造计划管理,计划总投资(或实际需要总投资)在50万元以上的以下工程:①用油田维护费和石油开发基金进行的油田维护和开发工程;②煤炭、铁矿、森工等采掘采伐业用维简费进行的开拓延伸工程;③交通部门用公路养路费对原有公路、桥梁进行改建的工程;④商业部门用简易建筑费建造的仓库工程。

(2)城镇集体固定资产投资:指所有隶属城市、县城和经国务院及省、自治区、直辖市批准建制的镇领导的集体单位(乡镇企业局管理的除外)建造和购置固定资产计划总投资(或实际需要总投资)在50万元以上的项目。

(3)除上述以外的其他各种企、事业单位、个体建造和购置固定资产总投资在50万元以上的、未列入基本建设计划和更新改造计划的项目。

城镇和工矿区私人建房投资和农村个人投资 城镇和工矿区私人建房包括市、县城、镇、工矿区所辖范围内的全部私人建房，不论其房主是否系本地的常住户口均应包括。农村个人投资包括农村个人建房及购置生产性固定资产的投资。

新增生产能力 指通过固定资产投资活动而增加的设计能力或工程效益，它是用实物形态表示的固定资产投资的成果。新增生产能力的计算，是以能独立发挥生产能力或效益的单项工程（或项目）为对象。当单项工程（或项目）建成，经有关部门鉴定合格，正式移交投入生产，即可计算新增生产能力。

新增生产能力或工程效益有以下几种表现形式：

(1)以建设项目或单位工程建成后的年产能力表示，如煤炭开采、石油开采等。

(2)以建设项目或单项工程建成后处理原料的能力表示，如选矿工程的年处理矿石能力，洗煤厂年洗原煤能力等。

(3)以新增的主要设备数量或容量表示。如棉纺锭枚数，发电机组容量等。

(4)以建筑物容积、容量、面积或长度表示。如水库容量、铁路公路里程等。

新增生产能力的数量一般按设计能力计算。设计能力是指设计文件中规定的在正常情况下能够达到的生产能力，而不论投产后的实际产量如何。以设备数量、建筑物容积、面积、长度等表示的新增生产能力（或效益），则按建成的实际数量计算。

房屋建筑面积 指从房屋外墙线算起的各层平面面积的总和，包括可供使用的有效面积和房屋结构（如柱、墙）占用面积。多层建筑按各层（包括地下室）面积总和计算。

住宅建筑面积 指施工和竣工房屋建筑面积中供居住用的施工和竣工房屋建筑面积。

施工面积 指报告期内施工的全部房屋建筑面积。包括本期新开工的面积、上期跨入本期继续施工的房屋面积、上期停缓建在本期恢复施工的房屋面积、本期竣工的房屋面积及本期施工后又停缓建的房屋面积。

竣工面积 指在报告期内房屋建筑按照设计要求已全部完工，达到住人和使用条件，经验收鉴定合格，正式移交使用单位的建筑面积。

房屋建筑面积竣工率 指一定时期内房屋竣工面积占同期房屋施工面积的比率。它是从房屋建筑施工速度的角度反映投资效果和建筑业经济效益的指标。

新增固定资产 指通过投资活动所形成的新的固定资产价值。包括已经建成投入生产或交付使用的工程价值和达到固定资产标准的设备、工具、器具的价值及有关应摊入的费用。它是以价值形式表示的固定资产投资成果的综合性指标，可以综合反映不同时期、不同部门、不同地区的固定资产投资成果。

建设项目投产率 指一定时期内全部建成投入生产项目个数与同期正式施工项目个数的比率。它是从项目建设速度的角度反映投资效果的指标。

固定资产交付使用率 指一定时期新增固定资产与同期完成投资额的比率。它是反映各个时期固定资产动用速度，衡量建设过程中投资效果的一个综合性指标。

能源和原材料消费

能源生产总量 指一定时期内全国（地区）一次能源生产量的总和，是观察全国（地区）能源生产水平、规模、构成和发展速度的总量指标。一次能源生产量包括原煤、原油、天然气、水电及其他动力能（如风能、地热能等）发电量。不包括低热值燃料生产量、生物质能、太阳能等的利用和由一次能源加工转换而成的二次能源产量。

能源消费总量 指一定时期内全国（地区）物质生产部门、非物质生产部门和生活消费的各种能源的总和，是观察能源消费水平、构成和增长速度的总量指标，能源消费总量包括原煤和原油及其制品、天然气、电力。不包括低热值燃料、生物质能和太阳能等的利用。能源消费总量分为三部分，即终端能源消费量、能源加工转换损失量和损失量。

(1)终端能源消费量 指一定时期内全国（地区）物质生产部门、非物质生产部门和生活消费的各种能源在扣除了用于加工转换二次能源消费量和损失量以后的数量。

(2)能源加工转换损失量 指一定时期内全国（地区）投入加工转换的各种能源数量之和与产出各种能源

产品之和的差额。它是观察能源在加工转换过程中损失量变化的指标。

(3)能源损失量 指一定时期内能源在输送、分配、储存过程中发生的损失和由客观原因造成的各种损失量。包括各种气体能源放空、放散量。

财 政

财政收入 国家财政参与社会产品分配所取得的收入,是实现国家职能的财力保证。财政收入所包括的内容几经变化,目前主要包括:

(1)各项税收 包括增值税、营业税、消费税、土地增值税、城市维护建设税、资源税、城市土地使用税、印花税、固定资产投资方向调节税、个人所得税、企业所得税、关税、农牧业税和耕地占用税等。

(2)专项收入 包括征收排污费、征收城市水资源费收入,教育费附加收入等。

(3)其他收入 包括基本建设贷款归还收入、国家能源交通重点建设基金收入、国家预算调节基金等。

(4)国有企业计划亏损补贴 这项为负收入,冲减财政收入。

财政支出 国家财政将筹集起来的资金进行分配使用,以满足经济建设和各项事业的需要,主要包括:

(1)基本建设支出 指按国家有关规定,属于基本建设范围内的基本建设有偿使用、拨款、资本金支出以及经国家批准对专项和政策性基建投资贷款,在部门的基建投资额中统筹支付的贴息支出。

(2)企业挖潜改造资金 指国家预算内拨给的用于企业挖潜、革新和改造方面的资金。包括各部门企业挖潜改造资金和企业挖潜改造贷款资金,为农业服务的县办"五小"企业技术改造补助,挖潜改造贷款利息支出。

(3)地质勘探费用 国家预算用于地质勘探单位的勘探工作费用,包括地质勘探管理机构及其事业单位经费、地质勘探经费。

(4)科技三项费用 国家预算用于科技支出的费用,包括新产品试制费、中间试验费、重要科学研究补助费。

(5)支援农村生产支出 国家财政支援农村集体(户)各项生产的支出。包括对农村举办的小型农田水利和打井、喷灌等的补助费;对农村水土保持措施的补助费;对农村举办的小水电站的补助费;特大抗旱的补助费;农村开荒补助费;扶持乡镇企业资金;农村农技推广和植保补助费;农村草场和畜禽保护补助费;农村造林和林木保护补助费;农村水产补助费;发展粮食生产专项资金。

(6)农林水利气象等部门的事业费用 国家财政用于农垦、农场、农业、畜牧、农机、林业、森工、水利、水产、气象、乡镇企业的技术推广、良种推广(示范)、植物(畜禽、森林)保护、水质监测、勘探设计、资源调查、干部训练等项费用,园艺特产补助费,中等专业学校经费,飞播牧草试验补助费,营林机构、气象机构经费,渔政费以及农业管理事业费等。

(7)工业交通商业等部门的事业费 国家预算支付给工交商各部门用于事业发展的经费。包括勘探设计费、中等专业学校经费、技术学校经费、干部训练费。

(8)文教科学卫生事业费 国家预算用于文化、出版、文物、教育、卫生、中医、公费医疗、体育、档案、地震、海洋、通讯、电影电视、计划生育、党政群干部训练、自然科学、社会科学、科协等项事业的经费支出和高技术研究专项经费。主要包括工资、补助工资、福利费、离退休费、助学金、公务费、设备购置费、修缮费、业务费、差额补助费。

(9)抚恤和社会福利救济费 国家预算用于抚恤和社会福利救济事业的经费,包括由民政部门开支的烈士家属和牺牲病残人员家属的一次性、定期抚恤金,革命伤残人员的抚恤金,各种伤残补助费、烈军属、复员退伍军人生活补助费、退伍军人安置费,优抚事业单位经费,烈士纪念建筑物管理、维修费,自然灾害救济事业费和特大自然灾害后重建补助费等。

(10)国防支出 国家预算用于国防建设和保卫国家安全的支出,包括国防费、国防科研事业费、民兵建设以及专项工程支出等。

(11)行政管理费 包括行政管理支出,党派团体补助支出,外交支出,公安安全支出,司法支出,法院支出，检察院支出和公检法办案费用补助。

(12)价格补贴支出　经国家批准，由国家财政拨给的政策性补贴支出，主要包括粮食加价款，粮、棉、油差价补贴，棉花收购价外奖励款，副食品风险基金，市镇居民的肉食价格补贴，平抑市价肉食、蔬菜价差补贴等以及经国家批准的教材课本、报刊新闻纸等价格补贴。

物　价

零售价格指数　是反映城乡商品零售价格变动趋势的一种经济指数。零售物价的调整变动直接影响到城乡居民的生活支出和国家的财政收入，影响居民购买力和市场供需平衡，影响消费与积累的比例。因此，计算零售价格指数，可以从一个侧面对上述经济活动进行观察和分析。

居民消费价格指数　是反映一定时期内城乡居民所购买的生活消费品价格和服务项目价格变动趋势和程度的相对数。是综合了城市居民消费价格指数和农民消费价格指数计算取得。利用居民消费价格指数，可以观察和分析消费品的零售价格和服务价格变动对城乡居民实际生活费支出的影响程度。

城市居民消费价格指数　是反映城市职工及其家庭所购买的生活消费品和服务项目价格变动趋势及其程度的相对数。编制城市居民消费价格指数，可以观察和分析消费品的零售价格和服务项目价格变动对职工货币工资的影响，作为研究职工生活和确定工资政策的依据。

农村居民消费价格指数　是反映农村居民家庭所购买的生活消费品的价格和服务项目价格变动趋势和程度的相对数。用它可以观察农村消费品的零售价格和服务项目价格变动对农村居民生活消费支出的影响，直接反映农民生活水平的实际变化情况，为分析和研究农村居民生活问题提供依据。

农产品收购价格指数　是反映国有商业、集体商业、个体商业、外贸部门、国家机关、社会团体等各种经济类型的商业企业和有关部门收购农产品价格的变动趋势和程度的相对数。农产品收购价格指数可以观察和研究农产品收购价格总水平的变化情况，以及对农民货币收入的影响，作为制订和检查农产品价格政策的依据。计算指数所选的商品有 11 个大类、包括 276 种农副土特产品。采用加权倒数平均公式(即按报告期实际收购金额加权综合法)计算。

农村工业品零售价格指数　是反映农村市场工业品零售价格水平变动趋势和程度的相对数。通过农村工业品零售价格指数，可以观察工业品零售价格变动对农民货币支出的影响。

工业品出厂价格指数　是反映全部工业产品出厂价格总水平的变动趋势和程度的相对数。其中除包括工业企业售给商业、外贸、物资部门的产品外，还包括售给工业和其他部门的生产资料以及直接售给居民的生活消费品。通过工业生产价格指数能观察出厂价格变动对工业总产值的影响。

固定资产投资价格指数　是反映固定资产投资额价格变动趋势和程度的相对数。固定资产投资额是由建筑安装工程投资完成额、设备、工器具购置投资完成额和其他费用投资完成额三部分组成的。编制固定资产投资价格指数应首先分别编制上述三部分投资的价格指数，然后采用加权算术平均法求出固定资产投资价格总指数。

编制固定资产投资价格指数可以准确地反映固定资产投资中涉及的各类商品和取费项目价格变动趋势和变动幅度，消除按现价计算的固定资产投资指标中的价格变动因素，真实地反映固定资产投资的规模、速度、结构和效益，为国家科学地制定、检查固定资产投资计划并提高宏观调控水平，为完善国民经济核算体系提供科学的，可靠的依据。

人民生活

城镇居民家庭就业人口　指城镇居民从事社会劳动并取得劳动报酬或经营收入的人口。就业人口包括通过国家统筹规划和指导由劳动部门介绍就业，自愿组织起来就业和自谋职业等方式，在国有制、集体所有制、中外合资、中外合作、外资在华独资的企事业单位和私营企业单位工作或从事个体劳动的有固定性职业或临时性职业的人口。被聘用和留用的离退休人员也计入就业人口。本指标可以反映城镇居民的就业情况,是计算就业面、负担系数的重要资料。

城镇居民家庭全部收入 指被调查城镇居民家庭全部的实际现金收入,包括经常或固定得到的收入和一次性收入。不包括周转性收入,如提取银行存款、向亲友借入款、收回借出款以及其他各种暂收款。

城镇居民家庭可支配收入 指被调查的城镇居民家庭在支付个人所得税之后,所余下的实际收入。

城镇居民家庭消费性支出 指被调查的城镇居民家庭用于日常生活的全部支出,包括购买商品支出和文化生活、服务等非商品性支出。不包括罚没、丢失款和缴纳的各种税款(如个人所得税、牌照税、房产税等),也不包括个体劳动者生产经营过程中发生的各项费用。

城镇居民家庭购买商品支出 指被调查的城镇居民家庭购买商品的全部支出,包括从商店、工厂、饮食业、工作单位食堂、集市以及直接从农民购买各种商品的开支。共分九类:食品、衣着品、日用品、文化娱乐用品、书报杂志、药及医疗用品、房屋及建筑材料、燃料、其他商品。不论自用的或赠送亲友的都包括在内。

农村居民家庭纯收入 指农村常住居民家庭总收入中,扣除从事生产和非生产经营费用支出、缴纳税款和上交承包集体任务金额以后剩余的,可直接用于进行生产性、非生产性建设投资、生活消费和积蓄的那一部分收入。它是反映农民家庭实际收入水平的综合性的主要指标。农民家庭纯收入,既包括从事生产性和非生产性的经营收入,又包括取自在外人口寄回带回和国家财政救济、各种补贴等非经营性收入;既包括货币收入,又包括自产自用的实物收入。但不包括向银行、信用社和向亲友借款等属于借贷性的收入。

农村居民家庭整半劳动力 指农村常住居民家庭成员中有劳动能力并经常参加实际劳动的人员。是生产的基本要素指标之一,是发展生产增加农民家庭收入的重要源泉。按规定,农村男 18 周岁至 50 周岁、女 18 周岁至 45 周岁为整劳动力;男 16 周岁到 17 周岁、51 周岁到 60 周岁,女 16 周岁到 17 周岁、46 周岁到 55 周岁为半劳动力。农民家庭整半劳动力,既包括在上述规定劳动年龄内和在劳动年龄以外有劳动能力并经常参加实际劳动的男女整半劳动力;也包括农民家庭常住人员中属于职工的劳动力。但不包括在劳动年龄内已丧失劳动能力的人员。

农村居民家庭生活消费支出 指农村常住居民家庭年内用于日常生活的全部开支。它是用来反映和研究农民家庭实际生活消费水平高低的重要指标。农民家庭生活消费支出,包括用于吃、穿、住、烧、用等生活消费品开支和文化、生活服务费用开支两大部分。

农村居民家庭商品性生活消费支出 指农村常住居民家庭用其货币收入,在市场上购买食品、衣着、家庭用家具器皿、日用杂品、燃料、耐用消费品、以及文教卫生用品等生活消费总量。包括向国有商店、集体商店和集市贸易市场以及其他流通渠道购买的全部生活消费品。农民家庭商品性生活消费支出,是农民家庭生活消费支出的一个重要组成部分,是用来反映和分析农民家庭生活消费水平的商品化程度,及其由自给性经济向商品经济发展趋势的重要指标,也是研究和预测农民家庭对市场消费品需求,制定商品供应计划的重要依据。

城乡居民储蓄存款余额 城乡居民储蓄存款,包括城镇居民储蓄存款和农民个人储蓄存款两部分。不包括居民的手存现金和工矿企业、部队、机关团体等集团存款。储蓄存款余额,是指城乡居民存入银行及农村信用社储蓄的时点数(存入数扣除取出数的余额),如月末、季末或年末数额。

市政公用事业

年底自来水生产能力 指年底城建部门管理的自来水厂和自备水源的社会单位取水、净化、送水、出厂输水干管等环节的实际生产能力。

年底供水管道长度 指从送水泵到用户水表之间所有管道的长度。

全年供水总量 指公用自来水厂和自备水源的社会单位全年的供水总量,包括有效供水量及损失水量。

生活用水量 指居民日常生活与公共福利设施的用水量。包括居民、饮食店、旅馆、医院、理发店、浴池、洗衣店、游泳池、商店、学校、机关、部队等单位的用水量。

城市人口用水普及率 指城市用水的非农业人口数(不包括临时人口和流动人口)与城市非农业人口总数之比。计算公式:

$$用水普及率=(城市用水的非农业人口数÷城市非农业人口数)\times 100\%$$

人工煤气生产能力 指城市煤气厂制气、净化、输送等环节的综合实际生产能力。

输气管道长度 指由压缩机、鼓风机、储气罐的出口到用户立管之间的全部管道长度。

全年供气总量 指全年售给各类用户的全部煤气量。包括工业用量、家庭用量和其他用量。

城市用气普及率 指使用煤气(包括人工煤气、液化石油气、天然气)的城市非农业人口数(不包括临时人口和流动人口)与城市非农业人口总数之比。计算公式:

$$城市煤气普及率=\frac{城市用气的非农业人口}{城市非农业人口总数}\times 100\%$$

城市供热能力 指热电厂、热力公司和达到标准的集中采暖锅炉房向城市输送的供热源的设计能力。每小时向城市输送的蒸汽、热水能力。

城市供热总量 指热电厂、热力公司和达到标准的集中采暖锅炉房全年向城市输送的全部蒸汽、热水量。

城市供热管道长度 指热电厂、热力公司和达到标准的集中采暖锅炉房管理的集中供热热源到用户之间的全部供气、供热水的管道长度。

年底实有铺装道路长度 指除土路外,路面经过铺装宽度在3.5米以上的道路,包括高级、次高级道路和普通道路。

城市桥梁 指城市范围内,修建在河道上的桥梁和道路与道路立交、道路跨越铁路的立交桥,以及人行天桥。包括永久性桥和半永久性桥,不包括临时性桥、铁路桥、涵洞。

城市下水道总长度 指所有排水总管、干管、支管及暗渠、检查井、连接井进出水口等长度之和。

城市污水日处理能力 指污水处理厂每昼夜处理污水量的设计能力。

年末实有公共汽(电)车 指年底可参加营运的全部车辆数,包括年底营运车辆数和库存查封未参加营运的车辆,不包括非营运车辆,如架线车、油罐车、工程车、货车及其他专用车辆和借入客运车辆。

营运线路长度 指设置的固定营运线路长度,包括郊区营运线路长度。不包括临时行驶的线路长度。

城市园林绿地面积 指城市公共绿地、专用绿地、生产绿地、防护绿地、郊区风景名胜区的全部面积。

公共绿地 指供游览休息的各种公园、动物园、植物园、陵园以及花园、游园和供游览休息用的林荫道绿地、广场绿地。不包括一般栽植的行道树及林荫道的面积。

农　业

农林牧渔业总产值 是以货币表现的农、林、牧、渔业全部产品的总量,它反映一定时期内农业生产总规模和总成果。

农、林、牧、渔业的统计范围包括国有经济的各种专业农(农、林、牧、渔)场以及国家各级机关团体学校、部队、集体所有制的乡、镇、村各级办农场;工矿企业经营的农、林、牧、渔业,农村各种经济组织和农户经营的农林牧渔业和农民家庭兼营的商品性工业等。

(1)农业 包括种植业和其他农业。

种植业 包括谷物、豆类、薯类、棉、油料、糖料、麻类、烟叶、蔬菜、药材、瓜类和其他农作物的种植,以及茶园、桑园、果园的生产经营。

其他农业 包括采集野生植物的果实、纤维、树胶、树脂、油料以及柴草、野生药材、菌类以及农民家庭兼营的商品性工业。

(2)林业 包括林木的栽培(不包括茶园、桑园和果园的栽培、管理和收获等活动)、林产品的采集和村及村以下合作经济组织和农户的竹木采伐。

(3)牧业 包括除渔业养殖以外的一切动物饲养和放牧以及野生动物的捕猎和饲养。

(4)渔业 包括水生动物和海藻类植物的养殖和捕捞。

农业总产值的计算方法通常是按农林牧渔业产品及其副产品的产量分别乘以各自单位产品价格求得,少数生产周期较长,当年没有产品或产品产量不易统计的,则采用间接方法匡算其产值,然后将四业产品产值相加即为农业总产值。

1957 年以前的农业总产值中包括了厩肥和农民自给性手工业(如农民自制衣服、鞋、袜、自己从事粮食初步加工等)。1958 年及以后的农业总产值,林业中增加了村及村以下竹木采伐产值;牧业中取消了厩肥产值;副业中取消了农民自给性手工业产值,增加了村及村以下办的工业产值;渔业中增加了海洋捕捞水产品产值。1980 年及以后的农业总产值,在副业中增加了农民家庭兼营工业商品部分的产值。从 1984 年起村及村以下办工业产值划归工业。从 1993 年起,取消副业。将野生动物的捕猎划入牧业,野生植物采集和农民家庭兼营商品性工业划归农业。

粮食产量 指全社会的产量。包括国有经济经营的、集体统一经营的和农民家庭经营的粮食产量,还包括工矿企业办的农场和其他生产单位的产量。粮食除包括稻谷、小麦、玉米、高粱、谷子及其他杂粮外,还包括薯类和豆类。其产量计算方法,豆类按去豆荚后的干豆计算;薯类(包括甘薯和马铃薯,不包括芋头和木薯)1963 年以前按每 4 公斤鲜薯折 1 公斤粮食计算,从 1964 年开始及以后改为按 5 公斤鲜薯折 1 公斤粮食计算。城市郊区作为蔬菜的薯类(如:马铃薯等)按鲜品计算,并且不做为粮食统计。其他粮食一律按脱粒后的原粮计算。

油料产量 指全部油料作物的生产量。包括花生、油菜籽、芝麻、向日葵籽、胡麻籽(亚麻籽)和其他油料。不包括大豆,也不包括木本油料和野生油料。花生以带壳干花生计算。

水产品产量 指人工养殖的水产品和天然生长的水产品的捕捞量。包括海水的鱼类、虾蟹类、贝类和藻类以及内陆水域的鱼类、虾蟹类和贝类,不包括淡水生殖物。

猪、牛、羊肉产量 指当年出栏并已屠宰后除去头蹄下水后带骨肉(即胴体重)的重量。

耕地面积 指年初可以用来种植农作物、经常进行耕锄的田地,除包括熟地、当年新开荒地、连续撂荒未满三年的耕地和当年的休闲地(轮歇地)外,还包括以种植农作物为主并附带种植桑树、茶树、果树和其他林木的土地,以及沿海、沿湖地区已围垦利用的"海涂"、"湖田"等面积。但不包括属于专业性的桑园、茶园、果园、果木苗圃、林地、芦苇地、天然或人工草地面积。

农作物播种面积 指实际播种或移植有农作物的面积。凡是实际种植有农作物的面积,不论种植在耕地上还是种植在非耕地上,均包括在农作物播种面积中。在播种季节基本结束后,因遭灾而重新改种和补种的农作物面积,也包括在内。

有效灌溉面积 指具有一定的水源,地块比较平整,灌溉工程或设备已经配套,在一般年景下当年能够进行正常灌溉的耕地面积。

农用化肥施用量 指本年内实际用于农业生产的化肥数量。包括氮肥、磷肥、钾肥和复合肥。化肥施用量要求按折纯量计算数量。折纯法化肥施用量是把氮肥、磷肥和钾肥分别按含氮、含五氧化二磷、含氧化钾的百分之一百成份折算后的数量。复合肥按其所含主要成分折算。

农业机械总动力 指主要用于农、林、牧、渔业的各种动力机械的动力总和。包括耕作机械、排灌机械、收获机械、农用运输机械、植物保护机械、牧业机械、林业机械、渔业机械和其他农业机械〔内燃机按引擎马力折成瓦(特)计算,电动机按功率折成瓦(特)计算〕。不包括专门用于乡、镇、村、组办工业、基本建设、非农业运输、科学试验和教学等非农业生产方面的动力机械与作业机械。

农林牧渔业劳动力 指直接参加农林牧渔业生产劳动的劳动力。

期初(末)畜禽存栏头(只)数 指本期期初(末)农村各种合作经济组织和国营农场、农民个人、机关、团体、学校、工矿企业、部队等单位以及城镇居民饲养的大牲畜、猪、羊、家禽等畜禽的存栏头(只)数。

谷物 指籽实主要供作粮食的作物。这类作物包括稻谷、小麦、玉米、谷子、高粱和其他谷物,不包括豆类和薯类作物。

工　业

工业 指从事自然资源的开采,对采掘品和农产品进行加工和再加工的物质生产部门。具体包括:(1)对自然资源的开采,如采矿、晒盐、森林采伐等(但不包括禽兽捕猎和水产捕捞);(2)对农副产品的加工、再加工,如粮油加工、食品加工、轧花、缫丝、纺织、制革等;(3)对采掘品的加工、再加工,如炼铁、炼钢、化工生产、石油加工、机器制造、木材加工等,以及电力、自来水、煤气的生产和供应等;(4)对工业品的修理、翻新,如机器设备的修理、交通运输工具(包括小卧车)的修理等。

1984年以前农村的村及村以下办工业归属农业,1984年以后划归工业。

本年鉴中涉及的企业登记注册类型:

(1)国有及国有控股企业。国有企业(即过去的全民所有制工业或国营工业) 是指企业全部资产归国家所有,并按《中华人民共和国企业法人登记管理条例》规定登记注册的非公司制的经济组织。包括国有企业、国有独资公司和国有联营企业。1957年以前的公私合营和私营工业,后均改造为国营工业,1992年改为国有工业,这部分工业的资料不单独分列时,均包括在国有企业内。国有控股企业是对混合所有制经济的企业进行的"国有空股"分类。它是指这些企业的全部资产中国有资产(股份)相对其他所有者中的任何一个所有者占资(股)最多的企业。该分组反映了国有经济控股情况。

(2)集体企业　指企业资产归集体所有,并按《中华人民共和国企业法人登记管理条件》规定登记注册的经济组织。是社会主义公有制经济的组成部分。包括城乡所有使用集体投资举办的企业,以及部分个人通过集资自愿放弃所有权并依法经工商行政管理机关认定为集体所有制的企业。

(3)股份有限公司　指根据《中华人民共和国企业法人登记管理条例》规定登记注册,其全部注册资本由等额股份构成并通过发行股票筹集资本,股东以其认购的股份对公司承担有限责任,公司以其全部资产对其债务承担责任的经济组织。

(4)港、澳、台商投资企业　指企业注册登记类型中的港、澳、台合资、合作、独资经营企业和股份有限公司之和。

(5)外商投资企业　指企业注册登记类型中的中外资、合作经营企业、外资企业和外商投资股份有限公司之和。

(6)本年鉴中涉及的名为"其他"的企业均指除国有企业、集体企业、个体经营以外的其他类型工业企业(单位)。包括联营企业、私营企业、股份有限公司、有限责任公司;外商投资企业(中外合资经营、中外合作经营、外资企业)港、澳、台投资企业(与大陆合资经营与大陆合作经营,港、澳、台独资企业)及其它企业。

轻工业　指主要提供生活消费品和制作手工工具的工业。按其所使用的原料不同,可分为两大类:(1)以农产品为原料的轻工业,是指直接或间接以农产品为基本原料的轻工业。主要包括食品制造、饮料制造、烟草加工、纺织、缝纫、皮革和毛皮制作、造纸以及印刷等工业;(2)以非农产品为原料的轻工业,是指以工业品为原料的轻工业。主要包括文教体育用品、化学药品制造、合成纤维制造、日用化学制品、日用玻璃制品、日用金属制品、手工工具制造、医疗器械制造、文化和办公用机械制造等工业。

重工业　是指为国民经济各部门提供物质技术基础的主要生产资料的工业。按其生产性质和产品用途,可以分为下列三类:(1)采掘(伐)工业,是指对自然资源的开采,包括石油开采、煤炭开采、金属矿开采、非金属矿开采和木材采伐等工业;(2)原材料工业,指向国民经济各部门提供基本材料、动力和燃料的工业。包括金属冶炼及加工、炼焦及焦炭化学、化工原料、水泥、人造板以及电力、石油和煤炭加工等工业;(3)加工工业,是指对工业原材料进行再加工制造的工业,以及为农业提供的生产资料如化肥、农药等工业。

根据上述划分原则,修理业中以重工业产品为修理作业对象的划为重工业,反之划为轻工业。

工业总产值　是以货币表现的工业企业在一定时期内生产的已出售或可供出售工业产品总量,它反映一定时间内工业生产的总规模和总水平。它包括:在本企业内不再进行加工,经检验、包装入库(规定不需包装的产品除外)的成品价值,工业性作业价值,自制半成品、在产品期末期初差额价值。工业总产值采用"工厂法"计算,即以工业企业作为一个整体,按企业工业生产活动的最终成果来计算,企业内部不允许重复计算,不能把企业内部各个车间(分厂)生产的成果相加。但在企业之间、行业之间、地区之间存在着重复计算。

轻重工业总产值的划分也是按"工厂法"计算的,即一个工业企业在正常情况下生产的主要产品的性质属于轻工业,则该企业的全部总产值作为轻工业总产值;一个工业企业生产的主要产品的性质属于重工业,则该企业的全部总产值作为重工业总产值。

工业增加值　是指工业行业在报告期内以货币表现的工业生产活动的最终成果。

固定资产原价 固定资产原价指企业在建造、购置、安装、改建、扩建、技术改造某项固定资产时所支出的全部货币总额。它一般包括买价、包装费、运杂费和安装费等。

固定资产净值 是指固定资产原价减去历年已提折旧额后的净额。

流动资产 流动资产是指可以在一年或者超过一年的一个营业周期内变现或者耗用的资产,包括现金及各种存款、短期投资、应收及预付货款、存货等。

利税总额 指企业利润总额、产品销售税金及附加和应交增值税之和。

资金利税率 指在一定时期内已实现的利润、税金总额与同期的资产(固定资产净值和流动资产)之比。计算公式:

$$资金利税率(\%)=\frac{报告期累计实现利税总额}{固定资产净值平均余额+流动资产平均余额}\times 100\%$$

资金利税率反映每单位(通常是每万元)资金所提供的利润税金额。它是考察和评价部门或企业资金运用的经济效益,分析资金投入效果的主要分析指标。

工业成本费用利润率 指在一定时期内实现的利润与成本费用之比,是反映工业生产成本及费用投入的经济效益指标,同时也是反映降低成本的经济效益的指标。计算公式:

$$工业成本费用利润率(\%)=\frac{利润总额}{成本费用总额}\times 100\%$$

工业增加值率 指在一定时期内工业增加值占同期工业总产值的比重,反映降低中间消耗的经济效益。计算公式:

$$工业增加值率(\%)=\frac{工业增加值(现价)}{工业总产值(现价)}\times 100\%$$

流动资金周转次数 指在一定时期内流动资产完成的周转次数,反映流动资产的周转速度。计算公式:

$$流动资金周转次数=\frac{产品销售收入}{全部流动资产平均余额}$$

产品销售率 指一定时期内销售产值与同期全部工业总产值之比,反映工业产品生产已实现销售的程度。计算公式:

$$工业产品销售率(\%)=\frac{报告期现价工业销售产值}{报告期现价工业总产值}\times 100\%$$

产品销售收入 指企业销售产品的销售收入和提供劳务等主要经营业务取得的业务总额。

产品销售成本 指企业销售产品和提供劳务等主要经营业务的实际成本。

产品销售税金及附加 指企业销售产品和提供工业性劳务等主要经营业务应负担的城市维护建设税、消费税、资源税和教育费附加。

产品销售利润 指企业销售产品和提供工业性劳务等主要经营业务收入扣除其成本、费用、税金后的利润。

利润总额 指企业实现的利润。

应交增值税 指企业在报告期内应交纳的增值税额。

产值利税率 指报告期已实现的利润、税金总额(包括利润总额、产品销售税金及附加和应交增值税)占同期全部工业总产值的百分比,计算公式为:

$$产值利税率(\%)=\frac{利税总额}{工业总产值}\times 100\%$$

全员劳动生产率 指根据产品的价值量指标计算的平均每一个职工在单位时间内的产品生产量。是考核企业经济活动的重要指标,是企业生产技术水平、经营管理水平、职工技术熟练程度和劳动积极性的综合表现。目前我国的全员劳动生产率是将工业企业的工业增加值除以同一时期全部职工的平均人数来计算的。计算公式:

$$全员劳动生产率=\frac{工业增加值}{全部职工平均人数}$$

资本金 指企业在工商行政管理部门登记的注册资金合计。企业资本金按投资主体可分为国家资本金、法人资本金、个人资本金和外商资本金等。资本金合计包括企业各种投资主体注册的全部资本金。

总资产 指企业拥有或控制的全部资产。包括流动资产、长期投资、固定资产、无形及递延资产、其他长期资产、递延税项等,即为企业资产负债表的资产总计项。

(1)流动资产 指企业可以在一年内或者超过一年的一个生产周期内变现或耗用的资产合计。包括现金及各种存款、短期投资、应收及预付款项、存货等。

(2)固定资产 指企业固定资产净值、固定资产清理、在建工程、待处理固定资产损失所占用的资金合计。

(3)无形资产 指企业长期使用而没有实物形态的资产。包括专利权、非专利技术、商标权、著作权、土地使用权、商誉等。

总负债 指企业承担并需要偿还的全部债务。包括流动负债和长期负债、递延税项等,即为企业资产负债表的负债合计项。

(1)流动负债 指企业在一年内或者超过一年的一个营业周期内需要偿还的债务合计,其中包括短期借款,应付及预收款项、应付工资、应交税金和应交利润等。

(2)长期负债 指企业在一年以上或者超过一年的一个生产周期以上需要偿还的债务合计,其中包括长期借款、应付债务、长期应付款项等。

所有者权益 指企业投资人对企业净资产的所有权。企业净资产等于企业全部资产减去全部负债后的余额,其中包括投资者对企业的最初投入,以及资本公积金、盈余公积金和未分配利润,对股份制企业即为股东权益。

交通运输和邮电通讯业

铁路营业里程 又称营业长度,指办理客货运输业务的铁路正线总长度。凡是全线或部分建成双线及以上的线路,以第一线的实际长度计算;复线、站线、段管线、岔线和特殊用途线以及不计算运费的联络线都不计算营业里程。铁路营业里程是反映铁路运输业基础设施发展水平的重要指标,也是计算客货周转量、运输密度和机车车辆运用效率等指标的基础资料。

铁路正线延展里程 是正线第一线、第二线、第三线和其他正线建筑里程之和,不包括站线、段管线、岔线及特殊用途线的延展里程。它是作为计算铁路线上钢轨、枕木及路基砂石需要量的主要依据。

公路里程 指在一定时期内实际达到《公路工程技术标准 JTJ01-88》规定的等级公路,并经公路主管部门正式验收交付使用的公路里程数。其计算单位为:km。它包括大中城市的郊区公路以及通过小城镇街道部分的公路里程,也包括桥梁、渡口的长度,但不包括大中城市的街道、厂矿、林区生产用道和农业生产用道的里程。两条或多条公路共同经由一路段,只计算一次,不得重复计算里程长度。公路里程是反映公路建设发展规模的重要指标,也是计算运输网密度等指标的基础资料。

内河航道里程 也称"内河通航里程",是反映内河水运网规模、水平和发展情况的主要指标;是指在一定时期内,能通航运输船舶及排筏的天然河流、湖泊水库、运河及通航渠道的长度。包括全年季节性通航累计三个月以上的航道,但不包括仅供零散流放竹、木排的河道。

民用航空航线里程 指民航运输定期班机飞行的航线长度的总和。航线长度按机场之间的距离计算,通常有两种计算方法:将每条航线长度相加称为重复计算航线里程;如将两条或两条以上航线经过同一区段里程,只计算一次航线长度称为不重复计算航线里程。一般常用的是后者,它能确切反映民航运输网的规模,表明民航事业为国民经济服务和方便人民生活程度的主要指标。

货(客)运量 指在一定时期内,各种运输工具实际运送的货物(旅客)数量。是反映运输业为国民经济和人民生活服务的数量指标,也是制定和检查运输生产计划,研究运输发展规模和速度的重要指标。货运按吨计算,客运按人计算。货物不论运输距离长短,货物类别,均按实际重量统计;旅客不论行程远近或票价多少,均按一人一次作为客运量统计。半价票、小孩票也按一人统计。

货物(旅客)周转量 指在一定时期内,由各种运输工具运送的货物(旅客)数量与其相应运输距离的乘积之总和,是反映运输业生产总成果的重要指标,也是编制和检查运输生产计划,计算运输效率、劳动生产率以及核算运输单位成本的主要基础资料。通常以吨公里和人公里为计算单位。计算货物周转量通常按发出站与到达站之间的最短距离，也就是计费距离计算。

邮电业务总量 指以货币表现的邮电部门用于传递信息和提供其他邮电服务的总数量。它综合反映了一定时期邮电工作的总成果，是研究邮电业务量构成和发展趋势的重要指标。根据邮电管理体制不同，分为中央国营业务总量和地方国营业务总量。它用各种邮电分类业务量，如函件件数、电报份数、长话张数、市内电话和农村电话的年均户数、订销报刊累计份数等，分别乘以相应的平均单价（不变价），加总后再加上出租电路和设备的收入、代用户维护电话交换机和线路等设备的收入、其他业务收入求得。

市内电话 指接入县城（包括个别城镇）及县以上城市的市内电话网上，并按市内电话进行经营管理的电话。按计费办法分为包月制和计次制两种。

(1)住宅电话 指话机装在居民住宅里的电话。它包括私人付费、公费和免费三个部分。

(2)私人付费电话 指住宅居民自费安装并自己缴纳通话费的电话。

无线寻呼电话用户 指携带小型寻呼机，接收市话用户通过无线寻呼中心，在规定范围内向其发出声音、数字或文字显示信息的用户。目前在邮电部门办理登记手续的无线寻呼电话用户，每一部寻呼机按一户计算。

移动电话用户 指在邮电部门登记，通过移动电话交换机进入移动电话网、占有移动电话号码的电话用户。用户数量以实际办理登记手续进入邮电部门移动电话网的户数进行计算，一部或一台移动电话统计为一户。

建筑业

建筑业总产值（即自行完成施工产值） 指建筑业企业或附营建筑施工单位自行完成的按工程进度计算的建筑安装生产总值。建筑业产值包括：

① 建筑工程产值：指列入建筑工程预算内的各种工程价值。

② 设备安装工程产值：指设备安装工程价值。

③ 房屋、构筑物修理产值：指房屋、构筑物修理所完成的价值，但不包括被修理房屋、构筑物本身的价值和生产设备的修理价值。

④ 非标准设备制造产值：指加工制造没有定型的、非标准的生产设备的加工费和原材料价值，不论是现场还是附属加工厂为本单位承建工程制造的非标准设备的价值，都应计算产值。

建筑业增加值 指建筑业企业在报告期内以货币表现的建筑业生产经营活动的最终结果。目前建筑业增加值采用分配法（收入法）计算，即从收入的角度出发，根据生产要素在生产过程中应得的收入份额计算。具体计算公式为：

建筑业增加值＝本年提取的固定资产折旧＋应付工资＋应付福利费＋管理费中的劳动待业保险金、税金＋工程结算税金及附加＋工程结算利润。

房屋建筑施工面积 指在报告期内施工的全部房屋建筑面积。包括本期内新开工的、上期施工跨入本期继续施工、上期停建本期复工的房屋建筑面积；不包括上期开工后又停工，本期未施工的房屋建筑面积。

房屋建筑竣工面积 指在报告期内，按照设计所规定的工程内容全部完成，达到了设计规定的交工条件，经有关部门检查验收鉴定合格的房屋建筑面积。

自有机械设备年末总台数 指归本企业（或单位）所有，属于本企业固定资产的生产性机械设备年末总台数。包括施工机械、生产设备、运输设备以及其他设备。

自有机械设备年末总功率 指本企业（或单位）自有施工机械、生产设备、运输设备以及其他设备等列为在册固定资产的生产性机械设备年末总功率，按设定能力或查定能力计算。包括机械本身的动力和为该机械服务的单独动力设备，如电动机等。计算单位用千瓦，动力换算可按 1 马力＝0.735 千瓦折合成千瓦数。电焊机、变压器、锅炉不计算动力。

工程结算收入 指企业(或单位)按工程的分部分项自行完成的建筑产品价值并已与甲方在报告期内办理结算手续的工程价款收入,以及向甲方收取的除工程价款以外的按规定列作营业收入的各种款项,如临时设施费、劳动保险费、施工机械调迁费等以及向甲方收取的各种索赔款。

工程结算利润 指已结算工程实现的利润。如为亏损以"-"号表示。其计算公式为:

工程结算利润=工程结算收入-工程结算成本-工程结算税金及附加

企业总收入 指与企业生产经营直接有关的各项收入,包括工程结算收入和其他业务收入,即:

企业总收入=工程结算收入+其他业务收入

批发零售贸易和餐饮业

社会消费品零售额 指各种经济类型的批发零售贸易业、餐饮业、制造业和其他行业对城乡居民和社会集团的消费品零售额。这个指标反映通过各种商品流通渠道向居民和社会集团供应的生活消费品来满足他们生活需要,是研究人民生活,社会消费品购买力、货币流通等问题的重要指标。社会消费品零售额包括:(1)售给城乡居民作为生活用的商品和修建房屋用的建筑材料;(2)售给机关、团体、学校、部队、企业、事业单位的职工食堂和旅店(招待所)附设专门供本店旅客食用,不对外营业的食堂的各种食品、燃料;企业、单位和国营农场直接售给本单位职工和职工食堂的自己生产的产品;(3)售给部队干部、战士生活用的粮食、副食品、衣着品、日用品、燃料;(4)售给来华的外国人、华桥、港澳台同胞的消费品;(5)居民自费购买的中、西药品、中药材及医疗用品;(6)报社、出版社直接售给居民和社会集团的报纸、图书、杂志、集邮公司出售的新、旧纪念邮票、特种邮票、首日封、集邮册、集邮工具等;(7)旧货寄售商店自购、自销部分的商品;(8)煤气公司、液化石油气站售给居民和社会集团的煤气灶具和罐装液化石油气;(9)农民售给非农业居民和社会集团的商品。不包括售给国民经济各部门企业、事业单位(包括国有经济的农场)生产经营用的各种原材料、燃料、设备、工具等和售给批发零售贸易业、餐饮业作为转卖用的商品、旧货寄售商店受托寄售卖出的商品、服务业的营业收入、邮局出售邮票的收入、自来水、电力、煤气生产(供应)单位的产品供应收入,也不包括农民之间的商品销售。

批发零售贸易业商品购、销、存总额 指以各种经济类型的批发、零售贸易业(不包括个体)为总体的商品购、销、存。

商品购进总额 指从本企业(单位)以外的单位和个人购进(包括从国外直接进口)作为转卖或加工后转卖的商品。这个指标反映批发零售贸易业从国内、国外市场上购进商品的总量。商品购进总额包括:(1)从工农业生产者购进的商品;(2)从出版社、报社的出版发行部门购进的图书、杂志和报纸;(3)从各种经济类型的批发零售贸易企业(单位)购进的商品;(4)从其他单位购进的商品,如从机关、团体、企业、单位购进的剩余物资,从餐饮业、服务业购进的商品,从海关、市场管理部门购进的缉私和没收的商品,从居民收购的废旧商品等;(5)从国(境)外直接进口的商品。不包括企业(单位)为自身经营用,和未通过买卖行为而收入的商品以及销售退回、商品升溢等。

商品销售总额 指对本企业(单位)以外的单位和个人出售(包括对国(境)外直接出口)的商品。这个指标反映批发零售贸易业在国内市场上销售商品以及出口商品的总量。商品销售总额包括:(1)售给城乡居民和社会集团消费用的商品;(2)售给工业、农业、建筑业、运输邮电业、批发零售贸易业、餐饮业、服务业等作为生产、经营使用的商品;(3)售给批发零售贸易业作为转卖或加工后转卖的商品;(4)对国(境)外直接出口的商品。不包括:出售本企业(单位)自用的废旧包装用品,未通过买卖行为付出的商品,经本单位介绍,由买卖双方直接结算,本单位只收取手续费的业务,购货退出的商品以及商品损耗和损失等。

批发零售贸易业年末库存 指年末各种经济类型的批发零售贸易企业(单位)已取得所有权的商品。它反映各地区、各批发零售贸易企业(单位)的商品库存情况,和对市场商品供应的保证程度。期末库存包括:(1)存放在批发零售贸易业经营单位(如门市部、批发站、经营处)仓库、货场、货柜和货架中的商品;(2)挑选、整理、包装中的商品;(3)已记人购进而尚未运到本单位的商品,即发货单或银行承兑凭证已到而货未到部分;(4)寄放他处的商品,如因购货方拒绝承付而暂时存放在购货方的商品和已办完加工成品收回手续而货未提回的商品;(5)委托其他单位代销(未作销售或调出)尚未售出的商品;(6)代其他单位购进尚未交付的商品。不包括所有权不属于本单位的商品、拨付除批发零售贸易业以外的其他行业所属独立核算加工厂等加工生产尚未收回成品的商品、代国家物资储备部门保管的商品等。期末库存总额计算方法是:农副产品采购单位按购进价计算,批发单位按进货价计算,零售单位按什么价格核算就按什么价格计算。

城乡集市贸易成交额 指在农村集市和城市集市上买卖双方(包括农民、非农业居民、机关、团体、工商企业、个体商贩)成交的全部商品金额,是反映集市贸易规模的综合性指标。

对外经济贸易和旅游业

利用外资 指我国各级政府、部门、企业和其他经济组织通过对外借款、吸收外商直接投资以及用其他方式筹措的境外现汇、设备、技术等。

对外借款 是我国利用外资的主要部分。包括我国通过外国政府贷款,国际金融组织贷款,外国银行商业贷款,出口信贷以及对外发行债券,股票等方式,从境外筹措的资金。

外商直接投资 是指外国企业和经济组织或个人(包括华侨、港澳台胞以及我国在境外注册的企业)按我国有关政策、法规、用现汇、实物、技术等在我国境内开办外商独资企业、与我国境内的企业或经济组织共同举办中外合资经营企业、合作经营企业或合作开发资源的投资(包括外商投资收益的再投资)以及经政府有关部门批准的项目投资总额内,企业从境外借入的资金。

旅游人数 指来我国参观、访问、旅行、探亲、访友、休养、考察、参加会议和从事经济、科技、文化、教育、体育、宗教等活动的外国人、华侨、港澳和台湾同胞的人数。不包括外国在我国的常驻机构,如使领馆、通讯社、企业办事处的工作人员;来我国常驻的外国专家、留学生以及在岸逗留不过夜人员。

国际旅游(外汇)收入 指入境旅游的外国人、华侨、港澳台同胞在中国大陆旅游过程中发生的一切旅游支出,对于国家来说就是国际旅游(外汇)收入。

进出口总额 海关进出口总额指实际进出我国国境的货物总金额。包括对外贸易实际进出口货物,来料加工装配进出口货物,国家间、联合国及国际组织无偿援助物资和赠送品,华侨、港澳台同胞和外籍华人捐赠品,租赁期满归承租人所有的租赁货物,进料加工进出口货物,边境地方贸易及边境地区小额贸易进出口货物(边民互市贸易除外),中外合资经营企业、中外合作经营企业、外商独资经营企业进出口货物和公用物品,到、离岸价格在规定限额以上的进出口货样和广告品(无商业价值、无使用价值和免费提供出口的除外),从保税仓库提取在中国境内销售的进口货物,以及其他进出口货物。进出口总额用以观察一个国家在对外贸易方面的总规模。我国规定出口货物按离岸价格统计,进口货物按到岸价格统计。

金融和保险

存款 企业、机关、团体或居民根据可以收回的原则,把货币资金存入银行或其他信用机构保管并取得一定利息的一种信用活动形式。根据存款对象的不同可划分为企业存款、财政存款、机关团体存款、基本建设存款、城镇储蓄存款、农村存款等科目。它是银行信贷资金的主要来源。

贷款 银行或其他信用机构根据必须归还的原则,按一定利率,为企业、个人等提供资金的一种信用活动形式。我国银行贷款分为流动资金贷款、固定资产贷款、城乡个体工商户贷款以及农业贷款等科目。

承保额 又叫保险金额。它是保险人对被保险人负担损失补偿或约定给付的金额。它是保险合同上的最高责任额,也是计算保费的依据。

保费 又叫保险费。是保险人根据保险合同的有关规定,为被保险人取得因约定危险事故发生所造成的经济损失补偿(或给付)权利,付给保险人的代价。包括财产险和人身险储金收入。

赔款 保险事故发生后,经查证确属保险责任范围以内的保险标的损失,保险人根据保险合同的规定履行赔偿义务,给予被保险人的款项叫做赔款。赔款可分为已决赔款和未决赔款两种。

教育、科技和文化事业

普通高等学校 指按照国家规定的设置标准和审批程序批准举办，通过国家统一招生考试，招收高中毕业生为主要培养对象，实施高等教育的全日制大学、独立设置的学院和高等专科学校、短期职业大学。

成人高等学校 指按照国家有关规定审批，招收通过全国成人高教统一招生考试的具有高中毕业或同等学历的在职从业人员利用脱产、半脱产、业余或函授等多种形式对其实施高等学历教育，培养高等教育专科或本科毕业水平的专门人才，修业年限、课程设置和总学时数均按高等学历教育要求付诸实施的学校。包括广播电视大学、职工高等学校、农民高等学校、管理干部学院、教育学院、独立设置的函授学院等。

小学学龄儿童入学率 指调查范围内已入小学学习的学龄儿童占校内外学龄儿童总数(包括弱智儿童在内，但不包括盲聋哑儿童)的比重。计算公式：

$$\text{小学学龄儿童入学率} = \frac{\text{已入学的小学学龄儿童数}}{\text{校内外小学学龄儿童总数}} \times 100\%$$

独立研究与开发机构 指有明确的任务和研究方向，有一定学术水平的业务骨干和一定数量的研究人员，具有研究、开发、开展学术工作的基本条件，主要进行科学研究与技术开发活动，并且在行政上有独立的组织形式财务上独立核算盈亏，有权与其他单位签订合同，在银行有单独户头的单位。包括国务院各部门、中国科学院、中国社会科学院和各省、自治区、直辖市以及地(市)以上〔含地(市)〕各部门所属的国有独立的科学研究与技术开发机构。

独立研究与开发机构职工 指在科学研究与技术开发机构工作，并由其支付工资的各种人员。包括长期职工和临时职工，不包括编制以外的离休、退休人员和停薪留职人员，但包括招聘人员。

研究与发展经费支出 指报告期内用于研究与实验发展课题活动(基础研究、应用研究、实验发展)的全部实际支出。包括用于研究与发展课题活动的直接支出，还包括间接用于研究与发展活动的一切支出(院、所管理费、维持院、所正常运转的必需费用和与研究发展有关的基本建设支出)。

科学家和工程师 指具有大学本科及以上学历的和不具备上述学历但有高、中级职称的人员。

其他科技人员 指大专、中专毕业和具有初级职称的从事科技活动人员。

发明 指专利法及其实施细则所称的发明，指对有关产品、方法或其改进所提出的新的技术方案。

实用新型 指专利法及其实施细则所称的实用新型，指对产品的形状、构造或者其结合所提出的适于实用的新的技术方案。

外观设计 专利法及其实施细则所称的外观设计是指对产品的形状、图案、色彩或者其结合所作出的富有美感并适于工业上应用的新设计。

文化事业机构 指从事专业文化工作和为专业文化工作服务的独立建制的单独核算的单位。不包括这些单位另外举办独立核算的其他机构和各部门的业余文化组织。

艺术表演团体 指从事戏曲、音乐、舞蹈、杂技等专业艺术表演，有独立帐户，实行单独核算的团体。不包括半工半艺、半农半艺和民间职业剧团。

电影放映单位 指具有放映机器设备、固定或不固定的放映场所与专职或兼职的放映技术人员，经有关部门登记批准，经常为一定的观众对象放映电影的机构。包括经批准对外开放进行营业，并与电影发行放映管理机构分帐的专用放映单位和军委系统租片单位。

艺术表演观众人数(人次) 指售票、包场演出或民族地区免费演出的艺术表演观众人次数。不包括彩排审查和内部观摩演出的观看人次数。

体育、卫生和其他事业

等级运动员人数 指经考核正式批准授予等级运动员称号的人数。运动员等级分为国际级运动健将、运动健将、一级运动员、二级运动员、三级运动员、少年级运动员。

等级裁判员人数 指经考核正式批准授予等级裁判员称号的人数。裁判员等级分为国际裁判、国家级裁判、一级裁判、二级裁判、三级裁判。

体育场 指有400米跑道(中心含足球场),有固定道牙,跑道6条以上,并有固定看台的室外田径场地。以看台容纳观众人数分:甲级25000人以上,乙级15000－25000人,丙级5000－15000人,丁级5000人以下。

体育馆 指有固定看台,可借篮球、排球、羽毛球、乒乓球、体操等项目训练比赛活动用的室内运动场地。以看台容纳观众人数分:甲级6000人以上,乙级4000－6000人,丙级2000－4000人,丁级2000人以下。

医院 指名称为医院,设有固定床位能收容病人住院并能为病人提供医疗、护理服务的医疗机构。包括县及县以上医院、农村乡卫生院、其他医院三部分。按所属性质分为卫生部门、工业及其他部门,集体经济单位三类。其中县及县以上医院按业务性质分为综合医院和专科医院。

卫生技术人员 指卫生事业机构支付工资的全部固定职工和合同制职工中现任职务为卫生技术工作的专业人员。包括中医师、西医师、中西医结合高级医师、护师、中药师、西药师、检验师、其他技师、中医士、西医士、护士、助产士、中药剂士、西药剂士、检验士、其他技士、其他中医、护理员、中药剂员、西药剂员、检验员,其他初级卫生技术人员。

医生 指经卫生部门审查合格,从事医疗工作的专业人员。分为中医医生和西医医生。包括卫生技术人员中的中医师、西医师、中西结合高级医师、中医士、西医士和其他中医。

社会福利事业单位 指集中收养社会孤老、残、幼的机构。包括由民政部门管理的社会福利院、儿童福利院、精神病人福利院和城镇集体办的福利院,以及农村集体举办的敬老院。

社会福利事业单位收养人数 包括民政部门管理的和城镇及农村集体举办的社会福利事业单位中收养的老人、少年儿童、缺乏生活自理能力的残疾人员和精神病人。

社会福利企业单位 指以安置城镇有一定劳动能力的盲、聋、哑和肢体残疾人员就业为目的,享受国家减免税待遇的国有或集体经济性质的企业。包括福利工厂、福利商业服务业、假肢厂和安置农场等单位。

律师 指受聘参加法律顾问处工作,担任法律顾问、刑(民)事代理人、刑事辩护人,办理非诉讼事件、解答法律询问,代写法律事务文书等主要从事律师业务的专职法律工作者和兼职律师。

公证人员 指在国家公证机关依法办理公证事务的司法人员。包括公证员、助理公证员和在公证处工作的其他人员。

办理公证文书 指公证处在一定时期内办结的公证文书件数。公证文书系按司法部规定或批准的格式制作。包括国内公证和涉外公证两部分。其中国内公证分为经济合同公证和民事法律关系公证两大类。

调解人员 在人民调解委员会担负调解民间一般民事纠纷和轻微违法行为所引起的纠纷的工作人员。包括调解委员会的委员和调解小组的调解员。

调解民间纠纷 指调解委员会依照法律规定,根据自愿原则,用说服教育的方法调解民间发生的有关民事权利和义务的争执,促成当事双方达到协议和谅解,解决纠纷。包括婚姻家庭纠纷,财产权益纠纷等。不包括法院受理调解的民事案件数。

离休、退休、退职人员 指正式办理了离休、退休、退职手续,并享受相应的离休、退休、退职待遇的人员。

保险福利费用 指企业、事业、机关单位在工资以外实际支付给职工和离休、退休、退职人员个人以及用于集体的劳动保险和福利费用。

(1)职工保险福利费用具体包括:

①**医疗卫生费** 指实行公费医疗企业的职工及其供养的直系亲属的医疗费、医务经费、职工因工负伤就医路费以及住院伙食补助费等;卫生部门开支的事业及机关单位职工的公费医疗经费;未参加公费医疗的企业、事业和机关单位职工的医药费。

②**丧葬抚恤救济费** 指职工死亡的丧葬费、丧葬补助费和所遗供养直系亲属的抚恤费、救济费、生活补助费以及职工供养直系亲属死亡时的丧葬补助费等。

③**生活困难补助** 指对生活困难的职工实际支付的定期补助和临时性补助。

④**文体宣传费** 指企业、事业和机关单位实际支付的文体宣传费。不包括学习费。

⑤**集体福利事业补贴费** 指对职工浴室、理发室、洗衣房、哺乳室、托儿所等集体福利设施各项支出与收入相抵后的差额补助费。

⑥集体福利设施费　指按照国家规定开支的集体福利设施费用。如职工食堂炊事用具的购置费、修理费、职工宿舍的修缮费用。不包括由企业、事业、机关单位自筹经费开支的职工福利设施的基本建设费用。

⑦计划生育补贴　指发给职工独生子女的补贴费和保健费。

⑧其他　指上述费用以外,单位支付给职工的保险福利费。

(2)离休、退休、退职人员保险福利费用具体包括:

①离休金　指发给离休人员的工资和按1982年国务院发布的"关于老干部离职休养制度的几项规定"发给符合规定的离休干部相当于1-2个月标准工资的生活补贴和国务院〔1989〕82、83号文件规定提高离休人员的待遇所增加的费用及粮油价格补贴等。

②退休金　指按照国家有关规定发给退休人员的退休费和国务院〔1989〕82、83号文件规定提高退休人员的待遇所增加的费用及粮油价格补贴等。

③退职生活费　指按照1978年国务院《关于工人退休、退职的暂行办法》规定定期发给退职人员的生活费用和国务院〔1989〕82、83号文件规定提高退职人员的待遇所增加的费用及粮油价格补贴等。

④医疗卫生费　离休、退休、退职人员的医疗费、住院费以及住院伙食补助等费用。

⑤护理费　因工致残、饮食起居需人扶助的离休、退休人员的护理费以及因病不能自理的离休人员的护理费。

⑥生活补贴　按照1985年国务院《关于发给离休退休人员生活补贴费的通知》规定,发给离休、退休人员的生活补贴费。

⑦交通费补贴　指按月发给离休人员的交通费补贴。

⑧丧葬抚恤救济费　指离休、退休、退职人员死亡的丧葬费、丧葬补助费和所遗供养直系亲属的抚恤费、救济费、生活补助费以及供养直系亲属死亡时的丧葬补助费等。

⑨其他　包括易地安置的离休、退休、退职人员的安家补助费;离休、退休、退职人员的生活困难补助费、书报费、洗理费、副食品价格补贴、房租价格补贴、水电补贴、少数民族补贴以及老干部活动经费开支的旅游费用等。

工业废水排放量　指经过企业厂区所有排放口排到企业外部的工业废水量。包括生活废水、外排的直接冷却水、超标排放的矿井地下水和与工业废水混排的厂区生活污水,不包括外排的间接冷却水(清污不分流的间接冷却水应计算在内)。

工业废水排放达标量　指各项指标都达到国家或地方排放标准的外排工业废水量,包括未经处理外排达标的和经过处理后外排达标的两部分。国家排放标准见GB8978-88。

工业废水处理量　指报告期内各种水治理设施实际处理的工业废水量,包括处理后外排的和处理后回用的工业废水量。虽然处理但未达到国家或地方排放标准的废水量也应计算在内。计算时,如遇有车间和厂排放口均有治理设施,并对同一废水分级处理时,不应重复计算工业废水处理量。

工业废气排放量　指企业厂区内燃料燃烧和生产工艺过程中产生的各种排入空气的含有污染物的气体的总量,以标准状态〔273K,101325Pa〕计。

二氧化硫排放量　指企业在燃料燃烧和生产工艺过程中排入大气的二氧化硫量。

工业烟尘排放量　指企业厂区内的燃料燃烧产生的烟气中夹带的颗粒物的量。

工业粉尘排放量　指企业在生产工艺过程中排放的颗粒物重量。如钢铁企业的耐火材料粉尘、焦化企业的筛焦系统粉尘、烧结机的粉尘、石灰窑的粉尘、建材企业的水泥粉尘等。不包括电厂排入大气的烟尘。

工业固体废物产生量　指企业在生产过程中产生的固体状、半固体状和高浓度液体状废弃物的总量,包括危险废物、冶炼废渣、粉煤灰、炉渣、煤矸石、尾矿、放射性废物和其他废物等;不包括矿山开采的剥离废石和掘进废石(煤矸石和呈酸性或碱性的废石除外)。酸性或碱性废石是指采掘的废石其流经水、雨淋水的pH值小于4或pH值大于10.5者。

环境污染与破坏事故　指由于违反环境保护法规的经济、社会活动与行为,以及意外因素的影响或不可抗拒的自然灾害等原因,致使环境受到污染,国家重点保护的野生动植物、自然保护区受到破坏,人体健康受到危害,社会经济和人民财产受到损失,造成不良社会影响的突发性事件。

Explanatory Notes on Main Statistical Indicators

ADMINISTRATIVE DIVISION AND NATURAL RESOURCE

Forest Coverage - Rate refers to the ratio of area of afforested land to total area of land (measured in percentage). According to regulations of the government , calculation forest coverage - rate, in addition to afforested land, the area of bush forest, the area of forest land inside farm land and the area of trees planted by the side of farm houses and along the roads, rivers and fields should be included in the area of afforested land in the calculation of the forest coverage - rate. This indicator shows the forest resources and afforestation progress of a country or a region. The formula for calculating forest coverage - rate is as follows:

$$\text{Forestry Coverage - rate}(\%) = \frac{\text{Area of Afforested Land}}{\text{Area of Total Land}} \times 100\%$$

Stock Volume of Forest refers to total stock volume of wood growing in forest area, which shows the total size and level of forest resources of a country or a region.

Ensured Mineral Reserves refer to the actual mineral reserves , which equal to the proven mineral reserves (including industrial reserves and prospective reserves) minus extracted parts and underground losses. This indicator shows the current condition of the mineral resources of a country.

GENERAL SURVEY

Gross Domestic Product refers to gross domestic product calculated at market prices, which is the final products of all resident units in a country (or region) during a certain period of time. Gross domestic product is expressed in three different forms, i. e. value added, income, and products respectively. The form of value added refers to the total value of all products and suervices produced by all resident units during a certain period of time minus total value of input of materials and services of the nature of non - fixed assets or the summation of the value added of all resident and non - resedent units; the form of products refers to all final goods and services minus imports of goods and services. In the practice of national accounting, gross domestic product is calculated with three approaches, i.e. product approach, income approach, and expenditure approach respectively to reflect gross domestic product and its composition from different aspects.

Gross National Product refers to gross national product calculated at market price, which is the final result of the primary distribution of the income created by all the resident units of a country during a certain period of time. The value added created by the resident units of a country engaged in production activities is mainly distributed to the resident units of that country while a part of it is distributed to the non - resident units of the country in the form of remuneration for the labourers and property income. Simultaneously a part of the value added created abroad is distributed to the resident units of the country in the form of remuneration for the labourers and property income. Thus the concept of gross national product is formed, which equals to gross domestic product plus overseas incomeas remuneration for the labourers and property in come minus payment abroad as remuneration for the labourers and property income. Unlike gross domestic product which is a comcept of production, gross national product is a concept of income.

The difference among gross national product and total value of society and notional income is that the total value of society and national income only take into account products of material production sectors, while the gross national product, in addition to products of material production sectors, also takes into account of products of non – material production sectors . in terms of the value composition of the three conceptions, the total value of society includes the total value of all products of the society; the gross national product includes only the newly created value in the process of producing goods and services, i.e. the value added and excludes the value of the input of intermediate goods and services; National income excludes both the intermediate input and depreciation of fixed assets and includes only the net value of output.

Three Industries Industry structure has been classified according to the historical sequence of development. Primary industry refers to estraction of natural resources; secondary industry involves processing of primary products ; and tertiary industry provides services of various kinds for production and consumption. The above classification is universal although it varies to some extent form country to country. Industry in China comprises:

Primary industry: agriculture (including farming, forestry, animal husbandry, sideline production and fishery).

Secondary industry: industry (including mining and quarrying, manufacturing, water supply, electricity generation and supply, steam , hot water, gas) and construction.

Tertiary industry: all other industries not included in primary or secondary .

Due to the fact that tertiary industry involves in a large variety of industries in China, it is divided into two sectors: circulation sector and service sector and further into four levels:

The first level: circulation sector, including transportation, postal and telecommunications, services, commerse, catering trade, material supply and marketing, and storage.

The second level: service sector providing services for production and consumption, including banking, insurance, geological survey, real estate, puglic utilities, service for residents, consultancy service, and comprehensive technical services, and service for agriculture, forestry, animal husbandry, fishery, water conservancy, and maintenance of roads and inland water ways, etc.

The third level : service sector for up grading scientific, educational and cultural level of thepeople, including education, culture, broadcasting, televiseon, scientific research, public health, sports, and social welfare, etc.

The fourth level: sector ptoviding services for public needs, including government agencies, political and party organizations, social organizations, armies, and policemen.

GDP Calculated With Expenditure Approach refers to total expenditure on final comsumption, total capital formation and net export of goods and services by resident units of a country in a certain period of time. It reflects the composition of GDP by its use.

Final Consumption refers to the total expenditure of resident units on final consumption of goods and services in a certain period, namely the expenditure of the resident units for purchases of goods and services from domestic economic territory and abroad to meet the requirements of material, cultural and spiritual life. It excludes the expenditure of non – resedent units on consumption in the economic territory of the country. The final consumption is classi fied into resident consumption and government consumption.

(1) Resident consumption refers to the total expenditure of resident housen olds on the final consumption of goods and services in a certain period of time. The expenditure of residents on final consumption of goods is recorded when the change of the ownership of goods happens. The expenditure of residents on final consumption of services is recorded when

the services are provided. The expenditure of the residents on consumption is calculated at market prices, namely the purchasers' privices which the residents pay; the purchasers' prices of goods are the prices the resedents pay when they obtain the goods, including the transport and commercial expenses paided by the residents. In addition to the expenditure on consumption of goods and services bought by the residents directly with money, the expenditure on goods and services obtained by the residents in other ways, i.e. the so - called fictitious expenditure on consumption, is also included in the expenditure of the residents on consumption. The fictitious expenditure of the residents on consumption includes the following types: (a) the goods and services provided to the residenrs by the units in the form of payment in kind and transfer in kind; (b) the goods and services produced and consumed by the households themselves, in which the services refer only to the services provided by the residential buildings owned by the households; (c) the ser vices of financial intermediary provided by the fiancial institutions; (d) the insurance services provided by the insurance companies.

(2) Government consumption refers to the expenditure on the consumption of the public services provided by the government to the whole society and the net expenditure on the goods and services provided by the government to the households free charge or at lower prices. The former equals tothe output value of the govenment services minus the value of operating in come obtained by the government departments. (The output value of the government serveces equa ls to its current operating expenditure plus depreciation of fixed assets). The latter equals to the market value of the goods and services provided by the government to the households minus the value received by the government from the households.

Total Capital Formation refers to the net amount of the fixed assets and stock acquired minus those disposed, including the total fixed assets formation and the increase in stock.

(1) Total Fixed Capital Formation refers to the value of fixed assets purchased, transferred in by the resident units and those produced and used by themselves in a certain period deducting the value of fixed assets sold and transferred out. It can be classified into total tangible assets formation and total intangible assets formation. The total tangible assers formation include the valus of the construction projects, installation projects completed and the equipment, apparatus and instruments purchased as well as the value of land improved, the value of draught animals, breeding stock, milk, wool and recreational animals and the newly increased economic forest in acertain period. The total intangible assets formation includes the prospecting of minerals, the acquisition of computer soft wares, the originals of recreational works and works of literature and arts minus the disposal of them.

(2) Increase in stock refers to market value of the change in a certain period, i. e. the difference of value between the begining and the end of the period. The increase in stock can depositive. A positive valus indicates the increase in stock while a negative value indicates the decrease in stock. The stock includes the raw materials, fuels and reserve mate rials purchased by the production units as well as the stock of finished products, semi - finished products, work - in - progress, etc.

POPULATION

Total Population refers to the total number of people alive at a certain point of time within agiven area.

The annual statistics on total population is taken at mid night, the 31st of December.

Birth Rate (or Crude Birth Rate) refers to the ratio of the number of births to the average population during a certain period of time(usually a year), which is often expressed in ‰. The following formula is used:

$$\text{Birth Rate} = \frac{\text{Number of Births}}{\text{Average Number of Population}} \times 1000‰$$

Number of Births refers to live births, i.e. the births when babies had showed any vital phenomena regardless of the length of pregnancy.

Annual Average Number of Population is the average of the number of population at the baginning of the year and that at the end of the year. sometimes it is substituted for with the mid - year population.

Death Rate (or Crude Death Rate) refers to the ratio of the number of deaths to the average population (or mid - year population) during a certain period of time(usually a year), which is often expressed in ‰. The following formula is used:

$$\text{Birth Rate} = \frac{\text{Number of Deaths}}{\text{Annual Average Numger of Po pulation}} \times 1000‰$$

Natural Growth Rate of Population refers to the ratio of natur al increase in population (number of births minus number of deaths) in a certain period of time (usually a year) to the average population (or mid - year population) of the same period, which is often expressed in ‰. The following formulas are applied:

$$\text{Natural Growth of Population} = \frac{\text{Number of Births} - \text{Number of Deaths}}{\text{Average Number of Population}} \times 1000‰$$

$$\text{Natural Growth Rate of Population} = \text{Birth Rate} - \text{Death Rate}$$

EMPLOYMENT AND WAGE

Employed Persons refers to the persons who are engaged in social labour and receivere muneration payment or earn business income, including:

(1) total staff and workers,

(2) reemployed retirees,

(3) employers of private enterprises,

(4) employers of individual economy,

(5) employed persons in private enterprises and individual economy,

(6) employed persons in the enterprises in the urban areas,

(7) employed persons in the rural areas,

(8) other employed persons (including teachers in the schools run by the local people engaged in religious profession and the servicemen, etc.)

This indicator reflects the actual utilization of total labour force during a certain period of time and is often used for the research on China's economic affairs and national power.

Persons employed in various units refer to all the persons working in government agencies of various levels, political and party organizations, social organizations, and enterprises and institutions and reciving payment, including staff and workers, reemployed retirees, teachers in schools run by the local people, foreigners, and Chinese compatriots from Hong Kong, Macao, and Taiwan working in various units. This indicator reflects the total number of laborers actually engaged in production or other operations in various units.

Economically Active Population refers to the population, th e members of which are aged 16 and over, capable to labour, participating in or desitous to participate in the social and economic activities, including employed persons and unemployed persons.

Registered Unemployed Persons And Registered Unemployent Rate in Urban Areas: The registered unemployed persons in urban areas refer to the persons who are registered as permanent residents in the urban areas engaged in non-agricultural activities, aged within the range of working age, capable to labour, unemployed but desirous to be employed and have been registered at the local employment service agencies to apply for a job. Registered unemployment rate in persons and the registered unemployed persons. The formula is as follows:

Registered unemployment rate in urban areas = the number of the registered unemployed persons ÷ (the number of employed persons + the number of the registered unemployed persons) × 100‰

Total Wages of Staff And Workers refer to the total remunera tion payment to staff and workersin various units during a certain period of time.

The calculation of total wages is based on the total remuneration payment to the staff and workers. Therefore, all the wages and salaries and other payments to staff and workers are included in the total wages regardless of their sources, category, and forms(in kind or cash).

Average Wage of Staff And Workers refers to the average wage in money terms per person during acertain period of time for staff and workers in enterprises, insitutions, and government agencies, which reflects the general level of wage income during a certain period of time and is calculated as follows:

$$\text{Average wage of staff and workers} = \frac{\text{Total Wages of Staff and Workers in Reference Period}}{\text{AverageNumber of Staff and Workers in Reference Period}}$$

Average Real Wage of Staff and Workers refers to average wage of sraff and workers after removing the effects of price changes, whichis calculated as follows:

Average Real Wage of Staff and Workers = Average Wage of Staff and Workers in Reference Period ÷ Consumer Price Index of Urban Residents in Reference Period

INVESTMENT IN FIXED ASSETS

Total Investment in Fixed Assets in the Whole Country Investment in fixed assets is the essential means for social reproductuion of fixed assets. By means of construction and purchase of fixed assets, more advanced technonlogies and equipment are adopted in the national economy, and new sectors are established, which promote the adjustment of economic structure and the regional distribution of productive forces and enhance the economic strengths so as to provide the material conditions for improving prople's livelihood. This is significant for speeding up the drive of socialist modernization in China.

Amount of investment in fixed assets refers to the volume of activities in construction and purchases of fixed assets in monetary terms. It is a comprehensive indicator which shows the size, pace, proportional relations and use orientation of the investment in fixed assets. Total investment in fixed assets in the whole country includes, by status of economic ownership, the investment by the state-owned units, collective units, individuals, joint ownership units, share-holding units, as well as investment by businessmen from foreign countries and from Hong Kong, Macau and Taiwan, and by other units. According to China's current management system, the investment in fixed assets in the whole country is classified into the following four parts: investment in capital construction, investment in innoation, investment in real estates development and other investment in fixed assets.

Investment in Capital Construction Capital construction refers to the new construction projects or extension projects and the related work of the enterprises, institutions or administrative units mainly for the purpose of expanding production capacity or improving project efficiency covering only projects each with a total investment of 500000 RMB yuan and over. It includes(1)projects listed in the capital construction plan of the current year of the central government and the local governments at various levels as well as the projects, though not listed in the capital construction plan of the current year, but continued to be constructed in this year, using the investment listed in the plan of capital construction of previous years and carried forward to this year(also using the equipment and materials kept in stock of the capital construction);(2)new construction projects arranged both in the plan of capital construction and the plan of innovation;extension projects with the newly increased production capacity (or project efficiency)up to the standard of a large and mediumsized project; and the projects of moving the whole factory to a new site so as to improve the distribution of productive forces; (3)new construction projects, extension projects or restoration projects or restoration projects with the total investment of 500000RMB yuan and over by the state - owned units, though listed neither in the plan of capital construction nor in the plan of innovation; the projects in the state - owned units of moving the whole factory to a nes site so as to improve thd distribution of productive forces;and the projects of building additional business houses by the administrative units and institutions and building welfare facilities by the administrative units.

Investment in Innovation Innovation refers to the renewal of fixed assets and technolical innovation of the original facilities by the enterpriese and institutions as well as the corresponding supplementary projects and the related work(excluding majoroverhaul and maintenance projects) covering only projects each with a total investment of 500000RMB yuan and over. It includes(1)projects listed in the innocvation plan of the current year of the central government and the local governments at various levels as well as the projects, though not listed in the innovation plan of the current year, but continued to be constructed in this year, using the investment listed in the plan of innovation of previous years and crarried forward to this year;(2)projects of technological innovation or renewal of the original facilitiews, arranged both in the plan of innovation and in the plan of capital construction;extension projects(main workshops ora branchof the factory) with the newly increased production capacity (or project efficiency) not up to the standard of a large and mediumsized project; and the projects of moving the whole factory to a new site so as to meet the requirements of urban environmental protection or safe production;(3) projects of reconstruction or technological innovation with the total investment of 500000 RMB yuan and over by the state - owned units, though listed neither in the plan of capital construction nor in the plan of innovation; the projects in the state - owened units of moving the whole factory to a new site so as to meet the requirements of urban environmental protection or safe production.

Investment in Real Estate Development It includes the investment by the real estate development companies, commercial buildings construction companies and other real estate development units of various types of ownership in the construction of house buildings, such as residential buildings, factory buildings, warehouses, hotels, guesthouses, holiday villages, office buildings, and the complementary service facilities and land development projects, such as roads, water supply, water drainage, power supply, heating, telecommunications, land leveling and other projects of infrastructure. It excludes the activities in simple land transactions.

Other Investment in Fixed Assets refers to the construction and purchases of fixed assets not listed in the investment in capital construction, investment in innovation and investment in real estate development. It includes:

A) The following projects of the state - owned units with the total planned (or actually needed) investment of 500000 yuan and over, which are not included in the plan of capital construction and the plan of innovation(1) projects of oil fields maintenance and exploitation with the oil fields maitenance funds and petroleum development funds; (2) opening and extending projects with the maintenance funds in coal, ore and other mining enterprises and logging enterprises; (3) project of reconstruction of the original highways and bridges with the highway maintenance funds in the department of communication; (4) projects of construction of warehouses with the funds of simple construction in the commercial department.

B) The investment in fixed assets by urban collective units: refer to projects of construction and purchases of fixed assets with the planned total investment of 500000 yuan and over by all collective units in cities and county towns and in townships which are approved by the State Council or provincial governments, excluding investment by collective units under township enterprise administration offices.

C) The projects of construction and purchases of fixed assets by the enterprises, institutions or individuals other than those mentioned above with total investment of 500000 yuan and over, which are not included in the plan of capital construction and the plan of innovation.

Private Investment in House Construction in Urban Areas, Industrial and Mining Areas and Individual Investment in Rural Areas The private house construction in the urban areas and industrial and mining areas includes all the private house construction under the jurisdiction of cities, counties, towns and industrial and mining areas, no matter whether the owner of the house is registered as the permanent resident in the locality or not. The individual investment in the rural areas includes the investment in house construction and purchase of productive fixed assets by the individuals in the rural areas.

Newly Increased Production Capacity refers to the increase of designed capacity and project efficiency through investment in fixed assets, which reflects the accomplishment of investment in fixed assets, which reflects the accomplishment of investment in fixed assets in kind. The calculation of newly increased production capacity is based on individual project which operates independently and efficiently. When an individual project is completed and checked and accepted and put into production, it is counted as newly increased production capacity.

The newly increased production capacity and project efficiency are usually expressed in one of the following forms:

(1) annual production capacity, such as extraction of coal and petroleum;

(2) raw material processing capacity, such as ore dressing capacity of ore dressing projects, the dressing capacity of a coal washery;

(3) number or capacity of major equipment increased, such as the number of cotton spindles increased and the capacity of generating sets increased;

(4) physical measures of construction, such as volume, capacity, area, and length, for instance, the capacity of resérvoire, the length of railways of highways.

Newly increased production capacity in terms of quantity is calculated in designed capacity of a capacity in general, which refers to the production capacity of a project under normal conditions designed capacity in general, which refers to the production capacity of a project under normal conditions designed in construction documents regardless of the actual output.

Foor Space of Builidings Under Construction and Completed refers to total floor space in each story of buildings calculated from the outside line of building walls, including both usable space and the space occupied by constructions like pillars or walls, The floor space of multi – story buildings includes the total floor space of each story (including basement).

Floor Space of Residential Buildings refers to the floor space of the residential buildings under construction and completed among the total space of buildings under construction and completed.

Floor Space Under Construction refers to total floor space of all buildings under construction during the reference period, including floor space of newly started buildings during the reference period, floor space of construction extended from the previous period to the current period, floor space of construction suspended during the previous period and resumed in the current period, floor space of construction completed in the current period, and floor space of construction started and then suspended in the current period.

Floor Space of Buildings Completed refers to the floor space of buildings completed in the reference period, which have come up to the designed standards and have been put into use.

Completion Rate of Floor Space of Buildings refers to the ratio of the floor space of buildings completed in certain period of time to the floor space of buildings under construction in the same period, which reflects the investment result and economic efficiency of the construction industry from the angle of the speed of project construction.

Newly Increased Fixed Assets refer to the newly increased value of fixed assets through investment, including the value of equipment, tools, and vessels considered as fixed assets, as well as the relevant expenses as investment in fixed assets. This is a comprehensive indicator of investment in fixed assets, reflecting the achievements of investment in fixed assets in fifferent periods, different sectors, and different regions.

Rate of Construction Projects Completed and Put into Use refers to the ratio of the number of construction projects completed and put into use in certain period of time to the number of projects under construction in the same period. This reflects the investment efficiency from the angle of the speed of projects construction.

Rate of Projects of Fixed Assets Completed and Put into Operation refers to the ratio of the newly increased fixed assets to the total investment made in the same period. This is a comprehensive indicator, reflecting the speed of the employment of fixed assets and the investment efficiency.

ENERGY AND MATERIAL

Total Eneray Production refers to the total production of primary energy by all energy producing enterprises in the country (region) in a given period of time. It is a comprehensive indicator to show the capacity, scale, composition and development of energy production of the country(region) . The production of primary energy includes that of coal, crude oil, natural gas, hydro - power and electricity generated by other means such as wind power and geothermal power. However, it excludes the production of fuels of low calorific value, bioenergy, solar energy and the secondary energy converted from the primary energy.

Total Domestic Energy Consrmpionrefers to the total consumption of energy of various kinds by material production sectors, non - material production sectors and households in the country(region)in a given period of time. It is a comprehensive indicator to show the scale, composition and development of energy consumption. The total energy consumption includes that of coal, crude oil and their products, natural gas and electricity, However, it excludes the consumption of fuel of low calorific value, bioenergy and solar energy. Total domestic energy consumption can be divided intothree parts:

(1) Final Energy Consumption: It refers to the total energy consumption by material production sectors, non - material production sectors and households in the country(region) in a given period of time, but excludes the consumption in conversion of the primary energy into th e secondary energy and the loss in the process of energy conversion.

(2) Loss During the Process of Energy Conversion: It refers to the total input of various kinds of energy for conversion, minus the total output of various kinds of energy in the country in agiven period of time. It is an indicator to show the loss that occurs during the process of energy conversion.

(3) Loss: It refers to the total of the loss of energy during the course of energy transport, distribution and storage and the loss caused by any objective reason in a given period of time. Theloss of vareous kinds of gas due to gas discharges and stock taking is excluded.

PUBLIC FINANCE

Government Revenue refers to the revenue of the government finance by means of participating in the distribution of the social products, which is the financial resources for ensuring the government to function. The contents of government revenue have been changed several times. Now itincludes the following main items:

(1) Various tax revenues, including value added tax, business tax, consumption tax, land value added tax , tax on city maintenance and construction, resources tax, tax on use of urban land, stamp tax, tax on adjustment of the orientation of investment in fixed assets, personal income tax, enterprise income tax, tariff, tax on agriculture and animal husbandry and ta x on occupancy of cultivated land etc.

(2) Special revenues, including revenue collected from imposing fee on sewage treatment, revenue collected from imposing fee on urban water resources, and extra - charges for education, etc.

(3) Other revenues, including revenue from the repayment of capital construction loan, the funds for the state key construction projects in energy industry and transportation, and the funds foustate budget adjustment, etc.

(4)Planned subsidies for the losses of the state - owned enterprises. This is an item of negativerevenue, used to eat up part of the government revenue.

Government Expenditure refers to the distribution and use of the funds the government financehas raised, so as to meet the needs of economic construction and various causes. It includes the following main items:

(1) Expenditure for capital construction: It refers to the non – gratuitous use and appropriation of funds for capital construction in the range of capital construction, outlay of capital as well as the loans on capital construction approved by the government for special purpose or policy purpose and the expenditure with discount paid in an overall way within the amount of the funds appropriated to the departments for capital construction.

(2) Innovation funds of the enterprises: They refer to the funds appropriated from the government budget for the enterprises to tap the latent power, upgrade the technology and carry out innovation, including the innovation fund of the departments, loan of the enterprises for innovation, subsidies on the innovation of the small fertilizer plant, small cement plant, small coal mines, small machinery plant and small steel plant, the expenditure of interest for the loan for innovation.

(3) Geological prospecting expenses: They refer to the expenses appropriated from the government budget to the geological prospecting units for the expenditure of the prospecting: work, including the expenditures of the administrative agencies for geological prospecting and their institutional units as well as the geological prospecting expenditure.

(4) Expenditures for science and technology promotion: They refer to the expenses appropriated from the government budget for the scientific and technological expenditure, including new products development expenditure, expenditure for intermediate trial and subsidies on important scientific researches.

(5) Expenditure for supporting rural production: It refers to the expenditure s appropriated from the government budget for supporting the various expenditures of the rural collective units or households for production, including the subsidies to the small water conservancy projects and well drilling, sprinkling irrigation projects run by the villages; subsidies on the rural water and soilcon serving measures; subsidies to the small power stations run by the villages; subsidies to the expenditure for fighting against particularly severe draughts; subsidies on the rural waste land exclamation; fund for supportin the township enterprises; subsidies to the expenditure for popularization of the agricultural technologies and plant protection in the rural areas; subsidies to the expenditure for the protection of grass lands and cattle and rowls; subsidies on afforestation and forest protection in rural areas; subsidies on the rural aquatic products industry; special fund for developing grain prodrction.

(6) Operating expenses of the departments of farming, forestry, water conservancy and meteorologyetc.: They refer to the expenses apprlpriated from the government budget for the expenditures of agricultural exclamation, farms, agriculture, animal husbandry, agricultural machinery, forsetry, timber industry, water conservancy, aquatic products industry, meteorology, technology popularization in township enterprises, popularization (demonstration) of improved varieties, plant (cattle and fowls, forest) protection, water quality monitoring, prospecting and designing, resources investigation, cadres training, subsidies to horticulture gardens, expenditures of afforestation agencies and meteorology agencies, expenses for fishery administration and operating expenses for agricultural administration, etc.

(7) Operating expenses of the departments of industry, transport and commerce: They refer to the expenses appropriated form the government budget to the departments of industry, transport and commerce for the expenditure of buseness development, including expenses for prospecting and designing, expenditures of specialized secondary schools, expenditures of the technical training schools and expenditures for cadres training, etc.

(8) Operating expenses of the departments of culture, education, science and public health: Theyrefer to the expens-

es appropriated from the government budget for the expenditures of the causes of culture, publication, cultural relics, education, public health, traditional Chinese medical science, free medical services, sports, archives, earthquake, ocean, communications, broadcasting, film and television, family planning; expenditure for training of cadres of government, party and mass organization; expenditures for natural sciences, social sciences, association s for science and technology and the special expenditure for the high - tech researches. They include mainly wages, extra wages, welfare funds, pension for the retirees, stipend, expenses for official business, expenses for equipment purchases, expenses for repairs, business expenses and subsidies to theunits which are unable to support their expenditures by their own earnings.

(9) Pension for the disabled or for the families of the bereaved and relief funds for social welfard: They refer to the funds appropriated from the government budget for the expenditures of penseon for the disabled or for the families of the bereaved and relief funds for social welfare, including the lump - sum or regular pinsion paid by the departments of civil affairs to the members of martyrs' families and families of those who died for the public interest, pension to the revolutionary disabled, subsidies for permanent disability of various kinds, subsidies to the military martyrs' dependents and the demobilized armymen, expenditure for settling down the demobilized armymen, operating expenses of the consoling institutions, expenses for management and repair of the commemorative buildings for the martyrs, the expenses managed by the departments of civil affairs for the retirees and those who have quitted their work, expenses for social relief inrural and urban areas, operating expenses for providing relief to the areas of matural calmity andsubsidies on the reconstruction after the particularly severe natural calamities, etc.

(10) Expenditures for national defence: They refer to the funds appropriated form the government budget for the expenditures for building up national defence and safeguarding national security, including expenses fo national defence, expenses of scientific researches on national defence, expenses for building up people's militia and expenditure for special projects, etc.

(11) Administrative expenses: They include expenditrue for administration, subsidies to the parties and mass organizations, diplomatic expenditure, expenditure for public security, judicial expenditure, law court expenditure, procuratorial expenditure and srbsidies to the expenses fortreating the cases by the public security departments, procuratorial organs and law courts.

(12) Expenditure for price subsidies: It refers to the expenditure appropriated, with the approval of the government, form the government budget for the policy subsidies to price adjustment, including the fund for the increase of grain prices, the subsidies to the difference between the selling prices and purchasing prices of grain, cotton and edible oil, awards in addition to thepurchasing prices of cotton, risk fund for mom - staple food, siubsidies on the prices of meat and meat products, subsidies on the price difference for curbing the high market prices of meat, meatproducts and vegetables and the subsidies approved by the government on the prices of textbooks andnewaprint of newspapers and perodicals.

PRICE

Retail Price Index reflects the general change in retail prices of commodities. The change and adjustment in retail prices directly affect the living expenditure of urban an d rural residents, government revenue, purchasing power of resedents and the equilibrium of market supply and demand, amd the ratio of consumption to accumulation. Therefore, the clalculation of retail price index isuseful to analyze the changes of the above economic acivities.

Consumer Price Index reflects the relative change in prices of consumer goods and services purchased by urban and rural resedents, and is a composite index derived from the urban consumer price index and the rural consumer price index. Consumer price index can be used to analyze the impact of consumer price change on actual expenditure for living cost of urban and rural residents.

Urban Consumer Price Index reflects the relative change in prices of consumer goods and services purchased by urban and staff and worders and their families and can be used to observe and analyze the impact of price changes in consumer goods and services on money wages of staff and workers, andprovide bases for policy making concerning the living cost and wages of staff and workers.

Rural Consumer Price Index reflects the relative change in prices of consumer goods and services purchased by rural households and can be used to observe the impact of change in prices of consumer goods and services on living expenditure and actual change in peasants' living cost. It providesbases for analysis and research on peasants' living cost and welfare.

Index of Purchasing Prices of Farm Products reflets the relative change in purchasing prices of farm products purchased by state - owned, collective - owned, and individual commercial entepprises, foreign trade sectors, government agencies, social orgazinations and other units of various types of ownership. It is used to observe the impact of change in purchasing prices of farm products on money income of peasants and is calculated with the method of weighted harmonic mean, taking theamount of purchases during a given period as the weight. Number of products involved in the current calculation totalled 276 in 11 categories.

Retail Price Index of Rural Industrial Products reflects the relative change in prices of industrial prodrcts in rural market and can be used to observe the impact of the price change on farmers' money expenditure.

Ex - factory Price Index of Industrial Products reflects the change in general ex - factory prices ofall industrial products, including sales of industrial products to commercial enterpeises, foreign trade sectors, materials supplying and distributing sectors as well as sales of production means to industry and other sectors and sales of consumer goods to residents. It can be used to analyze theimpact of ex - factory prices on gross industrial output value.

Price Index of Investment in Fixed Assets reflects th e change in prices of investment in fixedassets. The investment in fixed assests consists of three components, namely the investment inconstruction and installation, the investment in purchases of equipment and instrument, and the investment in other items. Price index of investment in fixed assets in calculated as the weighted arithmetic mean of the price indices of the three components of investment in fixed assets.

Price index of investmint in fixed assets reflects the changes of prices in various goods and services involved in investmetn in fixed assets and therefore can be used to observe the actual size, speed, structure, and efficiency of investment in rixed assets and provides reliable and scientific data for government planning, management, decision making, and further improving the current national accounting system.

PEOPLE'S LIVELIHOOD

Employed Population in Urban Households rfefers to urban residnts engagd in certain work and receiving payment for their labour or income from their business operation, including those who work in state - owned or collective units, joint ventures, foreign - owned units and private units with permanent or temporary jobs. The self - employed individuals and reemployed retires are also included. This indicator reflects the situation of urban employment and is the basic data for calculating employment rate and dependency ratio.

Total Income of Urban Households refers to the total actual cash income of the same holds, including regular or fixed income and occasional income. The income of a circulating nature such as withdrawal from band deposits, loans borrowed from relatives or friends, repayment of loans received and various temporary collection of money is excluded.

Disposable Income refers to the income of the sample horseholds which can be used for daily expenses, i. e. total income minus income tax.

Expenditure For Consumption refers to total expenditure of th e sample hoseholds for consumptionin daily life, including expenditure for various commodities and expenses for non – commodity items such as culture and service, etc., but excluding fines and confiscation, loss, tax payments (such asincome tax, license tax, real estates tax, etc.) and various espenses by individual laborers for business purposes.

Expenditure For Purchases of Commodities refers to total expense s of the sample households for the purchases of commodities from shops, factories, catering trade, canteens, markets and the peasants. This expenditure is classified into nine itims: food, clothing, daliy – life necessities, culturaland recreational articles, newspapers and magazines, medicines and medical appliances, housing and building materials, fuels and other commodities. No matter whether the commodities are purchased for their own consumption or for gifts to relatives and friends, they are all included.

Net Income of Rural Households refers to the total income of the permanet residents of the rural households during a year after the eduction of the expenses for productive and non – productive business operation, the payment ofr taxes and the payment for collective units for their contracted taskd. The net income can be spent for investments in productive and non – productive construction, for consumption in daily life and for savings deposit. It is a comprehensive indicator to show the actual level of the income of the peasants' household. The net income of the rural householdaincludes not only the income from the productive and non – productive business operation, but also the income from the non – business operation, such as the money remitted or brought back by the members of the bousehold who are in other places, the government relief payment and various subsidies. It includes not only the money income, but also the income inkind. But the income from borrowing frombanks, friends and relatives is excluded.

Able – bodied and Semi – Ablebodied Laborers of Rural Households refer to permanent residents of rural horseholds who are able to work and actually engaged in social labour, which are one factor of production and sources of rural household income. According to the relevant regulations, maleaged 18 – 50, female aged 18 – 45 are considered as able – bodied laborers; male aged 1 6 – 17 and actually engaged in social labour are also considered as able – bodied or semi – ablebodied laborers, while those who are within the above ahe range but unaboe to work are not counted as able – bodied or semi – ablebodied laborers.

Expenditure of Rural Households For Consumption refers to total expenses of rural households on daily life, including expenses on food, clthing, housing, fuel, articles for daily use, and expecnseson cultural life and services. This indicator in used to show the actual consumption level of peasants.

Expenditure of Rural Households on Commodities refers tototal expenses of the permanent residents of the rural households on purchases of food, clothing, furniture, household appliances, articles for daily use, fuels, durable foodes, and cultural, educational and medicinal articles, including purchases from state – owned shops, collective shops, free mardets, and etc. Expenditure of peasants for purchase of commodities is an important part of peasants' consumption expenditure, which reflects the extent of commercialization of peasants' consumption and the developingprocess from self - sufficient economy toward commodity economy. It provides basis for the analysis and research of peasants' market demand and for the formulation of the plan of commodity supply.

The Outstanding Amount of Savings Deposits of Urban and Rural Residents includes two parts: the band savings deposit of urban residents and the band savings deposit of rural re sidents. The cashhold by residents and the deposits of organizations such as enterprises, etc. are not included. The outstanding amount of saving deposits is the amount of saving deposits at a certain point of time such as the end of month, quarter, or year.

General Survey of Cities(Prefecture)

Production Capacity of Tap Water at The Year - End refers to the actual comprehensive production capacity of the waterworks administered by the urban construction department and those owned by enterprises or institutions, taking the capacity of the main links, such as water inflow, purification, conveyance and outflow of the trunk pipelines into account.

Length of Water Supply Pipelines at The Year - end refers to the total length of all the pipelines between the water pumps and the users' water meters.

Annual Volume of Water Supply refers to the total volume of water supplied by the public water - works and those owned by individual enterprises and institutions during the whole year, including both the effective water supply and loss during the water supply.

Consumption of Water For Residental Use refers to the water consumption of householes for daily life and the water consumption of public welfare facilities, including the consumption of restaurants, hotels, hospitals, barber shops, public bathhouses, laundries, swimming pools, shops, schools, institutions, army units and other units.

Percentage of Urban Population With Access to Tap Water refers to the ratio of the urban non - agricultural population (excluing temporary and mobile population) with access to tap water to the total urban non - agricultural population. The formula is:

$$\text{Percentage of Population with Access to Tap Water} = \frac{\text{Urban Non - agrecultural Population with Access to Tap Water}}{\text{Urban Non - agricultural Population}} \times 100\%$$

Production Capacity of Gaswork Gas refers to the actual comprehe nsive production capacity of theurban gasworkd in gas generation, purification and delivery.

Length of Gas Pipelines refers to the total pipeline length between the outlet of the compressor, blower or gas tank and the shaft pipe of users.

Volume of Gas Supply refers to the total volume of gas sold to users in a year, including the volume for industrial use, residential use and other uses.

Percentage of Urban Population With Access Gas refers to the ratio of the urban non - agricrltural population with access to gas (including gas, liquefied petroleum gas and natural gas) to the urbannon - agricultural population (excluding temporary and mobile population). The formual is:

$$\text{Percentage of Population with Access to Gas} = \frac{\text{Urban Non - agriculotural Population with Access to Gas}}{\text{Urban Non - agricultural Population}} \times 100\%$$

Heating Capacity in Urban Area refers to the capacity of hourly supply of steam and hot water tocities by thermal power plants, beating corporations and centralized neating boiler rooms which meet certain standard.

Feating Volume in Urban Area refers to the total volume of steam and hot water supplied to cities every year by therual power plants, heating corporations and centralized heating boiler rooms whichmeet certain standard.

Length of Heating Pipelines refers to the total length of pipelines for centralized supply of steam and hot water from the thermal power plants, heating corporations and centralized heatingboiler rooms which met certain standard to the users.

Length of Paved Roads at The Year - end refers to the length of r oads with a paved surface, and with a width of more than 3.5 meters, including high - quality, medium - quality and ordinary roads.

Urban Bridgesrefer to bridges over river courses, great separated junctions and overpasses inurban areas. Permanent bridges and semi - permanent bridges are included. Temporary bridges, railwaybridges and culverts are excluded.

Length of Urban Sewage Pipes refers to the total length of gener al drainage, trunks. branch and blind drainage, inspection wells, connection wells, inlets and outlets, etc.

Daily Disposal Capacity of Urban Sewage refers to the designed 24 - hour capacity of sewage disposal at the sewage treatment works.

Number of Public Vehicles (Buses and Trolley - Buses) at The Year - end refers to the total number of operational buses available at the year - end, including the year - end operational vehicles andvehicles in stock. Non - operational vehicles such as stringing cars, tank cars, m achine - shop cars, trucks and other special vehicles and the borrowed passenger vehicles are excluded.

Length of Routes in Operation refers to the length of designated regular routes in operation, including the length of suburbanroutes in operation. The length of temporary op erational lines is not included.

Area of Urban Gardens and Green Areasrefers to the total area of urban public green land, specialgreen land, production green land, protection green land and suburban scenic spots.

Public Green Arearefers to green areas of varions parks, zoos, botanical gardens, cemeterise, amusement parks, tree - flanked boulevards green - land squares for tourism and relaxing. Areas withtrees planted along - side the streets and boulevards are excluded.

AGRICULTURE

Gross Output Value of Farming, Forestry, Animal Husbandry and Fishery refers to the total volume of products of farming, forestry, animal husbandry and fishery in value terms, which reflects the total scale and total result of anricultural production during a hiven period of time. The statistical coverage of farming, forestry, animal husbandry and rishery are as follows: In terms of ownership, China's agreculture includes specialized state farms (farming, forestry, animal husbandry, fishery), farms managed by various government agencies, organ ezations, schools, research institutions, and army; farms managed by rural collective organizatons at levels of township, town, and village; farming, forestry, animal husbandry, fishery run by various rural collective organizations and individual farmers.

(1) Farming includes cultivation of farm crops and other agricultural activities. Cultivation includes the cultivation of grain crops, beans, tubers, cotton, oil – bearing crops, sugarcrops, fiber crops tobacco, vegetables, medicinal herbs, melons and gourds, a nd cultivation andmanagement of tea plantations, mulberryfields and orchards. Other agricultural activities includes gathering fruits, fiber, gum and resin of wild plants, oil – bearing plants, grass, wild medicinal herbs, fungus plants, and commodity industries of the rural households.

(2) Forestry refers to planting trees of various kinds (excluding tea plantations, mulberryfields and orchards), gathering of forest products, and cutting and felling of bamboo and trees by villages and other cooperative organizations under villages. (3) Animal husbandry refers to raising and grazing of all animals except fishe ry and aquaculture, and hunting and raising of wild animals.

(4) Fishery refers to cultivationand catching of fish and other aquatic animals and cultivationand collection of seaweed and other aquatic plants. Gross output value of agriculture is obtained by first multiplying the output of each product orby – product by its price, resulting in the output value of each single item. For a small number of products, annual output of which is not available or difficult to get due to the long production/growing process involved, the output value is estimated through an indirect approach. The sum of output value of all products of farming, forestry, animal husbandry, and fishery is then equal to the gross output value of agriculture.

Prior to 1957, China's gross agricultural output value included barn yard men ure and handicraft products for self – con – sumption (clothes, shoes, stockings, and initial grain proce ssing undertaken bypeasants). Since 1958, cutting and felling of bamboo and trees by villages and other cooperative organizations under villages have been included in forestry; value of barnyar d manure has been excluded from animal husbandry; self – consumed handicrafts has been excluded from sidelineoccupations, while the output value of industries run by villages and cooperative orhanizationsunder village had been included in sideline occupations and the output value of fish catches bymotou fishing boats has been added to fishery. Since 1980, the value of handicraft products made forsale by individuals in households had been added to sideline occupations. Since 1984, industries run by villages and cooperative organizations under villages haue been included in the sector ofindustry. Since 1993, the subdivision of sideline occupations has been canceled, and the hunting of wild animals has been classified into animal husbandry, and the gathering of wild plants and commodity industry run by rural househole have been included in farming.

Grain Yield refers to the yield in the whole country including g rains produced by state farms, collectine units, indrstrial enterprises and mines. Grain includes rice, wheat, corn, sorghum, millet and other miscellaneous grains as well as tubers and beans. Output of beans re fers to dry beanswithout pods. The output of tubers (sweet potatoes and potatoes, not including ta ros and cassava) was converted into that of grain at the ratio 4:1 ,i. e. four dilograms of fresh tub ers was equivalentto one kilogram of grain up to 1963. Since 1964 the ratio for conversion has been 5: 1. Tuberssupplied as vegetables(such as potatoes) in cities and suburbs are calculated as fresh vegetables and their output is not included in the output of grain. Ouptut of all other grains refers to husked grain.

Yield of Oil - Bearing Crops refers to the total yield of oil - bearing crops of various kinds, including peanuts, (dry, inshell) rapeseeds, sesame, sun flower seeds, flax seeds, and other oil - bearing crops. Ssybeans, oil - bearing woody plants, and wild oil - bearing crops are not included.

Output of Aquatic Products refers to catches of both artificially cultured and naturally grown aquatic products, including fish, shrimps, crabs and shellfish in sea and inland water as well asseaweed. Freshwater plants are not included.

Output of Pork, Beef and Mutton refers to the meat of slaughtered hogs, cattle, sheep and goatswith head, feet, and offal taken away.

Cultivated Area (Area Under Cultivation) refers to farm land which is plowed constantly for growing crops, including cultivated land, newly cultivated land in the current year, farmland left without cultivation for less than three years and fallow land in the current year, rotation land, rotation land of grass and crops, farmland with some fruit trees, mulberry trees and other trees andcultivated seashore land, lake land, and etc. The land of mulberry ficlds, tea pl antations, orchards, nurseries of young plar.ts, forest land, reed land, natural and man - made grassla nd and other landare not included in cultivated land.

Sown Area of Crops refers to area of land sown or trans planted with crops regard less of being incultivated area of non - cultivated area. Area of land resown due to natural disast ers is also included.

Irrigated Arearefers to areas that are effectively irrigated, i . e. level land which has water source and complete sets of irrigation facilities to lift and move adequate water for irrigation purpose under normal conditions.

Consumption of Chemical Fertilizers in Agriculture refers to the quantity of chemical fertilizersapplied in agriculture in the year, including nitrogenous fertilizer, phosphate ferttilizer, potashferilier, and compound fertilizer. The consumptiohn of chemical fertilizers is required incalcration to convert the gross weight into weight containing 100% effective component(eg. 100% nitrogen content in nitrogenous fertilizer, 100% phosphorous pentoxide contem in phosphatefertilizer, 100% potasium oxide content in potash fertilizer). Compound fertilizer is converted with its major compoment.

Total Power of Farm Machinery refers to total mechanical power of machinery used in farning, forestry, animal husbandry, and fishery, including ploughing, irrigation and dra inage, harvesting, transport, plant protection, stock breeding, forestry and fishery. The power of internal combustionengines is required to convert horsepowers into watts and the power of electric motors is required to be converted into watts. Machinery employed for non - agricultural purposes, such as the machines used in township - run and village - run industry, construction, non - agricultural transport, scientific experiments and teaching, is excluded.

Laborers Engaged in Farming, Forestry, Animal Husbandry And Fishery refers to the total laborers who are directly engaged in production of farming, forestry, animal husbandry and fishery.

Number of Livestock or Poultry on Hand at Teh Beginning (or end) Of The Reference Perild refers to the total number of large animals, pigw, sheep, fowls, ets. raised by rural cooperative organizations, state farms, rural individuals, government agencies, schools, industrial and mining enterprises, army, and urban residents at the beginning (or end) of the reference period.

Cerealsrefer to seeds of various kinds of crops which are used mainly for grain. Cereals include paddy, wheat, maize, millet, Chinese sorghum, etc., escept beans and tubers.

INDUSTRY

Industryrefers to the material production sector which is engaged in extraction of natural resources and proce ssing and reprocesseing of minerals and agricultural products, including (1)extraction of natural resources, such as mining, salt production, logging (but not includinghunting and fishing); (2) processing and reprocessing of farm and sideline producces, such as ricehusking, flour milling, wine making, oil pressing, cotton ginning, silk reeling, spinning and weaving, and leather making; (3) manufacture of industrial products, such as steel making, iron smelting, chemicals manufacturing, petroleum processing, machine building, timber processing; water and gasproduction and electricity generation and supply; (4) repairing of industrial products such as therepairing of machinery and means of transport (including cars).

Prior to 1984, the rural industry run by villages and cooperative organiza tions under village wasclassified into agriculture. Since 1984, it has been grouped into industry.

(1) **State - owned and state holding majority shares enterprises** refer to state - owned enterprises and the enterprises which state holds majority shares. State - owned enterprises (industry ownership by the whole people or state - run industry) refers to non - corporation economic units, where the entire assets are owned by the state and which have registered in accordance with the Regulation of the People's Republic of China on the Management of Registration of Corporate Enterprises, including the state - owned enterprise, sole stae - funded corporation and state - owned joint ownership enterprise. Joint state - private industries and private industries, which existed before 1957, have been transfomed into state - run industrics. Since 1992, those were named state - owned industries. Statistics on these enterprises has been included in the state - industries since 1957 when separation of data was no longer necessary.

(2) **Collective - owned Enterprises** refers to industrial enterprises where the means of production are owned collectives and some enterprises which were fomerly owned privately but have been registered in industrial and commercial administration agency as collective units through raising fund from the public.

(3) **Share - holding Corporations Ltd**. Refer to economic units registered in accordance with the Regulation of the People'sRepublic of China on the Management of Registration of Corporate Enterprises, with total registered capitals divided into equal shares and raised throught issuing stocks. Each investor hears limited liability to the corporationdepending on the holding of shares, and the corporation bears liability to its debt to the maximum of its total assets.

Light Industry refers to the industry that produces consummer goods and hand tools. It consists of two categories, depending on the materials used:

(1) Industries using farm products as raw materials. These are branches of light industry which directly or indirectly use farm products as basic raw materials, including the manufacture of food and beverages, tobacco processing, textile, clothing, fur and leather manufacturing, paper making, printing, etc.

(2) Industries using non farm products as raw materials. These are branches of light industry which use manufactured goods as raw materials, including the manufacture of cultural, educational articles and sports goods, chemicals, synthetic fiber, chemical products for daily use, glass products for daily use, metal products for daily use, hand tools, medical apparatus and instruments, and the manufacture of cultural and clerical machinery.

Heavy Industry refers to the industry which produces capital goo ds, and provides various sectorsof the national economy with necessary material and technical basis. It consists of the following three branches according to the purpose of production or the use of products:

(1) Mining, quarrying and logging industry refers to the industry that extracts natural resources, including extraction of petroleum, coal, metal and non – metal ores and logging.

(2) Raw materials industry refers to the industry that provides various sector s of the national economy with raw materials, fuels and power. It includes smelting and processing of metals, coking and coke chemistry, chemical materials and building materials such as cement, plywood, and power, petroleum refining and coal dressing.

(3) Manufacturing industry refers to the industry that processes raw materials. It includes machine – builiding industry which equips sectors of the national economy, industries of metal structure and cement products, industries producing means of agricultural production, such as chemical fertilizers and pesticides.

According to the above principle of classification, the rpeairing trades which are engaged primarity in repairing products of heavy industry are classified into heavy in dustry while these engaged in repairing products of light industry are classified into light indrstry.

Gross Industrial Output Value is the total volume of indrstrial products sold or available forsale in value terms which reflects the total achievements and overall scale of industrial production during a given period. It includes the value of the finished products, which are not tobe further processed in the enterprises and have been inspected, packed and prt in storage, the value of industrial services rendered to other units and the changes in the value of the semi – finihed products and products in process between the behinning and closing of th e period(only theenterprises with long ptoduction cycle are required to calculatc the changes). The gross industrial output value is calculated with "factory method". Nodouble calculations are to be made within the same enterprise. However, double counting does occur among different enterprises.

Output value of light and heavy industries is also classified with the "factory" method. Undernormal conditions, if the major products of an industrial enterprise belong to light industry products, the gross outpout value of that enterprise is classified whohhy into light industry; thesame principle applies to heavy industry.

Value Added of Industryrefers to the final results of industrial production of the industrial trade in money terms during the reference pereod.

Original Value of Fixed Assets refers to the original value of all fixed assets owned by industrial enterpreses, calculated at the cost paid at the time of purch ase, installation, reconstruction, expansion, and technical innoivation and transformation of the said assets, which includes expenses on purchase, package, transportation, and installation, etc.

Net Value of Fixed Assetsis obtained by deducting depreciation over years from the original value of fixed assets.

Working Capital (Circulating Assets) refers to assets which can be cashed in or spent or consumed in an operating cycle of one year or over one year, which includes cash, various deposits, shortterm investment, and receivable payments, and advance payments, stock, etc.

Total Value of Profit and Tax (Pre – Tax Profits) refers to the sum of the total profits, products sales tax and surcharges and the value added tax payable of industrial enterprises. It is alsocalled pre – tax profits.

Ration of Pre – Tax Profits to Assets refers to the ration of pre – tax profits realized in a givenperiod to total assets (net fixed assets plus working capital), which reflects the economic efficiency of the assets utilization and is calculated as follows:

$$\text{Ratio of Pre - tax Profits to Assets}(\%) = \frac{\text{Pre - tax Profits in Reference Per iod}}{\text{Average Net Fixed Asses + Average Balance of Working Capital}} \times 100\%$$

Ration of Profits to Total Industrial Costs refers to the ratil of profits realized in a given period to the total costs in the same period, which reflects the economec efficiency of input cost and is calculoated as follows:

$$\text{Ratio of Profits to Total Industrial Cost }(\%) = \frac{\text{Total Profits}}{\text{Tota l Costs}} \times 100\%$$

Value Added Rate of Industry refers to the ratio of value added of industry in a given period of the gross output value in the same period, which reflects the economic efficiency of cutting down the intermediate input and is calculated as follows:

$$\text{Value added Rate of Industry}(\%) = \frac{\text{Calue Added of Industry (at Current Prices)}}{\text{Gross Output Value (at Current Prices)}} \times 100\%$$

Number of Times of The Turnover or Working Capital refers to the number of times of turnover of work in capital in a given period of time, which reflects the speed of the turnover of working capital and is calculated as follows:

$$\text{Turnover of Working Capital }(\%) = \frac{\text{Sales Revenue of Products}}{\text{Average Balance of total Working Capital}} \times 100\%$$

Sales Rate of Industrial Products refers to the ratio of total sales in a given period to the gross output value in the same period, which reflects the extent of industrial output sold and is calculated as follows:

$$\text{Sales Rate of Industrial Products}(\%) = \frac{\text{Total Sales (at Current Prices)}}{\text{Gross Output Value (at Current Prices)}} \times 100\%$$

Sales Revenue of Industrial Productsrefers to the revenre from the sales of products by industrial enterprises and the revenre from services provided and etc.

Sales Cost of Industrial Products refers to the actual cost of products of industrial enterprises and industrial enterprises and industrial services provided, etc.

Tax and Extra Charger on Sales of Products refer to the tax on c ity maintenance and construction, consumption tax, resources tax and extracharges for education, which should be borne by the enteprises in selling products and providing industrial services.

Sales Profit of Products refers to the profit gained by the enter prises by deducting cost, chargesand taxes from the business income of the enterprises obtained in selling prod ucts and providing industrial services.

Total Profits refer to the profits gained by the enterprises.

Value Added Tax Payable refers to the amount of the value added tax which should be paid by the eterprises in the reporting period.

Ratio of Per - Tax Profits to Gross Output Value refers to the rat io of the total amount of pre - tax profits gained (including total profits, sales tax and extra charges of prod ucts as well as thevalue added tax payable) in the reporting period to the gross output value in th e samd period (theratio is expressed in percentage). The formula is as follows:

$$\text{Ratio of Pre - tax Profits to Gross Output Value}(\%) = \frac{\text{Total Amount of Pr e - tax Profits}}{\text{Gross Output Value}} \times 100\%$$

Overall Labour Productivity of Industrial Enterprises refers to the average output per staff and worker in industrial enterprises in value terms. At present, the value added and the average number of staff and workers of an industrial enterprises in a given period are used to calculate the overall labour productivity. The formula used is:

$$\text{Overall Labour Productivity} = \frac{\text{Value Added of Industry}}{\text{Average Number of Staff and Workers}}$$

For the purpose of comparison of the overall labour productivity among different years, the data on the overall labour productivity of the years prior to 1990 have beeh adjusted on the bases of 1990 constant prices.

Capital refers to the corporation's capital registered in the departments of administration for industry and commerce. According to the different nature of investors, corporations' capital can be divided into state capital, legal person's capital, personal capital, foreign capital, etc. Total capital includes total registered capital of all investors in the corporation.

Total Assetsrefer to all assets which are owned or controlled by enterprises, including circulating assets, long – term investmint, fixed assets, intangible assets and deferred assets, other long – term assets, and dererred taxes, etc. The summation of above items is equal to total assets shown in the balance sheets of the enterprises.

(1) Circulating assets (working capital) refer to assets which can be cashed in or spent or consumed in an operating cycle of one year or over one year, including cash, all kings of deposits, short term investmint, receivables, advance payment, stock, etc.

(2) Fixed assets refer to the net value of fixed assets, clearance of fixed as sets, project under construction, fised assets losses in suspense. These are corporations' fund holdings.

(3) Intangible assets refer to the assets without matereial form used by enter prises over a longtime, such as patints, non – patent technolohies, trade marks, copy right, land use right, business reputation, etc.

Total Liabilities refer to the debts that enterprises are respon sible for repayment, including liquid liabilitier, long – term liabilities and deferred taxes, etc. Total liabilities correspond to the summation item of liabilities shown in the balance sheets of rhe enterprises.

(1) Liquid liabilities (also called quick liabilities or immediate liab ilities) refer to enterprises total debt payable within an operating cycle of one year or over on e year, includingshort term loans, payables and advance payments, wages payable, taxes payable and profit payable, etc.

(2) Long – term liabilities refers to total debt payable within an operating cycle of one year orover one yera, including long – tern loans, payable liabilities, long – term payables, etc.

Creditors' Equityrefers to investors' ownership of net assets of the enterprise. It is equal to the total assets of the enterprise minus its total liabilities, including the primary input from investors, capital accumulation fund, surplus accumulation fund and undistributed profit. It is the stock nolders' equity in stock companies.

TRANSPORTATION, POSTAL AND TELECOMMUNICATIONS SERVICES

Length of Railwaus in Operationrefers to the total length of the trunk line under passenger and freight transportation. The calculation is based on the actual length of the first line even if this line has a full or partial double track or more tracks, excluding double tracks, stationsidings, tracks under the charge of stations, branch lines, special purpose lines and the non – payable connecting lines. The length of railways in operation is an important indi cator to show the development of the intra – structure for the railway transport, and also the essential data to calculate volume of passenger freight transport, traffic density and utilization efficiency of the locomotives and carriages.

Extention Length of Trunk Lines refers to the sum of the first, the second, the third lines and other constructed length of the trunk railways, excluding the extention length of the station lines, lines under the jurisdiction of depots, sidings and lines for special purpose. It provide simportant information for the calculation of the needs for rails, sleepers, sand and stone for the construction of railways.

Length of Highways refers to the length of highways which are built in conformity with the grades specified by the bighway engineering standard formulated by the Ministry of Communications, and have been formally checked and accepted by the departments of highways and put into use. The lengthof highways includes that of the suburb highways at large and medium-sized cities, highways passingthrough streets at small cities and towns, and also the length of bridges and fe rries. It does notinclude the length of streets in big and medium-sixed cities and highways built for the production purpose at factories, mines, forest areas and agricultural areas. If two or more highways go the semesaction of the way, the length of the section is only calculated for once and on duplication isallowed. The length of highways is an important indicator to show the development of the highway construction and to provide essential information to calculate the transport net work density.

Length of Navigable Inland Waterways refers to the length of the natural rivers, lakes, reservoirs, canals, and ditches open to navigation during a given period, which enables the transport byships and rafts. It includes the channels open to navigation for over 3 months a ccumulatively in ayear, yet this does not include the river courses which are only used to float o dd logs and bamboorafts.

Length of Civil Aviation Routes refers to the length of all rou tes for regular civil aviationflights. There are usually two ways to calculate the distance between airports connected by theroute length: One is to put the length of all air routes together, called duplic ated calculation ofthe length of the routes; the other is not to allow the duplication in calculati on when two or moreroutes passing the same section. The latter is usually used, as it can precisely show the size ofthe civil aviation network and indicate the extent of civil aviation serving th e national economyand the people.

Freight (Passenger) Traffic refers to the volume of freight (pas senger) transported with various means. Freight transport is calculated in tons and passenger traffic is calculated in the number of persons. Despite the type of freight and travelling distance, the freight transport is calculated in the actual weight of the goods: and despite the travelling distance and ticket price, the apassenger traffic is calculated by the principle that one person can be counted only once in onetravel. The passenger who travel with a half-price ticket or a child ticket is also calculated asalso calculated as one person. The freight (passenger) traffic provides a quant itative measure to show how the transport industry serves the national economy and people, and is also an important indicator for planning the transport industry and for studying the development scale and speed of the transport industry.

Freight Ton - Kilometers (Passenger - Kilometers) refer to the sum of the products of the volume of transported cargo (passengers) multiplying ty the transport distance, usually using ton - kilometer and passenger - kilometere as units for measurmement. Normally, the shortest distance between thedeparture station and the desination station (i.e., the payable distance) is the basis to calculatethe freight ton - kilometers. This is an important indicator to show the total results of thetranspor industry, to prepare and examine the transport plan and to measure th e efficiency, thelabour productivity and the unit cost of transport.

Business Volume of Post and Telecommunications refers to the inf ormation delivered and other post and telecommunications services provided by the post and telecommunications departments for the customers. It is derived by first multiplying busindss volume of different types , such as number of letters, telegrams, long distance calls, city and rural telephone subscribers and accumulated number of newspapers and jounals subscribed and sold, etc. by their respective average unit price (fixedprice) and then adding these products together: plus the income from mainte nance of telephone exchanges and lines, and the income from other business operations. The business volume of post and telecommunitations indicates the total achievements made by the post and telecommunications depament during a given period of time in a comprehensive way, and is an important indicator to study the composition and development of the post and telecommunications busines s.

Local (Urban) Telephone refers to telephones connected to urban telephone network (at and abovework (at and above county level). The telephone charge is either monthly fixed rate or numerical rate.

(1) Resident telephones refer to telephones installed in resident dwellings, in cluding those withtelephone charges paid by individuals, by public units and free of charge.

(2) Personal telephones refer to telephones instlled and paid at one' s own expe nse.

Subscriber of Pagding Services refer to subscribers who carry small size pagers and receive audiosignals, digital signals or literal signals sent out by city telephone through wireless pagingcenter within assigned area. Each pager is counted as a subscriber.

Mobile Thlephone Subscribers rerfer to the persons who own mobil e belephone number connected withthe mobile telephone communicaiton network and registered by post and telecommunications organization. The number of subscribers is calculated only when the subscribers who bave gone through all the register formalities and entered into the mobile telephone ne twork. One mobile telephone is treated as a subscriber.

CONSTRUCION

Gross Output Value of Construction (Output Value of Projeots Under Cons truction) refers to the gross output value of construction and installation projects that are undertaken by construction enterpreses or affiliated constructing units, calculated in line with the planned schedule. It includes;

(1) Output value of construction projects, that is the value of projects covered by the project budgets;

(2) Output value of installation projects, that is the value of the installation of equipment;

(3) Output value of repair of buidings and structures, that is the value created through therepairs of buildings or structures, but does not include the value of buildings or structures being repaired and the value of the repair of production equipmint;

(4) Output value of manufactured non - standard equipment, that is the valu e of non - standard production equipment (including raw materials and manufacturing cost) made for the construction project, irrespective of whether the equipment is manufactured on the construction site or by subsidiary owrkshops.

Value - added of Construction refers to the final result of the activities of production and management of construction in monetary terms in the reference period. At present, the vcalue added of construction is calculated with the income approach. In other words, it is the sum of income of various production factors in the production process: The formula is as follows:

Value - added of construction = depreciation of fixed assets in the year + wages payable + welfare expenses payable + insurance premium and tax for wait in for employment in the administrative expenses + taxes and sturcharges on project settlement + profit gained from project settlement.

Floor Space of Buildings Under Construction refer to floor space of building under construction during the reference period, in cluding newly started buildings, buildings started earlier and continued during the reference period, and buildings suspended earlier but restarted during thereference period. Excluded are buildings started and then suspended earlier that have not been restarted during the reference time.

Floor Space of Buildings Completed refers to the floor space of buildings that are completed in the reference period in accordance with the requirements of the design, up to the standard for putting them into use, and have been checked and accepted by concerned departments as qualified ones.

Total Number of Machinery and Equipment Owned by The Construction Ente rprises(or Units) By TheEnd of Year refers to the number of machines and equipment owned by the enterprises (or units, andlisted as the fixed assets of the enterprises (or units) by the end of the year, including machinery and equipment for construction, production and transportation.

Total Power of Machinery and Equipment Owned By The Construction Enterprises (Or Untits) By The End of Year refers to the total power of machinery and equipment owned by the enterprises (or nuits), and listed as the fixed assets of the enterprises (of units) by the end of the year, including machinery and equipment for construction, production and transportation. The power of the machineryis calculated on basis of the designed or verifide capacity, covering the power of the machinery/equipment and the separate power equipment serving the machinery/equipment (such aselectric motors), but excluding welders, transformers and boilers. The unit used for the calcuation of power is kilowatt, with horsepower converted to kilowatt by 1 horsepower = 0.73 5 kilowatt.

Income From Settlement of Projects refers to the incom e received by the construction enterprise/unit from the compmpleted portion of the project through settlement procedures with the contracte during the reference preiod, and other charges to the contractee as operational costs, such as facility fee, labour insurance premium, moving cost of construction unit, as well as various types of claims to the contractee.

Profit From Settlement of Projects refers to profit realized th rough settled projects. It is calculated with the following formula:

Profit from Settlement of Projects = Income from Settlement of Projects – Sttled Cost – Settled Taxes and Other Cost

Total Revenys of Enterprisesrefers to the sum of income from production and operation of enterprises, including income from settlement of projects and other operational income, namely:

Total Revenue of Enterprises = Income from Settlement of Projects + Other Operational Income

WHOLESALE, RETAIL SALES AND CATERING TRADE

Total Retail Sales of Consumer Goods refer to the sum of retail sales of consumer goods by the establishments in wholesale trade, retail sale trade, catering trade, manufacturing industry and other industries of different types of ownership, to urban and rural residents and social groups. This indicator is used to show the supply of consumers goods through various channels to households and institutions to meet their demands, and is therefore very important for the study of the issues on people's livelihood, on the purchasing power of consumer goods and on the circulation of money. The retail sales of consumer goods include: (1) commodities sold to urban and rural residents forresidential use and building materials sold to them for the construction of repair of houses; (2) food and fuels sold to canteens of institutions, enterprises, schools, military units and to canteens of hotels and hostels that only serve their guests, and commodities produced by enterprises, institutions of state farms and sold directly to their employees of their canteens; (3) grain and non – staple food, clothing, daily articles and fuels sold to military personnel; (4) cosumer goods sold to foreigners, overseas Chinese, and Chinese compatriots from Taiwan, Hong Kong and Macao during their stay in the mainland of China; (5) Chinese and western medicines, herbs and medicalfacilities purchased by residents; (6) newspapers, books and magazines directly sold to residentsand social groups by publishers, new and old commemorative stamps, special stamps , first – day covers, stamp albums and other stamp – collection articles sold by stamp companies; (7) consumer goods purchased and then sold by second – hand shops; (8) stoves and other heating facilities and liquified gas sold by gas companies to households and institutions; and (9) commodities sold by farmers to non – agricultural residents and social groups. Excluded under this heading are: raw materials, fuels, epuipment, tools sold to enterprises, institutions and state farms for production purpose; commodities sold to trade establishments for re – selling; commissioned sales at second – hand shops; operational income of urban public utilities; stamps sold at post offices; income of water, power, gas production and supply establishmets from the supply of their products; and sales of commodities among farmers.

Pruchase, Sales and Stock of Commodities by Wholesale and Retail Trade refer to the purchase, sales and stock of commodities by wholesale and retail estabilshments of different ownership (excluding individual sellers).

Total Purchasses of Commodities refer to the purchases of commodities by the establishments fromother establishments or individuals (including direct import from abroad) for the purpose of re – selling, either with or without further processing of the commodities purchased.

This indicator isused to show the total value of purchases of commodities by wholesale and retail establishmentsfrom domestic and overseas markets. The total purchases include: (1) agricultual and industrial products purchased from producers; (2) books, magazines and newspapers purchased from distribution departments of the publishers; (3) commodities purchased from wholesale and retail establishments; (4) commodities purchased from other units, such as surplus materials purchased from govemnent agencies, enterprises or institutions, commodities purchased from cate ring and service establishments, confiscated goods purchased from customs authorities or market m anagement agencies, second – hand goods and wastes purchased from residents; and (5) commodities directly imported from abroad. Excluded are commodities purchased by establishments (units) for use in their own businessoperation, commodities obtained without buying or selling procedures, rejected commodities, etc.

Total Sales of Commodities refer to selling of commodities by the establishments to other establishments and individuals (including direct export). This indicator is used to show the total value of sales of commodities at domestic markets and export. The total sales include: (1) commodities sold to urban and rural residents and social groups for their consumption; (2) commodities sold to establishments in industry, agriculture, construction, transportation, post and telecommunications, wholesale and retail trades, catering trade and public utility for their production and operation; (3) commodities sold to wholesale and retail establishments for re – selling, with or without further processing; and (4) commodities for direct to other countries. Excluded are selling of waste packaging materials used by the establishments (units) themselves, commoditie stransferred without buying of selling procedures, commission income from brokerage in transcationswhose settlement is directly handled by buyers and sellers, rejected commodities in the purchase, loss in commodities, etc.

Commodity Stock of Wholesale and Retail Enterprices at Year – End refers to total commodities possessed by wholesale and retail enterprises (units) of various types of owners hip, which reflects the commodity stock level of various wholesale and retail enterprises and the potential for market supply. It includes: (1)commodites located in storage, garages, counters, and shelves of operating units (such as sale stores, wholesale centers, and operating offices) of wholesale and retail enterprises; (2)commodities in the process of selecting, sorting, and packing; (3) commodities not arrived but recorded as purchase in the account, i.e. commodities not arrived but payment receiptsfor the commodities from the sellers or the banks arrived; (4) commodities deposited in other places rather than places mentioned above, for instance: commodities in the hold of purchasers temporarily due to the refusal of payment and commodities not taken back after going through the formalities; (5)commodities entrusted entrusted to other units to sell but not sold yet; (6) commodities purchased for other units but not delivered yet. Commodities not included as stock are thos e not owned by theenterprises (units), those allocated to financially independent factories rather than wholesale and retail enterprises for processing but not taken back yet, and finally those put in stock bywholesale and retail enterprises on behalf of the state material reserves units. In the calculation of the value of commodities stock at the end of period, the value is calculated at purchasing prices in agricultural goods purchasing units and wholesale units, and at the a ccunting prices in retail units.

Volume of Business (Transaction Value) at Urban and Rural Free Market refers to the value of all goods changed hands between sellers and buyers, includiug farmers, non – agricultural residents, institutions, organizations, enterprises and private, at urban and rural free markets. It is a comprehensive indicator used to show the size of the transaction at the free trade markets.

FOREIGN ECONOMY TRADE AND INTERNATIONAL TOURISM

Utilization of Foreign Capital refers to remittance, equipment and technology financed from abroad, by loans, foreign direct investment and other forms undertaken by the Chinese governments at alllevel, by various departments, enterprises and other economic units.

Foreing Loansa major part of China's utilization of foreign capital, refer to funds borrowed from abroad, including loans of foreign governments, loans of international financial institutions, commercial loans of foreign bands, export credit, and funds raised by Chinese bonds and shares issued abroad.

Direct Investment By Foreing Entrepreneurs refers to the investments inside China by foreign enterprises and economic organizations or individuals(including overseas Chinese, compatriots from Hong Kong and Macao, and Chinese enterprises registered abroad), following the relevant policies and laws of China, for the establishment of ventures exclusively with foreign own investment, Sino – foreign joint ventures and cooperative enterprises or for co – operative exploration of resources with enterprises or economic organizations in China. It includes the re – investment of the foreign entrepreneurs with the profits gained from the investment and the funds that enterprises borrow form abroad in the total investment of projects which are approved by the relevant department of the government.

Number of Tourists refers to the number of foreigners, overseas Chinese, and compatriots from HongKong, Macao and Taiwan coming to China for sight seeing, visits, tours, family reunions, vacations, study tours and other activities of an economic, scientific and technological, cultural, physical cultureand religious nature. This does not include the number of employees of foreign organizations stationed in China such as embassies, consulates, news agencies, the offices of corporations and enterprises and foreign experts and students residing in China and the persons staying briefly inChina but not for passing the night.

Foreing Exchange Earnings From International Tourism refer to the total expenditures of the foreigners, overseas Chinese, compatriots from Hong Kong, Macao and Taiwan in the process of their tourism in the mainland of China. Their expenditures mentioned above are foreign exchange earnings to China.

Total Imports and Exports at Customs refer to the value of commodities imported into and exported from the boundary of China. They include the actual imports and exports through foreign trade, imported and exported goods under the processing and assembling trades and materials, supplies and gifts as aid given gratis between governments and by the United Nations and other internation alorganizations, and contributions donated by overseas Chinese, compatriots in Hong Kong and Macao and Chinese with foreign citizenship, leasing commodities owned by tenant at the expiration of leasing period, the imported and exported commodities processed with imported materials, commodities trading in border areas (excluding mutual exchange goods), the imported and exported commodities and articles for public use of the Sino – foreign joint ventures, cooperatioe enterprises and ventures exclucively with foreign own investment. Also included are import or export of samples and ad vertising goods forwhose CIF or FOB value are beyond the permitted ceiling(excluding goods of no tr ading or use value and free commodities for export), imported goods sold in China from bonded warehoues and other imported or exportde goods. The indicator of the total imports and exports at customs can be used toobserve the total size of external trade in a country. In accordance with the stipulation of theChinese government, imports are calculated at CIF, while exports are calculated at FOB

BANKING AND INSURANCE

Deposit is a form of credit by which enterprises, institutions, or ganizations or residents can putmoney into banks and other credit institutions for safekeeping and interest earning under the principle of free withdrawal. According to different depositors, deposits are divided into enterprise deposits, treasury deposits, deposits of govenment agencies and organizations, capital constructiondeposits, urban savings deposits, rural deposits and other deposits. Deposits are major sources of the credit funds of bands.

Loan is a form of credit by which banks and other credit institutions provide funds at certaininterest rate to enterprises and individuals in the light of the principle of unconditional repayment. Loans from Chinese banks include circulating capital loans, fixed assets loans, loans tourban and rural individuals engaged in industrial and commercial business and agricultural loans.

Amount Insured refers to the amount of compensation for the loss or agreed sum of money to be paid by the insurer to the insurant. It is the maximum amount of liabilities written in thein surance contract and is also used as a basis to calculate the premium.

Premium is the fee paid by the insurant based on a proportion of the benefit he or she may get from the insurance plus the insurance value. It includes the income from the deposit of property insurance and presonal insurance.

Settled Clain is the compensation paid by the insurer to the insurant in accordance with the insurance contract for the loss which has been checked and found to be in the range of liability of the insurance after an accident has happened to the insured property or to a person who has insured his life. It is further divided into settled and unsettled claim.

EDUCATION, SCIENCE AND CULTURE

Regular Institutions of Hegher Learning refer to educational est ablishments set up according to the government evaluation and approval procedures, enrolling graduates from senior secondary schoolsand providing higher education courses and training for senior professionals. They include full – time universities, colleges, high professional schools and short – term professional universities.

Institutions of Higher Learning For Adults refer to educational establishments, set up in line with relevant rules approved by the government, enrolling staff and workers with senior secondary school or equivalent education, and providing higher education courses in many forms of full – time, part – time, spare – time, or correspondence for adults. professionals thus trained receive aqualification equivalent to graduates studying regular courses at regular univer sities, colleges and professional colleges. Institutions of higher learning for adults include Radio and TV universities, schools of high education for staff and workers and peasants, colleges for management cadres, pedagogical colleges, independent correspondence colleges.

Proxlment Rrte of Primary School – Age Children refers to the propor tion of school – age children enrolled at schools to the total number of school – age children both in and outside schools (including regarded children, but excluding blind, deaf and mute children). The formula is:

$$\text{Enrollment Rate of Primary School – age Children} = \frac{\text{Total Primary School – age Children at Schools}}{\text{Total Primary school – age Children Both at and Outside Schools}} \times 100\%$$

Independent Research and Development Institutions refer to the state – owned insitutions which havederect mission and research purpose, a certain number of core member with higher research level and a certain number of research personnel, favorable conditions for R&D and engaging in scientific research and technological development. The institutions also have their own independent organization and finance, authority to sign contracts with other units, with their own accounts inbands. Independent research and development institutions include the institutions attached tocentral government agencies, Chinese Academy of Sciences. Chinses Academy of Social Sciences and the institutions attached to local governments.

Presonnel of Independent Research and Development Institutions refers to the persons who work and receive payment in research and development institutions. It includes regular full – time and temporary staff and workers, but excludes retirees and persons who leave their work temporarily without payment but still retain their posts.

Total Expenditure on Research and Development refers to all actual expenditure made for R&D (basic research, applied research and experimental development) in reference period. It includes direct expenditure on R&D and indirect expenditure on R&D (including m anagement expenses, administrative expense and investment in capital construction ralating to R & D.

Scientists and Engineers refer to persons who have completed university or higher education orobtained titles of senior and middle – level professional positions.

Other Technical Personnel refers to persons involved in science and technology with secondary specialized education or three – year college education and persons with junior professional titles.

Inventions refer to the inventions as specified by the patent law and its detailed rules and regulations for implementation. They refer to the new technical proposals to the products ormethods or their modifications.

Utility Models refer to the utility models as specified by the patent law and its detailed rulesand regulations for implementation. They refer to the practical and new technical proposals on the shape and structure of the product or the combination of both.

Desings refer to the designs as specified by the patent law and its detailed rules and regulationfor implementation. They refer to the aesthetics and industry - applicable new designs for the shape, pattern and color of the product, of their combinations.

Cultural Institutions refer to units which have their own organizatinal system and independent accounting system and specialize in or serve cultural development. They exclude other establishments run by these cultural institutions and amateur cultural groups established by various departments.

Art Troupe refers to the troupe which is engaged in drama, opera, music, dance, acrobatics or other art performance, opens independent accounts with banks annd has self - supporting accounting system; excluding the troupes which are engaged partly in industrial or agricultural activities, partly art performance and the professional troupes organized by the people.

Film Projection Units refer to units with film projection equipment, full or part - time projectionists, permanent or non - permanent places, approved by related administrative departments to show films regularly for certain groups of audience, includinng those film projection units whichhave been approved to give commercial shows and run business with independent accounting system aswell as those film - renting units of the military system.

Number or Spectators at art Performance refers to the number of attendants at commercial shows, completely booked shows or free shows given in minority national areas, and does not include thenumber of spectators at rehearsals for examination and internal shows for study.

SPORTS, PUBLIC HEALTY AND OTHERS

Number or Athletes in Grades refers to the number of athletes who have been given titles through examination. The titles of athletes include international masters of sports, masters of sports, first - grade, second - grade and third - grade sportsmen and young athletes.

Number of Referees in Grades refers to the number of referees who have been given titles after examination. They are classified as international referees, national referecs and referees of the first, second and third grades.

Stadiums refer to stadiums for track annd field events with six - lane 400 - meter tracks around soccer felds, permanent track marks and permanent bleachers. stadiums are classified according toseating capacity. They inclrde Class A stadiums seating 25000 people each. Class B stadiums seating15000 to 25000 people each. Class C stadiums seating 5000 to 15000 people each, and Class D stadiums seating fewer than 5000 people.

Gymnasiums refer to indoor sports grounds with permanent seats in which basketball, volleyball. badminton, tabble tennis and gymnastics competitions can be held. Gymnasiums are classified according to seating capacity. They include Class A gymnasiums seating over 6000people. Class B gymnasiums seating 4000 to 6000 people. Class C gymnasiums seating 2000 to 4000 people, and Class D gymnasiums seating fewer than 2000 people.

Hospitals refer to medical institutions named as"hospital"with permanent hospital beds, which areable to take in patients and provid them with medical and nursing services. Hospitals are classified into three categories: hospitals at or above the county level, hospitals of rural townships, and otherhospitals. According to their ownership, hospitals can be classified into three categories: hospitals under the public health departments, hospitals under industrial and other departments and collective – owned hospitals. Hospitals at or above county level are divided into comprehensi ve and specialized hospitals.

Medical Technical Personnel refers to all permanent medical staff and workers employee by medical institutions, including doctors of Chinese and Western medicine, senior doctors who integrate traditional Chinese thrapeutics with Western thrapeutics in practice, senior nurses, pharmacists of Chinese and Western medicine, laboratory specialists, other specilists, paramedics of Chinese and Western medicine, nurses, midwives, druggists in Chinese and Western medicine, laboratory technicians, other technieians, other practitioners of Chinese medicine , nursing attendants, pharmacological workers of Chinese and Western medicine, laboratory workers, and other primary medical personnel.

Doctors refer to qualified professional medical workers approved to practice by public health departments. They are classified into doctors of Chinese medicine, doctors of Western medicine, seniordoctors who integrate traditinal Chinese thrapeutics with Western thrape utics in practice, paramedics of Chinese medicine and Western medicine, annd other specialists of Chinese medicine.

Social Welfare Institutions refer to institutions taking care of old people without children, handicapped people and orphans. They include social welfare institutions run by civil affairs departments, children's welfare institutions, social welfare institutions form ental patients, and collective – owned old people's homes in rural areas.

Number of People Taken in By Social Welfare Institutions refers to the number of old people, children, totally dependent handicapped people and mental patients taken in by scoial welfare institutions run by civil affairs departments and those run by collective units in urban and ruralareas.

Social Welfare Enterprises are collective – owned enterprises which employ the blind, deaf – mute, and other handicapped people who are able to work in cities and towns and enjoy exemption from state taxes, including welfare plants, welfare commercial services, artificial limb plants and farms, etc.

Lawyers are legal workers who are employed full – time by legal counseling firms to act as legal advisers, agents in criminal or civil law suits, or defenders in criminal law suits, or to handle non – litigious legal affairs, to advise on matters of law or to write legal papers for others. Both full – time and part – time lawyers are included.

Notary Personnes refers to judicial workers of the state notary offices handling notarization work according to law. They include notaries, as sistant notaries, and other people working for notary offices.

Notarized Documents refer to the documents settled by notary offices in a year. The notarial documents are drawn up in accordance with the regulations of the Ministry of Justice, including domestic documents and foreign – related documents. Domestic documents are divided into two major categories, documents on economic contracts and documents on civil legal relations.

Mediatorsrefer to workers on people's mediation committees res ponsible for mediating in civil disputed and cases of slight in fraction of the law. They include members of the mediation committees and mediators of mediation groups.

Mediation of Civil Disputes refers to mediation committees' work in mediating in civil disputes concerning civil rights and duties through persuasion and education in a ccordance with the provisions of law on a voluntary basis, so as to solve disputes by helping the parties involved come to an agreement and understanding. These disputes include divorce cases and disputes over property ownership, but exclude the civil cases to be handled by the court.

Retired or Restgned Personnel refers to the persons who have formally gone through the formalities for their retirement or quitting work and enjoy the corresponding treatments.

Insurance and Welfare Funds refers to labour insurannce and welfare fund paid by entrprises, oranizations and institutions to their staff and worders as well as retired and resigned personsin addition to their wages and salaries.

(1) **Insurance and Welfare Funds For Staff and Workess** include:

① Medical Care Allowance: It refers to the cost of medical care of staff and workers and their dependent family members who are covered by the medicare system of enterprises, travellig expenses of injured employees to hospital and their perdiem subsidies during hospita lization, cost of medical care of employees who are covered by the medicare system of institutions and organizations, as well as cost of medicine of employees of enterprises and institutions who are not covered by the medicare system.

② Funeral Expenses and Pensions for family of the Deceased: They refer to funeral expenses of staff and workers, and pensions and allowance for their dependent family members, as well assbsidies to funeral expenses of staff and workers' dependent family members.

③ Subsidies for Living Expenses: They refer to regular or abhoc subsidies to staff and worderswho have difficulties in making ends meet.

④ Expenses for Recreational, Sports and Pubilcity Acitivities: They refer to actual payment made by enterprises and institutions in recreational, sports and publicity activities, excluding training cost.

⑤ Subsidies to Collective Welfare Undertakings: They refer to subsidies to the operation of welfare undertakings that can not fully cover their cost, such as public bath rooms, barber shops, laundries, nurseries and kinder gartens.

⑥ Expenses for Collective Welfare Facilities: They refer to expenses for collective welfare facilities that are spent in line with state regulations, such as the purchase and repair of cook ingutensils for canteens, and repair of living quarters of staff and workers, but excluding the expenses for welfare projects that are constructed with self - raised funds.

⑦ Family Planning Subsidy: It refers to subsidy and health allowance paid to the one - child family of staff and workers.

⑧ Others: They refer to other insurance and welfare funds paid to staff and workers.

(2) **Insurance and Welfare Funds For Retired and Resigned Staff and Workers**

① Pensions for retired veteran cadres: They refer to pensions and other subsidies paid toretired in line with relevant government documents.

② Pensions for retirement: They refer to living allowance and other subsidies paid to retired staff and workers in line with the relevant government documents.

③ Resignation Allowances for Living Expenses: They refer to living allowance and subsidies paid to resigned staff and workers in line with relevant government instructions.

④ Expenses for Medical Care: They refer to the costs for medical treatment, hospetalization and food subsidies in hbospitals for retired and resigned staff and workers.

⑤ Nursing Cost: It refers to cost for nursing retired or resigned staff and workers who are unable to take care of themselves and need the help from nurses.

⑥ Living Subsidy: It refers to living subsidy paid to retired employees in line with the instructions in a 1985 State Council document.

⑦ Traffic Subsidy: It refers to the monthly traffic subsidy paid to senior retired staff.

⑧ Funeral Expenses and Pensions for Family of the Deceased: They refer to th e funeral expenses of retired staff and workers, and pensions and allowance for their dependent family members, as wellas subsidies to funeral expenses of retired staff and workers' dependent family members.

⑨ Others: They refer to other expenses, including moving and settlement allow ance, allowance for difficult families, book and newspaper allowance, subsidy for non - staple foods, housing subsidy, water and electricity subsidy, special allowanec for staff and workers of national minorities, travelling cost for senior retired staff, etc.

Volume of Industrial Waste Water Discharged refers to the volume of industrial waste water discharged, through all outlets, to the outside of industrial enterprises, including waste water produced, direct - cooling water, underground water from mines that does not meet the standard of discharge, and the domestic sewage mixed up with industrial waste water when discharged, but excluding discharged indirect - cooling water.

Volume of Waste Water up to The Standard For Discharge refer s to the volume of discharge dindustrial waste water that, with or without treatment, has come up to the national or local standards for discharge.

Volume of Treated Industrial Wasth Waterrefers to the volume of industrial waste water after being treated and purified through various water treatment facilities in the reference period, including the volume discharged or recovered after being treated. The volume of waste water that fails to meet the national or local standards after treatment is also included. If there aretreatment facilities both at the outlets of workshops and at the outlets of the factory, and the same volume of waste water has been treated twice, duplication should be avoided in the calculation of the volume of treated industrial waste water.

Volume of Wasth Gas Emission refers to waste gas emitted from burning of fuels and from production process in the area of the factory, and is measured by 10000 standard cubic metres each year under normal condition.

Volume of Sulphur Dioxide Discharged refers to the volume of sulp hurdioxide discharged to the air in the process of fuel burning or in the production process.

Volume of Industrial Soot Discharged refers to the volume of solid soot in the smoke discharged in the process of fuel burning in the area of the factory.

Industrial Dust Discharged refers to the total weight of solid dust discharged by industrial enterprises in the production process, such as dust of refactory materials from iron plants, dust from coke - screening system or from sintering machines of coking plants, dust from lime kilms, cementdust from building material enterprises, etc., but excluding smoke and dust discharged by powerplants.

Volume of Industrial Solid Wastes Produced refers to the total volume of solid, semi - solid or high concentration liquid residue produced by industrial enterprises in their production process, including dangerous wastes, residues from melting, slag, powdered coal ash, gangue, chemical residues, tailings, radioactive residues and other residues, but excluding stripped or dug stones inmining (except gangue and acid or alkali stones which are stones washed or soaked by water with a pH value smaller than 4 or larger than 10.5.)

Accidents of Environment Pollution and Destruction refer to sudden accidents, due to economic and social behavior or activities in contrast with environment protection legislation, unexpected factors or irresistible natural disasters, that cause the pollution of environment, the destructionof natural protectionzones, wild plants and animals, the danger to the health of people, and theloss in the property of the society and people.

中国统计出版社最新资料书简目

（仅供参考，以最后出书为准）

中国统计年鉴－2005
中国统计摘要－2005
2004 中国发展报告
中国城市统计年鉴－2004
中国劳动统计年鉴－2005
中国人口统计年鉴－2005
中国工业经济统计年鉴－2005
中国市场统计年鉴－2005
2004 中国城市发展报告
中国建筑业统计年鉴－2004
中国价格及城镇居民家庭收支调查统计年鉴－2005
国际统计年鉴－2005
中国对外经济贸易统计年鉴－2004
中国基本单位统计年鉴－2004
中国民政统计年鉴－2005
中国高技术产业统计年鉴－2005
中国房地产行业名录
中国农村统计年鉴－2005
中国农村住户调查年鉴－2005（中文）
中国农村住户调查年鉴－2005（英文）
中国乡镇统计资料－2004
中国县（市）社会经济调查年鉴－2005
中国西部农村统计资料－2005
中国建制镇统计资料－2005
中国农产品价格调查年鉴－2005
中国资金流量核算历史资料（1998－2002）
中国国民经济核算年鉴－2005

北京统计年鉴－2005
天津统计年鉴－2005
河北统计年鉴－2005
山西统计年鉴－2005
内蒙古统计年鉴－2005
辽宁统计年鉴－2005
吉林统计年鉴－2005
黑龙江统计年鉴－2005
上海统计年鉴－2005
江苏统计年鉴－2005
浙江统计年鉴－2005
安徽统计年鉴－2005
福建统计年鉴－2005
江西统计年鉴－2005
山东统计年鉴－2005

河南统计年鉴－2005
湖北统计年鉴－2005
湖南统计年鉴－2005
广东统计年鉴－2005
广西统计年鉴－2005
海南统计年鉴－2005
重庆统计年鉴－2005
四川统计年鉴－2005
贵州统计年鉴－2005
云南统计年鉴－2005
西藏统计年鉴－2005
陕西统计年鉴－2005
甘肃年鉴－2005
青海统计年鉴－2005
宁夏统计年鉴－2005
新疆统计年鉴－2005
新疆生产建设兵团统计年鉴－2005
石家庄统计年鉴－2005
唐山统计年鉴－2005
邯郸统计年鉴－2005
呼和浩特经济统计年鉴－2005
鄂尔多斯市统计年鉴－2005
包头统计年鉴－2005
赤峰统计年鉴－2005
沈阳年鉴－2005
大连统计年鉴－2005
鞍山统计年鉴－2005
长春统计年鉴－2005
吉林市社会经济统计年鉴－2005
四平统计年鉴－2005
延吉统计年鉴－2005
哈尔滨统计年鉴－2005
齐齐哈尔统计年鉴－2005
黑龙江垦区统计年鉴－2005
上海浦东新区统计年鉴－2005
南京统计年鉴－2005
苏州统计年鉴－2005
无锡统计年鉴－2005
常州统计年鉴－2005
徐州统计年鉴－2005
南通统计年鉴－2005
盐城统计年鉴－2005
镇江统计年鉴－2005
江阴统计年鉴－2005
杭州统计年鉴－2005
宁波统计年鉴－2005
绍兴统计年鉴－2005

台州统计年鉴－2005
舟山统计年鉴－2005
温州统计年鉴－2005
金华统计年鉴－2005
嘉兴统计年鉴－2005
安庆经济统计年鉴－2005
福州统计年鉴－2005
福州年鉴－2005
厦门经济特区年鉴－2005
福州经济技术开发区年鉴－2005
南昌经济社会统计年鉴－2005
上饶经济社会统计年鉴－2005
九江经济统计年鉴－2005
济南统计年鉴－2005
青岛统计年鉴－2005
潍坊统计年鉴－2005
淄博统计年鉴－2005
郑州统计年鉴－2005
洛阳统计年鉴－2005
三门峡统计年鉴－2005
南阳经济统计年鉴－2005
武汉统计年鉴－2005
宜昌统计年鉴－2005
十堰统计年鉴－2005
荆州统计年鉴－2005
长沙统计年鉴－2005
广州统计年鉴－2005
东莞统计年鉴－2005
惠州统计年鉴－2005
深圳统计年鉴－2005
南宁统计年鉴－2005
桂林经济社会统计年鉴－2005
柳州经济统计年鉴－2005
来宾统计年鉴－2005
河池地区经济社会统计年鉴－2005
海口统计年鉴－2005
成都统计年鉴－2005
贵阳统计年鉴－2005
昆明统计年鉴－2005
西安统计年鉴－2005
兰州年鉴－2005
西宁统计年鉴－2005
银川统计年鉴－2005
乌鲁木齐统计年鉴－2005
巴音郭楞统计年鉴－2005
吐鲁番统计年鉴－2005

编辑部电话：（010）63262276　63266600－306070，30609
欲购以上图书请与中国统计出版社发行部联系。电话：（010）63459084　同棋行书店电话：68585978
通讯地址：北京市西城区三里河月坛南街 75 号　邮政编码：100826